PUHUA BOOKS

我们一起解决问题

供应链创新管理译丛

NEGOTIATION FOR
PROCUREMENT AND
SUPPLY CHAIN
PROFESSIONALS

THIRD
EDITION

采购与供应链
专业人员
谈判实战

第三版

A PROVEN
APPROACH FOR
NEGOTIATIONS WITH
SUPPLIERS

〔英〕乔纳森·奥布赖恩
Jonathan O' Brien 著

姜珏 译

人民邮电出版社
北　京

图书在版编目（CIP）数据

采购与供应链专业人员谈判实战：第三版／（英）乔纳森·奥布赖恩（Jonathan O'Brien）著；姜珏译. -- 北京：人民邮电出版社，2022.11
（供应链创新管理译丛）
ISBN 978-7-115-56828-1

Ⅰ. ①采… Ⅱ. ①乔… ②姜… Ⅲ. ①商务谈判 Ⅳ. ①F715.4

中国版本图书馆CIP数据核字(2021)第131562号

内 容 提 要

  谈判是所有采购和供应链专业人员都会参与的一项重要工作，但谈判能力不是与生俱来的，而是通过不断地学习和实践获得的。本书作者基于一套已经被很多企业实践过的、完整的谈判方法——红表方法论，为学习、练习及真正开展谈判提供了具有极强实操性的指导。

  本书共分为 15 章，从如何规划谈判、跨文化谈判、人格对谈判的影响、谈判中的力量对比、谈判中的博弈、谈判中的让步战略、谈判中的肢体语言等方面介绍了谈判的相关知识、技巧、实操方法及注意事项。各章内容均与红表方法论中的某一部分相关，读者可以通过填写相应的表格，得到一套完整的规划、实施、追踪谈判的方案。此外，本书还以附录的形式提供了红表方法论涉及的各种表格模版，以便读者查阅及使用。

  本书适合各类企业中的采购与供应链专业人员尤其是经常参与或主导谈判的人员阅读。

◆ 著　　［英］乔纳森·奥布赖恩（Jonathan O'Brien）
   译　姜　珏
  责任编辑　陈　宏
  责任印制　彭志环

◆ 人民邮电出版社出版发行　　北京市丰台区成寿寺路 11 号
  邮编 100164　电子邮件 315@ptpress.com.cn
  网址 https://www.ptpress.com.cn
  三河市中晟雅豪印务有限公司印刷

◆ 开本：720×960　1/16
  印张：28.5　　　　　　　　　　　　　2022 年 11 月第 1 版
  字数：420 千字　　　　　　　　　2022 年 11 月河北第 1 次印刷
  著作权合同登记号　图字：01-2020-5355号

定　价：138.00 元
读者服务热线：（010）81055656　印装质量热线：（010）81055316
反盗版热线：（010）81055315
广告经营许可证：京东市监广登字 20170147号

本译丛专家委员会名单

（按汉语拼音排序）

西子供应链管理俱乐部
联合创始人
白华芹

中国物流与采购联合会
采购与供应链管理专业委员会委员
郭青松

北京交通大学经济管理学院
物流管理系副教授
黄　帝

南开大学商学院教授
李勇建

中国人民大学商学院教授
宋　华

厦门大学管理学院教授
许志端

中央财经大学商学院教授
晏妮娜

北京工商大学商学院教授
杨浩雄

霍尼韦尔大中华区
物联网终端产品总监
张瀚文

北京交通大学经济管理学院
物流管理系教授
张菊亮

译者序

2020 年盛夏的一个清晨，天空像蓝色的罩衣笼盖着整个北京。没有风，云朵也不知道藏到哪里去了，唯有耀眼的阳光肆无忌惮地照射着每个行人。

一大早便离开家门，背着沉重的电脑包赴约的我，不可避免地流了一身汗，但是说句公道话，2020 年北京的夏天并没有往年燥热。

这个事先约好的会面对我来说很重要，因为我将与人民邮电出版社的编辑老师一起探讨我的专著《采购谈判：高效赢得谈判的实战指南》的出版发行事宜。

经过融洽而有条不紊的交流，出版日期很快确定下来。在会面的尾声，编辑老师突然提出："我们将在年底引进一本专门指导采购与供应链专业人员进行有效谈判的专著，作者是乔纳森·奥布赖恩，我正愁找不到合适的译者，请问姜老师有兴趣吗？"

我对乔纳森·奥布赖恩这个名字再熟悉不过了，因为他所著的《采购品类管理》是国内非常受欢迎的采购类经典著作，我早已拜读。对于这样一个为国际采购管理与咨询领域的大师的作品做译者的机会，我求之不得，便欣然接受。

在第一遍通读完原书之后，我兴奋万分，因为**这是一本聚焦于采购与供应链专业人员的谈判需求，整合了几乎所有的重要相关理论的集大成之作**。我的体会是，如果一名采购或供应链专业人员想把所有与谈判相关的理论知

1

识学习一遍，读这本书就够了。随着翻译工作的推进，我觉得自己的眼界更开阔了，思维也更活跃了。

其实，翻译工作本身是比较枯燥的。记得在开始翻译的那几天，因为需要非常专注地盯着计算机屏幕，在逐字逐句理解英文意思后，用恰当的中文表达出来，我的脖子和肩膀往往连续几个小时都保持同一个姿势。忙到下半夜需要休息时，我才发现脖子和肩膀都已经僵硬了，更不用提那双劳累过度的眼睛了。

正当我陷入苦闷之际，我的挚友——拥有丰富的采购管理经验和项目咨询经验的资深采购经理左冰女士向我伸出了援手。她主动承担了从开头到第5章的部分翻译工作，通过专业的解读和通俗的语言将原作者想要表达的意思完美地呈现了出来，我十分感谢她。

就这样，经过3个多月的艰苦奋斗，在编辑老师的鼓励下，在左冰女士的帮助下，在我的家人的支持下，我终于完成了这本近30万字的经典著作的翻译工作，为把国外优秀的采购与供应链谈判著作引入国内做出了微薄的贡献。对此我感到十分欣慰！

我衷心希望本书能够获得国内采购与供应链专业人员的认可，继《采购品类管理》之后，成为采购与供应链领域的又一本经典著作！

姜　珏

2021 年 3 月 30 日于北京

NEGOTIATION FOR PROCUREMENT AND
SUPPLY CHAIN PROFESSIONALS
Third Edition

前 言

　　这是一本荣获多项大奖的实战型图书，是我专门为想要在交易中更加高效地与供应商谈判的专业人士而写的。本书提供了一套实用性极强的谈判方法，包含多达 100 种战术与技巧，可以帮助读者切实地提升谈判能力。同时，它为如何规划、执行及推进谈判提供了详细的指导，从而帮助谈判者做到知己知彼、百战不殆。

　　说起买方与卖方的谈判，人们常常认为卖方会占据更大的优势。我们在网上可以找到成千上万本讲谈判的书，它们大多从某一方面或以某种形式介绍谈判知识。但问题在于，这些书传授的知识或技能往往都是以帮助卖方在谈判中获胜为出发点的。现实情况也如出一辙，卖方接受的谈判培训比买方多得多，所以前者往往更善于制订相对于买方更具优势的谈判计划。也正因如此，买方在谈判中经常处于劣势。我写这本书正是为了解决这个问题。

　　相较于采购与供应链管理的其他工作，谈判往往被视为更具独立性的工作。但谈判是采购方与供应商打交道时的必备技能，所以它是每一位采购人员都要掌握的技能。

　　卓越的谈判技能并非与生俱来，而是后天习得的，所以每个人都有可能成为谈判高手。但谈判又是一项不寻常的技能，并非通过大量的练习就一定能练成。这是因为，谈判技能是由很多层面构成的，各个层面都需要被理解、思考、恰当运用，直到得心应手。谈判的现有理论大多聚焦于谈判实操战术和谈判心理学知识的运用，这对谈判老手确实有用。但是，对初学者来说，到底应该如何开始谈判，又如何循序渐进地学习谈判呢？本书将会抽丝剥茧地解答这些问题。

要想提升谈判能力，首先要理解并掌握谈判的原理和方法，并且通过身体力行，最终形成自己的谈判风格。通过谈判风格影响谈判结果是很关键的一步，这需要极强的自觉性和自我管理能力。本书将逐步解读谈判的相关知识并指导采购与供应链专业人员在谈判中赢得优势，从而为企业获取最大利益。

这是一本专门为采购与供应链专业人员写的书，没有工作年限和级别的限制。它提供了谈判原理的基础框架，介绍了一系列制胜战术和技巧。它既适用于大宗交易的大型谈判，也适用于采购方与单个供应商的小型谈判。它既能帮助你在供应链管理中提高效率、降低风险，也能帮助你在日常生活中以更合适的价格买到一辆车或其他大件物品。它甚至可以让你更加热爱生活。如果你正在从事采购或供应链管理工作，请打开这本书吧。

你是如何运用本书介绍的知识在谈判中获胜的？请将你的故事通过电子邮件（Jonathan@Jonathanobrien.co.uk）发给我，我对此十分感兴趣。

致　谢

　　这是我已经出版的四本书中的第二本，现在已经更新至第三版。本书属于采购与供应链管理三部曲之一，其他两本分别是《采购品类管理》（*Category Management in Purchasing*）和《供应商关系管理》（*Supplier Relationship Management*），均由 Kogan Page 公司出版。我创作三部曲的初衷是帮助采购与供应链专业人员在工作中取得更好的业绩。

　　我创作此书的初衷是想提供一套可以切实帮助读者做好采购与供应链管理工作的知识体系。但是，相比于做计划，谈判的不同之处在于，在谈判中你需要应对各种突发情况，必须随机应变。在强大的压力和紧张感面前，你必须从容应对，知道如何回应。因此，写这样一本书是极具挑战性的。在写作过程中，我有时会面临如同刚开始学习骑自行车时一样的压力和窘境。

　　在此，我想感谢那些为本书辛苦付出的专业人士。感谢艾伦·埃本斯（Alan Ebbens）博士夜以继日地整理心理学知识并且开发了 COW SOAP ACE 模型①。这是他从泡澡时开始构思，直到喝了一杯红酒才迸发灵感而想出来的模型。感谢约翰·波特（John Potter）教授，他主要从事人质解救与社会安

---

① COW SOAP 模型涉及与谈判相关的人格的七个方面，即自觉性（Conscientiousness）、外向（Outgoing）、求胜欲（Will to Win）、以解决问题为中心（Solution Focused）、灵活（Open-minded）、随和（Agreeable）、冷静（Personal Calm），这一模型构成了评估人格进而强化谈判能力的基础；而 ACE 模型涉及自信（Assertiveness）、冲突模式（Conflict Style）和情绪能力（Emotional Competence）三个方面。ACE 模型与 COW SOAP 模型一起构成了一个完整的模型，本书第 6 章详细介绍了该模型。——译者注

全方面的谈判工作。他分享了很多真实案例，大家可以在本书后面的章节中读到这些案例。

感谢故人戴夫·史密斯（Dave Smith，于 2019 年去世），正是他一直鼓励我创作此书。戴夫是红表方法论的原创者之一，非常善于深入浅出地解释复杂的问题。他为本书提供了非常有用的素材，例如，关于力量的章节就是我们在斯里兰卡时一起创作的。我永远感谢并想念你，戴夫。

感谢莉萨·巴顿（Lisa Barton）带来的若干制胜技巧，包括与手机有关的案例。感谢莉莉·托马斯（Lili Thomas）研究神经语言程序学（Neuro Linguistic Programming，NLP），并指引我成为 NLP 的大师级实践者。感谢马克·哈伯德（Mark Hubbard）介绍游戏原理和流程图并制作了表 8.5。感谢所有参与拼写和语法校对的人，他们分别是朱莉·霍顿（Julie Houghton）、安杰拉·加伍德（Angela Garwood）和我的妻子伊莱恩（Elaine），感谢他们让我终于能够将标点运用得游刃有余。感谢 Kogan Page 公司的大力支持。感谢所有与我合作的企业与个人，是他们的全力配合让我对谈判的理解更加深入并完成了本书的创作。

我想感谢 2005 年的团队成员，他们是马克·哈伯德、克雷格·约翰斯通（Craig Johnstone）、戴夫·史密斯和菲利普·阿舍伍德（Philip Usherwood），是他们与我一起开发了至今仍在使用的红表方法论。

当然，我最感激的永远是我的家人，他们没有因我日复一日地写作而抱怨。最后，我要感谢购买本书的人，希望您能从这本书中获取价值并且能更好地应对谈判。

感谢位于巴黎的 HEC 管理学院的采购与供应链管理协会授予本书第一版特别推荐奖。本书于 2013 年成为 ACA-Bruzel 奖的候选书目之一。

本书的大多数模型和概念都是全新创作的，很多是前所未有的。附录里的红表方法论及示例的版权属于主动采购公司（Positive Purchasing Ltd）。通过 Redsheet 官方网站，您可以获取在线学习资源及更多细节信息。

目　录

NEGOTIATION FOR PROCUREMENT AND
SUPPLY CHAIN PROFESSIONALS
Third Edition

导　语

这是一本写给采购与供应链专业人员的实战教程。随着各章节内容的展开，如何规划和执行谈判、在谈判中什么最重要等细节将依次展现。当然，诸如超过百万美元的交易和购买核潜艇这类特殊的谈判并不会出现在大多数人的日常工作中。有时候，我们只是需要谈一个适当的价格，确保我们能从生产商那里买到我们需要的东西，甚至只是需要想办法在不做出太多让步的前提下满足孩子的要求。本书提供的一系列方法对处理这些事情有所帮助。

本书基于红表方法论—— 一个具有普遍适用性的谈判流程，它能告诉我们谈判的本质是什么，以及我们该如何发展个人技能以成为高效的谈判者。

要想掌握本书的精髓，读者需要知道以下三件重要的事情。

（1）如果你需要参与诸如购买核潜艇之类的重大谈判，请你通读本书以便尽快了解所有内容。

（2）跳过对你所参与的日常谈判不起作用的内容。

（3）形成你的风格，发展你的本领。

如同你在表达感情时语言和行为所体现出来的特质，你也需要拥有属于自己的谈判风格，这是一种随机应变的能力。

本书会在教授谈判制胜方法的同时提供一些建议、战术和技巧，但是如何发挥和提高你的谈判能力最终取决于你自己。正如威廉·扎特曼（William Zartman）和莫琳·伯曼（Maureen Berman）所说："好的谈判者是后天养成的，而不是天生的。"通过学习和实践，你完全可以成为自己渴望成为的那个人。

本书与我创作的另外两本关于战略采购的书属于同一个系列。这三本书分别在采购谈判、采购品类管理和供应商关系管理三个方面建立了完善而系统的知识框架。读者在其他两本书中看到的很多工具也会在本书中出现，只是应用场景不同。这三本书涵盖了包括现代思维与最佳实践在内的战略采购的核心内容，而且相互关联。因此，建议读者也读一下《采购品类管理》和《供应商关系管理》。如果某个工具已经在其他书中讲解过，那么本书将不再赘述，而是直接在较高的层面上引用相关内容。因此，我强烈建议读者通读这三本书，以便全面地学习战略采购知识。

25 个关键问题

　　本书将以尽可能符合逻辑的方式探索谈判的各个方面，旨在为 25 个关键问题提供答案和解决步骤。如果你能自信地回答这些问题，那么恭喜你，你的状态很好。这些问题体现了许多公司的愿望与现实之间的差距。本书不仅会提供这些问题的答案，而且会提供切实的行动方案，帮助读者制定方案并认识到实施品类管理所带来的好处。

关于谈判的 25 个关键问题

　　1. 什么是谈判？我们为什么需要精于谈判？

　　2. 什么因素会阻止我们成为优秀的谈判者？什么因素能够帮助我们成为优秀的谈判者？

　　3. 销售人员是如何在谈判中占据优势的？我们可以如何反制？

　　4. 我应该如何规划谈判？按照什么流程执行谈判？

　　5. 当我在进行一场谈判时，应该从何谈起？

　　6. 谈判的类型有哪些？我应该如何决定选择哪种类型？

　　7. 我应该如何确定自己期望的谈判结果？

　　8. 我应该如何确保组织内部关注谈判的人是团结一致的？

　　9. 如果我在做跨文化谈判，我应该如何适应不同的文化以获得成功？具体应该怎么做？

　　10. 我和谈判对手的人格特质是如何促进或阻碍谈判成功的？

　　11. 什么样的行为举止能够帮助我在谈判中获胜？

　　12. 我应该如何了解谈判对手并与之打交道以便占据有利地位？

　　13. 面对谈判对手，我有何力量？

　　14. 我应该如何增强自己在谈判中的力量并削弱谈判对手的力量？

　　15. 谈判对手在偷偷玩什么游戏？我应该如何转换游戏好让局势有利

于我？

16. 我应该如何确定谈判的具体要点或需求？

17. 我应该如何管理和控制交易和让步？

18. 管理会议或谈判时间的最佳方法是什么？

19. 哪些战术和技巧可以帮助我在谈判中获胜？

20. 我应该如何控制肢体语言并读懂谈判对手的肢体语言？

21. 我应该如何读懂谈判对手的潜台词及有效地管理我要说的话并用更恰当的方式说出来？

22. 我应该如何确保谈判中达成的共识被跟进和落实？

23. 当与多个对手谈判或者不能与对手面对面谈判时，我应该如何高效地开展谈判？

24. 组织应该如何提升全员的谈判能力？

25. 我做什么才能切实提升谈判能力？

NEGOTIATION FOR PROCUREMENT AND
SUPPLY CHAIN PROFESSIONALS
Third Edition

第 1 章
谈判入门

本章将介绍谈判的定义、类型和方法。具体来讲，本章会把谈判与人格联系起来，从而实现互补的效果；还会介绍如何运用谈判的方法弥补个人特质中的某些不足之处，从而提高谈判的有效性。

本章涉及的关键问题

1. 什么是谈判？我们为什么需要精于谈判？

2. 什么因素会阻止我们成为优秀的谈判者？什么因素能够帮助我们成为优秀的谈判者？

6. 谈判的类型有哪些？我应该如何决定选择哪种类型？

我们已经进化到可以谈判了

人们总说，优秀的谈判者是后天培养出来的，而非天生的。但另一个事实是，有些人的确生来便具有优秀谈判者的特质。威廉·扎特曼和莫琳·伯曼提出，优秀的谈判者都具备相似的特质：他们既有耐心又有自知之明，还有找到制胜方法的灵感和坚持到底直到达成协议的毅力。同时，他们认为优秀的谈判者都严守诚信。人们总是认为优秀的谈判者要么是百里挑一的人才，要么经过了特殊训练。不过，这种想法并不正确，虽然人们与生俱来的人格会对他们的谈判能力产生影响，但是我始终认为每个人都能成为优秀的谈判者，因为自知力和适应力会帮助我们克服与生俱来的某些不利于谈判的人格特质所产生的影响。

切斯特·卡拉斯（Chester Karrass）曾说过："在生活中，你得不到你应得的，你得到的只是你谈判的结果。"这与乔恩·汉森（Jon Hansen）对谈判的看法不同，但前者的看法特别适用于采购谈判。不过，我们一定要相信，只有通过谈判说服别人，我们才能占据更加有利的地位，获得更多的资源。实际上，谈判是我们在生活中一直做的事情，谈判结果或好或坏，只是我们没有意识到罢了。它是我们在小时候就习得的一种生存技能，而且我们一直都需要它。从人的本性来讲，我们都希望得到最好的东西并把这些东西分享给亲近的人。这种追求不是一成不变的，而是在不断变高的。一旦达成了某个目标，我们就会开始追求下一个，因为人的本性就是追求利益最大化。亚伯拉罕·马斯洛（Abraham Maslow）提出了需求层次理论（Hierarchy of Needs），他描述了人类的各层次需求并认为人们通过满足自身的各层次需求而不断发展（见图 1.1）。在现代社会中，我们的需求早已超越人类的基本需求。我不需要通过打猎为家庭获得晚餐，而只需要去超市购买食物再将其放进冰箱。然而，由于人的本性就是在满足了一个需求之后继续"攀登金字塔"以满足下一个需求，谈判就成了帮助我们实现梦想的关键技能。我们可以想一想小孩子是如何在未经任何训练时就学会运用谈判来满足自己需求的。我的女儿会趁我高兴时对我说："爸爸，你什么时候给我更多的零花钱？"她会可怜巴巴地瞪大双眼看着我，期望打动我。一旦我面露迟疑，她便会拿出事先准备好的说辞，如"同学们的零花钱都比我多"；而一旦我面露怒色，她会立即抛出对我有利的条件，如"只要你同意增加我的零用钱，我就不再缠着你陪我去商店买衣服，这样你就不用一直在童装店里等我而浪费时间了"。

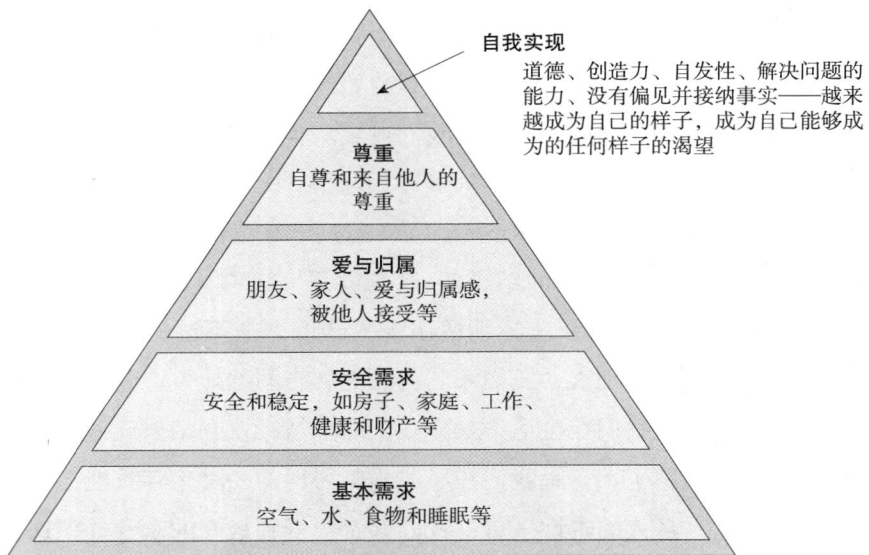

图 1.1　对马斯洛需求层次理论的解读

由此可见，谈判不是一种专业能力，而是一种生活技能，是一种我们或多或少已经掌握的技能。当处在商业环境中时，我们可以通过一个良好的、结构化的流程规划谈判。

定义谈判

谈判是一个由两方或多方参与，以达成协议为目的的过程。它是一项有明确起点、中间过程和终点的活动。在不同的阶段，我们可以从一个地方转移到另一个地方，并在交换意见的情况下最终达成用于解决问题的协议。

谈判既可以是正式的，也可以是非正式的；既可以是面对面的，也可以是远程的；既可以是一次简单的会议，也可以是一系列磋商。在很多情况下，谈判是必需的，部分情况如下。

- 买方和卖方尝试确定双方都能接受的价格、条款和其他采购事宜。
- 供应链专业人员与供应链中的多个参与者合作，以推动持续改进或实现企业的社会责任目标。
- 时间到了，劝孩子回家。
- 交战双方试图和平解决争端。
- 确保人质被安全释放。
- 在线竞拍。
- 工厂的管理层试图与工人或工会达成新的协议。
- 经由中间人谈判。

谈判常常发生在个人之间，但也会发生在团体之间，每个团体都代表它的成员或它所属的公司或实体组织的利益。有时不止两方介入，当三方或更多方需要达成一个统一的协议时，三方或多方谈判就会发生。这类谈判是非常复杂的，需要相关方细心且谨慎地对待。

谈判各方需要进行协商并进行某种程度上的利益交换。一个在很多文化中都存在的传统认知是，这需要面对面的交流。销售人员尤其喜欢面对面的沟通，因为一旦与客户建立关系、增强客户对自己的信任并让客户喜欢自己，便能够提高成交的概率。人是社交型动物，当对方就在我们面前时，我们会倾向于更加友善地与其进行交谈。面对面的沟通会增加"读懂"对方的机会，因此经验丰富的谈判者都喜欢面对面沟通。然而，面对面沟通并非总能实现。例如，与劫持人质者面对面沟通就比较困难；同样的道理，与在另一个地方的新供应商的沟通也很难面对面地进行；在在线竞拍的过程中，买方应特意避免与卖方直接接触。另外，越来越多的新技术也会改变我们对谈判的看法。我们可以看到，越来越多的谈判通过电话会议、视频会议、在线竞拍、电子邮件等方式进行。新技术带来了新的谈判方式并减轻了买方面对卖方时的心理压力，还能让欠缺经验的谈判者在经过基础培训后表现得更好。但是，新技术也带来了一系列新挑战，后文将具体介绍这些挑战。

主张价值和创造价值

根据谈判的价值，谈判可以分为两类，理查德·吕克（Richard Luecke）把它们描述为分布式和整合式，也就是主张价值的谈判和创造价值的谈判。

主张价值

主张价值的谈判是指谈判双方围绕有限的价值展开竞争，就像在切分一块馅饼（见图 1.2）。这块馅饼的大小是既定的，所以"彼之所得正是我之所失"。主张价值的谈判本身就具有竞争性，因为每一方都想实现利益最大化，谈判焦点是馅饼的切分方式。

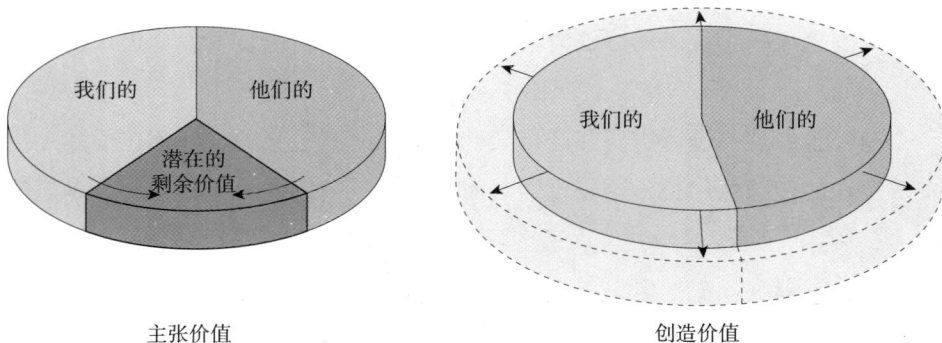

主张价值　　　　　　　　　　　　　创造价值

图 1.2　价值馅饼——主张价值和创造价值

创造价值

创造价值的谈判是指谈判双方充分合作以实现最大的共同价值。在这种情况下，他们需要解决的主要问题是如何让这块馅饼变大，给双方带来更多的利益。双方投入的资源及做出的贡献决定了双方得到的回报。如果利益分配不公，那么双方很有可能无法达成协议。创造价值的谈判者拥有更多可供分配的价值，因此更容易获得更好的谈判结果。

双赢的幻想

有一种普遍的说法是，谈判就是追求双赢。在我看来，这并非必然。虽然双赢是很多有关谈判的图书提到的"至理名言"和"唯一出路"，但就事实来看并非如此，双赢只是达成协议的一种情况。除此之外，还有**赢赢**，它表示双方已经达成协议，而且有一方获得了更大的利益。有时即使达成协议，结果却是赢输。输方可能别无选择，或者在达成协议时没有意识到自己已经输了。无论是双赢、**赢赢**还是赢输，都需要谈判双方最终达成协议。还有一种结果是双输，这意味着双方最终离开了谈判桌，没有达成协议。图 1.3 展现了不同的谈判结果组合和双方所达成的协议的性质。

双赢适用于创造价值的谈判。在一个以合作为主线、注重发展长期关系的环境中，双赢战略是完全适用的。虽然对创造价值的谈判来说，一个不公平的结果也有可能出现，但是在这种情况下，当一方意识到自己被对方占了便宜时，他们不会对结果感到满意，这甚至会影响双方日后的合作。即使处于劣势的一方不得不签订协议，这也注定是一场糟糕的谈判。因为聪明的谈判者知道，达成协议是一种选择，而不是一种义务。

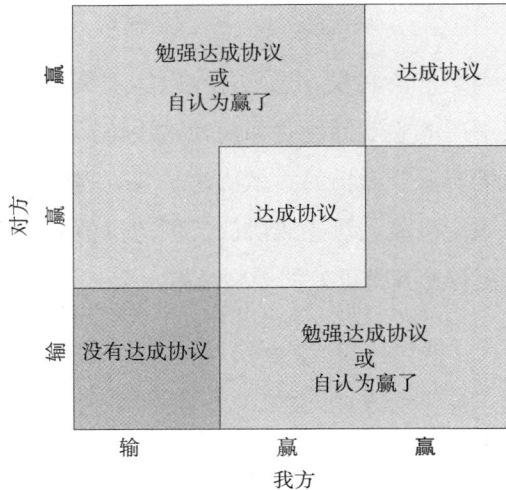

图 1.3　不同的谈判结果组合

　　结果不公平的另一个原因是，一方被愚弄了。如果我把自己的车卖得很贵但没有诚实地告知买方发动机有问题，买方就会自以为谈判是双赢的，但买方很快便会发现这是一场赢输谈判。的确，有人会故意欺骗对方，尤其是当他们确信自己可以瞒天过海时。但是，从道德层面考虑，我们应该避免这种行为。更重要的是，谁也不能保证自己与对方日后永远不再合作。人们通常把开始时使对方利益受损而自认为赢了的这种现象称为感知双赢，这恰恰是在谈判中确保达成协议的关键因素。自认为赢了并不局限于一方被欺骗的情况。例如，当一家大型零售商要求供应商削减利润、降低价格，否则就取消其供货资格时，供应商的不同理解也决定了其对谈判结果的感知。

　　当供应商拒绝此要求时，这便被视为一场双输谈判；当供应商最终勉强接受此要求时，这既可以被视为一场赢输谈判，也可以被视为一场双赢谈判，特别是当供应商认为损失一些利润来保障未来的业务非常值得时。因此，在谈判中，赢是一个非常主观的概念，它基于人们对交易的判断。如果我们对谈判结果很满意，我们就会认为自己赢了。赢与我们所处的地位及我们对地位的认知也有关系。正因如此，很多销售人员都把这种心理视作一种有力的战术，以期在谈判中占优。想象一下，为了得到一个木质面具，你艰难地与街头小贩讨价还价，最终以原价 1/10 的价格将其买下，你认为这是一个不可思议的结果，觉得自己占了很大的便宜。不过，这很有可能仍然是一个虚高的价格，只是因为你不知道而且永远不会发现。因此，你会一直保持着愉快的心情，直到发现它因为超重而无法被带上返程的飞机。

当我们在创造价值时，谈判旨在追求双赢；当我们在主张价值时，我们需要在谈判中追求利益最大化并尽可能令对方产生双赢的错觉，虽然实际情况是结果对我方更有利。同样的道理，我们也要小心，不要误认为结果对我方有利，实际上却不是。我们要谨记，达成协议是一个应该谨慎做出的选择。同样重要的是，公平起见，我们不能在协议中强加给对方不公平的条件。后文将提及更多此方面的内容。

开始

任何谈判的第一步都是确保谈判能够开始并有机会进行下去。

没有 ZoMA 就没有达成协议的希望

要想让谈判成功，就要有各方达成某种协议的可能性。例如，我决定以 7000 英镑的价格出售我的车，通过调查车龄和车况，我发现这是这辆车的市场最高价。我的信念告诉我，我要坚守价格并说服别人来买，但是如果过了一段时间仍无人问津，我会适当地降价。不过，我的心理底价是 6000 英镑，因为低于这个价格我就会考虑置换。因此，我倾向于以 6000 ~ 7000 英镑的价格卖掉我的车，当然，卖价越高越好。一名有意向的购买者可能有 6000 英镑的预算，但是当他看到车中有一些他喜欢的配置时，他表示可以出 6500 英镑。这名购买者在广告页中搜寻价格为 5000 ~ 7000 英镑的车时很有信心把超出预算的部分谈下来。这样一来，买方与卖方的成交价格区间就是 6000 ~ 6500 英镑。

罗伊·莱维基（Roy Lewicki）、约翰·明顿（John Minton）和戴维·桑德斯（David Saunders）将这一区间称为潜在协议区（Zone of Potential Agreement，ZoPA）。然而，这种叫法存在一个问题：在谈判中，我们不需要一个潜在的协议，而需要一个双方都能接受和受益的协议。因此，一个更加合适的叫法应该是双边协议区（Zone of Mutual Agreement，ZoMA），如图 1.4 所示。

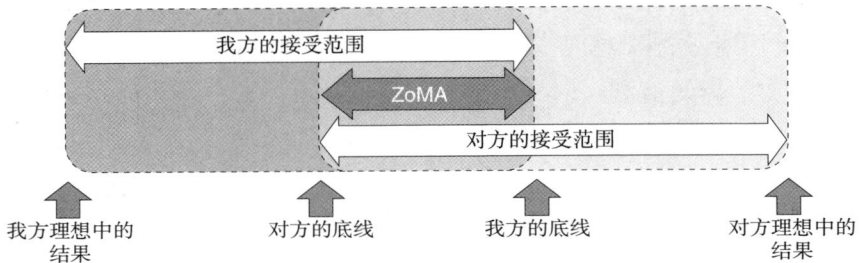

我方的接受范围

ZoMA

对方的接受范围

我方理想中的结果　　对方的底线　　我方的底线　　对方理想中的结果

图 1.4　ZoMA

在上述案例中，ZoMA 是存在的。不过，如果我决定价格不能低于 7000 英镑而买家不接受 6000 英镑以上的价格，ZoMA 就不存在了，我们也就不可能达成任何协议了。在某个时点，双方会放弃谈判。在现实中，很多情况下我们并不知道 ZoMA 是否存在。经验、知识和研究会帮助我们做出判断。但即使这样，我们仍然无法确定 ZoMA 的边界。要想确定 ZoMA 的边界，谈判者就要有周密的事前准备和强大的执行力。优秀的谈判者会使用各种各样的战术来尝试发现自己的边界是在对手边界之外还是之内。不过，最终当我们确定 ZoMA 不存在时，也就没有什么可谈的了。

把他们请到谈判桌前

形成 ZoMA、达成协议并且拥有强大的执行力是谈判的制胜因素。然而，只有双方都想要谈判，这些制胜因素才有意义。一个协议的达成，一定是双方或多方都想参与进而达成协议的结果。如果一方不想参与且安于现状，双方就没有谈判的基础。这会是一个严重的问题，因为即使我们的谈判能力再强，如果我们不能让另一方来到谈判桌前，也就没有谈判可言。德博拉·科尔布（Deborah Kolb）和朱迪思·威廉姆斯（Judith Williams）对此提出了以下建议。

- **给予鼓励**。强调对方在参与谈判后有可能获得的利益。需要注意的是，不能放弃谈判立场而只谈大致的结果。例如，当一个客户在看一辆敞篷车并说只是随便看看时，销售人员不应该提供报价或与之商讨条款，而应该强调开敞篷车兜风时的惬意，让客户想象风吹过头发的感觉，以引发其想要深入了解车的配置和价格的兴趣。
- **说明什么都不做的代价**。以上述案例为例，销售人员可以说："这辆车用不了多久就会被卖掉，很多客户都对它感兴趣。"
- **找盟友帮助自己**。如果客户是跟一位朋友一起来的，那么优秀的销售人员会对两人一视同仁，虽然客户的朋友并不是潜在买家，但是销售人员知道将其转化为自己的盟友是很有价值的。

　　谈判方式包括面对面交谈、电话会议和网络会议等。有时，谈判会在毫无准备的情况下突然发生。一封关于某种潜在需求的电子邮件有可能演变为一场涉及价格、条款和协议的谈判。如果没有提前向对方说明我方的意图，最好的方式是将话题自然地转向谈判，因为对方不会像我方一样有所准备。当然，这一招并非无懈可击。这是因为，当对方意识到自己没有做好准备时，如果他们足够聪明，就可能会因误解了意图而道歉，并要求休会，待准备好后再继续谈判。因此，意识到谈判是否即将发生十分重要，此时需要判断我方是否做好了充分的准备。如果没有也不要害怕，要求获得更多的准备时间即可。因此，"不上谈判桌"也是一种有效的战术，它可以令对方明白我方拒绝谈判也是有可能发生的。如果某一方愿意来到谈判桌前，就说明他们可以有所让步，所以当对手拒绝来到谈判桌前时，就说明他们没有意愿谈判或无法形成 ZoMA。这也是一种迫使我方承认对方地位的谈判战术。图 1.5 展示了谈判的前提与谈判成功的条件。

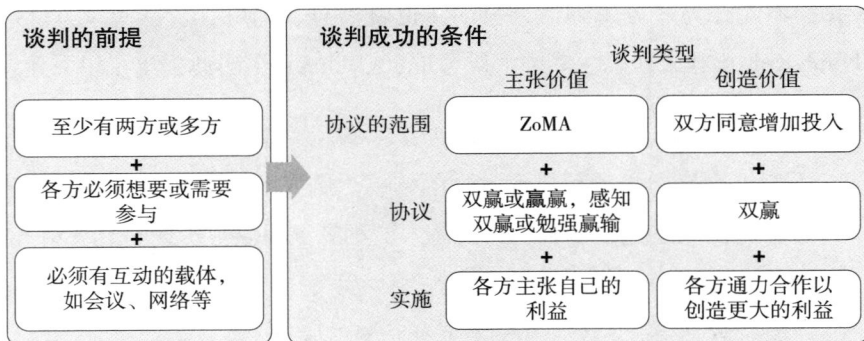

图 1.5　谈判的前提与谈判成功的条件

内心的敌人

要想获得好的谈判结果，我们需要克服什么呢？

人的本性，具体来说，就是我们的人格及塑造了我们、使我们成为我们的那些经验。

谈判是一场游戏，谈判中有多种力量来自我们内心深处。很多我们无法预知的事件都有可能在谈判过程中突然发生，这对我们的对手来说也是一样的。心理学家可以清晰地分析在谈判的前、中、后期谈判者的心理发生了哪些变化。有一系列不同的力量可以正面或负面影响谈判的走势。我们如果能够理解驱动自己和对手的力量，就可以利用这些力量更好地控制谈判。有五种力量可以帮助我们进行自我控制并成为高效的谈判者，它们分别是在谈判中获胜的需要、对失败的恐惧、自我认知偏差、关系和对信任的需要。

在谈判中获胜的需要

在谈判中，这可能是最强大的一种力量，它能够驱动人们为了达成目标而坚忍不拔、毫不妥协，迫使对方付出相应的代价。罗伯特·弗兰肯（Robert Franken）和道格拉斯·布朗（Douglas Brown）提出，人们的求胜欲来自其对世界充满敌意的深度恐惧，因此，生存下来的唯一方式就是战胜他人。这意味着，这种人更愿意通过直接攫取而非精耕细作的方式获得利益。其结果是，当人们有强烈的求胜欲时，他们在达成目标的过程中就会更加激进。这种行为对实现赢输和**赢赢**的谈判结果有利，但可能对发展长期的互惠关系不利。求胜欲是人格的一部分（后文介绍谈判准备时会对此进行详细讲解），有意思的是，销售人员和采购与供应链专业人员展现求胜欲的方式并不相同。销售人员一般会有内在的求胜欲，他们更喜欢通过高强度的竞争进行自我激发，并根据取得的结果获得报酬。相反，求胜欲在采购与供应链专业人员身上并不那么常见。如果采购与供应链专业人员不如销售人员那么好胜，这种人格就会导致前者在与后者的谈判中处于劣势。更重要的是，他们要具备调整自己的人格以适应各种谈判场景的能力，还要找到更多的方法以应对强大的谈判对手。后文将介绍更多的实用方法，帮助读者实现这个目标。

对失败的恐惧

对失败的恐惧也是影响谈判结果的重要力量，这种影响可能是正面的，也可能是负面的。恐惧心理常常可以促使我们获得较好的业绩。的确，对表演者来说，在舞台上的恐惧感使他们将每一个动作都做到尽善尽美。这是因为，如果失败，他们就不确定未来是否还有表演机会。然而，恐惧失败也有可能让我们止步不前、畏惧表现自我，从而阻止我们实现预期目标。

戴维·康罗伊（David Conroy）、贾森·威洛（Jason Willow）和乔纳森·梅茨勒（Jonathan Metzler）提出，以下五种恐惧会导致谈判失败：

- 感到丢脸和尴尬；
- 自尊受到伤害；
- 未来的不确定性；
- 失去社会影响力；
- 令重要的人失望。

在某些谈判场景中，谈判者被恐惧失败所驱动是一件好事。然而，假设谈判会令我们尴尬，或者我们会令对方感到不适，又或者我们觉得自己的行为会对自身职业发展产生负面影响，我们在谈判中的表现就会受到一定的影响和制约。更有甚者，如果强大的谈判对手一直说"不"，我们就会失去信心并受挫。这些都是个人层面的后果。因此，在谈判中，是个人因素而不是谈判目标在推动谈判。康罗伊、威洛和梅茨勒提出，我们对失败的恐惧程度与人格有强相关性。容易焦虑、悲伤和自轻的人更容易恐惧失败。这就需要我们在谈判中对人格有更好的理解并想办法扬长避短。有自轻倾向的人需要更加努力地工作，好让自己在谈判中充满自信。由此可见，自信与能力相关。换句话说，如果我们认为自己有能力，我们就能克服人格所带来的对失败的恐惧。因此，要想高效地谈判，我们不仅要了解自己，还要对我们的能力有信心。后文将提到人格是谈判者的核心成功因素。

自我认知偏差

如果我们低估或高估了自己或自己在特定情况下的行动能力，我们就会产生自我认知偏差。例如，一名强壮的孩子会认为自己天下无敌并主动参与打架，因为他想象中的自己比现实中的自己更强壮、更聪明，他确信自己会赢。

在谈判中，我们如果高估了自己的能力，可能就会相信做一下简单的准备和计划就能取得预期的结果。我在做职业生涯中的第一份采购工作时便有过这种想法。在那些年少轻狂的日子里，我曾与一家化学品供应商进行过一场重要的谈判，我的盲目自信导致了最终的失败。我事前幻想着自己坐在会议室里主导谈判，迫使供应商接受一切条件；我幻想着在向领导汇报时，领导祝贺我取得了惊人的"战绩"。但事实完全相反，这主要是因为面对这家经验丰富又准备充分的供应商，我只是一个初出茅庐的新手，而且毫无准备。以后每次面对这家供应商时，我总是背着沉重的包袱。

爱德华·韦尔斯（Edward Wells）和保罗·斯威尼（Paul Sweeney）把这种现象称为自我认知偏差，并提出：与对失败的恐惧一样，这种偏差也与个人的自尊心有关。如果我们拥有极强的自尊心，我们可能就会过分相信自己的能力。反过来，如果我们缺乏自尊心，我们可能就会低估自己的能力。经验有助于消除自我认知偏差，例如，自认为强壮的孩子在多次被揍得鼻青脸肿之后会改变其行为。再次强调，我们的人格、自尊心与我们在谈判中的表现有强相关性。

值得注意的是，为了在谈判中占据主导地位，我们需要学会如何通过大脑控制自己的表现，这是一门艺术，如同演员的表演技能。这尤其对低自尊的人有帮助，这些人需要在潜意识里暗示自己能够成功。如果你幻想自己会成功，那么你很可能真的会成功。反过来，如果你幻想自己会失败，那么你的潜意识就会驱使你这么做。当然，我们并不能用这些技巧替代周密的计划和精细的准备，否则就会重蹈我年轻时的覆辙。

关系的力量

人是社交型动物。关系及他人对你的看法多多少少都会对你产生影响，影响的程度取决于你的人格。关系可以形成强有力的纽带或责任义务，进而影响对方。同样，关系也会强有力地影响我们的行为。

要想高效地在谈判中获胜，就不能忽视我们与对方的关系。如果我们与对方有紧密的关系，无论是个人层面的关系，还是历史合作关系，我们都要在谈判中把维护关系视为头等大事。我们不仅要尽量避免触怒对方，而且要以维护双方利益为重，以高度信任为基础达成协议。在一些文化中，这是谈判成功的唯一方法（后文会讲到）。但是，在西方文化中，如果没有关系制约，一些不同的谈判战术就会出现，如强迫对方、触怒对方、寻求并非对双方都有利的结果等，但这些战术并不会令谈判老手犯难。例如，在在线竞价中，供应商与采购方没有任何关系，双方只是远程参与竞价。

出于这个原因，供应商会竭尽全力与采购方建立关系。如果供应商能让采购方喜欢他们，供应商就能让采购方相信这段关系至关重要并使采购方形成一些在谈判中不忍"痛下杀手"的关系感知。一名二手车销售人员在确定一辆车的最终价格时说"我们不会为了几百美元而争吵，对吗"，事实上，他试图给客户灌输这样一种思想：他与客户之间存在着一种关系，即一种双方可能会"闹翻"的关系，这使客户很难避免妥协。建立一种牢固的关系不一定是坏事，因为这在很多商务场合中是有必要的，但是我们也要对此提高警惕并明确边界，从而使关系受控。

对信任的需要

对信任的需要是一种十分重要但经常被低估的力量。哈里森·麦克奈特（Harrison McKnight）、拉里·卡明斯（Larry Cummings）和诺曼·切尔瓦尼（Norman Chervany）提出了以下三个建立信任的要素。

- **潜在的负面结果**。当存在风险、不确定性或可能产生负面影响时，成功的互动需要信任作为基础。
- **依赖**。依赖不一定需要信任，但是，信任建立在对另一方的依赖的基础上。格雷厄姆·阿斯特利（Graham Astley）和爱德华·扎雅克（Edward Zajac）提出，对另一方的依赖会使我们把对方放在对其有利的位置上。因此，当我们信任对方时，就是在通过依赖给予对方力量。
- **安全感**。如果我们焦虑或害怕，我们可能就不会信任对方，但会想要依赖对方，特别是当我们几乎没有其他选择时。这是一种情绪性的反应，我们越信任对方，就越感到安全。

对信任的需要可以通过减少对对方的依赖并削弱对方的力量来适当降低，后文会进一步讲解。不过，对信任的需要仍然是谈判的重要组成部分，不能被忽视。任何之前达成的协议和合同都可能被更改或撕毁，最终只能寄希望于某一方妥协或诉诸法庭。由此可见，为了保证协议达成并最终得到执行，信任是必须存在的。

如果我们能够说服对方信任我们，我们就能增强自身在谈判中的力量。我曾见过一名在伦敦地铁站惊慌失措的女乘客与一名尝试提供帮助的资深导引员建立信任的场景。当时，有一条地铁线路关闭了，该乘客试图找到别的线路赶往某地。导引员为她指引了一条她不熟悉的线路，她拒绝接受该路线并认为它不对，很可能会导致她迟到。这名导引员温柔地把右手放在她的胳膊上，说："相信我，我已经做了 34 年导引员了，我能对为你指引的这条线路负责。"这名女乘客迟疑了，她将身体放松下来并看着导引员的眼睛说："好，那我试一下，谢谢！"接着转身奔向那条线路。很明显，导引员做出这一举动是为了在一瞬间与乘客建立信任关系。然而，我敢打赌，如果我给那名女乘客看导引员的照片并问她"你信任这个人吗"，她很有可能说不信任。在谈判中建立的信任往往是一方使另一方产生的幻觉，这是销售人员几百年来常用的技巧。

信任往往与我们自己或谈判对手的文化背景有关。在西方文化中，信任很少被视为重要因素，尽管它在潜意识中有很强的驱动力。然而，在东方和中东的文化中，信任是谈判成功的前提。在那里，如果没有信任，双方几乎不可能达成协议。

公平与互惠

我们还需要克服自己面对对手时所秉持的公平与互惠的天性。如果我们不清楚这一点，它将成为谈判中最具破坏性的因素，但也可以成为我们用来影响对方、占据优势地位的因素。罗伯特·恰尔迪尼（Robert Cialdini）将互惠原则描述为：人们在收到礼物时倾向于回赠礼物或互惠。这个礼物可能是实物，也可能是某种善良或慷慨的行为。如果某人不断地为我们提供帮助或支持，我们就会觉得需要送他一些花作为回馈；如果有人邀请我们参加聚会，我们就会觉得需要回请邀请人；如果有人送我们生日礼物，我们就会觉得当他们过生日时也要回赠礼物。当我们考虑回赠礼物时，我们会将收到的礼物量化，觉得有义务回赠同等价值的东西，直到我们认为自己欠别人的东西被一一归还。互惠无处不在，甚至当一个人向我们微笑时，我们都会不由自主地回一个微笑。

在谈判中，互惠是用来做出妥协或促使交易达成的，它体现了我们心中公平和公正的意识。从本质上来讲，互惠就是"以物易物"，而"以物易物"的基础则是人们互惠的天性。这是当对手对我们有所求时，我们用来与对手交换利益的技巧。但是，当对方做出让步时，互惠原则会让我们感到内疚。供应商一旦洞察我们的想法，就会创造双赢的假象并建议彼此各让一步以达成双边协议，如平分差额（这是一种战术）。在创造价值的谈判中，真正的双赢策略是适合的，互惠行为也是恰当的。但是，正如我们所见，更多的谈判结果是赢赢并主张价值的。因此，供应商会寻求限定谈判的范围，迫使我们在其中交换利益，而且供应商每向着目标妥协一步，就会要求我们做出相同程度的妥协。互惠原则会让我们觉得自己谈得不错，但实际上我们可能已经被狡猾的供应商有意引导到他们预期的位置了。

谈判中的互惠原则因文化的不同而不同，虽然人们都倾向于互惠并将其视为一种义务。

互惠，特别是它在我们内心触发的义务感和愧疚感，可能会使我们做出毫无必要的让步。但是，我们可以通过更充分地意识到自己的义务感及有意识地选择何时做出回报避免这种行为。我们也可以通过抛弃"交易必须平等"这种先入为主的观念摆脱互惠的影响，这种观念是没有根据的，我们要做的是因势利导。

培养能力

说清楚如何做好谈判工作很困难，因为我们必须具备一系列综合性的技能和知识并克服潜意识里的很多问题。我们不仅需要知道做什么才能使谈判成功（这是陈述性知识），还要知道如何做（这是程序性知识）。当我的儿子第一次骑自行车时，我会教他应该怎么做。但是，他只有真正去做了，才有可能学会骑自行车。花费大量的时间介绍如何做的意义并不大，要想做好谈判工作，你必须亲自实践。

知道做什么

陈述性知识是关于如何理解谈判的概念和知道应该做什么的知识。具体来说，它涉及如何做计划和如何建立一个稳健的流程或路线图，从而帮助我们选择有效的谈判方式。

几乎没有什么有效的流程可以用来帮助我们制订谈判计划，该领域的智慧主要聚焦于战术和技巧。然而，高效谈判需要有效的计划。有经验的谈判者似乎本能地知道要做什么而无需参考任何流程。然而，他们其实也是按照从经验总结出的具体流程开展谈判的。

谈判经常被视为一门艺术，一项难以掌握的技能。但这并不是真的，这种错误的观念往往出自教授谈判和学习谈判的人的口中。高效谈判的技能并不能仅仅通过学习战术和技巧而获得，而是通过学习流程和框架，并在正确的时间、出于合理的原因实践它们而习得的。

本书的很大一部分内容围绕着为了实现高效谈判而建立的流程，这套流程是基于红表方法论建立的，这是一套已经被验证过的、能够有效地指导谈判的流程。它就像一个路线图，能够帮助我们在复杂的谈判过程中稳步前进，发现自己的错误，并最终达成对我们有利的协议。它主要包含以下内容：

- 端到端的步骤；
- 事前规划和数据收集；
- 评估双方的地位；
- 谈判的计划和战术；
- 谈判战略；
- 预估对手的地位和反应；
- 谈判所需的人格、行为和风格；
- 找出替代方案；
- 谈判后的复盘。

知道如何做

学骑自行车的道理同样适用于学习谈判。正如前文所说，人们不可能通过口述或阅读的方式学会骑自行车，不是说我们的大脑理解了就一定能做成。只有当我们从一个地方骑车去另一个地方时，我们才会知道如何应对各种危险情况和意想不到的事情，这些都不是事先能够意识到的。当我们骑车前行时，我们会不断提升自己的运动协调能力和应对不同突发情况的能力，谈判也是如此。陈述性知识是关于如何理解谈判的概念和知道应该做什么的知识，也是关于如何设计并制订有效的计划和操作流程的知识。

程序性知识是关于知道如何谈判及从潜意识里找到做事方法的知识。这与我们在没有完全预料到一些情况时所表现出来的应对能力有关。

这种能力会变成个人的谈判技能并形成核心能力。它是个人从经验和实践中获得的，可以通过学习战术和技巧得以提高，后续章节将介绍很多相关的内容。

人格、流程和本领

如前文所述，内在的敌人会与我们作对。要想做到高效谈判，我们就必须了解自己的人格并通过自我管理调整某些人格特质，尤其是那些可能会影响谈判结果的人格特质。我们必须对关系和对信任的需要这两种力量保持警觉，我们在某些情况下需要它们，但用错了的时候它们就会误导我们。流程或路线图是确保我们完善计划和推进谈判的基础。最终，通过学习和复盘，以及在各种不同的情况下使用一系列的战术和技巧，我们的谈判能力将得以提升。因此，高效谈判取决于人格、流程和本领，这也是后续内容的主题。

第 2 章
反制销售人员的优势

本章将介绍销售工作与采购工作的区别，以及为什么采购与供应链专业人员在面对销售人员时常常处于劣势。本章将从销售人员的人格特质、流程和本领的差异讲起，进而说明我们在采购时应该如何反制销售人员。

本章涉及的关键问题

3. 销售人员是如何在谈判中占据优势的？我们可以如何反制？

你确信采购与供应链专业人员是优秀的谈判者吗

人们往往期待采购与供应链专业人员是优秀的、受过良好训练的谈判者，能够应对任何供应商并取得异于常人的业绩。这就如同请求 IT 人员来修复你的计算机，因为他们在 IT 部门工作，所以其他人经常会假设他们知道关于计算机和互联网的任何操作，甚至知道如何在电子游戏中通关，但现实往往并非如此。

在我的职业生涯早期，我有一种强烈的不称职的感觉，因为我被要求与许多供应商谈判，却没有接受过任何培训，也不了解"好"的标准是什么。

总的来说，我主要使用虚张声势的方法谈判。我觉得，如果我在谈判过程中明显表露出不安，就很可能会使自己处于不利的位置。回首往事，我从那些早期的经历中学到了很多，但当时我并没有意识到这一点。

正如第 1 章提到的，我们如果恐惧失败，在某些情况下就会努力地谈判，力争获得好的结果。采购与供应链专业人员一定要充满自信地制订并执行谈判计划。理解这一点并不难，但是当我们在面对同样计划周详、十分专业甚至占据更有利地位的供应商时，能否依然保持自信就是一个问题。对采购方来说，在谈判中并不是必须从一开始就要达到最佳状态。在很多公司，销售团队往往被认为是提升业绩的关键，因此他们可以获得优质资源实现销售业绩最大化。因此，如果我们想要自信地完成谈判，就必须先了解我们的对手是谁，他们占据优势地位的方式是什么，以及我们应该如何反制他们。

成功的谈判取决于人格、流程和本领。这对双方来说都是真理，因此，我们不仅要知道我们自己在这三个方面的能力，还要知道对方的，正如孙子所说："知己知彼，百战不殆。"

尽管将供应商视为敌人可能会适得其反，但商界确实可以从军事战略中学到很多东西。在诞生 2500 多年后，《孙子兵法》仍被不断地印刷，这说明孙子的观点是正确的。因此，本章剩余的部分将研究供应商是如何从人格、流程和本领的层面获得优势的，以及采购方应该如何反制。

销售人员背后的流程

谈判是双方或多方通过交流达成协议的过程。对采购与供应链专业人员来说，谈判是战略寻源与供应链管理的一个组成部分。从理论上讲，它与采购和供应链管理的职能衔接。然而，从销售的角度来讲，谈判与销售鲜有区别。《韦氏词典》把销售定义为"通过沟通达成共识"，这与我们对谈判的定义类似。对销售人员来说，销售与谈判的流程几乎一致，销售与谈判的起止界限是模糊不清的。当我们与新供应商打交道、与现有供应商谈合作或与特殊供应商维持关系时，供应商的销售人员所采用的方法都是一样的。要想理解销售人员为实现高效谈判所采用的流程，我们需要先理解销售流程。这套流程的背后是指导销售人员一步步完成销售的方法论，它让销售人员所使用的系统得以运转，让销售人员的能力得以提升。

销售的方法论

对大多数企业来说，销售可不能靠运气，几乎没有组织会依靠超强的个人能力来提升销售业绩。相反，它们会使用一种系统性的方法，遵循一套已经被验证过的、有效的流程，一套有纪律地在整个销售部门中实施的流程。市面上有很多被认可的销售流程能够指导销售人员在各种不同场景中赢得客户。罗珊·斯皮罗（Rosaan Spiro）、威廉·斯坦顿（William Stanton）和格雷格·里奇（Greg Rich）为销售管理制定了一套完整的工作方法，甚至包括按步骤展开的流程，即"销售漏斗"（见图 2.1）。它阐述了在销售过程中如何管理、筛选大量的初始潜在客户，以获得数量更少但成交机会更明确的潜在客户。由于销售过程中的自然筛选，许多最初的潜在客户会由于各种原因逐渐消失。销售漏斗的每一个步骤可能由组织中的不同部门完成。通过由具体团队引导的初步接触，如跟进电话、密切交流、网站询价、展示会议或某些市场活动，销售人员可以"认证"这些客户是否对产品或服务感兴趣。对于感兴趣且拥有购买权限的客户，销售人员会主动跟进。

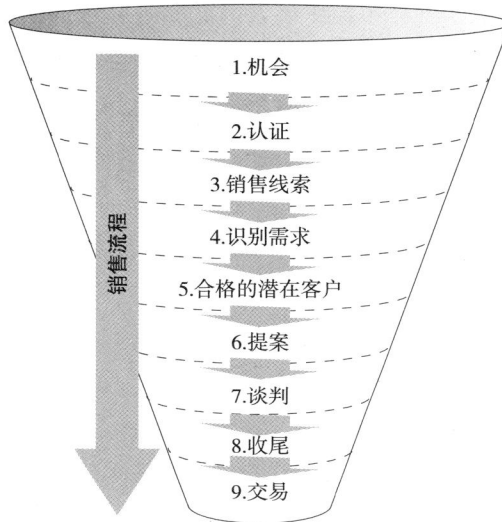

图 2.1　销售漏斗

　　在这个阶段，经验丰富的销售人员可能会主动与客户沟通，了解其具体需求并尝试提供能满足其需求的条件。这时，销售人员需要运用销售技巧来创造合格的潜在客户，该客户（个人或组织）从最初的对产品或服务感兴趣发展为已经表达了对产品或服务的需求。这是销售流程中的重要阶段，销售人员要有技巧地灵活应对，说明和强调产品或服务的关键属性，以便说服客户相信购买该产品或服务是一个正确的选择。或许你听过有人激情澎湃地讲如何把雪卖给因纽特人。如果这种事情确实发生了，那么销售人员无疑需要高超的销售技巧和装样品的冰盒子。这是一种倾听和巧言的技巧，但更重要的是，这是对销售方法高度的活学活用。因此，我们在按照销售流程一步一步前进时，会发现整个销售过程的很多层面都需要强大的销售能力。同样值得注意的是，在销售流程中，如果客户不能准确地描述其潜在需求，销售人员就要尝试帮助客户定义并建立需求。这正是采购与供应链专业人员在实践时常常犯错的地方，他们很容易被销售人员乐于助人的表现所诱导，并认为这是谈判之外的沟通。但事实并非如此，后文会再次讲到这个话题。

确认合格的潜在客户意味着销售人员需要进一步确认个人或组织采购的能力和可能性，以及必须了解的阻碍和风险。销售资源是十分珍贵的，因此需要备加珍惜。虽然具体的方法因组织而异，但这一"认证"流程都会涉及一些可用来判定销售机会的因素。销售人员往往会寻求以下信息：

- 预算；
- 授权；
- 更为广泛的组织需求（销售成功的关键）；
- 谁是赢家或输家；
- 谁是盟友，即辅助销售的人；
- 谁会捣乱；
- 谁是决策者或预算的批准者。

对于合格的潜在客户，销售人员可以提出一个务实的建议，以便进入谈判、收尾和成交阶段。

对客户来说，销售的各个阶段几乎不可见，但销售人员会严格地按照流程系统地推进销售。谈判是在此流程中发起的，作为单独的一步，用于结束销售。它反映了为了结束销售而召开的会议或开展的互动的时机，其起点是"认证"阶段，即销售人员开始认真地与客户接触的时候。优秀的销售人员不会一上来就问客户想要什么。相反，他们一开始会与客户建立关系和信任。在销售人员了解了客户需求并确认销售机会后，成功的基础就形成了。这种规律具有普适性。在一些文化中，建立关系是开展实质性对话的先决条件。信任至关重要，销售人员越早与客户建立某种信任关系，销售成功的概率就会越高。在现实中，销售人员会利用社交媒体和社交网络来建立关系和信任。聪明的销售人员也会通过人际关系网络，以"我认识谁"的方式与客户快速建立信任关系。事实上，人际关系专家简·韦尔梅朗（Jan Vermeiren）提出，一位值得信任的同事的推荐约有 80% 的销售成功率。

如上所述，销售流程包含不同的阶段，也有其他不易被察觉的博弈。销售人员会系统性地尝试推动客户向着成交迈进，并与其建立信任关系。AIDA 模型被普遍认为是来自广告业的销售模型。该模型的提出者埃尔莫·刘易斯（Elmo Lewis）认为，销售流程包括以下几个方面的内容。

- A——关注（Attention）：获得客户的关注。
- I——兴趣（Interest）：通过介绍产品或服务的属性和特征来说明其优势和好处，从而引起客户的兴趣。
- D——渴望（Desire）：让客户产生购买产品或服务的欲望，并认为它能满足他们的需求。
- A——行动（Action）：完成交易，让客户买下。

我们可以想象，我们与销售人员打交道是销售流程的一个阶段。在这个阶段，销售人员会寻求与我们建立关系、赢得我们的信任、创造他们所渴望的机会，并通过令人信服的理由驱使我们进入谈判环节。销售人员会基于他们对成交可能性的评估，聚焦于如何利用他们手上的资源与我们达成协议。与此同时，他们会不断地收集信息以评估和整合资源。

内部的协同一致和销售人员的组织方式给销售人员带来了巨大的优势。当销售人员面对我们或我们的组织时，他们的组织会在背后通过一致的销售流程为他们提供支持。例如，在销售流程以外或销售人员不知道的情况下，供应商的运营、开发部门与采购方之间的沟通是很少见的。供应商的这些部门将有可能帮助采购方谈出更好的结果的信息提供给采购方的情况就更罕见了。实际上，这种行为应被视为不忠诚和不恰当的。

采购人员面对的沟通方式却有很大的不同，因为采购人员背后很少有这种部门对其保持协同一致并为其提供支持。实际上，采购人员经常与其他部门抗争，以便在供应商面前保持一定的地位。采购与供应链管理以外的其他部门经常会直接与供应商建立关系，而采购或供应链管理部门只能减少这种情况的发生。但问题是，组织里的所有人都没有接受过关于如何与供应商打交道的培训，因此他们很可能在不知道游戏规则的情况下没有察觉到向供应商分享信息的危害。了解到这一点的供应商会使用分而治之的手段，确保自身的安全，并获得关键情报。

销售所使用的系统

销售流程需要技术的支持。现代销售工作的核心是一个良好的客户关系管理（Customer Relationship Management，CRM）系统，而且几乎都是电子化的，要么基于网页，要么储存在销售团队可访问的公司服务器上。CRM系统是供应商用来采集和分享采购方业务情况及记录每次活动的所有细节的工具，它还能帮助供应商整合资源，进而分阶段管理具体事项，以便供应商预先将采购方从不同的阶段带入成交阶段。这里记录的不是采购人员孩子的名字或采购人员的休假时间，也不是采购人员举行某次会议的时间。优秀的销售人员会在CRM系统中记录下次见客户时要注意的细节或要推进的具体事项。与客户关系的发展常常也会在CRM系统中通过直接而实时的互动得到很好的管理。

销售团队的能力

能够帮助销售人员赢得客户和完成销售任务的任何手段都至关重要。你只要在互联网上搜索，就能找到很多培训课程、制胜方法、专业图书、专家语录、实用技巧等，这些都可以用来帮助销售人员完成交易。相反，在采购与供应链管理领域并没有这么多的帮助和支持。以下内容从侧面印证了此现状。例如，关于销售的出版物数量是关于采购与供应链管理的出版物数量的3倍，并且在关于采购与供应链管理的出版物中，只有一小部分提到了战略采购和供应链管理将如何帮助企业提升竞争力。有超过2万本书都是从某个角度来论述谈判的，但是绝大多数都是从销售的角度来讲的。只有几百本书提及如何与供应商谈判，只有少数几本聚焦于采购与供应链管理职能。当我们了解销售和营销团队的培训经费时，也会发现类似的不平衡。美国劳工局发布过相关数据，平均来看，销售人员接受的培训次数是采购人员的10倍，这让采购人员输在了起跑线上。此外，对销售人员的培训并不局限于销售或谈判技能，而是常常延伸到如何建立关系和信任等方面。这可能包含心理学、肢体语言和沟通技巧等方面的培训。只有很少的采购人员接受过这类培训，但这类培训一般都有助于采购人员提升谈判能力。因此，采购人员能够对抗能力较强的销售人员，即使他们经过了严格的培训，得到了大量的资源支持。

销售人员的人格

如果说优秀的谈判者是培养出来的，而不是天生的，那么销售人员呢？如果说谈判和销售是紧密相连的，那么这是否意味着优秀的销售人员也是培养出来的而非天生的？要想得到答案，就要总结优秀的销售人员的典型人格。根据已经发表的文献，优秀的销售人员身上普遍存在四种人格特质，分别是善于建立关系、自我激励、知识体系完备和具有同理心。

与你建立关系的人

优秀的销售人员善于建立关系。罗伯特·萨克斯（Robert Saxe）和巴顿·韦茨（Barton Weitz）提出，以客户为导向的销售需要培养客户关系，销售人员要帮助客户评估其需求和购买行为，同时要避免欺骗、操纵和施压。欧内斯特·迪希特（Ernest Dichter）有不同的观点，他提出优秀的销售人员需要具备出色的能力，并建立一种存在于表面的关系。换句话说，销售人员要像变色龙一样因势利导。巴顿·韦茨、哈里什·苏扬（Harish Sujan）和米塔·苏扬（Mita Sujan）在此论点的基础上提出，有效的销售需要具备很强的适应性。这意味着销售人员要有足够高的情商，知道在什么情况下应当如何表现，当形势改变时，也能控制和调整自己的言行。优秀的销售人员要出于本能地在任何情况下都让别人喜欢他。正如第 1 章提及的，这种表现源自人的基本需求——希望被别人喜欢或不愿让别人难过，这是一种很有力量的需求，以至于它能影响我们的行为。建立关系的能力是企业招聘销售人员时会重点关注的因素，但不是一个可以凭经验评估的因素。招聘人员通常会考察应聘者的"瞬间型"特质。你可能认识具有这种特质的人，他们在任何情况下都能让人们很快地喜欢上他们。

被高度激励的销售团队

销售人员常常是被高度激励的个体，喜欢基于销售业绩获取个人回报的奖励体系。巴顿·韦茨、哈里什·苏扬和米塔·苏扬将激励描述为销售人员的重要赋能工具，并提出这会影响销售人员在销售和谈判过程中的努力程度和投入的持久性。他们还提到，应该训练销售人员学会在纷繁的选择中聚焦于关键点并找到取得成功的最佳方式。这意味着优秀的销售人员会持续保持"饥饿"和赢得胜利的渴望。这种行为模式的外在表现包括以下几个方面：

- 追求结果的毅力；
- 在组织内结交能帮助自己获得成功的盟友；
- 善于利用各种沟通机会与他人建立关系；
- 竭尽全力完成交易，做所有必要的事情。

销售人员的知识

除了人格特质，拥有完善的知识体系也是优秀的销售人员身上普遍存在的特质。很明显，任何优秀的销售人员都要全面了解自己所销售的产品或服务，但需要掌握的知识远不止这些。巴顿·韦茨、哈里什·苏扬和米塔·苏扬提出，高效的销售行为需要销售人员具备产品或服务及销售流程以外的知识，如客户的价值观。正如我们所见，优秀的销售人员会与客户建立关系。为了高效地建立关系，他们会想办法通过各种渠道全面地了解客户。如今，销售人员大多会事先在搜索引擎及社交媒体上搜索客户的名字，再参加会议或谈判。

有同理心的销售人员

同理心是销售人员理解和分担采购人员的感受和忧虑的能力，被实践派和学院派视为有效销售的基本元素。C.W. 冯·伯根（C.W. Von Bergen）和罗伯特·希利（Robert Shealy）将同理心描述为"识别并满足客户需求的流程的核心部分"。

唐纳德·麦克贝恩（Donald McBane）提出，从销售的角度来看，同理心由以下三个部分组成。

（1）接纳客户观点的能力。要想做到这一点，销售人员就必须了解人性并知道客户在不同情况下的行为方式，还要知道客户在不同的视觉信号、语言信号和其他感观信号的影响下会有何种感受。正是出于这个原因，销售人员经常接受这类培训，以期解读客户的肢体语言并通过言语判断客户在谈判中的地位。了解了客户的观点，销售人员就能更好地预判他们的反应，识别他们的需求并相应地调整销售策略，以提升销售的成功概率。

（2）对客户的利益和感受表示关心。这是一种不需要真正了解客户的情感，就能察觉他们的感受并触发一种利他的反馈以帮助他们的能力。当销售人员询问"我可以为你做什么"时，就意味着销售人员愿意为客户提供帮助。因此，当销售人员感知到客户需要帮助时，就会触发这样的同理心，从而增进双方的信任。

（3）情绪传染。这是销售人员与客户感同身受时所引发的情绪传染。例如，当一个人看到其他人很开心时，自己也会感到快乐，就像婴儿的微笑会给他的父母带来快乐。如果客户对一笔潜在交易感到兴奋，那么销售人员也会有同样的感受。然而，情绪传染也有不好的一面。强烈的情绪传染可能会使一个人在感受到负面情绪时也陷入类似的情绪，从而失去帮助对方的能力，甚至无法与对方有效地交流。从销售的场景来看，负面情绪传染会阻碍销售人员并影响销售人员对客户的判断。在面对客户真实的愤怒和悲伤情绪时，优秀的销售人员会立即迫使自己做出恰当的回应。说"你害惨我了"之类表达自己被侵害或责问销售人员的话对客户来说是有效的谈判战术，它们会削弱销售人员立即回应的能力。这个技巧被全世界的水管工广为使用，他们在面对一个合理的请求时，总会叹息一声，为难地摇摇头。

优秀的销售人员到底是后天培养的还是天生的？有些人看起来天生就具有某些与销售相关的人格特质，十分适合从事销售工作。例如，哈里·沙利文（Harry Sullivan）提出，同理心是我们与生俱来的特质。但是，乔治·米德（George Mead）提出，同理心是可以通过持续练习和积累社交经验培养出来的一种能力。因此，销售人员习得同理心是非常有可能的。此外，聪明且有意愿的个体经过适当的激励，很快就会找到快速建立人际关系、发展个人动机和积累提高效率所需知识的方法。因此，优秀的销售人员主要还是被培养出来的。然而，组织在销售人员身上投入的资源与其在采购人员身上投入的资源却不成正比。

销售人员的本领

本领是方法、战术和技巧的集合。销售人员使用本领来推进、引导和控制销售行为或谈判，以获得对自己有利的结果。每个人的本领都有特殊性，它是人们在观察、学习销售和谈判的过程中，通过尝试不同的方法并采用被证明有效的那些方法而习得的。销售人员增强自身本领的目的是在与客户互动时，通过在正确的时机实施战术和反制措施减少客户的替代选项，创造带有压迫性的理由，迫使客户与自己达成协议。

本领提供了一种控制的方式。销售人员如何塑造与客户的互动是决定销售行为有效性的关键因素之一。罗伯特·博尔顿（Robert Bolton）将这种塑造行为与自信紧密地联系起来，即销售人员越自信，他们就越有能力塑造和控制自己，而且他们的本领就越高超。麦克贝恩将销售人员的人格与他们的同理心联系起来。有同理心的销售人员能站在客户的角度思考问题并与客户共情，在面对客户时更容易做出合适的回应，以取得理想的谈判结果。但是，麦克贝恩也提出，当客户表现出负面情绪时，销售人员的这种能力会被削弱。

本领对任何销售人员来说都是至关重要的。本领可以在谈判过程中的适当时刻为销售人员提供合适的"弹药"。

我曾问一位以卖车为生的朋友，他是如何说服"只是看看而已"的客户买下一辆车的。他说了一系列体现其本领的战术，但是他只会在客户真正感兴趣并且负担得起的情况下使用。如果一对夫妇或一个家庭来看车，他会描述这辆车将怎样提升他们的生活质量，使这个家庭开始想象全家开车出去兜风的场景。有时，他需要试着强调车的稀缺性，促使客户尽快做出决定，如"很多人都对这辆车感兴趣"或"现在买下还能享受特别折扣"。当客户还在摇摆不定时，他会说"我们现在签合同吗"，接着开始准备文件。很少有人能不被他说服。这些本领是我的朋友从多年的销售实践及别人的反馈中习得的，他已经把这些本领内化了。

处于劣势的采购方

至此，我们可以得出结论，优秀的销售人员是培养出来的而不是天生的，组织需要投入很多资源去培养他们。作为采购人员，我们将要面对的是强大的谈判对手，他们经过了严格的培训，同时受到周密、高效的销售流程的指引。销售人员很可能不仅接受过销售技能培训，还接受过软技能培训，这些培训能够帮助销售人员让我们更加喜欢和信任他们。根据个人经验，销售人员可能还有很多战术，我们可能并没有意识到其中的很多战术已经被实施在我们身上了。

对很多采购与供应链专业人员来说，一场与供应商的谈判或一场与供应商的会议常常只是排得满满的日程表里的一项，所以他们并没有充足的时间做好准备工作。但是，供应商的销售团队却在精心筹备、整合资源，并且拥有一支强大的支持团队。因为他们的任务就是向你销售，所以他们有足够多的时间和精力制订一个能帮助其在谈判中获胜的计划。

优秀的销售人员会尝试利用他们已经建立的各种关系收集关于你和你的组织的信息，如你的职位等，以便有的放矢地制订计划。

总之，采购人员很可能会在一场与供应商的谈判中明显落于下风。在很多组织中，造成这种情况的原因都是历史原因，但情况并非总是不尽如人意。事实上，采购人员拥有很多自己尚未发现的力量，而且完全有可能反制供应商的优势，进而创造属于自己的优势。

把握优势

还记得成功的谈判取决于人格、流程和本领吗？了解了销售人员使用的流程，采购人员就有可能理解游戏规则，并通过一个被证明有效的替代流程逆转局势。因此，我们可以更好地控制整个组织与销售人员的交互，在每一个接触点上，组织的利益相关方只会分享对谈判有利的信息，阻止销售人员从我方任何人员身上得到对他们有利的信息。

如果我们了解了销售人员的人格特质和自己的人格特质及潜在的缺点，我们就能确保关系建立在对我方有利的基础上。这种认知可以帮助我们避免落入信任陷阱，更好地管理我们的言行。我们甚至可以通过表现得很痛苦来打破销售人员的防御。我们还可以学习销售人员的本领，认清他们的战术，进而得知他们是如何构思战术的，从而建立自己的本领反制这些战术，并创造属于自己的优势。

如果我们开始做这些事情，我们就能利用人格、流程和本领在谈判中占据优势。本书后续内容将提供路线图，下一章将开始详细讲解。

NEGOTIATION FOR PROCUREMENT AND
SUPPLY CHAIN PROFESSIONALS
Third Edition

第 3 章
红表方法论——谈判的制胜流程

本章旨在概述一套行之有效的谈判流程，它涵盖了从计划、执行到反馈的整个过程。本章将介绍红表方法论，该方法论为后续内容提供了框架，明确了谈判过程中各个层面的因素，以帮助我们在谈判中取得成功。

本章涉及的关键问题

4. 我应该如何规划谈判？按照什么流程执行谈判？

基于流程的方法

成功的谈判需要一个好的流程。此流程应当包含所有我们需要做的事情，并将它们按照一定的时间和次序排列，从而确保谈判是完整而有效的。同时，这个流程应该是可以被反复运用的。从组织管理的角度来看，有些谈判者完成谈判后仅仅说结果不错的做法是不够透明的。高效的谈判者会有一套方法论或常用的工作方法。有时这些方法并没有明确的定义，只是谈判者从经验中逐渐习得的，但它们都是可重复使用的、有效的方法。我们在阅读了大量关于谈判的书之后发现很多书几乎从来不讲流程，而是分享一些难以在实际工作中应用的理论知识。更多的书聚焦于战术、技巧和谈判制胜原理，让读者自己领悟在实际工作中如何学以致用。这或许是谈判经常被视为特殊技能及新手常常觉得自己并不知道如何上手的原因之一。

流程可以给团队带来信心、一致性及共同的工作方式，它通过在团队成员的脑海中形成一个可重复使用的方法来提升其能力。它不仅依赖人格和本领，还利用一切可用的信息并按照计划形成制胜的工作方法，从而确保获得期望的结果。对采购与供应链专业人员来说，按照一个可行的谈判流程做事，要比关注与自己对接的销售人员更加重要，流程能够帮助采购人员在面对受过良好训练的销售人员时获得一定的优势。

红表方法论

红表方法论是一个为谈判提供框架和操作流程的高效的计划工具。它被全球多家公司采用，而且卓有成效。在一些组织中，当合同或协议的价值高于一定金额时，使用红表方法论是强制性规定。红表方法论最初是采购人员用来制订谈判计划的，之后被广泛应用于各类谈判。

顾名思义，红表是诞生于红色纸张上的一张表单（见图 3.1）。它以海报的形式出现，包含谈判的计划与整个执行过程的端到端的流程，旨在从整体上促进团队协作。这张海报可以被放在墙上或桌子上，以便团队成员围在一起按步骤完成工作。这种工作方式被越来越多的组织所使用，旨在最大限度地促进团队成员的互动及提高规划工作的效率。值得一提的是，红表现在已经被电子化，并可以在线使用。

图 3.1　使用红表

红表方法论的结构和次序会在后续内容中详细讲解，它定义了一个可以实现高效谈判的有效流程（附录会提供完整的流程）。这个方法论能够帮助个人和组织在很多方面实现高效谈判，特别是在以下五个方面。

- 在供应商面前强化自身团队整体的合作与协同能力。
- 帮助采购人员消除其与销售人员在培训和经验上的差异。
- 消除过于个性化的战术和对演技的过度依赖。
- 为充满自信地引导谈判提供路线图。
- 将谈判活动与更广泛的采购职能活动结合起来，确保各个渠道收集到的所有情报和信息都能被有效利用。

谈判步骤概述

如果你想让有严重恐高症的人坐飞机，你就不能像对待其他普通乘客一样只是把他带上飞机并直接把他置于飞行压力之下，而应该先做一系列的准备工作。你应该让他先熟悉坐飞机的概念，然后带他看看飞机的样子和航站楼中来往的人群。如果一切顺利，那么接下来你可以帮他订一张机票并尝试让他通过安检来到登机口。最后，你或许可以通过支持和鼓励说服他登上飞机，坐到座位上。

要想让人们接受他们不愿接受的东西，我们只能每次迈一小步。谈判也是一样的，如果我们一下子就提出所有条件，那么对方不见得会同意。相反，在取得最终结果之前，我们需要经历一系列步骤。这些步骤中的每一步都是为实现谈判目标而精心设计的。

对于谈判，我们应该形成一种至关重要的观念：谈判是一系列步骤的"组合拳"。这个"步骤"的概念是很重要的，以至于红表方法论就是按照 STEP 框架来组织的。STEP 是指 Situation（形势）、Target（目标）、Event Plan（会议计划）和 Post-Event（会后行动），如图 3.2 所示。STEP 框架是基于 STP 框架，即 Situation（形势）、Target（目标）和 Proposal（建议）而建立的，它是一种有力的基于行动的计划手段。围绕 STEP 框架的四个阶段，红表方法论可细分为 15 个步骤，从而形成了端到端的谈判规划、执行和审查流程。本书将按照 STEP 框架介绍各个步骤。

第一阶段——形势

作为红表方法论的第一阶段，形势包含八个步骤（见图 3.3）。如果我们不知道自己现在所处的地位，就无法决定我们想从谈判中获得什么。更进一步讲，如果我们没有分析形势就开始谈判，得到的结果就不会是最优的，因为我们并不清楚自己的优势和劣势，无法预测对方会如何占据主动地位。

做形势分析是为了制订谈判计划，我们要将所有研究和分析的结果收集

STEP

S 形势

这是一份综合性的概览，包含我方与对方的总体情况、相关的调查研究、数据分析与观察结论

T 目标

我们想要取得什么样的谈判结果？能够接受的最差结果是什么？如果无法取得我们想要的结果，那么替代方案是什么？我们要在让步战略中考虑到这些

E 会议计划

包含会前准备和我们为未来制定的具有前瞻性和适应性的方案。会议计划是一套"组合拳"，包含与供应商互动的行动计划和与之匹配的战术和技巧

P 会后行动

将协议内容落实并做好谈判后的复盘工作

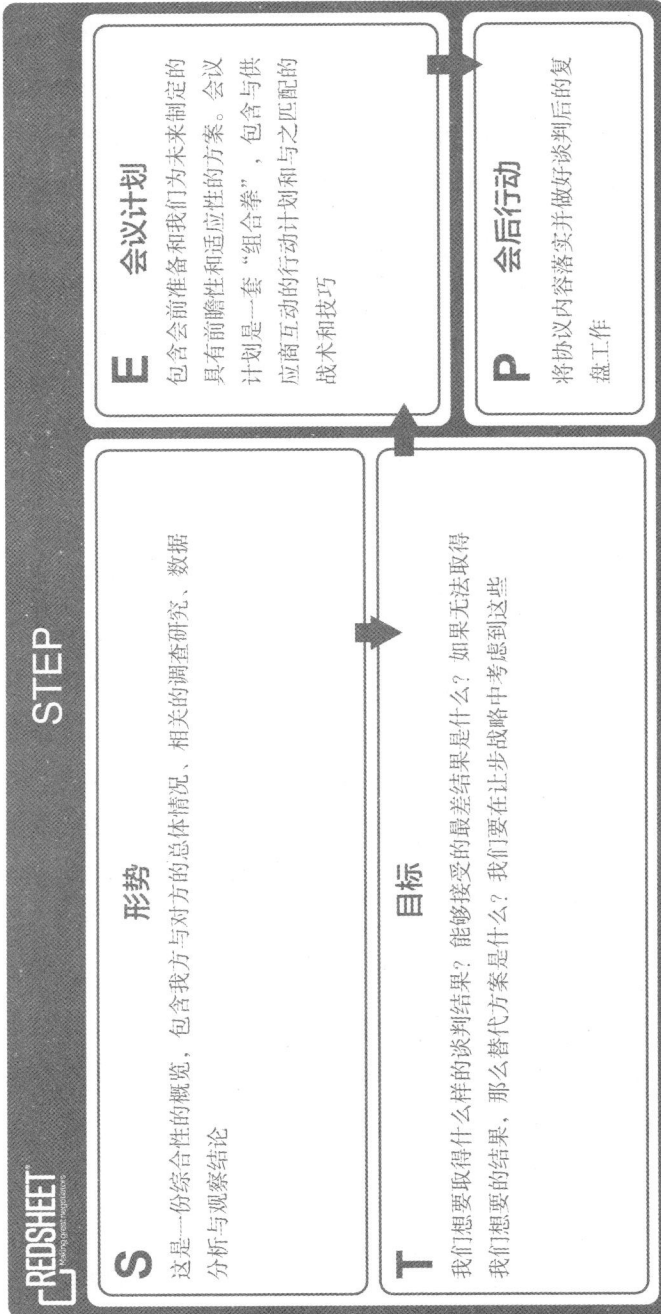

图 3.2 STEP 框架

第 3 章　红表方法论——谈判的制胜流程

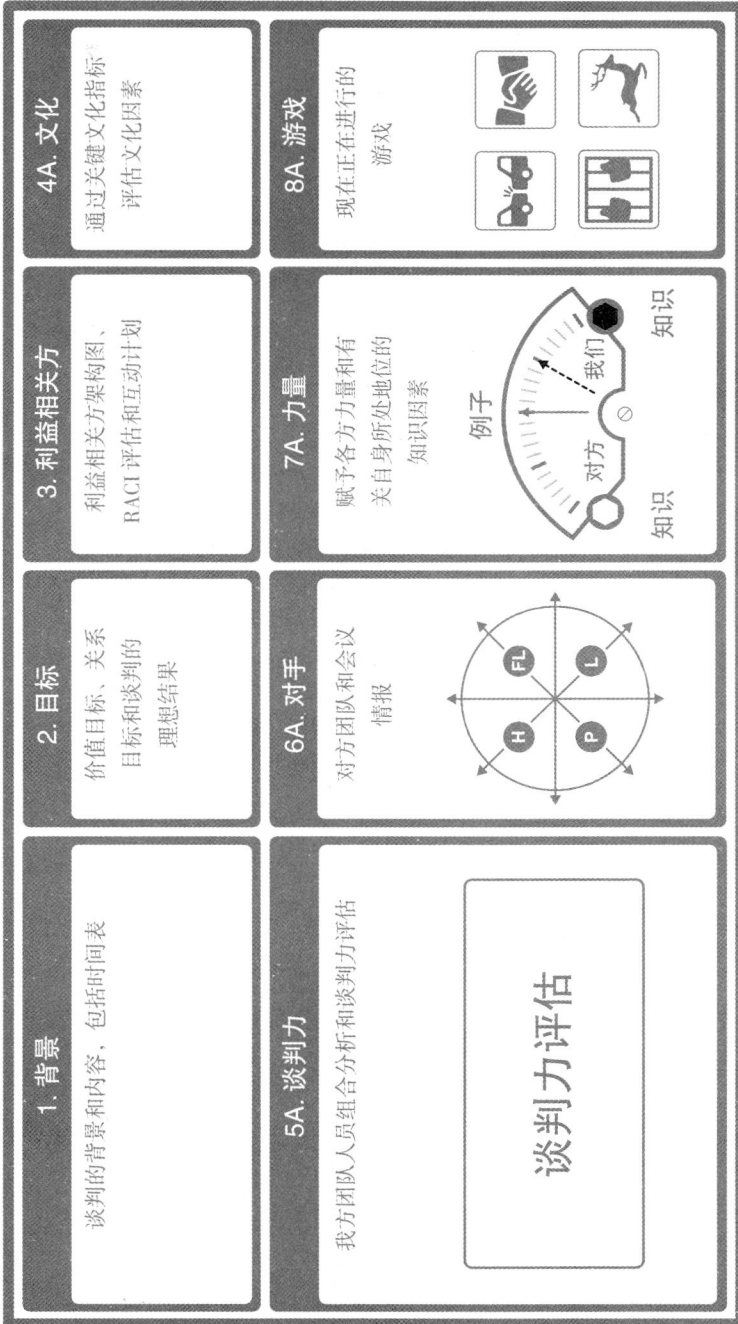

图 3.3　红表方法论中的形势

1. 背景
谈判的背景和内容，包括时间表

2. 目标
价值目标、关系目标和谈判的理想结果

3. 利益相关方
利益相关方架构图、RACI 评估和互动计划

4A. 文化
通过关键文化指标评估文化因素

5A. 谈判力
我方团队人员组合分析和谈判力评估

6A. 对手
对方团队和会议情报

7A. 力量
赋予各方力量和有关自身所处地位的知识因素

8A. 游戏
现在正在进行的游戏

谈判力评估

47

起来，从而形成对当前形势的清晰看法。这是我们制订谈判计划的基础工作，能够帮助我们确定这场谈判的目标和内容；识别需要邀请和咨询谁；明确我们需要知道的文化差异；评估谈判团队成员的人格是否契合，也包括对方团队的情况。这一阶段要做的是明确我方和对方所拥有的谈判筹码，更重要的是明确整个团队是否充分了解这些情况；之后使用博弈论分析和推动谈判。当我们把每个步骤的输出拼接在一起时，我们就可以看到全局，它展现了我们所处的地位，基于此我们才能更加客观地确定谈判目标。

第二阶段——目标

第二阶段目标包含6个步骤（见图3.4），前4个步骤是形势阶段的延续。在形势阶段，我们开始根据当前的地位设定谈判的目标和推进方式。在目标阶段，我们要定义具体的谈判目标与我们在谈判中的行为（以及我们对团队成员人格的理解），从而使谈判效力最大化。对于逐步分解的具体目标，我们希望自己梳理出的"可谈可让"的谈判点能与对方的谈判点匹配，从而制定自己的让步战略。

谈判失利甚至失败的重要原因之一就是缺乏目标明确的让步计划。从深层次来看，这恰恰是人性急于求成的本能的体现。当然，我们有时会对自己的谈判能力过于自信，从而忽略了让步计划。还有一个客观因素使我们不得不重视让步计划，那就是销售人员都会接受完备的谈判技能培训，并且比采购人员拥有更多的资源，所以他们更加擅长通过让步占便宜。这时，一个经过深思熟虑的计划和让步目标可以削弱销售人员的优势并帮助采购人员控制局面。因此，设定目标和制订让步计划就成了谈判规划流程的重要组成部分。

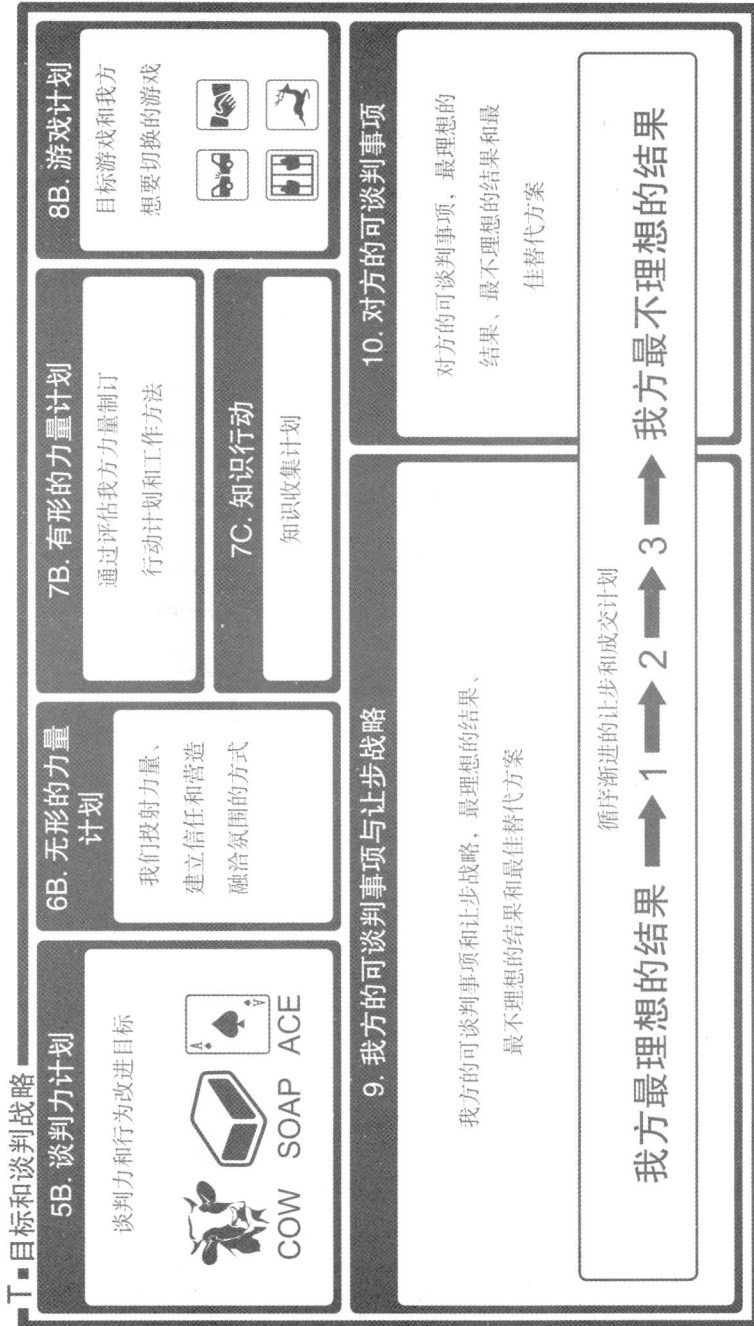

图 3.4　红表方法论中的目标

49

第三阶段——会议计划

第三阶段会议计划包含图 3.5 所示的三个步骤。我们首先要考虑文化计划这一环节将如何影响我们在谈判会议中的言行，其次要考虑如何筹备谈判会议，包括会议后勤和沟通，最后要制订谈判会议计划。在这个阶段，我们需要预先规划好所有能想到的方面以保证自己对会议的控制，例如，我们可以考虑会议室的布局和如何开场。我们还要为会议设定有利于我方的日程表。如果直接使用对方的日程表，我们将很难推动谈判在以我方为主导的形势下展开。我们设定的日程表可以帮助我们维持谈判秩序并使谈判朝着我们希望的方向展开。当谈判不断深入时，日程表还可以帮助我们逐步出击，解锁我们预先准备好的具体战术和技巧。

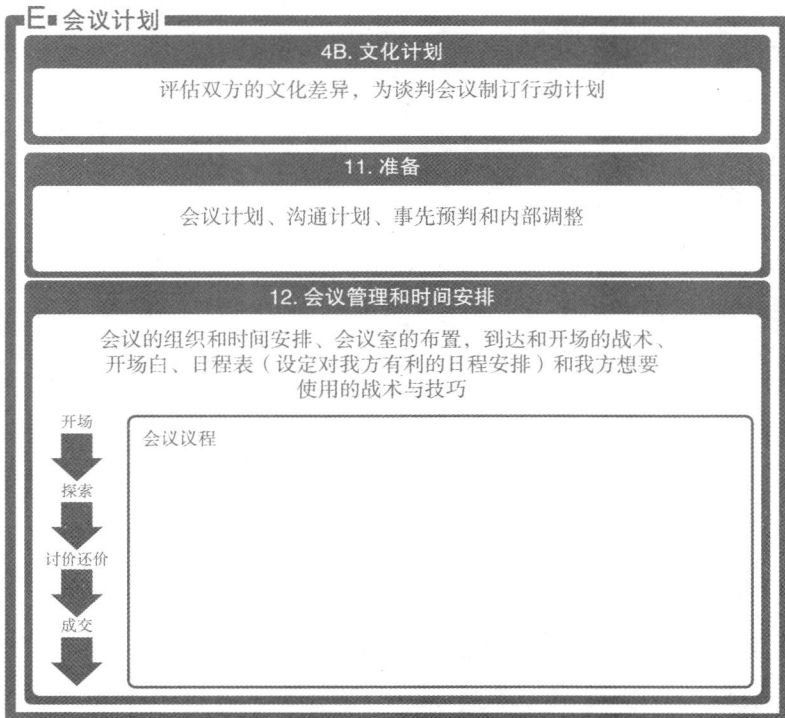

图 3.5　红表方法论中的会议计划

第四阶段—— 会后行动

第四阶段是会议结束后的总结（见图 3.6），包含以下两个步骤。

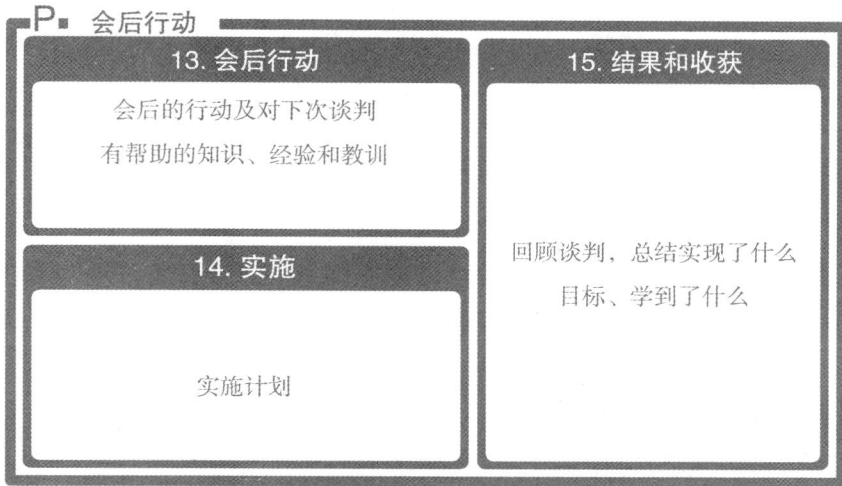

P. 会后行动

13. 会后行动	15. 结果和收获
会后的行动及对下次谈判 有帮助的知识、经验和教训	回顾谈判，总结实现了什么 目标、学到了什么
14. 实施	
实施计划	

图 3.6　红表方法论中的会后行动

（1）会后行动。谈判结束后，如果达成的协议没有被执行，它就毫无价值。这时需要实施相关行动计划来使协议成为现实。可能还有某些事项需要我们与其他方谈判，这些事项都应该被记录并跟进。

（2）总结经验教训。要想学好谈判，就要在实战中不断总结经验。一个有效但是经常被忽视的步骤是回顾整场谈判的走势，汲取重要的经验教训并在团队内部分享。这需要谈判团队在每一次谈判结束后立即花精力去梳理和反思这场谈判的内容和自己在谈判过程中的失误。

使用红表

附录会详细介绍红表方法论。完整的红表方法论如图 3.7 所示。正如我们所学到的，高效谈判是人格、流程和本领的"组合拳"。红表方法论的 15 个步骤展示了有助于采购与供应链专业人员规划、执行和总结谈判的流程。

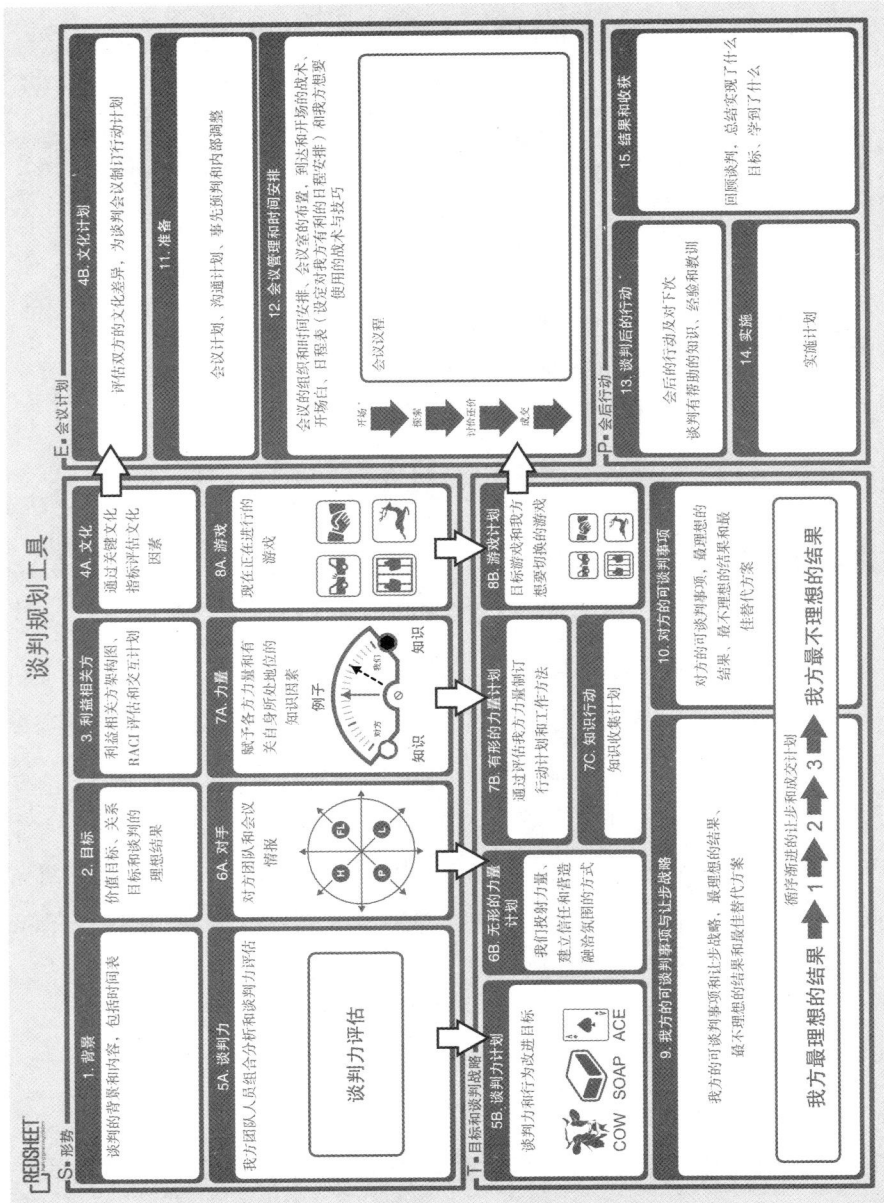

图 3.7　包含 15 个步骤的红表方法论

如果使用得当，红表方法论必将对谈判结果产生积极的影响。

　　红表方法论是一套全面而详细的方法论，它需要一定程度的内部协同，尤其是当谈判涉及的金额较大时。红表方法论中的所有步骤都至关重要。例如，从总成本的角度考虑，产品的复杂程度、风险性及供应商的创新能力和潜力对企业来说都很重要。因此，以团队为基础的决策方法变得很重要。这是因为，任何一笔金额较大的采购都容易引起关键利益相关方的关注，他们可能会要求我们满足他们的需求。对于同一个利益相关方，如果采购方没有与其进行协同，供应商就有可能捷足先登，与之建立关系，从而使该利益相关方的立场与采购方相左。当然，金额较小的采购也需要一个稳健的流程，例如，采购方与供应商单独开会商讨日常的供应问题。红表方法论的 15 个步骤对日常工作来说可能有些冗长，这时采购方只需使用其中几个步骤和战术就能获得较好的结果。高效谈判需要谈判者具备强大的应变能力，以及在任何场景下都能运用恰当的谈判战术或技巧的能力。因此，采购方需要学习全部谈判知识后再加以应用。图 3.8 展示了简化后的红表方法论，其中只保留了高效谈判的基本步骤，以便应对简单的谈判。

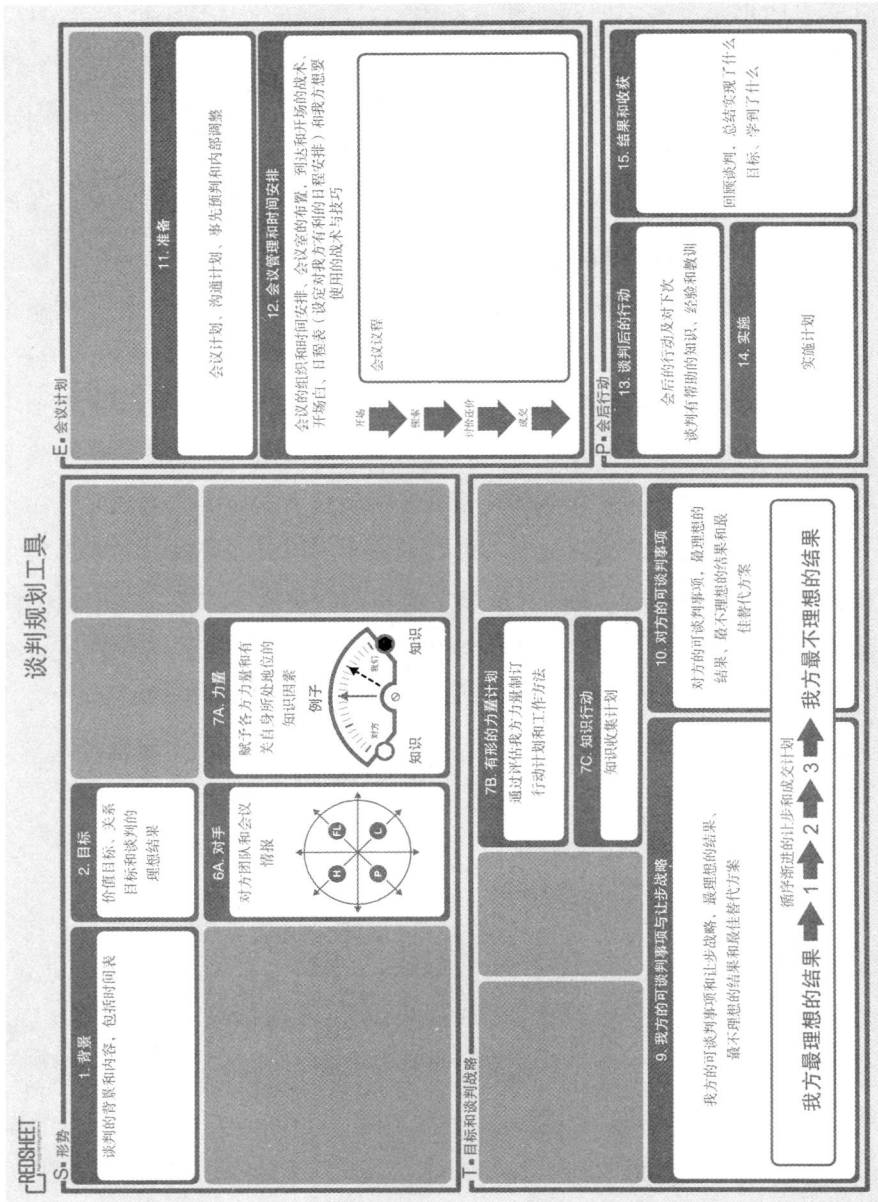

图 3.8 简化后的红表方法论（适用于简单的谈判）

一种协同的方法

虽然简单的谈判可以由采购与供应链专业人员独自规划和主导，不需要询问组织中的其他部门，但是对于采购金额较大或复杂的谈判，组织内部要有更好的协同。协同不仅能帮助采购方收集所有的问题和需求，还能在与供应商谈判的前期、中期、后期确保各个部门协同一致。这种协同一致绝不是偶然发生的。事实上，要想达成一定程度的建设性合作，就要持续投入很多的精力，因为我们需要说服别人参与我们主导的事情，而他们还有很多其他事情要做。实际上，我们需要组建一个团队、立项、召开几场研讨会，或者邀请利益相关方参与谈判。采购与供应链专业人员的领导力和组织协同能力对实现谈判利益最大化至关重要。换句话说，传统的采购与供应链专业人员如果缺乏领导和组织的能力和经验，就需要在以下六个方面提升自己的能力：

- 建立和管理团队的能力；
- 解决冲突的能力；
- 指导他人的能力；
- 领导力；
- 整合与运用资源的能力；
- 项目管理能力。

让我们从这里开始

要使用红表方法论，我们就要了解每一个步骤。本书将循序渐进地讲解每一个步骤，以便读者理解红表方法论并学以致用。同时，本书还会提供每个步骤的参考信息、相关战术和技巧。红表方法论的所有细节均可在附录中查到。

红表方法论不仅是一套循序渐进的方法论，更是一个推进工作进度的对标模板。只要完成了前 12 个步骤，就可以掌握为谈判制订有力计划的技能。红表方法论是一个鼓励并促进协同的工具，最好由一个团队通力合作完成每个步骤，团队成员甚至可以直接参与谈判。一个团队投入充足的时间和精力可以让红表方法论产生更多超乎预期的价值和力量。合作的力量在于参与者会充分协同，一起研究如何有效地推进谈判并为此提供支持。从这个角度来讲，红表方法论变成了一个记录讨论结果和整合团队见解，从而满足各利益相关方诉求的工具。当然，并非所有的谈判都是需要整个团队参与的大型谈判。对于简单的、日常的、一对一的谈判，采购方参考简化后的红表方法论（见图 3.8）即可。

NEGOTIATION FOR PROCUREMENT AND
SUPPLY CHAIN PROFESSIONALS
Third Edition

| 第 4 章
| 规划谈判

本章将探究如何启动谈判规划。具体来讲，本章以"我们为什么谈判"作为规划的起点，分析我们如何从价值和关系的角度进行谈判。本章将介绍利益相关方的介入如何影响谈判。此外，本章还会阐述时间表如何帮助我们规划谈判。

本章涉及的关键问题

4. 我应该如何规划谈判？按照什么流程执行谈判？

5. 当我在进行一场谈判时，应该从何谈起？

6. 谈判的类型有哪些？我应该如何决定选择哪种类型？

7. 我应该如何确定自己期望的谈判结果？

8. 我应该如何确保组织内部关注谈判的人是团结一致的？

13. 面对谈判对手，我有何力量？

23. 当与多个对手谈判或者不能与对手面对面谈判时，我应该如何高效地开展谈判？

本章涉及的红表方法论中的步骤

步骤 1、步骤 2 和步骤 3

背景

　　规划谈判的第一步是了解我们需要规划什么、将要进行哪种谈判、短期及中期所需的支持是什么。红表方法论中的步骤 1（背景）和步骤 2（目标）提供了整体架构，图 4.1 提供了步骤 1 的完整示例。这时，谈判团队应该聚在一起，明确谈判的范围并达成一致意见。完成这一步（包括其他步骤）并非只是进行简单的填表记录，而是一个团队经过周密的思考、讨论甚至辩论，最终得出一致意见。后文将详细讲解我们需要考虑哪些方面以完成步骤 1 和步骤 2。

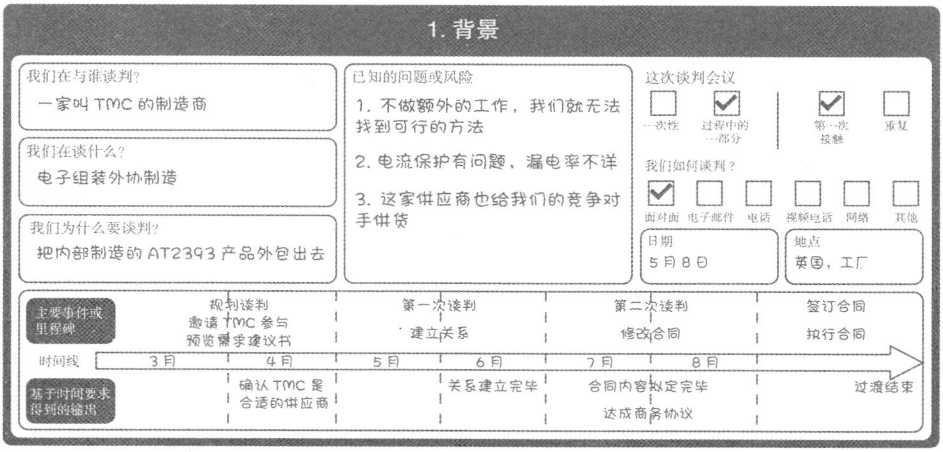

图 4.1　红表方法论中的步骤 1——背景

为什么谈判

　　准备谈判的第一步是明确谈判本身，明确谈判本身可以帮助我们达到事半功倍的效果。团队中的所有成员都应在谈判前对此达成共识。具体来讲，第一步要回答三个问题：和谁谈、谈什么、为什么谈。

我们要和谁谈判

我们需要针对与我们谈判的个人或组织制定谈判策略，虽然对方的决策者有可能不是与我们接触的人。例如，我在买一栋房子时，有可能根本见不到卖家，而是跟中介或房地产开发商谈判，这些人可能被授权做出一定程度的让步，但最终还是由背后的卖家做决定。针对这种情况，谈判计划就要根据谈判者和决策者的情况来制订。

我们要谈什么

我们要定义谈判的范围。谈判的范围一开始可能看起来很明确，但往往需要经过一段时间才会真正清晰起来。例如，你要采购一条生产线的设备，毫无疑问，这就是谈判的焦点。但是，备件呢？还有交期、安装、保养和将来的变卖处理呢？或许这条生产线的设备只是一个大型投资计划的一部分，这可以让你在谈判中拥有更多的筹码吗？

你要考虑这场谈判与总拥有成本及供应商现在和未来潜在的主张价值的关系。你要考虑什么事情需要在谈判中解决、什么事情不需要，以及谈判与供应链的利害关系。让团体成员进行头脑风暴可以让谈判范围更清晰，之后再将其总结为简短的陈述性内容即可。

我们为什么要谈判

这是要尽早回答的重要问题，我们要明确我们想通过谈判得到什么结果。规划和执行谈判需要时间、精力和能量，所以有必要确定这些投入是值得的。例如，商谈减少我们必须上缴的税款是无效的，但是商谈某一个特殊条款是可行的。有时，除了谈判，我们可能别无选择。然而，当我们有其他选择时，确定付出的努力是否会带来潜在的回报就变得十分重要了。回报的多少可能可以确定，也可能无法确定。但无论怎样，我们都应该有意识地思考和判定这场谈判是否值得我们投入时间和精力。

也有一些原因导致我们选择不进行谈判。当维护关系非常重要时，谈判就变得微不足道了。在这种情况下，正确的做法是同意对方提出的条件。顺便说一句，这也是维持婚姻幸福的方法。

灵活的谈判计划

每场谈判都是不同的，所以我们可以使用不同的方法进行谈判。尽管对于某些情况，一些方法可能比其他方法更有效，但谈判并没有"一招吃遍天下"之说。制订灵活的谈判计划再辅以合适的谈判方法才是谈判的制胜之道。

制订计划时，我们需要考虑谈判的性质、长期计划等方面的事项，以及我们想要取得什么结果。要想灵活地规划谈判，就要考虑各种因素，然后执行步骤 1 和步骤 2，并相应地形成不同的方法。

识别已知的问题或风险

在我们开始制订计划时，找出任何已知的问题或风险是一件好事。这一步容易被忽略，但它恰恰可以帮助我们明确谈判方法或提醒我们尽早选择替代供应商。要想识别已知的问题或风险，我们需要考虑以下事项。

- 如果无法达成目标，会产生什么风险或后果。
- 谈判中达成的协议是否有违约的风险（根据个人经验判断），以及谈判对手做出不道德行为的风险。
- 我方产品的已知弱点或影响我方谈判能力的内部问题。
- 任何其他可能阻止我方取得良好结果的因素。

充分理解谈判是一个过程

在一些情况下，我们只要通过一次性的沟通和谈判就能解决所有的问题，得到一个满意的结果并完成交易，如网上购物。在这种情况下，销售人员或中间人仅与有需求的人交流，以便尽快完成交易，并通过一些细节让交易顺利进行。例如，一名房屋销售人员会留下如何使用锅炉和扔垃圾的详细说明，任何其他的关系营销都没有必要且不恰当，因为这是低频次的交易，是典型的主张价值的谈判。

然而，创造价值的谈判需要双方建立长久的关系，这场谈判很可能只是多轮沟通中的一轮。谈判方法是由双方长期合作的愿景决定的，需要平衡短期利益与长期利益的关系。真正创造价值的谈判应该被视为在一场长途旅行中由长期目标分解而来的短期目标。因此，当我们开始制订谈判计划时，如何策划这场旅行就变得很重要了。按此思路操作将给我们带来如下机会。

- **今天得不到的东西，明天可以继续争取**。通过一场谈判实现所有目标几乎是不可能的，有时我们需要做出妥协。然而，长期的合作愿景给我们提供了每次向着长远目标迈进一小步的机会。
- **只争朝夕**。时间就是一切，要识别对的时间和错的时间以获得确定的结果。
- **将关系的价值货币化**。如果双方都意识到关系有价值，或者双方都想保持关系，就意味着对方可能为了保持关系而妥协，这可以成为一种筹码。
- **留下脚印**。作为"长途旅行"的一部分，在每场谈判中我们都应该向着长远目标前进一步。然而，供应商喜欢找各种理由涨价并想方设法让谈判进入对其有利的状态。如果我们留下脚印，供应商就难以达到目的。也就是说，我们可以把协议书面化，使用框架协议或任何你喜欢的协议形式都可以。这种协议明确了双方的责任、统一的价格和交易的条款。这些协议不必拟成合同，只要在最终的合同中把协议记录的问题描述清楚即可。

因此，在开始制订谈判计划时，我们首先要确定这是一次性谈判还是长期合作中的一场谈判。表 4.1 展示了这两种情况各自的特征。我们要先考虑供应商对目标价值的定位，再做出决定。如果我们认为我们需要创造价值，即认为这是一场"长途旅行",而对方的想法却完全不同,那么我们在谈判中的地位就会降低,并可能会为并不存在的关系而让步。总之,要想准确地判断这一点,我们需要对双方的关系十分了解并知道如何发展这段关系。

表 4.1　一次性谈判与长期合作中的一场谈判的对比

对比因素	一次性谈判	长期合作中的一场谈判
关系	没有关系或关系仅存于表面,目的是取得优势地位或以让自己愉快的方式完成交易	• 持续性关系,或许是长期的 • 关系的重要性和价值取决于长期需求 • 个人关系和信任发挥一定的作用
谈判目标	我方的最大利益	• 达成长期目标 • 需要维护关系 • 将现有利益最大化的同时平衡长期目标
替代方案 (如果无法获得想要的结果)	离开	• 寻求其他形式的价值 • 继续谈判并尝试确保在未来的谈判中获得想要的结果
补偿 (如果对方令你失望甚至欺骗了你)	• 起诉 • 永不光顾 • 以后小心	• 尝试讨论并制定对双方都有利的解决方案 • 利用双方对彼此关系承担的义务解决问题 • 审视长期关系是否合适并准备结束关系

第一次接触和重复接触的对比

判断双方关系需要一些参考标准。如果这不是第一场谈判,那么我们之前了解的双方关系就是未来的"晴雨表"。但是,如果这是我们第一次与供应商接触,此时关系还没有形成,关系的价值或潜在价值还未确定,那么这时的关系只会对谈判结果产生很小的影响,或者还不是筹码。因此,第一次接触时,双方的关系往往具有以下特征。

• 双方之间几乎没有信任。

• 双方对彼此的了解很少,因此会互相评估。

• 如果我方不了解对方,对方就会很容易表现得与平常不同或用事先设计好的战术来迷惑我方。

- 销售人员会专注于建立关系并尝试让我们喜欢他们，以确保得到他们想要的结果。
- 第一次接触时要小心谨慎，只建立与我方目标相吻合的关系。

我们应该如何谈判

在初始阶段，我们还要考虑我们应该如何谈判及谈判会议的基本信息——日期、地点和方式（如面对面会议、视频或网络会议、电话会议、通过电子邮件或其他方式沟通）。这是一个显而易见但又十分重要的步骤。我们可以按照时间次序制订谈判计划，也可以规划谈判的方式。例如，面对面谈判与通过电子邮件、电话或互联网进行的谈判所对应的计划、手段和技能完全不同。在第 15 章，我们会探究如何在远程谈判中取得成功。

取得超预期的谈判结果——建立谈判时间表

对任何重要的成就来说，制订一个良好的计划往往就成功了一半。当需要多人参与谈判时，相关人员必须齐心协力实现这一目标。很多文献介绍了如何制订计划，不少人都对此有所了解，所以我不再深入介绍制订计划的方法。对谈判或其他重要活动而言，计划是必需的。如果你或你的组织已经实施了一个具体的计划，而你对此非常熟悉，那么使用它即可，但这个计划一定要简单易用。

简单来讲，我们可以通过计划决定个人活动及其次序，以取得想要的结果。然而，对于处于"交战"状态的双方，一场会议并不足以解决所有的问题。再次强调，最终目标要通过完成很多个小步骤实现，而完成这些小步骤就能实现一系列的小目标。因此，制订谈判计划就是确定各个阶段要实现的小目标及其所需的支持活动，以便最终得到理想的结果。谈判计划既可以是通过一次性会议得出的结果，也可以是通过多轮磋商得到的更为广泛的结果

（这些结果通常由长期关系中的谈判目标确定）。此时，一个简单的甘特图就能将其表达清楚。然而，根据红表方法论中首要的基本原则，组织应该通过合作的方式制订计划，只有这样谈判牵涉的或需要参与谈判的利益相关方才能理解并赞同活动规划及其扮演的角色以支持整个流程，如图 4.1 所示。

确定谈判目标

规划谈判的下一个步骤是确定谈判目标。红表方法论中的步骤 2（目标）提供了一个架构，如图 4.2 所示。

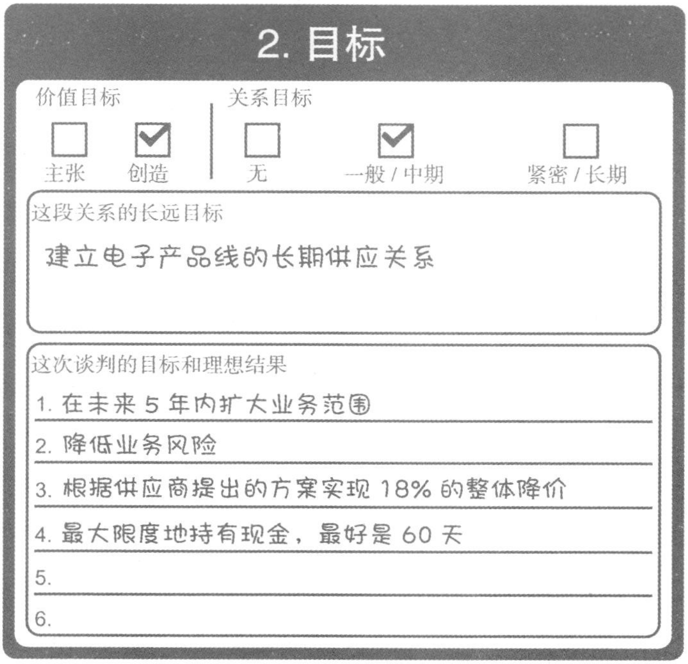

图 4.2 红表方法论中的步骤 2——目标

做形势分析是为了制订谈判计划，我们要将所有研究和分析的结果收集起来，从而形成对当前形势的清晰看法。这是我们制订谈判计划的基础工作，能够帮助我们确定这场谈判的目标和内容；识别需要邀请和咨询谁；明确我们需要知道的文化差异；评估谈判团队成员的人格是否契合，也包括对方团队的情况。这一阶段要做的是明确我方和对方所拥有的谈判筹码，更重要的是明确整个团队是否充分了解这些情况；之后使用博弈论分析和推动谈判。当我们把每个步骤的输出拼接在一起时，我们就可以看到全局，它展现了我们所处的地位，基于此我们才能更加客观地确定谈判的目标。

记住，一个好的目标意味着每个人都能理解它并知道应该在何时、何处实现它。SMART[①]之类的分析框架有时对确定目标有帮助。但是，如果我们想要表达一个总体目标，如增进关系，它们就可能会阻碍我们。这一步的关键点是制定精简的目标清单，这样我们在制订谈判计划时就可以进一步完善这些目标。

价值目标

谈判并不局限于商务场合，它是我们生活所需的技能，而且经常在我们的生活中发生。

正如我们在第 1 章中看到的，谈判分为两种：一种是主张价值的谈判，可细分为一次性谈判和分步式谈判；另一种是创造价值的谈判，作为长期关系的一部分为各方增值。价值目标会令我们在谈判规划和执行的每个方面都更加有的放矢，所以我们应该尽早明确价值目标。

谈判是我们日常生活的一个重要组成部分，它可以分为不同的类型，分别对应于不同的价值目标。表 4.2 列出了这些类型并阐述了价值目标与可预见的未来或交流的可持续性之间的关系。当需要维持关系或双方的接触必须可持续时，只有创造价值的谈判才能实现该目标。当不需要维持关系或没有意愿维持关系时，采用主张价值的谈判更有效。

---

① 即 Specific（具体的）、Measurable（可测量的）、Attainable（可达到的）、Relevant（相关的）和 Time-based（有截止期限的）。

表 4.2　不同类型的谈判

类型	例子	主张价值还是创造价值
雇用	• 招聘新员工 • 要求涨薪 • 谈升迁 • 谈离职条件	**根据情况而定**——公司（特别是严格的人力资源政策和程序）经常采用主张价值的方式，尤其是面对职级较低的员工时。然而，对于更高级别或能力很强的员工，公司会采用创造价值的谈判方式。例如，邀请一位新的合伙人加入律师事务所时，通常会采用创造价值的方式进行谈判，因为要确保此人受到激励并给律所带来一定的价值，而不是仅仅保证律所会提供令其满意的薪水。在与员工的谈判中，初始的激励和创造价值的方式会使员工和公司之间形成强连接
亲子	• 回家晚了 • 想要自己喜欢的东西 • 做家庭作业 • 改变行为	**创造价值**——父母与孩子间的谈判往往会采用创造价值的方式，因为双方都关注更大的范围和最终的结果。父母寻求的是控制孩子行为的方式，从而确保孩子变得优秀，而孩子关注的是按照自己喜欢的方式生活。主张价值的方式可能在短时间内有效，但是孩子会在某个时间点开始反抗
解决问题	• 受伤或误伤，如工伤、医疗事故 • 银行错误冻结了你的账户，造成了很大的麻烦	**主张价值**——解决问题的谈判往往是为了结束某种争议，所以双方难以发展关系。因此，你要在谈判中占据有利地位并使自身利益最大化，这正是律师能够从个人伤害诉讼案中赚得大笔佣金的原因。但也有特例，有些因医疗事故死亡的病人的亲属可能不会起诉医院，但会坚持要求医院进行自我检讨，确保避免相同的医疗事故再次发生，以帮助其他人。这些特例和采用创造价值方式的人是由个人信仰和哲学驱动的，其目的是使更多的人受益
集体	• 经典的行动：律师代表很多人对抗一家公司或机构 • 工会	**根据情况而定**——例如，一位律师代表该很多人对抗一家制药公司，因为该公司的某种药物对这些人产生了意想不到的副作用。他们会采取主张价值的谈判方式，因为没有必要继续与该公司保持关系。但是，对工会来说，采取哪种谈判方式取决于工会拥有的权利和机会。在 20 世纪 70 年代的英国，工会拥有广泛的权利，处处可见主张价值的谈判。在英国，这种方式不可持续，现在已经不流行了，并被创造价值的方式所替代
国家	• 和平或投降 • 同意划分边界 • 获得资源 • 贸易条款 • 移民政策	**创造价值**——历史不断地告诉我们，一个国家一味地向另一个国家主张价值可能会引发战争。在国与国之间，唯一能够带来可持续执行结果的谈判只能是为双方创造价值的谈判，其他的做法只会使双方的关系变得紧张

（续表）

类型	例子	主张价值还是创造价值
安全	• 解救人质 • 化解恐怖威胁或行动 • 阻止自杀式炸弹袭击	**主张价值**——关于安全的谈判是主张价值的谈判，例如，是否安全释放人质与将对劫持者进行处置没有关系。如果你确定你能够派出一队特警击毙劫持者而不会伤害人质，此时主张价值就是正确的方式。然而，很多谈判专家都会告诉你这种方式是不值得推荐的。相反，营造创造价值的假象及假装满足劫持者的一些需求才是在谈判中获胜的常用的方法。以帮助劫持者为形式的让步有时候是真实的，但也是可控的，目的是维持创造价值的假象，其背后其实是主张价值
关系	• 婚姻 • 友谊 • 亲戚	**创造价值**——人生就是谈判。我们与关系亲近的人建立的都是长期的、快乐的、创造价值的关系。大家可以想象在人际交往中主张价值的人及他们最后的境遇
商务	• 采购 • 销售 • C2C • B2C • B2B	**根据情况而定**——主张价值或创造价值都是合适的，使用哪种方式取决于特定的情况、需要建立的关系及双方交往的时间

如果忽视了未来而只追求价值，那么在某些情况下结果可能是灾难性的。在这里值得一提的是认知的重要性。有经验的谈判者可能会假装追求创造价值以索取价值，因为他知道营造创造价值的假象容易使对方麻痹大意。例如，在一桩绑架案件中，警察已经与劫持者建立沟通关系，他们的对话如下。

警察："告诉我们你想要什么。"

劫持者："我要枪。"

警察："有些事情我做不到，但我可以给你食物。你需要食物吗？我可以给你找来你想要的食物。"

劫持者："好的。"

这是警察在处理这种情况时会使用的经典的利益交换方法。谈判看似在创造价值，如给劫持者一些东西，但是，装食品的罐子里可能放了窃听器，以便警察监听劫持者之间的对话。在这个例子中，创造价值只是用来欺骗对方的战术。

创造价值的假象可以通过关系产生，正如我们在第 1 章中看到的，关系是有力量的。如果有人让我们喜欢他们并愿意与之建立某种关系，我们就会本能地回报他们，这就中了销售人员的圈套，因此销售人员总是尽力与客户建立关系。

为什么绝大多数销售人员想要创造价值

根据不同的价值目标，供应商所采取的谈判方式也会不同。当面对一个发展长期业务的机会时，供应商总是会采用创造价值的方式，尝试向采购方逐步销售更多的产品或服务。也就是说，与战略合作供应商谈涉及几十亿美元的交易与购买一罐可口可乐是完全不同的概念，因为前者涉及双方的关系、共同利益和目标。对于战略合作式的谈判，双方都知道什么是危险的、什么是有益的。毫无疑问，任何一方都会在建立和维护一种强有力的、以创造价值为基础的关系上投入很多资源。而在购买一罐可口可乐这个场景中，绝大多数人并不会与可口可乐公司建立直接联系。我们只需要知道供应商的使命，从而认识到供应商与我们有某种关系。这种创造价值的方式很显然是供应商建立品牌以便与采购方建立长期关系的方式。一个有趣的巧合是，在我撰写本书时，可口可乐公司甚至制定了"创造价值，与众不同"的目标。

要想在第一次见面时就赢得客户需要下苦功夫，还需要赢得客户的信任。但在第二次或第三次与客户见面时完成交易就会容易得多，因为信任已经建立了。这是品牌营销及建立关系的核心，也是销售人员的主要目标。在大多数销售场景中，销售人员会采用创造价值的方式，这或许是他的真实想法，或许是一种假象，因为其目的总是赢得客户。

供应商有时也会采用主张价值的方式，尤其是在不需要维持关系或没有意愿与我们发展任何关系的时候，例如，卖房子的房地产商或在网上卖东西的人就是如此。

主张价值和创造价值可以在谈判中并存。例如，供应商提供了一系列的服务，其中的一些服务可能很关键，我们必须采用基于关系的创造价值的方式；而其他的服务可能没有那么重要，甚至可以在其他地方免费获得，而且转换的影响很小。在这种情况下，供应商往往会寻求一揽子协议并根据依赖性为整个协议建立一种创造价值的方式。然而，我们可以把它分解，针对其中有备选项的部分进行主张价值的谈判，针对关键项进行创造价值的谈判。这是采购方增加自身影响力的基本战术，因为它可以给供应商营造紧张氛围。但是，这种战术也会产生因总采购量减少而导致我们对供应商的吸引力降低的风险。当同时使用主张价值与创造价值的方式时，我们一定要考虑清楚两者带来的风险。从另一个角度来看，基于需求的一揽子协议能在关键项上给我们带来更多的影响力。

在我们规划和准备单场谈判时，价值目标是明确的，是由我方价值目标和我方推断的对方的价值目标决定的。我们不仅可以通过调查了解供应商的价值目标，也可以通过考虑他们为建立这种长期关系所付出的努力和赢得可持续业务的潜力（站在供应商的角度来看）确定其价值目标。图 4.3 总结了

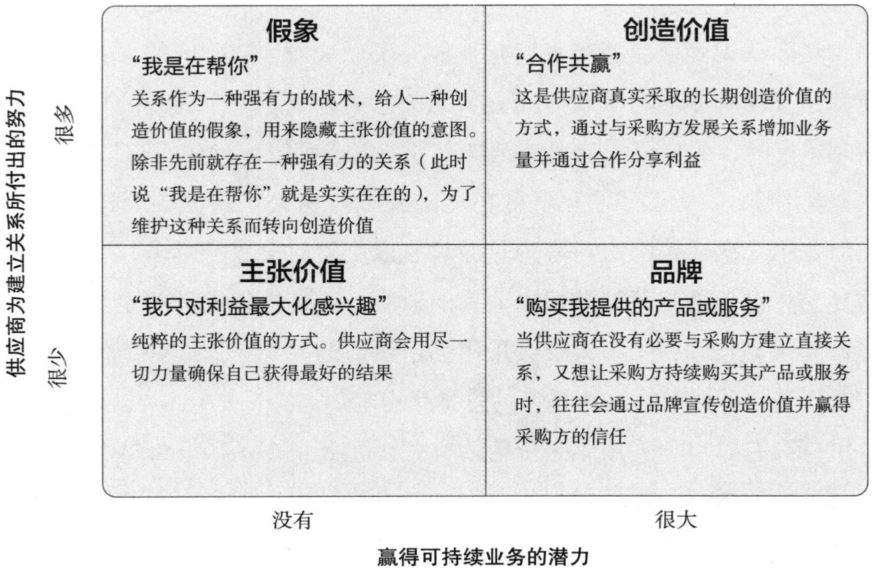

图 4.3　确定供应商的价值目标

不同供应商对不同情况的反应，表明了供应商如何通过直接接触或品牌的间接传递进而主张价值（也可能营造出一种创造价值的假象而内心的真正意图却是主张价值）或试图创造价值。

碾压对方

真正的双赢属于创造价值的谈判。大多数主张价值的谈判会产生**赢赢**的结果，甚至赢输的结果，尽管赢得较少的一方可能会对这个结果不满意。其结果根据双方的选择、"主张方"的权利和影响程度而定。在赢输谈判中会有一个临界点，如果突破它就会使一方认为这个结果不合适、不公平、不道德甚至不合法，而这个点取决于个人的看法和选择。然而，根据我的经验，如果你以不公平的条件压迫对方甚至欺骗对方，那么这个行为会在将来的某个时刻给你带来挥之不去的负面影响。我采访过一位来自一家大型跨国公司的卓有成就的大客户经理，并成功地说服他开诚布公地分享自己是如何与采购方打交道的。他说："我会保持友好的假象，但是我不会信任采购方。如果你把我的事情搞砸，我一定会报复，虽然不是采用直接的方式，但是在未来，当你需要缩短交期或紧急帮助时，你猜我会怎么做？"因此，当我们用过于极端的方式主张价值并损害了对方的利益时，要清楚地知道这对长期关系的影响。以一种道德且边界分明的方式主张价值是可行的。如果你必须全力主张价值，让对方喜欢你也是有帮助的。如果对方喜欢你，他们就很难对你生气。这正是二手车商家把一辆破旧不堪的车卖给一位老太太时常用的战术，因为这位老太太认为"这个商家挺不错"。

关系目标

价值目标与我们正在规划的单场谈判有关，而关系目标显得更加长远，通过具体的目标、愿望和意图决定我们希望关系朝着什么方向发展。

与供应商的关系是一把双刃剑。一方面，它驱动承诺、义务、稳定性、供应安全及创新、合作等潜在利益；另一方面，它会减少竞争氛围（当供应商需要通过竞争来赢得或维持业务时）带来的利益，导致筹码失效并使采购方难以更换供应商。有很多情况证明与供应商建立长期合作关系可以降低风险并提升价值，但是，建立除商务关系以外的关系是没有必要的，尽管供应商可能会提出建立其他关系。

关系目标的设定必须基于我们的条件和供应商的重要性，而不是取决于供应商对关系目标的期待或对他人的个人义务。当供应商说"考虑到我们的友好关系"或"我们是伙伴，对吗"时，注意不要被供应商所迷惑。

记住，关系与创造价值的谈判伴生。也就是说，如果我们确信需要进行一场创造价值的谈判，我们就需要与供应商建立更为广泛的关系。在这种情况下，会出现两种关系——我们想要努力发展的关系和我们想要结束的关系。关系目标在不同的情况下有不同的定义，尤其是对于后者，我们需要重新评估关系是否合适或是否已经无法服务于我们的目标。

如何理解和管理供应商关系在我的另一本书《供应商关系管理》中有很多论述。有效的供应商关系管理的核心理念是把能量和资源精准地投放在能给我们的业务带来差异性的供应商身上。决定哪家供应商对我们足够重要，以便发展紧密且长期的关系时，需要考虑的因素如下。

- 金额较大的采购或大批量的供应商，现有业务对其依赖度高。
- 给业务带来的风险（如有供应难度或会给品牌带来风险）。
- 复杂度高，难以更换供应商。
- 创新能力强，能给未来带来较大的潜在价值。
- 供应商的发展计划与我们的目标一致。

如果哪家供应商具备至少一个因素，某种形式的关系就是必须存在的。因此，我们需要决定这种关系的长期目标，其可能的形式包括以下几种。

- 增加业务——扩大供应的范围或增加采购量。
- 协作——通过联合改善项目或措施推动创新、降低成本、提高效率等。
- 向上游或下游整合——供应商接管我们的部分业务、收购我们或被我们收购。

- 成为优先客户——当供应商因供应问题无法满足所有客户时，它会优先向我们供货。

供应商的角度

为了确定我们需要与供应商发展的关系，我们必须了解供应商如何看待我们，透过一切表象了解他们真正想要建立的关系。当供应商只寻求短期利益时，我们决定与之发展长期且亲密的合作关系便没有任何意义。理解他们的意图有利于我们确定他们的价值目标。这时我们可以使用供应商偏好工具，如图 4.4 所示，该工具改编自保罗·斯蒂尔（Paul Steele）和布赖恩·考特（Brian Court）的理论。这是品类管理和客户关系管理的核心工具，可用于帮助采购人员理解供应商如何看待客户，同时也被供应商的销售人员用来给客户排序以更好地利用手中的资源。

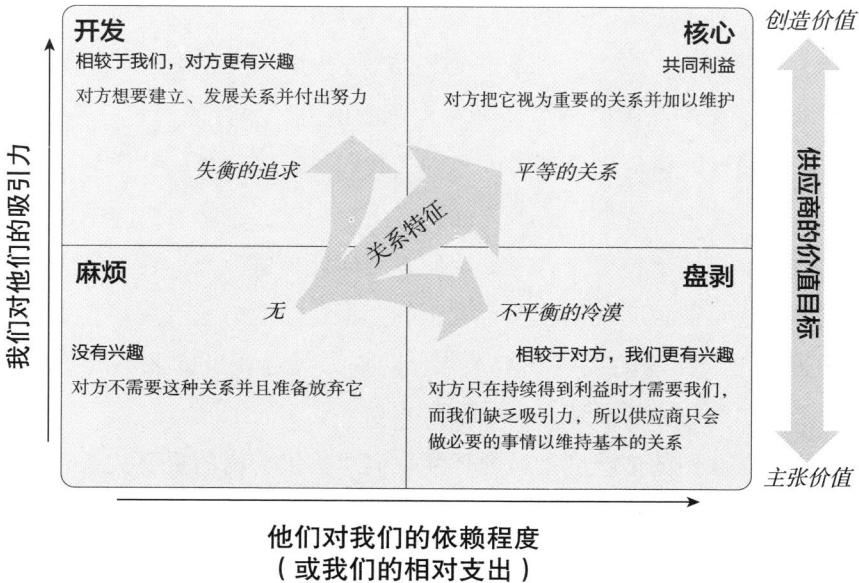

图 4.4　供应商偏好工具

供应商会考虑两个变量并基于我们对供应商的判断将客户分类，这两个变量分别是我们对供应商的吸引力和我们的采购额占供应商销售额的比例。在规划谈判时，考虑对方对我们的依赖度会对我们有所帮助。

吸引力包含能让供应商保持或提高他们对采购方的地位的一切因素，如：

- 采购量足够大或采购金额足够高；
- 我们的品牌影响力；
- 付款条件和按时付款；
- 利润空间；
- 服务客户的难易度；
- 我们的业务与他们的业务在未来发展方向上的一致性；
- 运营地点的匹配度；
- 他们喜欢与我们工作。

使采购方对供应商产生吸引力的因素有时也可以在谈判中带来力量，但其作用常常被低估。例如，采购方仅仅聚焦于价格和条款，但对供应商来说，采购方带来的品牌影响力是更加重要的价值，尽管他们自己不会明说。更进一步讲，允许供应商公开宣称他们是我们的供应商是一种比较容易做出的让步，这可能会为我们在其他方面换得更多利益。判断吸引力的方法就是把自己放到供应商的位置上，考虑我们将如何评价供应商。在与供应商的交谈中也有一些可以说明我们吸引力大小的证据，如他们是否对建立关系感兴趣、是否派出最优秀的人与我们谈判、向别人提起我们的业务时是怎么说的、是否把我们的业务视为示范项目等。

供应商对我们的依赖度则包含促使我们成为供应商的重要关系目标的一切因素及他们需要我们的程度，这可以体现为我们的采购额占对方销售额的比例，以及他们失去了我们的业务将对其产生的影响和风险。如果供应商对我们的依赖度高，那么供应商的偏好就体现在矩阵图（见图4.4）的右侧。

我们可以要求供应商提供或了解他们的年度销售额，考虑是否有其他因素使我们的业务对他们很重要，使他们对我们产生依赖。

使用供应商偏好工具时只有同时考虑横轴和纵轴，才能确定供应商出现在哪个象限。据此推断出供应商倾向于如何建立关系及他们的价值目标之后，我们再判定其影响。

- **开发**。供应商把我们视为培养和发展的对象。他们会派最优秀的人并采用创造价值的方式与我们谈判。
- **核心**。供应商会保持他们的地位。如果他们把我们视为核心客户，就会制定一个互利的双边协议，从而确保这种关系具有持续性。他们会派最有经验的人与我们对接并在谈判时采用创造价值的谈判方式。
- **麻烦**。我们对供应商没有吸引力，供应商也不会依赖我们。从沟通过程就能知道供应商是否对我们感兴趣。在与我们的谈判中，他们将全力主张价值。当他们不担心失去我们的业务时，我们从他们那里采购产品或服务会面临很大的供应风险。
- **盘剥**。我们对供应商没有吸引力，但是供应商还需要我们。供应商只会做必要的事情来留住我们，以确保从我们的业务中持续获利。所有与供应商建立的关系都是表面的，我们应该采取的谈判方式是适当地主张价值，但不能操之过急。

有了以上信息，我们就能对供应商的关系和价值目标进行评估，同时检查这些与我们的关系和价值目标是否匹配。如果不匹配，我们就应该调整假设并重新评估。当需要建立关系时，我们应该使用创造价值的方式，使供应商的偏好显示为"开发"或"核心"。然而，如果供应商将我们视为"麻烦"或"盘剥"对象，我们就应该修改自己的关系和价值目标或重新聚焦于如何增加自己对供应商的吸引力，以改变他们的看法。

使用"第一天分析"确定价值和关系目标

"第一天分析"是品类管理和供应商关系管理的一个关键工具。之所以称之为"第一天分析"，是因为它是第一批可以用来洞察可能存在的筹码或机会的工具之一。同样，在采购产品或服务时，它也是一个有用的工具，有助于我们确定与谈判最相符的价值目标和关系目标。图 4.5 展示了"第一天分析"，并总结了可能的谈判响应。使用"第一天分析"时，我们在矩阵中标出品类、支出领域或谈判涉及的单个产品，其根据是特定市场中可供应该品类或单个产品的供应商的数量（忽略任何限制条件）及买家的数量。我们需要清楚地理解"第一天分析"的轴，它们不是滑动的天平。可能有一家供应商（或一个买家）或多家供应商（或多个买家），但没有中间状态。"第一天分析"最好在团队中使用，因为它可以很好地利用团队成员对产品或服务的不同观点和看法引导讨论。这种针对不同观点的讨论可以帮助我们洞察正

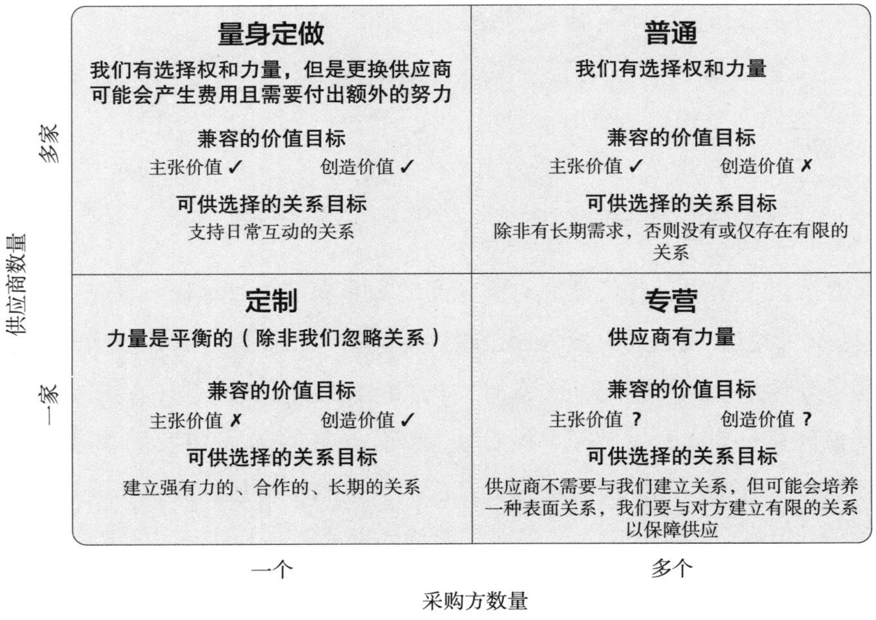

图 4.5 "第一天分析"工具

在发生什么、有什么潜在的谈判手段并将相应内容写入对应的象限中。

- **普通（多家供应商，多个买家）**。在这个象限中，我们选择和更换供应商的能力最强，所以我们有力量。对一次性谈判来说，我们不见得需要与供应商建立关系，除非有更广泛或长期的需求。在这种情况下，供应商想的是如何战胜竞争对手，所以我们一般采用主张价值的谈判方式。

- **量身定做（多家供应商，一个买家）**。这个象限的产品或服务是供应商为组织定制的。任何为品牌定制、特殊制作或依照图纸制作的情况都属于这个象限。供应商会将注意力放在推销产品或服务的工艺和能力上，因此我们可能需要通过日常互动与供应商建立某种关系，以促进更完善的定制产品或服务的输出。因为不止一家供应商可选，所以原则上我们可以通过更换供应商实现利益最大化。但是，这时更换供应商不像在"普通"象限那么容易，因为在更换时，新供应商的工艺、制造水平和服务水平都可能会出问题。根据情况，我们可以选择主张价值的谈判方式，但有时我们也会从一定程度的创造价值中受益。

- **定制（一家供应商，一个买家）**。"定制"是指只有一家供应商定制生产我们需要的产品。供应商或我们可能拥有独特的工艺或申请了专利的零件，协议规定只能由另一方制造或销售。在这种情况下，我们毫无疑问需要与供应商建立强有力的、合作的甚至长期的关系。此外，供应商可能已经积累了一些与制造或服务相关的专有技术，这会增加我们对他们的依赖。如果双方的关系管理得当，双方的力量就会变得更加平衡。采用主张价值的谈判方式是完全不适合的，采用创造价值的谈判方式会产生最好的谈判结果。

- **专营（一家供应商，多个买家）**。这是供应商理想中的状态，会给予他们力量和一定程度的控制力。供应商会运用某些方法让你只能买他们的产品。供应商可以通过以下几种方法实现专营。

- ◆ 品牌化。

- ◆ 差异化——令产品或服务在某些方面与众不同。

- ◆ 增值——增加额外的产品或服务以提升真实或虚假的价值。

- ◆ 说服设计团队在图纸或规格上指定零件型号。

- ◆ 把不同的通用或定制的产品或服务打包销售，设定一个特殊的打包价格。

在专营情况下，供应商不需要与我们建立关系，但或许会建立一种表面关系以提升他们的地位。对我们来说，主动与供应商建立合作关系也没有什么意义。然而，与供应商建立一种表面关系以保持我们对供应商的吸引力对我们来说也有好处，因为这能帮助我们在受限的情况下得到最好的结果。就价值目标而言，我们几乎没有能力主张价值，创造价值可能最终会成为我们的"单行道"。

实际操作

红表方法论中的步骤 1——背景

本步骤的目的

步骤 1 的模板可以在附录中找到。它主要用于识别谈判的背景、我们计划进行的谈判的类型、我们将如何谈判，以及计划的时间表。图 4.1 提供了一个示例。

完成这一步

1. 明确我们要与谁谈判、我们要谈什么和我们为什么要谈判，并填入前三个框。

2. 识别和记录与谈判相关的任何已知的问题或风险，以及还没有实现的目标。

3. 明确谈判的类型，比如是一次性谈判还是多轮谈判中的一部分，以及这是第一次谈判还是再次谈判，并在相应的框内打钩。

4. 明确谈判的方式（面对面谈判，或通过电子邮件及电话等方式谈判），并在相应的框内打钩。

5. 如果本场谈判会议的日期和地点已知，请把它们记录下来。

为谈判前的活动和未来可能发生的进一步活动制订有时限的计划。

引入利益相关方

红表方法论中的步骤 3 涉及利益相关方的识别和分类，以及如何与应当参与谈判或能确保谈判成功的利益相关方互动。图 4.6 提供了一个示例。

3. 利益相关方

谁	负责	批准	咨询	通知	需要的行动
彼得·威廉姆斯	✓				成为团队的一员
霍·肯		✓			与他接触
山姆·莫顿			✓		收集意见
纳塔利·诺顿			✓		收集意见
井川佐木				✓	
朱莉·大卫				✓	
格雷厄姆·劳埃德				✓	定期告知
杰罗姆·普劳提尔				✓	
安娜·格里布尔				✓	

图 4.6　红表方法论中的步骤 3——利益相关方

环顾组织，我们可能会发现有些人在谈判中扮演某些角色，尤其是当他们与谈判结果有直接的利益关系时。他们中的有些人可能负责预算，有些人可能对供应商有具体需求，但是有些人的利益相关性并不明显。在准备与供应商的谈判时，利益相关方可能包含以下个人或团体。

- 谈判涉及的产品或服务的使用者。
- 对谈判涉及产品或服务的供应领域负责的个人或团体。
- 可能从谈判中受益或受损的个人或团体。
- 能够为我们提供信息或知识，帮助我们在谈判中获得更多力量的个人或团体（如替代方案的提供者、了解市场或未来计划的人员）。
- 与供应商有关系或与供应商打过交道的个人或团体。

如果我们在不了解利益相关方的情况下与之接触，我们就有可能得到错误的结果，具体表现为在毫无准备的情况下进行谈判会出现偏差。更进一步讲，对于重要的供应商，组织中经常会有多个接触者。聪明的供应商会利用这一点建立多种关系，以便在与我们的谈判中提升他们的地位。如果我们的利益相关方没有在背后支持我们，我们在谈判中的地位就会因此被动摇。供应商会搜集相关信息，并在谈判中加以利用，从而降低我们的谈判地位。因此，在开始时，制作一个简单的利益相关方架构图可以帮助我们明确我们需要与谁打交道，并且从一开始就邀请他们参与谈判，并与之恰当地达成一致。

请按照图 4.6 中的指示识别并列出所有的利益相关方或潜在的利益相关方。在组织架构内，当有问题涉及谁负责、谁批准、咨询谁和通知谁时，RACI 模型可以帮助我们根据不同利益相关方的需求，对利益相关方进行归类（见图 4.7）。一旦形成架构图，RACI 模型就决定了利益相关方的分工。例如，负责供应的利益相关方需要成为谈判团队中的一员，而被认为是咨询者的人只需要参会提出意见或了解信息。

只是被告知

I　Inform　　　　这些是需要被及时告知谈判进展的人

C　Consult　　　我们需要询问这些人的意见，并与之双向沟通

A　Accountable　这是最终对发生的事情负责的人，也是最终批准人。
　　　　　　　　最终批准人负责核准负责人做的事情

R　Responsible　负责人是具体做工作或实现目标的人

主动参与

图 4.7　RACI 模型

最终，我们需要决定通过什么行动与利益相关方接触。根据他们在 RACI 模型中的不同分类，我们所需采取的行动也不尽相同，既有可能是发电子邮件进行通知，也有可能是邀请他们参加一系列的谈判前准备会议或成为谈判团队的一员。

实际操作

红表方法论中的步骤 3——利益相关方

本步骤的目的

红表方法论中的步骤 3 涉及利益相关方的识别和分类及如何与之互动。图 4.6 提供了一个示例。

完成这一步

1. 识别所有重要的利益相关方并将其列出来。

2. 根据利益相关方在组织中的角色和权限对其进行分类。

3. 确定并规划让他们参与的活动。

NEGOTIATION FOR PROCUREMENT AND
SUPPLY CHAIN PROFESSIONALS
Third Edition

第 5 章
跨文化谈判

本章旨在说明为什么在规划谈判时必须考虑双方的文化差异。本章将会探究文化差异的本质并介绍一个文化分类模型。此外，本章将提及在国家或地区间调整谈判方式的方法。

本章涉及的关键问题

9. 如果我在做跨文化谈判，我应该如何适应不同的文化以获得成功？具体应该怎么做？

18. 管理会议或谈判时间的最佳方法是什么？

21. 我应该如何读懂谈判对手的潜台词及有效地管理我要说的话并用更恰当的方式说出来？

23. 当与多个对手谈判或者不能与对手面对面谈判时，我应该如何高效地开展谈判？

本章涉及的红表方法论中的步骤

步骤 4A 和步骤 4B

定义文化

文化是人们思考和做事的方式。在一个社会中，文化由一代人传给下一代人，包含语言、行为和价值观，这些元素组合起来创造了人们的行为模式。文化不是天生就有的，它在很大程度上受到环境的影响。文化随着一代又一代人的积累把各个群体连接起来，同时又给下一代人提供了行为模板。文化并不属于个体，而是属于一个群体。因此，文化的内容会缓慢地发生变化。文化本身会受到以下因素的影响：

- 气候；
- 历史遗产；
- 信仰体系；
- 思维；
- 社会化；
- 信息传递；
- 原则和道德观。

文化是由个人通过特定行为和日常生活、信仰和仪式、道德标准和生活方式，特别是家庭生活展现出来的。除了个人行为，文化还可以通过语言、食物、艺术、政体、社交、信仰和经济结构展现出来。这些元素促进了社会交往并满足了人们基本的食物、住所和安全需求。

在地区与地区、国与国之间，文化是不同的。即使在同一个国家，不同地区的文化也有差异。例如，意大利的北部和南部就存在两种明显不同的文化。个体和独特的文化可以存在于任何一个已经建立的群体中，他们随着时间的推移进行社交和互动。因此，组织也会有自己的文化，即基于长期存在的价值观、信仰、政策，最终形成了组织管理方式及他们与员工、客户和伙伴的互动方式。当组织努力定义自我文化和预期行为时，组织文化往往会更加丰富。当员工的价值获得重视和认可时，其离职率往往会比较低。在大型日本企业里，员工可以把他们的整个职业生涯奉献给同一家企业，而企业也愿意投入很多资源去培养每个人。每天都始于员工一起锻炼身体并唱企业歌曲，这是以组织为家的价值观的体现。

现在很流行关于世界在变小的说法，而且有"地球村"之类的说法，提出这些说法的学者认为所有的差异最终都会趋于一致，就像现在英语是全球通用语言一样。的确，有很多人在迁移并选择在世界上的另一个地方工作和生活。多样性在我们周围随处可见，我们的大学在培养那些海外派来的、接受西方教育的未来商业领袖方面做得很好，尽管这种趋势现在正在改变，因为越来越多的国家根据自己的教育能力培养人才。沟通、视频和网络会议使跨国企业不再是散布于全球各地的不同事业部的集合。因此，如果你正在一家跨国企业工作，你会被要求与不同国家的同事一起完成日常工作。

互联网、现代音乐、电影在很大程度上丰富了文化的概念。这些信息甚至将全世界联系在一起，形成了某种新的、统一的全球文化。然而，吉尔特·霍夫施泰德（Geert Hofstede）说，这只是一个幻觉，他认为理解"机器的软件可以全球化，但是人的大脑不能"这一观点是很重要的。可用信息的增加不会强化人们吸收信息的能力，也不会改变人的价值系统，因为人的价值系统与很多深层思维相关。在国外扎根的新社群会掌握协商技巧同时保留自己的文化，或者在处于主导地位的文化中为自己的文化建立微小的边界，以便与主导文化更好地共存。国际留学生会暂时适应当地的文化，但不会放弃自己的文化。一些社团和组织会衡量文化认知和生活多样性，从而确保文化的多样性。如果一群人随着时间的推移创造了某种文化，这种文化就不会因为人们沟通、迁移次数的增加而被另一种文化吞没。相反，正在不断缩小的世界意味着我们会更加理解和尊重彼此的文化，我们对新的文化抱有更加开放的态度并有意愿学习不同文化中的社交技能。尽管在世界范围内的整体文化意识有所提高，但个体文化仍然存在，它们之间的差异仍然存在，这会对谈判计划的制订和执行产生深远影响。

确定文化

谈判中的文化差异

当中国商人说"让我们先喝杯茶"时，美国商人可能会因为没有直接开始商务谈判而灰心丧气。德国人可能会把建立关系视为一个没有必要的、耽误时间和示弱的信号，而在中东，人们是不会在不认识对方的情况下就直接开始商务谈判的。雷蒙德·科恩（Raymond Cohen）提出，把某国的文化等同于某国人的性格特点是过时且毫无帮助的观点。例如，阿拉伯人并不是总爱讲价，俄罗斯人也并不是总会极力地讨价还价。若不理解这些区别，谈判就会失败。珍妮·布蕾特（Jeanne Brett）提出："当跨国谈判失败时，文化往往是根源。"他进一步说，人们熟悉的谈判概念如"力量""利益""优先级"等在不同的文化中有不同的含义，因此要使用不同的谈判战略和互动形式。霍夫施泰德提出："跨文化谈判需要洞悉来自其他国家的对手的文化价值观并将其与自己的文化价值观做比较。"

为了能够有效地在全球范围内谈判，我们需要理解对方的文化，并了解它与我们自身的文化有何不同。这个知识点的引入会改善整个谈判流程并决定我们应如何与对方互动，主要包括以下八个方面的内容：

- 会议计划；
- 及时性；
- 见面和问候；
- 房间布局；
- 语言的使用；
- 对抗程度；
- 战术的使用；
- 力量来源。

对文化进行精准分类是很困难的，因为没有分类标准。文化会随着时间的推移而发生变化，即使是同一地理界限内的文化也会有所不同。真正全面了解一种文化的唯一方法是花一段时间沉浸其中，但这对规划谈判来说并不可行，因此，为了与身处不同文化的谈判对象建立基于文化的连接点，我们可以在这一领域进行大量的研究。

在这一领域最有用的知识可能来自两位研究人员，即霍夫施泰德和沙洛姆·施瓦茨（Shalom Schwartz），他们独立地研究了国际文化，确定了一系列文化衡量指标并开展了全球研究项目，以确定不同国家的文化的所属类别。

罗伯特·豪斯（Robert House）也对文化做了很多研究。他在 1993 年建立的全球领导力和组织架构行为的有效性研究项目和世界价值调查项目提供了一份免费但非常有价值的基于跨国文化的分析报告。其中的很多指标都能指导我们更加深入地研究具体的文化。其中，以下四个指标与高效谈判相关性较强：

- 个人主义与集体主义；
- 权威主义与平等主义；
- 短期主义与长期主义；
- 单时主义与多时主义。

个人主义与集体主义

霍夫施泰德描述了个人主义文化的衡量标准。他把个人主义定义为"一个社会或团体的成员高度关注自身及其直系亲属"。与之相反的概念是集体主义，即个人是强大且有凝聚力的集体的一部分，集体的福利和成功或集体本身都是极其重要的。个人主义社会的特征包括个人选择、平等和自由，聚焦于实现个人成就，建立个人地位，创造个人财富。只要个人的权利由法律和合同清晰地定义和完整地保护，个人就可以忠诚于一个集体。在西方社会，这一文化被广泛接纳。然而，在集体主义文化中，情况会非常不同。个人是集体的一部分，这个集体可能是家族、部落、帮派或公司，而正是这些集体定义了个人。当个人表示会长期忠于集体时，个人对集体就负有很重要的责任和义务。国与国之间的文化也因此出现了差异。表 5.1 对比了这两种文化。

表 5.1　个人主义与集体主义的对比

对比的项目	个人主义	集体主义
什么定义了文化	• 人格和自我表达 • 个人选择和平等 • 自由和流动——只要适合，个人就可以成为公司、社团或其他集体中的一员 • 企业家精神和个人成就 • 个人独立	• 家族、部落、帮派 • 对集体的义务 • 长期忠于集体 • 通过伙伴关系或合作帮助集体获得成功 • 个人因社会义务而相互依赖
历史、风俗和传统	• 通过影响力让人们步调一致 • 如果认为某件事与己无关就会将其放弃	• 定义了一切 • 决定了完成事情的方式 • 不惜任何代价维持
什么定义了个人	• 职业选择和个人诉求 • 可见的成功迹象	个人是集体的一部分
什么才是重要的	• 维护和建立个人形象、财富和地位 • 对其在乎和关系亲密的人表示支持和忠诚	• 集体的福祉和成功 • 颜面——保护自己和他人的面子，避免造成耻辱感
个人的权利、义务和责任	• 由法律和合同定义并保护 • 通过法律手段解决冲突和违约行为	• 由惯例、群体价值观、规范和以往的偏向性定义 • 通过调解解决冲突或违约行为，或提请集体裁决以达成共识
个人失败或不法行为	• 使个人产生内疚感 • 对不成功的容忍度很低——限制发展机会，并可能导致免职	• 在集体面前引发羞耻感 • 不赞成本身就是一种有力的制裁
回报是什么	个人成就	• 个人的地位 • 对集体的长期奉献
交易	可以匿名且没有个人关系	一定要有私人关系

（续表）

对比的项目	个人主义	集体主义
对谈判的影响		
个人驱动和激励	• 结果 • 个人成功 • 胜利和目标达成 • 自利	• 人际关系 • 集体或公司的成功 • 集体福祉 • 集体利益 • 颜面——保护自己和他人的面子，避免造成耻辱感 • 不惜一切代价维护和建立关系 • 别人眼中的自己
双方的互动	• 声明或请求直击目标，没有保留，不拐弯抹角 • 根据议程、预先准备好的计划或谈判方式安排时间和顺序 • 人际交往是做生意的必要条件	• 只有在确定不会引起尴尬的情况下才会陈述立场 • 只有在合适的时候才会采取行动，通常会先进行详细的调查，以确定环境和时间是合适的 • 业务交往是人际交往的结果
最普遍的谈判方法和战术	• 更多地倾向于主张价值——决定固定资源的分割方式（"分馅饼"） • 从可选方案中获得筹码	• 更多地倾向于创造价值——整合资源并假设可供分配的资源量不固定（"做大馅饼"） • 筹码来自地位和关系
公平的标准	• 先例、合同或法律 • 社会意识形态	由集体决定

　　当个人在介绍自己时，文化差异就会显现出来。在个人主义文化中，某人会说："我是史蒂夫，在一所学校当老师。"然而，在集体主义文化中，我们可能会听到："我是杏晴子，我在位于爱知县的最优秀的丰田公司工作，在那里我负责发动机零部件的采购工作。"在个人主义社会中，个人身份是由他的个人成就定义的，因此斯蒂夫没有必要提到他所在学校的名字。而在集体主义社会中，个人的身份是由集体定义的，杏晴子的说法就是典型的例子。集体主义文化建立在人际关系和个人义务上，个人在集体或社会中的地位几乎能够决定一切，因此保护颜面就成了极其重要的事情。因此，在集体主义社会中，所有的行动都将被事先仔细考虑，以确保它们不会造成任何形式的耻辱感，或者不会导致某人（包括自己）变得不那么受尊重。

高度个人主义文化存在于北美、澳大利亚、南非和北欧的绝大部分地区，而高度集体主义文化存在于东亚的部分地区和南美。跨越地理边界的有效谈判需要我们了解自己和对手在文化上的差异，以便做出调整。处于个人主义文化的谈判者与处于集体主义文化的对手谈判时，需要在达成交易之前建立一种融洽的关系。一旦这种关系建立起来，讨论就能以一种总是寻求保护对方颜面的方式进行。如果赢得了对方的信任和尊重，而且提议对集体有利，这场谈判就会成功。将协议转化为合同可能是期望中的程序，但集体主义者会认为个人承诺比任何合同都更重要。如果个人主义者在荣誉和信任的基础上与集体主义者建立了一种真正的关系，那么交易自然会成功；如果这种关系没有建立起来，那么后者在谈判中几乎不会有怜悯之心。表 5.1 列出了个人主义文化和集体主义文化对谈判的影响。

对待权威的态度

正如乔治·奥威尔（George Orwell）所写："所有动物都是平等的，但有些动物比其他动物更平等。"问题是其他动物或社会对这个问题的接受程度。在位于斯堪的纳维亚半岛的国家和其他的一些北欧国家中，个人的身份和地位主要是通过能力、经验或纯粹的辛勤工作赢得的。在这里，虽然权威受到尊重，但人们认为如果当权者表现得不好，他们受到挑战也是可以接受的。这种文化理念认为每个人都是平等的，地位、权力和财富都可以提供给那些为之努力的人，是否晋升则取决于个人的知识与能力。那些有地位的人应该不断证明他们为什么配得上自己的职位。2012 年，在世界试图摆脱经济衰退之际，一些国家（英国就是其中之一）的许多大型企业的领导开始因其极高薪酬而不断受到诟病。公众质疑权威的权利被媒体强化，以至于政府开始干预。施瓦茨将这种社会形态称为"平等主义"，他描述了一种文化取向，即不能容忍权力大的人滥用市场的力量，那些权力较小的人需要得到支持。

与平等主义相反的是由权威主导的社会形态。霍夫施泰德将此描述为一种文化的"等级制"，以及一个社会或群体中的大多数人（即组织中的工人、集体或家庭的成员）接受、认可和渴望权威，并期望权力分配不均的程度。在一个权威主义社会里，地位可以是与生俱来的，也可以是对长期承诺的奖励。如果我们和正确的人建立了正确的关系，那么我们也可以得到它。在这个社会中，不是凭你知道什么，而是凭你认识谁。

这里的关键点是那些没有地位的人愿意接受他们的地位并成为社会秩序的一部分，而不寻求挑战。在一个权威主义社会里，人们都很谨慎、不敢越权。在商业环境中，几乎所有的决策都由组织的高层负责。这意味着，在与权威主义者进行谈判时，我们的对手可能不会在谈判期间做出任何决定，而是在事后让级别更高的人做决策。此人很可能会要求做出进一步的改变或让步，从而延长谈判进程并使之复杂化。这种情况是无法避免的，因为这是权威主义者做事的方式。然而，对手的级别越高，问题就会越少，一旦做出决定并达成协议，无论是否签订正式合同，都不会改变协议内容。表 5.2 对比了这两种文化。

表 5.2　权威主义与平等主义的对比

对比的项目	权威主义	平等主义
等级和权威	• 权威被接受且不容质疑，等级是不可被挑战的，角色是有归属的 • 被分配的，常常是继承或与生俱来的 • 部落长老、父亲或公司领导都拥有权威	• 人人平等 • 地位是赢得或获得的 • 由工作角色、职称或职位决定 • 当权者往往会接受审查、挑战和质疑
决策	• 严格地由身居其位的人做决定 • 通常需要向业务负责人请示后再做决策	取决于授权程度，可能下放所有权力
对谈判的影响	• 谈判中不太可能做出决定，谈判者需要请示其他人 • 地位决定一切，所以他们希望你的地位与之相当 • 达成协议后不得变更	• 倾向于在谈判中做决定 • 当协议还没有变成合同时，如果有一个人不被组织支持，就会有变更协议的风险

短期主义与长期主义

短期主义被认为是 21 世纪头 10 年全球金融危机爆发的主要原因。放贷方放宽了约束与规定，而且基于房价上涨的表面价值，放贷越来越多。随着人们再融资和资金借贷的不断发生，社会整体借款迅速增加。在美国，抵押贷款债务增加了 180%。随着泡沫在 2006 年被置于风险之中，过度的债务和杠杆及全球金融机构监管不力最终引发了一场金融风暴。房价持续下跌、大量借款人违约，之前被认为屹立不倒的庞大的金融机构同样也面临着倒闭、违约，最终这一连锁反应导致了泡沫经济的彻底破裂，人们也为此付出了惨痛的代价。

短期主义思维的倾向是不恰当地对将来发生的事情感到乐观，而且只关注此时此刻。投资者对潜在的长期高额回报毫无耐心，只热衷于短期获利，因此往往高估了股票价值。那些管理我们养老基金长期收益的投资者是根据当年收益激励和奖励的。在北美，跨国企业的首席执行官的任期仅为 18～24 个月并不少见，这点时间足以让他们卖掉企业的"传家宝"，并因此获得丰厚的奖金。至于下一年度的企业价值从何处实现，那就是继任者该去琢磨的事情了。如果这还不够说明问题的话，我再举一个例子，西方式的民主意味着政客们不必把目光投向他们的任期之外。当然，也有许多人会看得更长远，尤其是那些有责任感和担当的人，但并非所有人都会这样做，有些人甚至可能在连任无望的情况下为未来的危机埋下伏笔。我们当下的需求是由新技术推动的。今天，我们可以随心所欲地得到我们想要的东西，如音乐、电影等。这些能使我们和家人一起度过欢乐休闲时光的东西，现在只需轻轻一点即可获取。

短期主义不是一种全球性的现象，而是属于某些国家的一种文化特征，主要是西方国家。事实上，在日本等国家，长期主义是备受推崇的（至少在可预见的将来）。在一个重视长期价值的社会里，他们看待事物的角度是非常不同的。社会成员在做决定时会考虑长期的结果而不是短期的目标，并且会避免可能使自己蒙羞的行为。这种长期的定位在很大程度上源自孔子的哲学。孔子强调个人和政府的道德、社会关系的正确性、家庭忠诚、正义和真诚，所有这些都要求个人进行长期的坚持和教导，这些都是东方文化的基础。长期主义驱使着人们在所有事情上都坚持不懈，并对金融事务保持谨慎的态度。关系和个人地位在确保文化哲学得以延续方面显得尤为重要。

长期主义也影响着政府的工作和行为。执政者的政治战略看起来确实是长期的，其重点是为子孙后代做正确的准备。例如，中国投资于本国以外的全球基础设施建设，这需要几十年才能产生回报；斯里兰卡正在修建高速公路，以便更好地连接生产者和非洲的大片农田，以保证未来的粮食供应能力。表 5.3 对比了这两种文化。

表 5.3　短期主义与长期主义的对比

对比的项目	短期主义	长期主义
特征	• "此时此地"——不考虑未来的后果 • "现在就要"——追求立即回报和即时满足感 • 措施和结果推动决策 • 交易是公平的，不能交付是可以接受的风险，通过签订合同可以降低风险	• 决策和行动应对未来产生影响和驱动力 • 避免引发颜面尽失的风险 • 金融审慎 • 坚持就是胜利 • 交易是以关系为中心的，交付失败被认为是丢脸的
对投入时间、金钱或精力的态度	• 短期，即使不太有利 • 避免长期投资导致对这类具有长期回报的项目的投资普遍不足 • 只根据当前业绩对管理投资基金的个人进行奖励	• 长期，为了下一代的利益 • 根据对社会的贡献，个人将得到鼓励和奖励
地位和生涯	• 被选举或被任命 • 优秀的人选得以继任	• 因个人为长期成功做出关键贡献而继承或被授予 • "把一生奉献给工作"实属平常
对谈判的影响	• 成功的结果由硬指标评判，如价格、时间、规格 • 交易有可能被孤立看待	• 拟进行的交易必须与更长远的目标保持一致才会被接受 • 交易是过程中的许多步骤之一

谈判方法需要与对手在不同时间段彰显的文化特质及需求相一致。如果我们提出的解决方案与个人、公司或更广泛的社会长期目标相冲突，就无法

从长期合作伙伴那里获得谈判的短期结果，甚至会导致颜面尽失。此外，由于合作伙伴着眼于长远目标，因此不太可能迫切需要立即完成交易。事实上，仓促完成交易将被视为不必要的风险，因为这会妨碍你拿出足够多的时间确保协议长期正确，甚至会"赔了夫人又折兵"。因此，谈判可能是持续的，在完成交易之前要进行多次谈判。所有这些因素都必须被纳入谈判计划。

霍皮人没有时间的概念

霍皮人是居住在美国亚利桑那州东北部高原的霍皮保留地上的美洲原住民。霍皮人爱好和平，他们是当地古文明的后裔，如今还有 7000 多人。他们是被美国联邦政府认可的部落，讲霍皮语。霍皮语词典对"霍皮"的定义是"行为端正、有礼貌、文明、和平，坚持霍皮人的方式"。要想成为霍皮人，就要努力达到一种完全尊重万物并与之和平相处的状态。

然而，传统的霍皮语词典中没有"时间"一词。直到现在，时间也不是霍皮人生活中的一部分。不能像我们这样描述时间似乎令人难以置信，然而，这就是霍皮人的生活状态。当霍皮人描述时间时，他们会用物理距离进行描述，例如，一件已经过去很久的事情就像一个离他们很远的物体。霍皮语也没有真正的时态，所以事件是用持续的时间（使用物理长度来指示）及其性质（如将要发生、已经发生、预计会发生、正在进行、定期发生等）来描述的。霍皮人使用的动词也是基于物理空间和运动的，例如，正在发生的事情被描述为"旋转"，并伴随着一个手势。

之所以没有时间的概念，是因为他们觉得没有必要。霍皮人把世界看成自然万物的相互作用和日月、季节交替的集合。用自然万物之外的人造钟面上的刻度分割时间对霍皮人来说毫无意义。在霍皮文化中，时间被认为是很丰富的，就像一条延伸到远方的路。当世界上到处都是时间时，几乎没有必要去衡量它。对他们来说，意义非凡且源远流长的是万物关系、尊重传统和遵循自己的生活方式。

这种心态与许多（但并非全部）西方人对时间的态度完全相悖，因为我

们的整个生活环境都是由时间驱动的。想象一个完全没有时间的世界与理解
"无限"这个概念一样困难。对许多人来说，时间甚至决定了他们的生活方
式。时间是无情的，几乎不给我们喘息的机会。浪费时间往往是我们所能想
象到的最大损失，因为我们再也找不回流逝的时间了。时间就是金钱，时间
是宝贵的，时间是需要仔细分配的事物，这样我们的时间才能被高效利用。
了解人们对时间的不同态度有助于我们理解文化差异。

单时主义与多时主义

世界各地对时间的不同态度并非源自个人的选择，而是由文化和人格所
驱动的。可以说，人格受到文化的极大影响。虽然有许多因素可以描述特定
文化的不同方面和价值观，但所有个人主义文化似乎都具有一个共同的主要
特征，那就是文化中的个体看待时间的方式及时间对日常生活的组织方式的
影响。在人际关系和集体利益至上的文化中，权威极难受到挑战。考虑到长
期影响，个人通常倾向于对时间持有类似于霍皮人的态度。正如时间延伸到
远方，人际关系、与集体或家庭的长期联系也高于一切，因此这在某种程度
上也定义了文化。在个人主义社会中，权威是被赢得的并要接受挑战，同时
短期结果最重要，而文化往往恰恰相反——更有时间限制。

美国人类学家和跨文化研究者爱德华·霍尔（Edward Hall）用人们之
间相互交往的程度描述个人主义文化。他将这一概念与对时间的态度结合起
来，定义了单时主义和多时主义（见表 5.4）。单时性和多时性并不是衡量文
化两极分化的标准，但它们可以帮助我们理解文化的可见特征。对时间的态
度与其他关键文化指标之间有明显的相关性，因此这一特征是我们制订谈判
计划时要考虑的重要指标之一。

霍尔指出："单时性是低投入人群的一个特征，他们将时间分隔开来。
他们一次只处理一件事情，如果必须同时处理更多的事情，他们就会失去方
向感。"在单时主义社会中，时间就像通过放映机播放的电影，活动按顺序
编排，就像电影中一个接一个的场景。大量的时间管理图书和课程提供了很

多指导建议或方法论，可用来改进可用时间的分配和管理方式，以便节省更多的时间进行其他活动。技术创新也集中在节省时间的小巧工具和应用程序上。对单时主义个体或者说"单时主义的人"来说，由于迟到和超时会影响"电影"中的下一个场景，及时性和即时性就变得十分重要。同理，个人任务的完成也不会因为分心或转移注意力而受到影响，但"一次只处理一件事情"的思维方式对中断的容忍度很低。

表 5.4　单时主义与多时主义的对比

对比的项目	单时主义	多时主义
与其他文化指标的关系	• 倾向于个人主义 • 倾向于平等主义 • 倾向于短期主义	• 倾向于集体主义 • 倾向于权威主义 • 倾向于长期主义
明显的信号	• 迅速、守时，进行日程管理 • 一次只处理一件事情，专注于手头的工作 • 避免和反对改变日程安排 • 注意不要打扰别人，隐私很重要 • 严格管理项目的截止日期 • 如果在医院的等待室里一直等待，就会感到沮丧 • 常规性和规律性能带来安全感 • 尊重私人财产，介意发生私人之间的借钱行为 • 除了直系亲属和亲密的人，与其他人的关系以短期关系为主	• 守时比较不重要 • 同时完成许多任务，就像玩杂耍的人，只做一件事是不够刺激的。因此，在会议上，多时主义者更喜欢同时做几件事，如查看电子邮件或涂鸦 • 时间表灵活。不会对重新安排会议感到不安 • 中断很常见 • 项目会被分成很多个部分 • 如果在医院的等待室里一直等待，就会找其他事情做 • 避免规律性 • 不介意发生私人之间的借钱行为 • 长期关系与人际互动至关重要 • 在一天中会切换不同的活动
对谈判的影响	• 一次只谈一件事 • 关注开始和结束时间 • 利用时间表安排会议 • 寻求一系列单独的协议以确保总体协议的安全性 • 使用直接的语言	• 需要更多的时间 • 基于关系 • 由公司高层做决定 • 必须与长期愿景相匹配 • 必须有面子 • 使用间接的、高语境的语言；为了保护对方的颜面，谎言也是被允许的

在个体之间和群体之间的行为标准和组织方式上，单时主义表现得更加

明显。看手表、计时器和时间表可能是其显著标志，但还有其他标志。在英国，如果你走到两个人面前，加入他们的谈话并与之深入交谈，就会被认为是不礼貌的。即使你足够重要，打断别人谈话时也需要说一句"对不起"。但是，这种谈话礼仪在全世界很多地方并不存在。在一次与一位中东商人的会面中，他的一名年轻员工突然闯进他的办公室，开始用阿拉伯语与他交谈，直接打断了我与他的谈话。我等着这名员工因为打扰别人的谈话而受到斥责，或者至少会向我道歉，但什么都没有发生。事实上，在整个会面的过程中，类似的干扰如电话等持续不断地发生。有一段时间，三个陌生人走进房间，他们似乎都在用阿拉伯语进行不同的对话，与我谈判的商人则加入了他们的对话，一边与电话里的人交谈，时不时地改用英语，一边继续与我们交谈。我了解到，这种情况在中东国家和他们的文化中是完全正常的，所以我决心学习阿拉伯语，这样下次我就可以加入他们的谈话。

多时主义文化的一个显著特征就是可以同时开展多重对话或多项任务。霍尔指出了这一特征，并提出"多时主义者可能太过投入，倾向于同时进行多个操作，就像玩杂耍的人一样"。个体在进化过程中形成了这种能力，这是一种躲避单时现象的能力，因此暴露在多时环境中就像置身于旋风中，甚至可能引发压力反应，因为人们会感觉事情没有完成。这种能力今天存在于多时主义社会中，也存在于多时主义个体中，因为人际关系对他们而言是很重要的，所有人际交往都比手头的任务或任何时间界限重要得多。完成任务与实现目标并非终点，恰当的人际关系的自然产物才是终点。而对单时主义个体来说，完成任务才是最重要的，人与人之间的互动只是实现这一目的的一个促成因素。

在国家和文化层面存在单时主义和多时主义的两极分化。北美、北欧的大部分地区、俄罗斯、澳大利亚和新西兰主要是单时性的，尽管居住在这些地区的主要民族仍然是多时性的。南欧、非洲、亚洲的大部分地区和南美洲的大部分地区主要是多时性的。这与气候有一定的关系：光照越多，时间就显得越不重要。因为受到国家和文化的影响，慢性演变这种现象会在组织和个人层面发挥作用，所以也有可能出现一种多时的单时现象，即来自单时主义社会的某些个体表现出多时主义倾向。例如，女性在计时方面可能会遵循与她们所处的单时主义社会相同的态度，但她们往往比男性具有更强的处理多重任务的能力，因此更容易适应多时主义文化。然而，这并不意味着女性在多时主义文化中必然会成为更好的谈判者，因为这种优势很可能会被具有高度男权指数的文化所抵消，即性别不平等。

退休的单时主义者可能会抱怨手头的时间太多，因为他们不会和其他人一样面临时间紧迫感，这往往会导致不同的行为。总体来说，在一个国家和文化中同时存在单时性和多时性特征，但这些特征在一个国家内也会有所不同（表 5.6 按国家和地区列出了一份清单）。要想了解我们的谈判对象，首先要了解他们文化的主导方向，但也必须考虑我们将要接触的个体的特征。

当单时性和多时性结合在一起时，就有可能出现误解、摩擦和冒犯他人的现象。然而，最大的风险就是无法与对方产生任何共鸣。多时主义者在没有建立关系的情况下会拒绝参与谈判；单时主义者会因为在谈判中缺乏进展而感到沮丧，并且如果事情看起来没有任何计划，他就会感到失控。霍尔认为，在这种情况下，"他们所经历的许多困难可以通过适当的空间结构克服"，即个人与时间的关系。当一位西方谈判者与一位东方谈判者会面时，谈判成功的关键往往在于放弃将这场会面视为谈判会议及必须在有限的时间内得出结果的思维方式，要集中精力以对方的步调与其建立关系，但心里要有一些目标，我们将在"时机成熟"时实现这些目标。这是一种观念的彻底转变，不再是时间对关系的驱动，因此衡量的不再是结果而是关系的质量。在西方文化中，商业关系通常保持着一定的距离。你可以在年底给谈判对象寄一张节日贺卡，但你不太可能在周末给他们打电话，提议一起去喝一杯啤酒。在更多的时候，人际关系是熟人的网络。在东方文化中，商业关系更加真实、更加私人化，因此任何关系都必须建立在诚实、正直、尊重和获得荣誉的基础上，而这需要时间。这也意味着在舒适的环境中坐在沙发上的时间比在办公室里的时间要多。最富有成效的跨文化关系往往是建立在长期且持久的、

真正的关系之上的。注意，在我们没有掌握所有筹码的情况下，这种方法是
有效的，因为我们需要"赢得"一个结果。如果单时主义者有足够的力量，
就可以通过减少参与及筛选（用于预先过滤障碍因素）等手段削弱多时性的
影响。

在第一次为谈判制定一个长期性指标时，要首先对谈判进行长期性评
估，然后根据相应的文化指标进行更详细的评估。红表方法论就是建立在这
个概念之上的。

案例学习——与原住民谈判

原住民是指在殖民之前就生活在这片土地上的当地居民。据估计，全世
界有 2.2 亿~3.5 亿原住民。澳大利亚的原住民约占该国总人口的 3.3%。北
美共有 8000 多万原住民。美国的原住民占该国总人口的 2%。加拿大有 634
个原住民社区，原住民占该国总人口的 5%，包括北极圈以南的因纽特人和
梅蒂斯人。全世界大部分地区都有原住民。

历史上原住民与探险家和殖民者之间的战争有很多，原住民受到威胁，
被迫离开自己的家园。时至今日，在某些地区仍然存在原住民受到迫害或歧
视的现象。经历过这段历史后，许多国家在人权保护和道德行为的推动下
已经立法，旨在保护原住民并积极地重新平衡他们在社会中的地位。例如，
《联合国土著人民权利宣言》（The United Nations Declaration on the Rights of
Indigenous Peoples）规定，成员必须制定与原住民相关的政策并赋予他们权
利，包括就业，选择供应商，保护文化，保护语言，获得卫生、教育资源和
自然资源方面的保障措施，以保护文化的多样性。

原住民有自己的文化，到今天为止，他们努力在他们所生活的更广泛的
国家文化中保存自己的文化。因此，这也在西方强加的新规范和传统的原住
民规范之间创造了相互竞争的格局。而与此相关的各种立法一般都是为了解

决这一冲突，防止新规范对原住民造成影响，从而保障原住民的各项权益。

今天，在美国、加拿大和澳大利亚，原住民享有拥有指定领土的权利。有许多情况会对原住民的土地造成影响，如修建水坝、管道或采矿。在原住民的自有地内，寻求开展此类项目的公司必须与其协商，以评估影响，同时保障原住民的权利，让政府安心。

北州水电公司

一家大型公用事业公司——北州水电公司（North State Hydro，NSH）希望在原住民保护区的上游修建水坝和水力发电厂。NSH 认为此项目将影响水坝下游几个原住民社区的土地、渔点和狩猎场。NSH 试图与原住民社区协商，并且自认为提供了非常有吸引力的补偿条件。谈判人员被派去完成交易，但很快就失败了。推动召开任何形式的商讨会议的尝试均由于对方没人能够代表整个社区而失败。然后，谈判人员按照典型的西方文化惯例，打算各个击破。然而，各种形式的提议也遭到了强烈抵制。每当 NSH 提议召开会议讨论各种商业条件时，得到的答复都是"每个月都来和我们坐一会，一起喝喝茶，然后我们再谈"。NSH 在各社区、各个体处都面临任何形式的交易均遭到抵制的窘境，并且对方只答复："我们自古以来就在这里，我们会留下来的。"

NSH 试图推动谈判已经一年了却毫无进展。谈判人员很难理解原住民为何反抗，但他们又确实在反抗，具体表现为对变化的消极抵制，但这一抵制是受法律保护的。至此，谈判没有取得任何进展。

确保单时主义和多时主义达成一致

NSH 花了 20 年的时间与多个社区及每个社区中的多个家庭合作，最终才达成协议。只有当关注点从试图达成交易转向建立关系时，才能开始取得进展。随着时间的推移，他们了解到，社区并不关心是否达成协议，而是关心所有社区之间的长期关系。他们还了解到，在没有集体协议的情况下，个人会抵制任何形式的个人交易，在社区和邻近社区保有面子是最重要的事情，任何阻止或威胁这一点的行为都会导致管理系统瘫痪，并伴随着对承诺的焦虑。

因此，NSH将重点转向与每个社区建立一种新型的"关系协议"，并与所有社区产生共鸣。他们致力于找出每一个冲突或担忧的根源，以及哪个团体或个人有权达成协议，然后确定关系并随着时间的推移平息这些冲突。与西方文化看重协议的做法相反，在这里，关系是至高无上的，优先于合同和约定的交易条款。我们可以把它理解为将长期交易的持续合同管理行动变成持续的关系协议，从而维持约定的关系。抵制行为仍在继续，但随着时间的推移有所减少。对立关系逐步让位于一种基本的信任，这种信任为与原住民合作和建设新水坝提供了基础。最终，NSH及它所处的国家的单时主义文化找到了一种与多时主义文化达成长期协议的途径，两者的关系一直有效地维持到今天。

文化的差异

通过学习上述四个关键指标的两极分化现象，你会对一种文化有更加深入的了解，你会意识到良好的谈判计划需要考虑到一些具体的文化差异。这些差异包括但不限于说出来的、未说但以其他方式表示的，以及文化礼仪。

文化礼仪

每种文化对事物的开展都有自己的礼仪。如果我们试图与他人建立融洽的关系，但无视对方的文化礼仪，就会付出惨痛的代价。礼仪反映了文化取向，在有些文化中，有地位的人如何被认可往往是非常重要的。例如，当我们和中国商人谈判时，他们进入房间的顺序和每个人坐的位置往往遵循一定的礼仪。在大多数亚洲国家要用双手递名片这一点是众所周知的；但在中东的部分地区永远不要用左手递东西的重要性却鲜为人知。在有些社会里，在一个团体中直呼一位女士的名字或与她握手是不恰当的。再次强调，提前研究文化差异是很有必要的，这可以帮助我们避免冒犯他人或影响融洽关系的建立。

迷失在翻译中

谈判是两个或两个以上的当事方进行协商或互动以达成共识或协议的过程，因此语言和交流是必不可少的。然而，文化的差异会使我们的交流方式和语言的使用方式有所不同。洛兰德·萨雷（Lorand Szalay）提出，为了理解这些差异，我们必须区分所说的（即信息本身或内容）和它被传达的方式（即信息的传达方式、所使用的词语甚至手势）。在谈判中，假定对方说的话准确而充分地传达了一种特定的立场、回应或要求，这似乎完全合理。但是，这是一个错误的假设，也是许多跨文化谈判未能取得预期结果的原因之一，它存在以下几个问题。

- 我们对别人的话语的理解是由我们的经历和我们看待世界的方式所决定的，即我们的参照系。如果我们面对的下一个人有相似的参照系，那么基于所说内容的交流将是有效的；如果没有相似的参照系，那么我们说的内容可能会被误解。
- 参照系在很大程度上取决于文化，不同的文化经历可能衍生出传统词典未展现的不同解释。
- 文化特征，如保有面子，决定了实际说出的话语的直接或委婉程度。

这里最有用的文化特征指标是一种文化在多大程度上属于个人主义或集体主义，它可以决定文化交流和语言的使用方式。在谈判时有五种关键的差异要考虑到，即保有面子、直截了当、语境、修饰和撒谎。

保有面子

还记得史蒂夫，那个在个人主义社会里工作的老师吗？如果有人问史蒂夫是否喜欢他所任教的学校，他的回答是："不太喜欢，孩子们的行为不规范。"在个人主义社会中说这种话是可以理解的。事实上，这甚至可能引发人们对史蒂夫因这一职业而产生困扰的同情。然而，在集体主义社会中，以这样的方式与他人相处是不可想象的。任何以消极的态度谈论集体或雇主的行为都是不光彩和不恰当的，无论如何都要避免。事实上，当给集体带来负面影响时，个人的风险感会很强烈，以至于集体主义文化中的个体会竭尽全力确保他们的话不会被他人误解。

直截了当

在个人主义文化中，直接表达自己的想法通常是正常的。一个德国人或荷兰人如果在汽车做完保养后发现汽车出了问题，就会毫不犹豫地把车开回修车厂，然后说："你对我的车所做的保养有问题，我对你的服务不满意。"但是，在集体主义文化中，这种直截了当的说话方式是不可想象的，因为这会让修车厂的员工很尴尬。在集体主义文化中，如果把车开回修车厂，车主会使用不那么直接的语言、更加谨慎的措辞，以免让修车厂的人丢了面子。

语境

集体主义者会使用"高语境"进行交流，这意味着他想表达的不仅仅是他所说的，同时伴随着更深层次的平行交流，包括暗示、手势和肢体语言。"是"可能意味着"是"，但也可能意味着"不是"。我很早就从亚洲的培训小组那里学到了这一点，他们会坐直身子，似乎对所有事情都全神贯注。如果我问一个简单的问题，如"你们可以看到我在挂图上写的东西吗"，他们会一起点头说"可以"。他们很少做出否定的回答。然而，在练习时，我了解了事实。当他们开始讨论并通过同组的其他成员的笔记了解了培训内容时，他们告诉我他们还有一些内容没有理解清楚。

修饰

集体主义者会对所说的话加以修饰，以加强尊重和保护面子。例如，还记得丰田员工杏晴子吗？她在自我介绍时说了这样一句话："我在位于爱知县的最优秀的丰田公司工作。"这不仅是为了加强和重申自己对公司的忠诚，也是为了确保自己所说的任何话都不会被他人误解和让他人蒙羞。

撒谎

在个人主义社会中，撒谎往往被认为是不被社会接受的，尽管撒谎并不少见。撒谎者会被他人轻视，也会失信于人。

因此，人们交往和交流的预期准则会随着文化的不同而变化，有时是微妙的，有时是深刻的。如果不能理解这些差异并相应地进行调整，就无法有效地沟通，并将阻碍关系的建立（如果目的是建立关系）。表 5.5 列出了个人主义和集体文化的沟通特征。

表 5.5　个人主义和集体主义的沟通特征

对比的项目	个人主义	集体主义
信息传递	• 直接 • 低语境 • 直率 • "实话实说"——准确且完整地描述处境或请求 • 很少使用手势和肢体语言	• 间接 • 高语境 • 有所保留 • 真正意图往往通过言语暗示、手势、肢体语言和感情色彩传递（添加额外的词语以维护他人的面子，避免耻辱感，尊重等级制度） • 经常使用手势和肢体语言
事实	• 社会强制要求，说谎在社会中是不被接受的 • 说谎会破坏关系，解决方法是揭露他人的谎言	没有维护颜面重要——说谎总比丢失颜面要好
显著性	虽然用语通常是经过考虑的，但它们可以被收回和纠正。例如，偶尔说错话，只要在合理的范围内就不会产生严重的后果	• 所说的话将被分析、仔细研究，找出隐藏的意义，并牢记在心 • 说错话、令对方丢失颜面会导致严重的后果，而且不会被遗忘

（续表）

对比的项目	个人主义	集体主义
冲突和对抗	• 冲突被视为达成一致的必要过程，是被接受的 • 面对面对抗	• 影响力优先 • 不愿意面对面，避免面对面对抗

竖起大拇指！但这并不适合每个人

在不同的文化之间，并不是只有语言不同，有时与人交互所用的手势和行为也有不同的含义。

强调所说内容的手势

北欧、东欧和远东大多数地区的人说话时往往很少使用手势；而南欧大部分地区、南美和中东的人在演讲时往往会使用一连串富有表现力的手势，这些手势似乎在某种程度上说明和强调了论点。处于表达型文化的个体在重要的事情发生时会变得非常活跃，例如，我们可以在机场看到人们是如何抱怨某件事的。有时，根据某人挥舞手臂的程度甚至可以分辨出他来自哪里。

有含义的手势

还有一些手势不会伴随着话语出现，但在日常生活中会被世界各地的人所使用。然而，问题是它们对不同的人来说可能有不同的意思。有一次，我从中东的一个机场出发，在机场入口处负责检查行李的工作人员帮我把沉重的手提箱从传送带上拿下来。因为不知道阿拉伯语的"谢谢"如何表达，我便向他竖起了大拇指，这是当时我唯一想到的表达方式。但事实证明，这个在一般情况下表示"干得好"或"你很棒"的手势在中东有截然不同的含义。我强烈建议不要在中东机场的工作人员面前使用这一手势。我也建议不要随意使用任何手势，除非你非常确定它在当地的含义。

肢体语言

肢体语言也会因文化的不同而有差别。然而，艾伦·皮斯（Allan Pease）

和芭芭拉·皮斯（Barbara Pease）指出，一般的信号及其含义在全世界都是一样的。不同的是你对眼神交流的期望、个人空间、你的坐姿和手部动作。我将在后续章节中详细讨论肢体语言。

获得承诺

在许多文化中，给予承诺是完全正常的，但并非所有文化都是如此。一些集体主义文化会对承诺持保留态度，并且会抵制承诺带来的压力，以避免任何可能带来耻辱的风险。在中东的部分地区，获得"是"是一个相当大的挑战。当达成的协议未能实现时，会有两种典型的反应——"Bokra"（意思是明天，好像要再试一次）或"Malesh"（意思是忘记它或不要介意）。在许多情况下，这就是做成生意或做不成生意的表达方式。

肢体语言和行为解读在不同文化之间的差异细说起来可以写成一本书，这里就不一一说明了。不过，我要再次强调，事前研究文化差异对国际谈判至关重要。

文化、贿赂和腐败

腐败是真实存在的。在西方商业世界中，腐败现象较少出现，因为透明度、问责制和正确的程序通常都可以发挥作用。腐败在社会上也是不被接受的。然而，想当然地认为世界上的所有地方都以同样的方式运作恐怕是一种误解。腐败可以通过两种方式影响谈判：谈判者可能会因腐败而处于不利地位（例如，由于腐败行为，另一方更容易获得有利结果）；谈判者可能会受到某种个人激励，被迫达成某种对己方不利的结果。腐败会以下列几种形式出现：

- 不道德地利用权力谋取私利；
- 参与规则或中标标准的制定，或故意对某些标准进行含糊的解读；
- 贿赂、勒索或贪污；

- 凭借私人关系赢得合同。

腐败在官僚和权威主义文化中更加普遍。如果人们一边倒地接受权威等级观念，当权者的地位就比正确的程序更加重要，这便给其创造了腐败的机会。

重要的是，我们不要对腐败现象感到惊奇。一个好人很容易在一分钟内不经意地陷入一个看似友好的局面，然后不知何故就收到塞满钞票的信封。我的建议是不要做出任何形式的腐败或贿赂行为，并严厉拒绝他人的此类行为。如果你正在做跨文化谈判，那么你最好针对贿赂准备好应对措施，你需要做好以下几件事。

（1）预先调查。

- 某一地区发生腐败的可能性和腐败的性质。
- 更广泛的组织或公司政策。
- 处理腐败的程序或准则。
- 本国对腐败问题的法律立场。

（2）评估对方在谈判程序中是否存在提出任何形式的贿赂或暗示行贿的可能性。如有可能，采取措施规避此风险，例如，选择在公共场所或在会议室用闭路电视召开会议。

（3）注意信号。贿赂行为很少是冷冰冰的；只有你表现出愿意接受的样子，对方才会试图行贿。例如，如果对方说"我们能帮你解决你的个人问题吗"或"你为什么不让我们来帮你呢"，你应该将注意力集中在你想实现的业务目标上，你可以说"你能帮助我的唯一方式就是在谈判中与我方达成一致意见"。

（4）如果你最终有可能妥协，你要事先计划好你说什么和做什么，以及你会在什么时候离开谈判桌。在你的头脑中准备一套说辞是很有帮助的，如"我对事情的发展方向感到不安，所以我要就此停止"。

（5）尽快向组织报告发生的事情。

适应不同的文化

中国人做生意的方式与西方人有很大的不同，这一事实已被广泛理解。然而，这种差异似乎并没有阻止中国与世界上的其他国家交往，并且成为世界上生产力最强、经济增长最快的经济体之一。中国人做生意的方式与西方人真的有那么大的不同吗？还是他们已经想好了如何调整自己的方式以适应西方的方式，最终实现他们的目标？我曾经向一位经验丰富的谈判者提出这个问题，他曾是一家全球金融机构的高级副总裁，在国际谈判方面拥有丰富的经验，在全世界完成了多笔数百万美元的交易。他的回答很简单："如果你有他们想要的东西，他们会以很恰当的方式得到。"这是一个需要被理解的重要观点，因为我们相信，只有当我们针对不同的文化调整我们的方式时，成功才会变得触手可及。很明显，适应不同的文化有助于降低误解、冒犯对方和无法取得进展的可能性。当对方真正有所求时，他们会想办法消除文化差异。但是，当他们拥有我们想要的东西，或者力量的天平没有向我们倾斜时，适应不同的文化就变得至关重要了。

调整谈判方法

为了最大限度地提高国际谈判的有效性并确保取得期望的结果，我们需要根据文化特征调整谈判方法。适应不同的文化分为三步（见图 5.1）：确定文化、理解差异和制订计划。

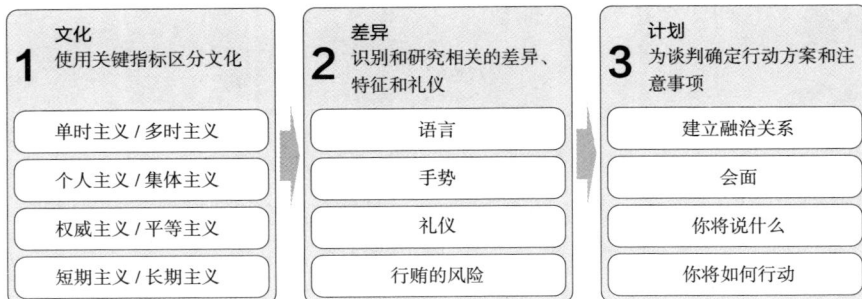

图 5.1　适应不同的文化的步骤

1. 确定文化

我们可以通过参考四个文化指标确定对方文化的主要特征。表 5.6 是一个国家和地区文化指标清单，该清单是基于当前在这一领域最杰出的研究报告整理和编撰而成的，但我们应该客观地看待此类结果。该清单或任何其他类似的清单仅应作为参考，因为对任何文化的评估都不可能达到明确量化的程度。此外，特别说明一下，这一领域的研究尚不完善，有时甚至相互冲突。

表 5.6　国家和地区文化指标清单

洲	国家或地区	单时主义 / 多时主义	个人主义 / 集体主义	权威主义 / 平等主义	短期主义 / 长期主义
非洲	阿尔及利亚	多时主义	集体主义	权威主义	短期主义
	埃及	单时主义	中立	权威主义	短期主义
	加纳	多时主义	集体主义	权威主义	短期主义
	肯尼亚	多时主义	集体主义	中立	短期主义
	利比亚	多时主义	中立	权威主义	短期主义
	尼日利亚	多时主义	集体主义	权威主义	短期主义
	塞拉利昂	多时主义	集体主义	权威主义	短期主义
	南非	单时主义	兼具	兼具	中期
	赞比亚	多时主义	集体主义	中立	短期主义
	津巴布韦	多时主义	集体主义	权威主义	短期主义

（续表）

洲	国家或地区	单时主义 / 多时主义	个人主义 / 集体主义	权威主义 / 平等主义	短期主义 / 长期主义
美洲	阿根廷	多时主义	中立	中立	短期主义
	巴西	多时主义	中立	权威主义	中期
	加拿大	单时主义	个人主义	平等主义	短期主义
	智利	多时主义	集体主义	中立	短期主义
	哥伦比亚	多时主义	集体主义	中立	短期主义
	哥斯达黎加	多时主义	集体主义	中立	短期主义
	厄瓜多尔	多时主义	集体主义	权威主义	中期
	萨尔瓦多	多时主义	集体主义	中立	短期主义
	牙买加	多时主义	中立	中立	短期主义
	墨西哥	单时主义	集体主义	权威主义	短期主义
	巴拿马	多时主义	集体主义	权威主义	短期主义
	秘鲁	多时主义	集体主义	权威主义	短期主义
	美国	单时主义（有时多时主义）	个人主义	平等主义（绝大多数情况）	短期主义
亚洲	印度	多时主义	中立	权威主义	中期
	印度尼西亚	多时主义	集体主义	权威主义	中期
	伊朗	多时主义	中立	中立	短期主义
	伊拉克	多时主义	中立	权威主义	短期主义
	以色列	单时主义	中立	平等主义	短期主义
	日本	多时主义	集体主义	权威主义	长期主义
	科威特	多时主义	中立	权威主义	短期主义
	马来西亚	多时主义	集体主义	权威主义	中期
	巴基斯坦	多时主义	集体主义	中立	短期主义
	菲律宾	多时主义	集体主义	权威主义	短期主义
	沙特阿拉伯	多时主义	中立	权威主义	中期
	韩国	单时主义	集体主义	中立	中期
	泰国	多时主义	集体主义	中立	中期
	土耳其	多时主义	兼具	兼具	短期主义
	阿拉伯联合酋长国	多时主义	中立	权威主义	中期

（续表）

洲	国家或地区	单时主义 / 多时主义	个人主义 / 集体主义	权威主义 / 平等主义	短期主义 / 长期主义
大洋洲	澳大利亚	单时主义	个人主义	平等主义	短期主义
	新西兰	单时主义	个人主义	平等主义	短期主义
欧洲	奥地利	单时主义	中立	平等主义	长期主义
	比利时	单时主义	个人主义	中立	短期主义
	克罗地亚	单时主义	个人主义	平等主义	短期主义
	丹麦	单时主义	个人主义	平等主义	中期
	芬兰	单时主义	个人主义	平等主义	中期
	法国	单时主义（有时多时主义）	个人主义	中立	短期主义
	德国	单时主义	个人主义	中立	长期主义
	希腊	多时主义	兼具	中立	短期主义
	匈牙利	单时主义	中立	中立	短期主义
	冰岛	单时主义	个人主义	平等主义	短期主义
	爱尔兰	单时主义	个人主义	平等主义	短期主义
	意大利	单时主义（有时多时主义）	个人主义	兼具	短期主义
	荷兰	单时主义	个人主义	中立	中期
	挪威	单时主义	个人主义	平等主义	中期
	波兰	单时主义	中立	中立	短期主义
	葡萄牙	多时主义	集体主义	中立	短期主义
	俄罗斯	多时主义（有时单时主义）	兼具	权威主义	短期主义
	西班牙	多时主义（有时单时主义）	中立	中立	短期主义
	瑞典	单时主义	个人主义	平等主义	中期
	瑞士	单时主义	个人主义	中立	中期
	英国	单时主义	个人主义	平等主义	短期主义

注：仅供评估时使用，改编自吉尔特·霍夫施泰德、沙洛姆·施瓦茨、爱荷华大学和世界价值观调查（World Value Survey）的研究结果。

2. 理解差异

在谈判中需要考虑以下四种关键文化差异。

- **语言**。考虑如何使用语言及这是一个高语境社会还是低语境社会。
- **手势**。了解在这种文化中使用手势的频率，尤其需要了解哪些手势可用、哪些不可用。
- **礼仪**。研究对方通用的社会、商务和会议礼仪。
- **行贿的风险**。确定是否存在贿赂的风险及该风险会以何种形式表现出来。

我们可以通过研究理解差异，下面列出了三种方法。

- **书面研究**。库珀拉德公司（Kuperard）出版了一整套关于各种文化的书，此外还有许多免费的网络资源。
- **与去过那里的人交谈**。在一家全球化的企业中，很有可能有人处理过这类工作或有过这种文化经历。与他们交谈 15 分钟往往比所有的书本理论加起来都更有价值。
- **自我体验**。虽然我推荐参考前文介绍的一些研究，但只有沉浸在一种文化中才能真正理解它。不管你做了什么研究，亲自体验都是最有效的途径之一。只有观察别人做什么、如何交流、说了什么、没说什么、什么时候有所保留，你才能了解这种文化。通常，你可以简单地问一下别人对你有什么期望。我从来没有因为别人询问我该怎么做而生过气。

3. 制订计划

理解了文化差异之后，我们就可以为谈判制订计划了。这种"文化计划"不能孤立存在，必须融入更广泛的、按照本书提到的红表方法论展开的谈判计划。该计划应涵盖以下四个方面。

- 建立融洽关系。如果我们与一个兼具集体主义和多时主义的对象谈判，那么建立关系会成为谈判过程的主要组成部分，我们应该事先规划好如何建立关系。第一次社交很可能是在中立的领域发生的，如共进晚餐时或谈论家庭和共同利益时。记住，关系不是一下子就能建立起来的，而是依赖于你自身的努力和正直的品性，随着时间的推移而建立起来的。因此，建立融洽关系的关键是找到如何将其融入谈判的方法，而不是仅仅规划一次活动或事件。

- 规划会议。我们要规划会议的方方面面，包括在哪里见面、如何问候对方（如递交名片、送礼品）、如何进入会议室及人们将坐在哪里等，这些都要与对方的文化相匹配。

- 量身定制你要说的话。如果你处于低语境文化，而你的谈判对象处于高语境文化，那么你需要通过事先规划调整你的沟通风格。多听一听别人说的话，尝试理解其中可能隐含的意思，避免运用任何批评或揭露并可能导致对方丢脸的字眼，通过修饰来强调你对他人的尊重，并使用让他们能积极回答而不是只回答"是"或"否"的问题。例如，问中国人一个封闭式的问题，如"你同意这个提议吗"，你很可能不会得到积极的回答，因为很多中国人不太喜欢回答封闭式问题，他的回答很可能是"是"，但只表明他听到了这个问题，或者这只是一个勉强的替代性的回答。相反，提出开放式的问题更有可能成功，如"你对这个提议有什么看法"。如果在第一时间没有得到回答，你可以重复提问。

- 量身定制你要做的事情。我们已经探讨了手势和肢体语言是如何随着文化的不同而变化的。有了这些知识，你应该事先规划好如何去适应你所做的事情，这样你就可以富有同理心，不会被意想不到的事情吓得措手不及。同时，为对方将要做的事情做好准备也很重要。如果没有做好准备，那么谈判对手在情绪爆发时挥舞手臂对一位保守的谈判者来说可能是相当可怕的。弄清楚要避免做什么手势，例如，在中东地区不要竖起拇指，在巴西不要比出"OK"的手势。让你的手势与你的肢体语言相匹配。模仿对方的行为有时是有益的，因为这是一种强大的移情方式。例如，他们坐直了，你也这样做；他们保持眼神交流，你也这样做。但是，你没有必要仅仅因为对方开始挥舞手臂就也这样做。也就是说，在谈判中，当你选择爆发或你表现的活力与你所处的文化不相符时，这似乎会对谈判有所帮助甚至会让对方更加尊重你。最重要的是，你要选择自己的风格，确定你觉得自己表现出多大的戏剧性对谈判是有帮助的。

实际操作

红表方法论中的步骤 4A 和步骤 4B——文化

这一步的目的

步骤 4A 评估了我方和对方的文化，步骤 4B 总结了我方获得的见解，以便制订计划时根据文化因素调整谈判方法。图 5.2 提供了示例，模板可在附录中找到。

完成步骤 4A

1. 确定并列出我方和对方的主导文化（可以根据谈判地点或谈判团队成员的来源判断文化特质，最终以哪一种判断方式对谈判影响更大为准）。

2. 确定双方的文化指标（见表 5.6），包括根据评估所做的注解。

完成步骤 4B

1. 确定并记录建立融洽关系的计划。

2. 确定推进会议的方案，注意必要的文化礼仪。

3. 确定并列出"可说"和"不可说"的具体事项，以及要避免的特定行为或手势。

4A. 文化

我们　　　　对方

国家 英国　　国家 某国

我们	对方
☑ 单时主义	☐ 单时主义
☑ 多时主义	☐ 多时主义
☑ 个人主义	☐ 个人主义
☑ 集体主义	☐ 集体主义
☑ 短期主义	☐ 短期主义
☑ 长期主义	☐ 长期主义
☑ 平等主义	☐ 平等主义
☑ 权威主义	☐ 权威主义

文化评估的笔记

关系和平等是至关重要的。只有建立关系、业务才能开展，注意避免发生任何有损颜面的事情

4B. 文化计划

建立融洽关系的计划（首先问候长者）

- 正式的问候（允许）
- 只有他们允许，我们才能直呼其名
- 赠送礼物。第一次他们可能会拒绝接受礼物，那就再次赠送
- 不要打开他们送给我们的礼物

需要说什么

- 使用间接语言
- 表达尊重并感谢他们

不要说什么

- 不要使他们觉得有失颜面
- 不能太直接

会议应当如何进行

- 避免循规蹈矩
- 花时间建立关系
- 不要给会议设定时间限制
- 了解他们说话的语境

如何行动

- 用双手递接名片

需要避免的手势

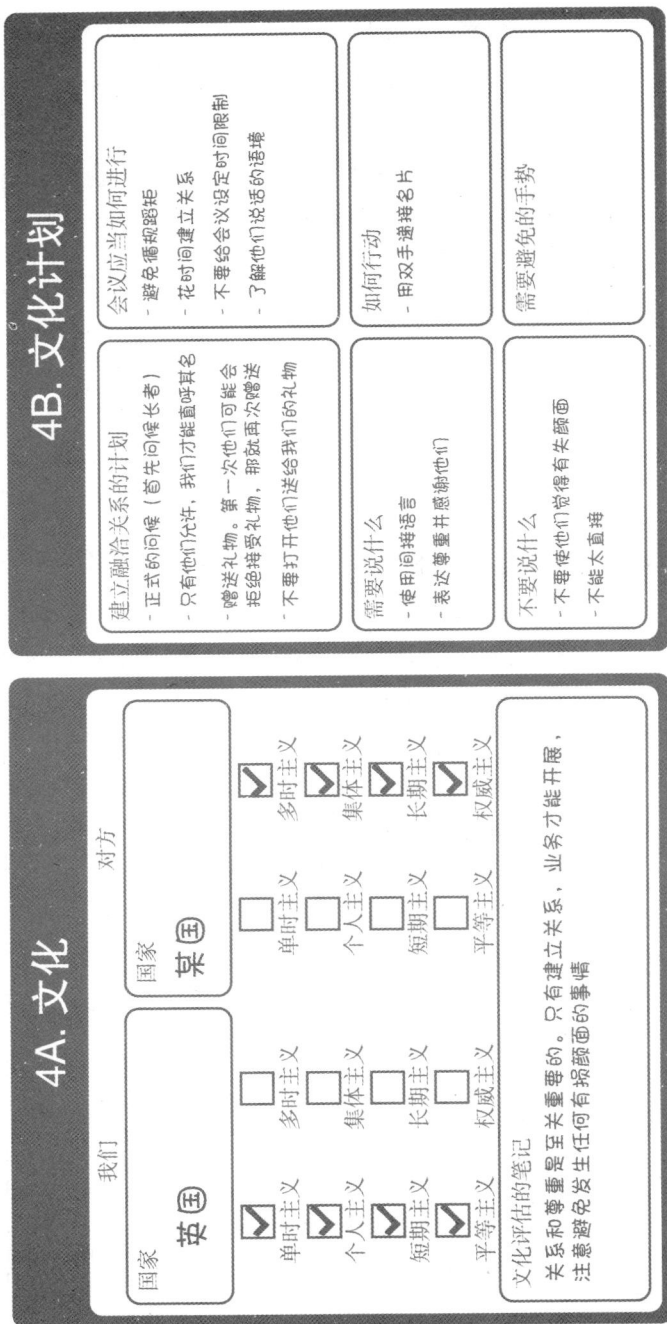

图 5.2　红表方法论中的步骤 4A 和步骤 4B——文化和文化计划

NEGOTIATION FOR PROCUREMENT AND
SUPPLY CHAIN PROFESSIONALS
Third Edition

第 6 章
人格与谈判

本章旨在探讨个人和团队的人格与谈判有何关系，并通过一个框架理解和定义这种关系。本章还将提供一种试图了解对方人格的方法。我们应当在人格与谈判类型之间建立联系，并在需要时调整个人的风格和性格。

本章涉及的关键问题

10. 我和谈判对手的人格特质是如何促进或阻碍谈判成功的？

11. 什么样的行为举止能够帮助我在谈判中获胜？

12. 我应该如何了解谈判对手并与之打交道以便占据有利地位？

本章涉及的红表方法论中的步骤

步骤 5A、步骤 5B 和步骤 6A

人格的重要性

谈判与人格、流程和本领相关。如我们在第 1 章中学到的，有很多人格特质可以促进或阻碍谈判。我们的人格会影响我们的思维和感受能力，驱动我们的行为，令我们与众不同。尽管我们的人格在多大程度上可以被改变是一个有争议的问题，但人们普遍认为人格是一种源于我们内心深处并在一生中都难以改变的特性。

在大约 100 年前，西格蒙德·弗洛伊德（Sigmund Freud）的研究表明，人格在童年之后是无法改变的。他还提出了处理影响我们行为的深层次因素的方法，这表明我们具有一定的适应性。新弗洛伊德主义者如卡尔·荣格（Carl Jung）、阿尔弗雷德·阿德勒（Alfred Adler）和卡伦·霍妮（Karen Horney）接受了弗洛伊德的许多观点，但他们认为人类的动机更加复杂，我们拥有更大的能力把自己塑造成我们想要成为的人。

许多心理学家试图对人格的不同特征进行分类和测量。弗洛伊德和阿德勒在 20 世纪初开创了这一领域，从那时起就出现了许多模型。荣格将人的心理功能分为以下四类。

- 感观和直觉——"感知"功能。
- 思维和感受——"判断"功能。

这一观点也是被全世界广泛使用的迈尔斯 - 布里格斯人格类型指标（Myers–Briggs Type Indicator，MBTI）的基础。戈登·奥尔波特（Gordon Allport）等人认为，有一些人格特质可以通过观察大量的人群予以概括和定义。他们发现了三种人格特质。

- **基本特质**。支配个人生活、人格和行为的单一特质。基本特质是不常见的，因为大多数人的生活是由许多特质塑造的。但是历史表明，个人的基本特质是显著的，以至于他们的名字就成了该特质的同义词，如弗洛伊德式的、马基雅维利式的等。

- **核心特质**。构成人格基础的一般特质，如外向、认真、焦虑、随和等。
- **次要特质**。与偏好属性相关的特质，通常出现在特定情况或特定条件下，如在压力下变得咄咄逼人。

保罗·科斯塔（Paul Costa）和罗伯特·麦克雷（Robert McCrae）识别了人格的五个维度，又称 OCEAN 模型：

- 开放性（Openness）；
- 自觉性（Conscientiousness）；
- 外向性（Extraversion）；
- 随和性（Agreeableness）；
- 情绪性（Neuroticism）。

人格对谈判有影响，因为人格会影响我们如何看待世界和做出决定，并驱动我们的行为。如果环境可以通过教育塑造部分或全部人格，我们就会看到受文化影响的特定行为。

我们可能可以改变也可能无法改变人格，但是通过花很多时间与精神分析师交谈为谈判做准备是不切实际的。不管我们的人格如何，我们都可以选择一个身份，这就是我们在谈判中获得优势的方式。人格不同于身份，一个假定的身份可能会受到人格的严重影响，但也会受到技能和实践的影响。事实上，这个假定的身份可以是你想要的任何身份。然而，问题在于，选择一个与你的人格截然不同的身份会引发一种风险，即人类在压力下的自然反应会回归固有的人格。了解了自我意识及驱动着我们行为的人格后，我们就有可能选择不同的行为，从而采用不同的身份，这是有效谈判的核心。我将这种新的身份和所采用的谈判风格称为"谈判力"。在实践中做到这一点需要完成以下三个步骤：确定我们是谁，确定我们需要成为谁，并由此建立我们需要的谈判力（见图 6.1）。顺便提一句，进一步了解 NLP 和认知行为疗法可能会对你有帮助。

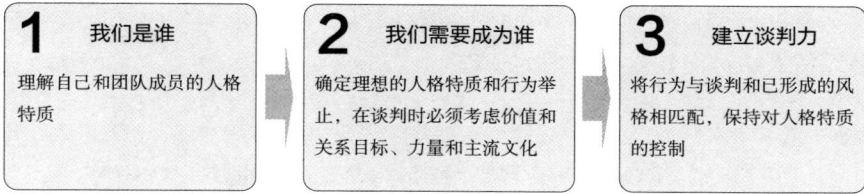

图 6.1　建立谈判力的步骤

了解我们的人格

在为一次具体的谈判建立谈判力之前，我们首先要了解自己天生的人格及所有将要参与谈判的团队成员的人格。

COW SOAP模型

虽然科斯塔和麦克雷的 OCEAN 模型提供了一个可对生活中的人格特质进行分类的框架，但是在谈判的背景下，它缺乏某些维度，而且它强调的内容并非完全与谈判相关。例如，情绪性在其最全面的意义上与理解谈判环境中的人格没有太大的关系，尽管谈判者应该有一定程度的"冷静"特质。此外，尽管 OCEAN 模型没有强调个人被驱动的程度与其获胜意愿是高度相关的，但"驱动"是一种人格特质，因为我们不能在课堂上学习竞争力，谈判也不是我们自愿去做的事情。我们要么被驱使着想赢，要么不是。同样的道理也适用于"以解决问题为中心"的人。我们可以上一门专门教授如何解决问题的课程并学习一套流程，然而，解决问题似乎是一些人天生就具备的技能。这可能不是遗传的，但可能是我们早期经验的产物。心理学家是否会将这些特征视为真正的人格特质并不重要。重要的是我们要建立一个模型并通过它理解与谈判相关的、似乎来自我们内心深处的人格特质、动力或行为，因此，COW SOAP 模型应运而生。

COW SOAP 模型包括与谈判相关的人格的七个方面（见图6.2），分别是自觉性、外向的、求胜欲、以解决问题为中心、灵活、随和、冷静。这一模型是评估人格进而建立谈判力的基础。

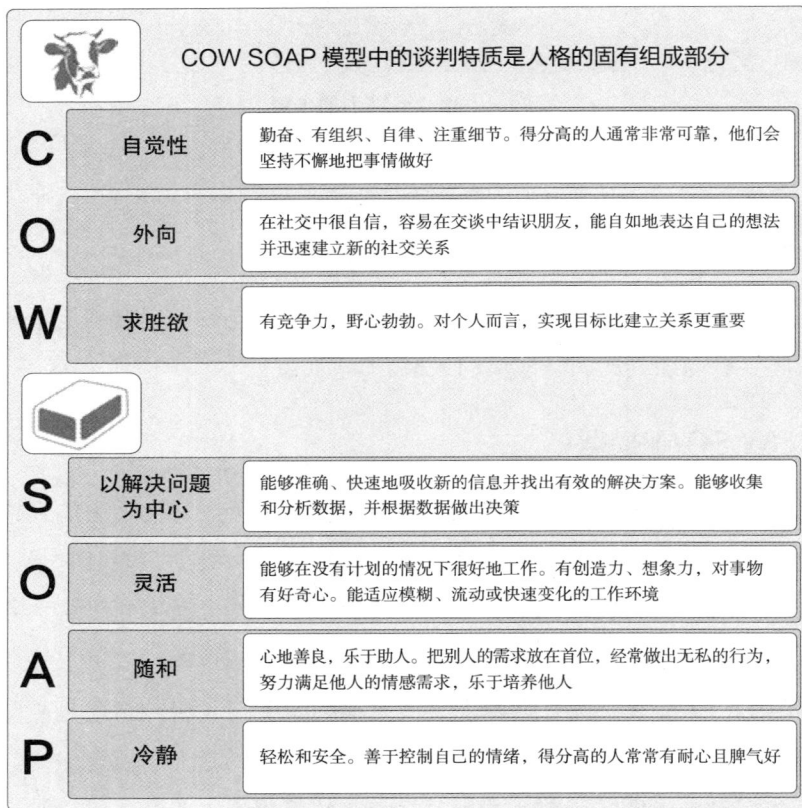

		COW SOAP 模型中的谈判特质是人格的固有组成部分
C	自觉性	勤奋、有组织、自律、注重细节。得分高的人通常非常可靠，他们会坚持不懈地把事情做好
O	外向	在社交中很自信，容易在交谈中结识朋友，能自如地表达自己的想法并迅速建立新的社交关系
W	求胜欲	有竞争力，野心勃勃。对个人而言，实现目标比建立关系更重要
S	以解决问题为中心	能够准确、快速地吸收新的信息并找出有效的解决方案。能够收集和分析数据，并根据数据做出决策
O	灵活	能够在没有计划的情况下很好地工作。有创造力、想象力，对事物有好奇心。能适应模糊、流动或快速变化的工作环境
A	随和	心地善良，乐于助人。把别人的需求放在首位，经常做出无私的行为，努力满足他人的情感需求，乐于培养他人
P	冷静	轻松和安全。善于控制自己的情绪，得分高的人常常有耐心且脾气好

图 6.2 COW SOAP 模型

ACE模型

COW SOAP 模型有助于我们理解人格特质，但是我们几乎无法选择人格特质，只能有意识地改变它们。然而，在谈判力涉及的其他方面，我们的确可以进行自主选择以提高个人效能，也就是我们的自信、冲突模式和情绪能力，三者被统称为 ACE 模型（见图 6.3）。ACE 模型与 COW SOAP 模型一起构成一个完整的模型。

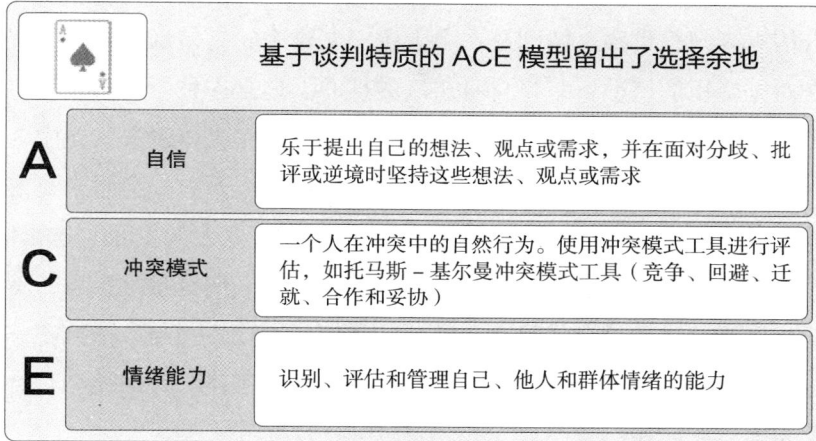

图 6.3　ACE 模型

自信

自信是指我们在向他人陈述自己的想法、观点或需求时的自在程度，以及我们在面对分歧、批评或逆境时对这些想法、观点或需求的坚持程度。自信的根本目的是满足我们自己的愿望或需求。第 32 版《多兰医学词典》（*Dorland's Medical Dictionary*）对自信的定义如下。

自信是一种行为模式，其特征是不需要证据就做出声明或肯定一项声明。这肯定了一个人的权利或观点，而不是咄咄逼人地威胁另一个人的权利（假定前者处于支配地位），或者顺从地允许另一个人忽视或否认自己的权利或观点。

自信的人天生就自信吗？在我刚开始上学时，我记得班上总有一些孩子比我更想得到他们想要的东西。今天，当我观察我的孩子和他们的朋友互动时，我发现有些孩子愿意屈从于他人，有些孩子似乎只愿意坚持自己的主张，他们比其他人更了解自己想做什么。有趣的是，孩子的自信通常和至少一个家长的自信是有关联的。这也许是天生的，也许是后天培养的，或者两者兼而有之。

自信对谈判很重要，特别是在个人主义文化中，它是确定立场、提出要求及在对方施压的情况下坚持自身想法的核心。这是一种行为和技能，可以使一个人明显比另一个人更重要，但不咄咄逼人。在集体主义文化中，这种行为可能与文化规范相悖，从而削弱人们的自信。在西方社会看来是好的主张，放在东方社会中却有可能被视为粗鲁和不尊重他人的主张。这是因为，在集体主义文化中，重要性往往是由地位赋予的。人们尊重这一点，不会试图挑战或以暗示挑战的方式行事。因此，我们必须把文化与人格放在一起考虑。例如，除非一个高度自信的人学会调整自己的风格，否则他与日本人的谈判可能不会太顺利。

根据情况的不同，自信表现在许多方面。以我的孩子和他们的朋友为例，自信的孩子也许会大声说话，使用指令性语言，并带头决定他们要做什么。一个孩子甚至知道如何轻轻地抓住另一个孩子的胳膊，让他抬头，这样他就不得不听。在个人主义社会中，成年人的自信更为复杂，它由语言、手势、肢体语言和身体姿势组成（见表6.1）。有些人天生就比其他人更自信，一项关键的技能是选择何时自信、何时克制。这与情绪能力有关，反映了个人心智的发展程度。很多人会无意识地表露出过于自信的状态，但也有人不愿提出自己的观点，他们都付出了走极端所带来的代价。然而，学会做出选择是有可能的，这样做会非常有力量。自信并不是一种永久的状态，它是一种行为模式。展现自信的技巧是存在的，并且有大量的文献可供参考，我建议大家多阅读相关的内容。如果你的目标是培养自信，那么这里有一些建议可以帮助你。

（1）**觉得自己很自信**。在谈判前几天，想象一下自己在谈判中自信地行动，主导话题，轻松地表达自己的观点，而不是任人摆布。要在脑海里不断重复这个信念。

表 6.1　自信和被动的构成（在个人主义文化中）

构成	自信	被动
干预	<ul><li>会捍卫自己的权利</li><li>会说出自己的愿望和感受，不会被别人牵着鼻子走</li><li>在他人进行攻击、指责时表现得很成熟</li><li>乐于冒被误解的风险</li><li>寻求双赢，并承认双方的权利</li><li>不会损害他人的自尊，会反馈意见</li><li>谨慎安排干预时间</li><li>尊重自己的感受</li><li>表现出个人责任感并让他人承担责任</li></ul>	<ul><li>避免表达感受、需求和想法</li><li>避免面对问题，希望它能自行解决</li><li>会向其他人投诉，而不是向需要听到投诉的人投诉</li><li>忽视个人权利</li><li>允许他人侵犯</li><li>间接和抑制</li><li>让别人选择</li><li>可能会表现出对一切都不在乎的态度</li></ul>
语言	<ul><li>用"我"告诉别人自己对某种情况的感受</li><li>理性谈话而不是感性谈话</li><li>语气坚定，从不喊叫</li><li>积极倾听并理解他人的观点</li></ul>	<ul><li>很难说"不"</li><li>如有可能，将选择保持沉默</li><li>会对事情发牢骚并指责他人</li><li>使用间接陈述</li><li>所说的可能不真实</li><li>经常轻声讲话，毫无自信</li></ul>
肢体语言	<ul><li>保持直接的眼神交流</li><li>表现出兴趣和警觉</li><li>笔直地坐着或站着，身体可能会稍微向前倾</li><li>使用轻松的谈话手势</li><li>使用包容性手势，如伸出手掌</li></ul>	<ul><li>避免直接与对方进行交流</li><li>使用封闭式肢体语言</li><li>肢体语言很局促，如在团队中低着头或避免笔直地站立</li></ul>
物理位置	将自信的人放在最佳位置，如小组的最前面或中心	与小组的中心保持距离或避免直接接触

（2）如果可以，**让自己处于最有利的位置或座位**，坐直，看起来很专注，并与你想要吸引的人进行眼神交流。

（3）**表达自己对某一情况的感受**，直接说出自己想说的话，使用"我"，如"我觉得我无法接受"或"我觉得我们可能快要达成协议了，但我提出的所有条件并未被全部满足"。在团队谈判中，要尽量使用"我们"而不是"我"。

（4）**认真倾听并理解对方的观点。**

（5）**保持诚实、坦率和负责。**

（6）**不要把自信和咄咄逼人混为一谈**，保持冷静和沉着。

冲突模式——准备好"战斗"了吗

在出现冲突的情况下你会怎么做？躲起来、逃跑、还击，还是试着找到一个中间点？这是很重要的事情，你应该清楚自己要做什么。有些人会想方设法避免冲突，用一套成熟的战术化解局势，或者从一开始就避免冲突。有些人则会站起来，对小小的分歧进行反驳。

冲突是人们生活中一个自然的组成部分。根据文化的不同，冲突以不同的形式出现。冲突是一种分歧，因为这种分歧，当事方认为他们的需要、利益或关切受到威胁。值得注意的是，"感知到的威胁"是冲突的核心。它不仅仅意味着不同的观点，还包括人们对分歧的感受，以及它引发的人们对需求和兴趣的情感反应。需求通常被定义为一些显而易见的、短期的东西。然而，它们实际上更像冰山。表面上可见的或明显的需求并不能完全反映表面之下的真正需求，这种需求通常要复杂得多，涉及人际关系和情感因素。例如，某人建议员工更换办公座位，因为该员工经常去办公室，所以他应该坐在靠窗的座位上，但这可能会引发冲突。员工可能会提出许多好的论据以证明这不是一个好主意，但真正的原因（不想失去一个好座位）不太可能是这些论据中的一个。冲突通常伴随着不同程度的误解，这些误解放大了人们所感知到的分歧，这就是引发冲突的原因。

冲突是谈判的必要组成部分，但可以通过关注利益予以避免。同样，这与特定的文化有一定的关联，但是面对合作表现出侵略性或过于轻易地满足对方的要求都不利于获得好的谈判结果。有许多工具或模型可以用来评估个人冲突模式。这些研究大多基于罗伯特·布莱克（Robert Blake）和简·莫尔顿（Jane Moulton）在 20 世纪 60 年代的研究成果，他们研究了个人对人的关心程度与对任务的关注程度。克雷比尔冲突类型目录（Kraybill Conflict Style Inventory）进一步阐述了这一论点，并确定了五种应对方式，即指导、协调、避免、合作和妥协。

然而，最广为人知的模型可能是托马斯 - 基尔曼冲突模式工具（Thomas-Kilmann Conflict Mode Instrument，TKI）。它建立在布莱克和莫尔顿的研究基础之上，但使用了自信和合作两个维度，并确定了五种冲突模式，即竞争、回避、迁就、合作和妥协。如果你打算认真对待谈判，我强烈建议你了解自己的冲突模式；你可以从迈尔斯 - 布里格斯和托马斯 - 基尔曼的网站上找到更多关于 TKI 的信息。每个网站都提供了多种选项，你可以在线完成测试，并获得自己的冲突模式摘要。

图 6.4 展示了改编自 TKI 的谈判冲突模式。这些要么是我们对冲突的本能反应，要么是我们在情绪能力（见下文）下针对特定情况可以选择的反应。在选择冲突模式时，必须考虑文化因素。例如，在集体主义文化中采用竞争风格的个人主义谈判者必将失败。同样，当我们拥有主导力量时，如果选择在一个主张价值的谈判中高度迁就对方，我们就会把钱留在谈判桌上。

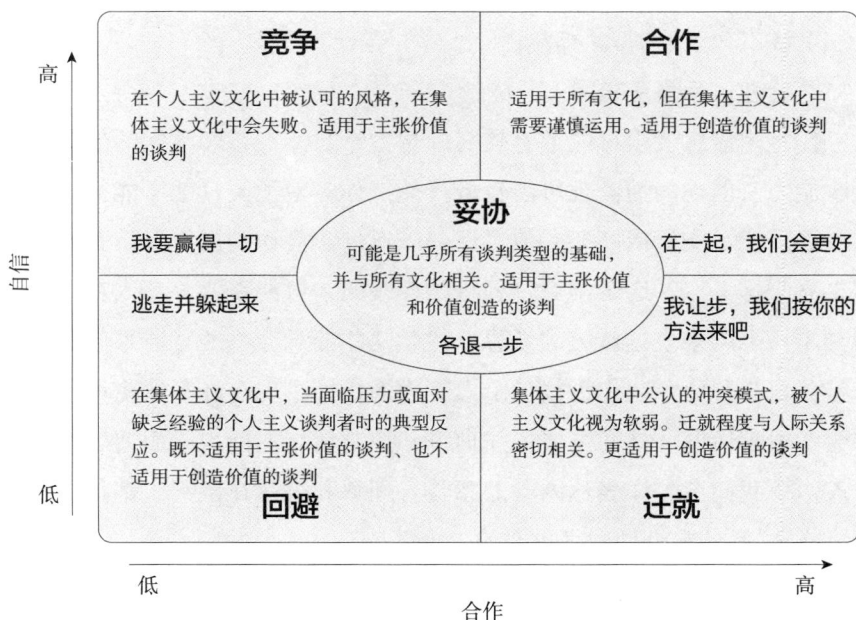

图 6.4　谈判的冲突模式（改编自 TKI）

因此，理解个人冲突模式和自由转换冲突模式的能力至关重要。然而，这并不是那么容易就能做到的，一些人可能会觉得这像一座需要攀登的大山。在谈判中，我们应当谨慎行事。

情绪能力

这一部分内容涉及理解和管理我们和他人的情绪及表达情绪的能力。这可以说是谈判者最重要的特质之一。

在这个领域有很多术语，而且关于事物如何相互匹配似乎有相当多的争论。"情商"是一个包罗万象的术语，它是指识别、评估和控制自己和他人情绪的能力。丹尼尔·戈尔曼（Daniel Goleman）认为情商包括以下五个方面的内容：

（1）知道自己的情绪；

（2）管理自己的情绪；

（3）激励自己；

（4）认识和了解别人的情绪；

（5）管理人际关系和别人的情绪。

一位自闭症患者很可能拥有较高的智力，对某些基于事实的信息有很强的接收能力，但他的情商很可能较低。如果你对他微笑，他可能很难自然地回以微笑，表示友好或高兴。他也许可以通过学会识别微笑并将其作为友好的标志克服这一点。这个学习过程将是缓慢的，可能需要一个人在保持笑容的同时用一个词来表达微笑的意思，然后他才能学会将两者联系起来。情商越来越多地与智商一起作为衡量个人能力的指标，现在许多雇主在招聘员工时都会考虑其情商。情商主要关注理解和控制情绪的能力，而情绪能力则进一步表明了我们会怎样表达内心的感受。理解和表达在谈判中都很重要，因此情绪能力是 ACE 模型中很重要的一个部分。

卡罗琳·萨尔尼（Carolyn Saarni）描述了情绪能力的八个组成部分：

（1）对自己情绪的觉察能力；

（2）辨别和理解他人情绪的能力；

（3）运用关于感情和表达的词汇的能力；

（4）以同理心参与的能力；

（5）区别主观情感体验和外在情感表现的能力；

（6）对厌恶情绪和痛苦环境的适应性；

（7）人际关系中的情感交流意识；

（8）实现情绪性的自我效能感的能力。

情绪能力是优秀的销售人员所具备的一项核心技能。我们在第 2 章讨论了同理心（这是情绪能力的一个核心组成部分）对销售流程发挥的辅助作用。我们认为，某些销售人员似乎天生就具备与销售相关的人格特质，并且在同理心的作用下通过不断的实践和积累经验发展这种能力。因此，对采购人员来说，情绪能力是衡量他们能否有效适应人格特质的一个重要指标。它不同于 COW SOAP ACE 模型提到的特质和行为，因为它考虑到了采购人员适应所有其他人格特质的能力，以及适应不同的文化进而建立自身谈判力的能力。

评估COW SOAP ACE模型提到的人格特质

针对 COW SOAP ACE 模型中的人格特质的全面心理评估可以提供一个衡量标准。然而，一个更实际的选择是简单地评估自己和其他团队成员。这不是一门精确的科学，而是一个衡量人格特质的标准，而且通常是相当准确的。虽然没有人比你更了解你自己，但是为了得到更准确的结果，你可以让你周围的人评估你，最好是认识你的人或与你一起工作的人。你也可以鼓励团队成员这样做。表 6.2 列出了每种人格特质可能的反应，图 6.5 列出了 COW SOAP 模型

表 6.2　COW SOAP ACE 模型中的人格特质可能的反应

COW SOAP 模型中的人格特质	ACE 模型中的人格特质		
	自信	冲突模式	情绪能力
高 中 低	高 低 可以切换	竞争 回避 迁就 合作 妥协	高 中 低

对人格特质的描述，以帮助你完成自我评估。依次研究每一种人格特质，考虑哪些词最能描述你或他人，以及该人格特质得分高低。

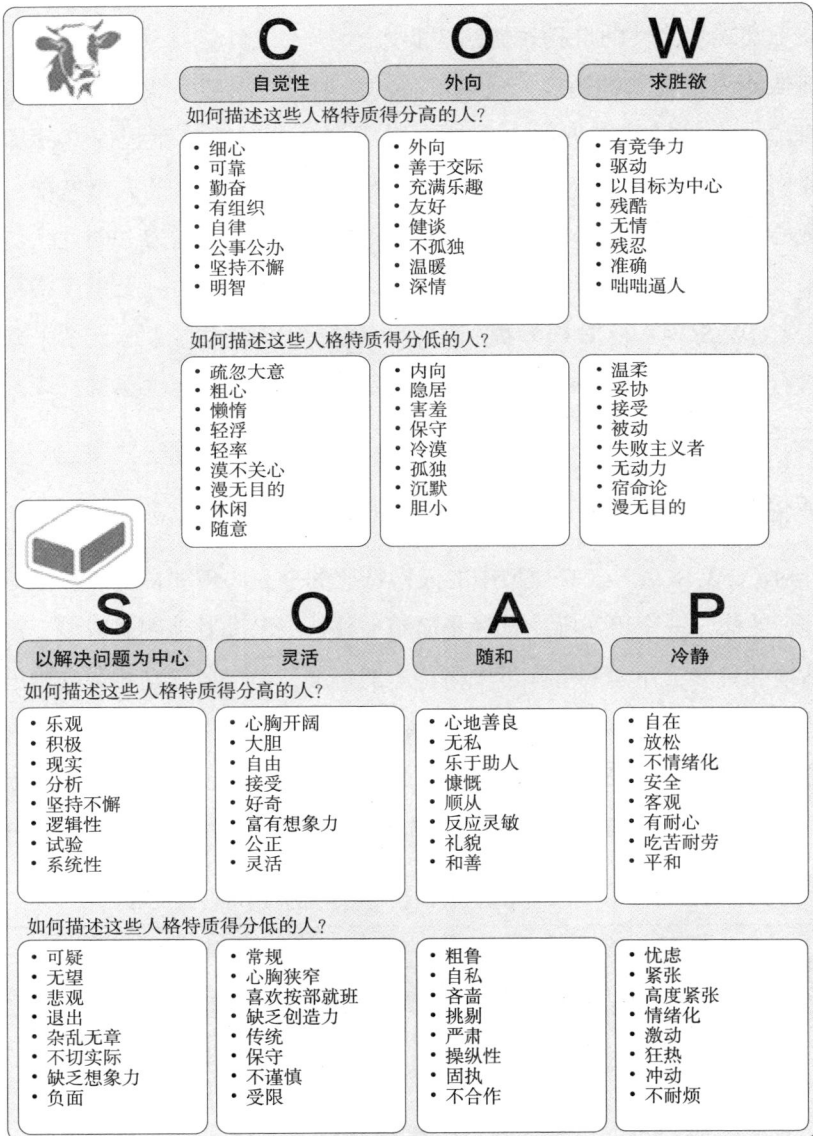

	C	O	W
	自觉性	**外向**	**求胜欲**

如何描述这些人格特质得分高的人？

自觉性	外向	求胜欲
• 细心 • 可靠 • 勤奋 • 有组织 • 自律 • 公事公办 • 坚持不懈 • 明智	• 外向 • 善于交际 • 充满乐趣 • 友好 • 健谈 • 不孤独 • 温暖 • 深情	• 有竞争力 • 驱动 • 以目标为中心 • 残酷 • 无情 • 残忍 • 准确 • 咄咄逼人

如何描述这些人格特质得分低的人？

自觉性	外向	求胜欲
• 疏忽大意 • 粗心 • 懒惰 • 轻浮 • 轻率 • 漠不关心 • 漫无目的 • 休闲 • 随意	• 内向 • 隐居 • 害羞 • 保守 • 冷漠 • 孤独 • 沉默 • 胆小	• 温柔 • 妥协 • 接受 • 被动 • 失败主义者 • 无动力 • 宿命论 • 漫无目的

S	O	A	P
以解决问题为中心	**灵活**	**随和**	**冷静**

如何描述这些人格特质得分高的人？

以解决问题为中心	灵活	随和	冷静
• 乐观 • 积极 • 现实 • 分析 • 坚持不懈 • 逻辑性 • 试验 • 系统性	• 心胸开阔 • 大胆 • 自由 • 接受 • 好奇 • 富有想象力 • 公正 • 灵活	• 心地善良 • 无私 • 乐于助人 • 慷慨 • 顺从 • 反应灵敏 • 礼貌 • 和善	• 自在 • 放松 • 不情绪化 • 安全 • 客观 • 有耐心 • 吃苦耐劳 • 平和

如何描述这些人格特质得分低的人？

以解决问题为中心	灵活	随和	冷静
• 可疑 • 无望 • 悲观 • 退出 • 杂乱无章 • 不切实际 • 缺乏想象力 • 负面	• 常规 • 心胸狭窄 • 喜欢按部就班 • 缺乏创造力 • 传统 • 保守 • 不谨慎 • 受限	• 粗鲁 • 自私 • 吝啬 • 挑剔 • 严肃 • 操纵性 • 固执 • 不合作	• 忧虑 • 紧张 • 高度紧张 • 情绪化 • 激动 • 狂热 • 冲动 • 不耐烦

图 6.5　COW SOAP 模型对人格特质的描述

建立谈判力

谈判力是为谈判而创造的概念。它是故意被强调或抑制的人格特质与刻意行为的混合体，这个过程也可以被称为表演。

谈判时要进行适当地"表演"这个说法可能是难以被接受的。我遇到过一位采购人员，她一想到要隐藏真实的自己，就感到非常震惊。事实上，这位女士甚至暗示这是不道德的。现实是，我们可以选择如何在谈判中采取行动。如果我们想取得成功，并确保任何手段都与我们正在进行的谈判的类型相匹配，选择正确的方法就是很重要的。例如，在一场一次性的主张价值的谈判中，双方事先没有建立关系，力量对我们而言是有利的，扮演强硬的谈判者可能正是我们所需要的。而在一场长期的创造价值的谈判中，开放、信任和简单地展现真实的自己可能会产生最好的结果。无论情况如何，重要的是要确保所采用的谈判力是基于谈判环境的有意识的选择。

在建立谈判力时，必须考虑几个因素，包括每个团队成员的 COW SOAP ACE 模型的人格特质及谈判的特定因素，例如，由均衡分析得到的谈判类型、文化及价值和关系目标（见图 6.6）。综合考虑这些因素后，做出调整、改变行为、选择风格并检查最合适的人是否与谈判相匹配，之后就形成了谈判力。

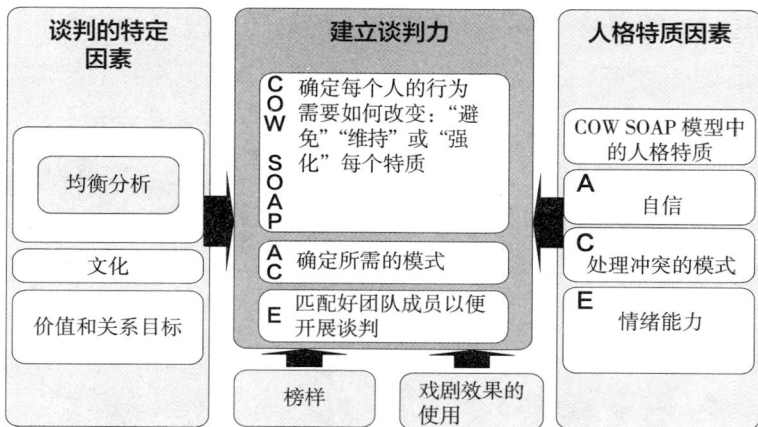

图 6.6　建立谈判力时需考虑的因素

均衡分析

均衡分析是采购人员最重要的工具之一。本书只能提供一些摘要，《采购品类管理》一书全面地介绍了这个工具，建议读者阅读此书。

均衡分析是一种战略工具，适用于特定类别的支出（一个组织购买的一组产品或服务，该组产品或服务反映了市场的组织方式）。它使我们能够确定我们可以利用多少筹码。近年来，供应商在保留筹码或阻止采购方获得筹码方面做得很好，即使采购方拥有筹码，供应商也常常设法表现得情况好像恰恰相反。

在谈判中，我们要寻找筹码，而筹码的多少决定了我们应该采用何种谈判方法。如果我们对供应商有很大的影响力，那么主张价值的方法可能是完全合适的。但是，如果谈判局面较为平衡，甚至对供应商更有利，那么创造价值将是最有效的方法。当然，文化也增加了谈判的复杂性，一旦我们理解了谈判的全部本质，我们就要寻找最合适的谈判方法。

均衡分析（见图 6.7）改编自彼得·卡拉杰克（Peter Kraljic）提出的模型，他提出的原始模型旨在使采购方能够根据潜在利润影响和供应风险或市场复杂程度确定每个支出领域所需的具体管理方案。我们在制订谈判计划时可以使用这个工具对支出进行分类并确定即将进行的谈判的本质。

虽然我们可能正在计划与供应商进行谈判，但我们不应在该矩阵上标出供应商，而应标出我们已经从供应商处购买或正在谈判购买的特定类别（或多个类别）的产品。如果本次谈判针对的是一类支出，但还有许多其他支出不在本次谈判的范围内，那么还应列出这些支出，以便确定总筹码。因此，运用均衡分析时请使用图 6.7 所示的矩阵，并将每个类别准确放在各个象限中。这种分类必须严格基于对两个坐标轴的解读，即市场复杂程度和利润影响程度。

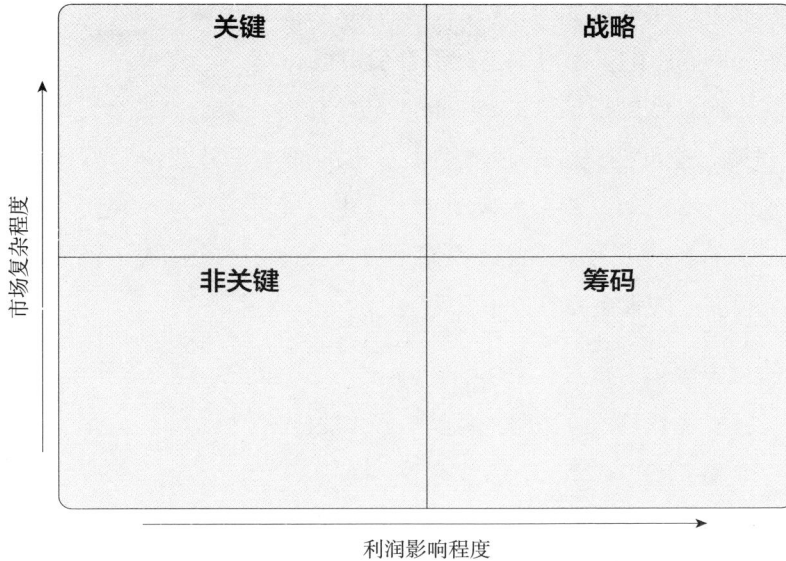

图 6.7　均衡分析（改编自卡拉杰克模型）

市场复杂程度

卡拉杰克在最初的论文中将市场复杂程度称为"供应风险"，它涉及所有可能限制我们在采购时做出自由选择的因素，主要包括以下几个因素：

- 无法轻易更换供应商；
- 只有一家或少数供应商能够供应；
- 品类复杂（在供应商具备供应能力前，必须与之密切合作）；
- 可得性，如市场上供应有限，或者存储和分销渠道有供应风险；
- 竞争性需求。

利润影响程度

有时，该坐标轴会被改为"支出"。不过，在使用该模型时只会考虑支出带来的问题，例如，我们可能在某一类别上支出很少，但是该类产品的质量可能对最终产品来说至关重要。而产品出现任何质量问题，都会极大地影响整体利润。该坐标轴表示支出时，指标值可能会很低；当使用卡拉杰克的原始版本的利润影响模型时，指标值会变得很高。

利润影响程度是指采购的每一种产品的任何一个小改进对整体利润产生影响的程度。这可能是在一种产品上节省的成本，考虑到采购量大或支出多，节省的成本总额可能会大幅增加。这也可能是为了减少风险、提高效率或提高未来的利润潜力。因此，我们不应仅考虑在一个品类上的支出。决定利润影响程度的因素主要有以下几个：

- 该品类支出占组织总支出的比例；
- 该品类占最终产品或服务总购买成本的比例；
- 采购量；
- 对最终产品质量的影响；
- 对业务增长的影响。

均衡分析中的品类分类有助于我们了解采购方和供应商之间的力量对比，从而确定所需的谈判力。图 6.8 展示了力量如何转移。如果某个品类在筹码或战略上都处于矩阵的右侧，那么高利润影响程度意味着可以获得很多利益，值得投入精力将利益最大化。在"筹码"象限，我们可能需要采用主张价值的方法，以便在市场中获得最佳价格或条款；在"战略"象限，我们可能要采用创造价值的方法，与供应商建立长期关系，以确保价值最大化和风险最小化。

如果某个品类在矩阵的左侧，情况就不同了。对于关键品类，我们需要在一个困难的市场中进行采购，这些品类对利润的影响较小。因此，采购流程和供应商参与很可能会消耗我们的精力和力量，但回报甚微。这时也可能存在风险，例如，如果在这个复杂的市场中，供应商坚决不妥协或使用主张价值的方法，那么我们可能只有十分有限的选择。此外，如果我们处于危急关头且支出很少，那么我们在市场中几乎没有筹码。如果某个品类或单个组件对运营至关重要，就会有问题。

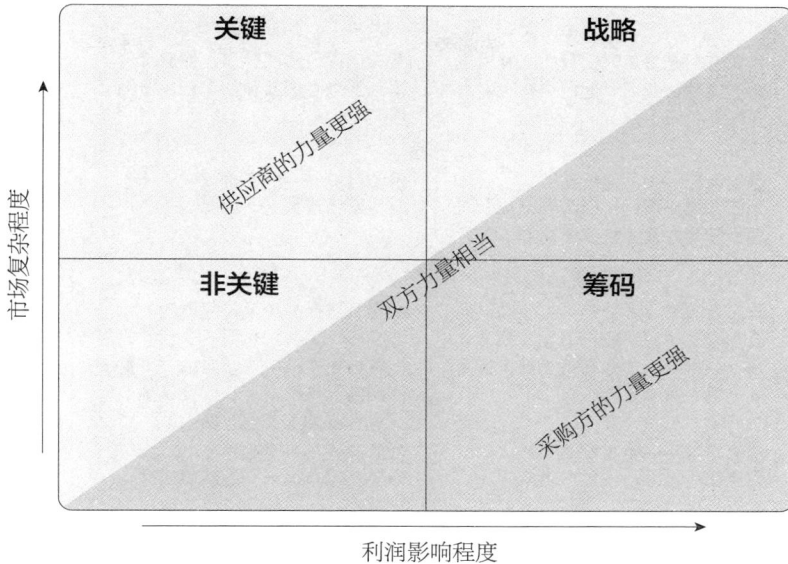

图 6.8　均衡分析——力量对比

我们不能忽视关键品类，我们需要了解我们处于什么地位、我们可以做些什么来改变它，在谈判中采用创造价值的方法，与供应商建立关系并找到合适的理由使我们对供应商更有吸引力。

同样，对于非关键品类，我们不需要付出很多努力和精力，因为潜在回报很少。这种情况下市场很简单，所以更换供应商也很容易。此外，我们还可以简化采购流程，甚至使其完全自动化。此时，我们最有可能采用主张价值的方法。图 6.9 展示了每个象限的谈判有何特征，以及潜在协议的最佳替代方案（详见第 9 章）。

均衡组合中有一个在谈判中必须考虑的维度。图 6.8 所示的对角线可以向右或向左移动。如图 6.8 所示，这是一个在全球市场中采购额巨大的大型组织的典型示例。然而，对一家在市场中几乎没有影响力的小企业来说，这条线会向右移动，因此可用的筹码会被稀释。如果我们是一家拥有巨大购买力的跨国大公司，这条线就会向左移动。这再次塑造了特定事件所需的谈判力。

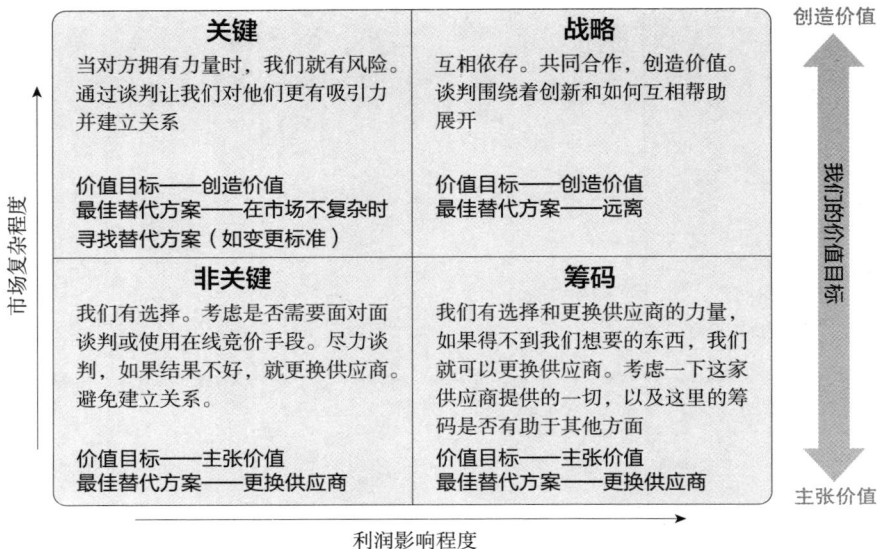

关键	战略
当对方拥有力量时，我们就有风险。通过谈判让我们对他们更有吸引力并建立关系	互相依存。共同合作，创造价值。谈判围绕着创新和如何互相帮助展开
价值目标——创造价值 最佳替代方案——在市场不复杂时寻找替代方案（如变更标准）	价值目标——创造价值 最佳替代方案——远离
非关键	筹码
我们有选择。考虑是否需要面对面谈判或使用在线竞价手段。尽力谈判，如果结果不好，就更换供应商。避免建立关系。	我们有选择和更换供应商的力量，如果得不到我们想要的东西，我们就可以更换供应商。考虑一下这家供应商提供的一切，以及这里的筹码是否有助于其他方面
价值目标——主张价值 最佳替代方案——更换供应商	价值目标——主张价值 最佳替代方案——更换供应商

图 6.9　均衡分析——对谈判的影响

使用 COW SOAP ACE 模型进行特定谈判时的理想谈判力是由我们在均衡分析中所处的象限决定的，并且可以根据文化进行调整。例如，如果我们处于"筹码"这个象限，那么自信和求胜欲对我们来说是有帮助的，除非谈判是在一种多时主义文化或集体主义文化中进行的（在这种情况下，谈判可能会失败）。同理，当我们处于"关键"或"战略"象限时，保持开放、令人愉快和专注于制定解决方案对通过互惠创造价值是十分重要的。图 6.10 展示了均衡分析的不同象限和文化所需的谈判力，这也是谈判计划的重要参考标准。注意，轴的标签略有不同，采购方和供应商可结合红表方法论使用。

加强、避免或维持——适应风格

知道了"我们是谁"后，我们就可以规划在谈判中"我们需要成为谁"。正如前文所述，这与"表演"相关。要想做到这一点，我们就需要一个脚本。来自 COW SOAP ACE 模型的人格特质与特定谈判所需的谈判力之间的差距可以从图 6.10 中得出。这种差距决定了每种人格特质所需的具体反应，

市场复杂程度（采购方）/ 市场中的力量（供应方）

关键

		单时主义	多时主义
人格特质	自觉性	高	高
	外向	高	高
	求胜欲	低	低
	以解决问题为中心	高	高
	灵活	高	高
	随和	高	高
	冷静	高	高
风格	自信	**避免**	**避免**
	冲突模式	**迁就**	**迁就**
	情绪能力	**必要**	**必要**

战略

		单时主义	多时主义
人格特质	自觉性	高	高
	外向	高	高
	求胜欲	中	低
	以解决问题为中心	中	低
	灵活	高	高
	随和	高	高
	冷静	高	高
风格	自信	**中立**	**避免**
	冲突模式	**合作**	**合作**
	情绪能力	**必要**	**必要**

非关键

		单时主义	多时主义
人格特质	自觉性	中	中
	外向	低	中
	求胜欲	中	低
	以解决问题为中心	高	中
	灵活	中	中
	随和	低	中
	冷静	低	中
风格	自信	**确定**	**避免**
	冲突模式	**竞争**	**合作**
	情绪能力	**渴望**	**渴望**

筹码

		单时主义	多时主义
人格特质	自觉性	中	中
	外向	中	中
	求胜欲	高	中
	以解决问题为中心	中	低
	灵活	低	中
	随和	低	中
	冷静	低	中
风格	自信	**确定**	**避免**
	冲突模式	**竞争**	**合作**
	情绪能力	**渴望**	**必要**

支出 / 对我们的潜在影响 / 采购方的利润

图 6.10　所需的谈判力与均衡分析和文化的关系

表 6.3 列出了可能的反应。

表 6.3　COW SOAP ACE 模型中不同人格特质可能的反应

COW SOAP 模型中的人格特质	ACE 模型		
	自信	冲突模式	情绪能力
"A" 避免 "S" 维持 "R" 加强	"On" 更加自信 "Off" 避免自信 "Mod" 适度：有选择性地使用，并适度地保持自信	"Cpt" 竞争 "Col" 合作 "Cmr" 妥协 "Av" 回避 "Acc" 迁就	"√" 团队成员对谈判拥有足够强的情绪能力 "×" 团队成员对谈判缺少所需的情绪能力

适应风格的方法有很多种，但从根本上讲，就是有意为谈判选择一个特定的身份或性格。我们要谨慎行事，因为过度行事可能会适得其反。这也是发展个人谈判技巧的起点。如果谈判需要高度友好，而这不是我们的天性，我们就需要练习发出明显的友好信号，如闲聊、对他们感兴趣、微笑、眼神交流、记住他们的孩子的名字、分享一些私人物品、充满人性等。调整风格的过程应该在谈判开始之前启动，以下几种技巧可以帮助你。

- 榜样。找出你想要模仿的人格特质或行为。想想榜样做了什么让他们变成那样，你可以模仿他们的行为，并将其添加到自己的个人风格中。

- 发展本领。对于所有的表演，扮演一个新角色不是要你改变自己，而是改变对方的看法。这其中的大部分都依靠你的本领——技能、行为、你所说的话、肢体语言、手势等，这些都由你在需要时根据情况加以利用。你要确认这些东西对你正在创造的角色有用，并发展自己的本领。把这些内容记录在某处会对你有帮助。

- 进入角色。练习你需要成为的角色。练习手势和肢体语言时，你可以坐在镜子前观察自己或让同事观察你。至于其他的本领，我们在日常生活中有许多练习机会。如果你需要培养自信，就可以在餐厅服务员态度不好的时候抓住机会，看看自己是如何投诉的，或者让同事和你一起练习角色扮演。

- 心理电影。在谈判之前，在你的脑海里制作一部电影：扮演你选择的角色，而且你在谈判中做得很好。想象自己充满自信地掌控了一切、处理好了一切，但最重要的是成为你需要扮演的角色。这是一种非常强大的心理准备技巧，它可以指导你的潜意识，告诉你在一天中需要做什么，你的大脑会在你睡觉的时候完成剩下的事情。

适应 COW SOAP ACE 模型提及的所有人格特质或行为是可能的，除了情绪能力，因为这是一个人要么有要么没有的东西。虽然我们可以一点点提升情绪能力，但并非总是来得及在谈判中将其发挥出来。你要了解谈判需要什么及谁是可以进入谈判团队的人，例如，避免让情绪能力不强的人在多时主义文化中负责均衡分析中的关键象限的谈判。

在谈判中扮演的角色

在以团队为基础的谈判中，每个团队成员都必须了解自己在谈判中扮演的角色。此外，还必须制定一些基本的互动规则，特别是以下几个规则。

- 谁领导。
- 团队成员互动的规则，包括：无限制；领导提出问题，并将其指派给团队成员；各种混合规则。
- 沟通方式，例如，发出一个暗号代表发现了某个问题，提醒其他成员立即采取行动；建议暂停或触发预先制定的干预措施（例如，让一名成员开始扮黑脸）。

如何分配角色取决于谈判目标、谈判类型及团队成员人数，角色可能包括以下几种（并非总是需要所有这些角色，而且这些角色通常是组合在一起的）。

- **组长**。团队谈判和行动的负责人。
- **倾听者 / 总结者**。这个人需要仔细倾听谈判内容，目的是抓住内容中的微妙之处。此人最适合提供摘要。如果他认为组长没有理解某些内容，那么最好让他使用暗号提醒组长。

- **记录员**。此人负责记录重要的讨论内容，有助于团队在休会期间讨论谈过的内容。

- **数据员**。此人拥有所有用于支持事实的数据。

- **扫地僧**。此人负责观察对方的反应和肢体语言。如果他察觉到组长没有注意到的某些东西，那么他可以使用暗号提醒组长。

- **黑脸**。此人要始终坚持强硬立场。

- **白脸**。此人要假装亲切、友好、有同理心、平易近人。

- **坏人**。此人要假装敌对，似乎总对结果造成阻碍，甚至容易暴怒（参见第 11 章的"好警察，坏警察"战术）。

- **专家**。此人对谈判主题比另一方了解得更多，因此不容易受到挑战。专家可以利用自己的专业知识削弱对方的地位。

在谈判过程中，角色可能会发生变化，某些角色可能只需要使用特定的干预策略。例如，白脸 / 坏人是一种特定的策略，可能会在某个时间使用。在确定角色时，要决定谁来做什么，以及在谈判中的哪个阶段做。

实际操作

红表方法论中的步骤 5A 和步骤 5B——谈判力和谈判力计划

本步骤的目的

红表方法论中的步骤 5A 和步骤 5B 用于确定特定谈判所需的谈判力及制订个人计划，以适应谈判涉及的人格特质和行为。这一步分为两个部分，一半位于红表方法论的形势部分，另一半位于目标部分。图 6.11 和图 6.12 展示了一个示例。

完成这一步

步骤 5A 和步骤 5B 的使用方法如下。

5A. 谈判力

我们团队成员的人格特质评估。除了自信和冲突模式需要填写，其余项选择 H（高）、M（中）、L（低）即可

			OT1	OT2	OT3	OT4
C	自觉性	勤奋，有组织、自律，注重细节。得分高的人通常非常可靠。他们会坚持不懈地把事情做好	M	H	M	H
O	外向	在社交中很自信，容易在交谈中结识朋友，能自如地表达自己的想法并迅速建立新的社交关系	H	L	L	M
W	求胜欲	有竞争能力，野心勃勃。对个人而言，对于实现目标比建立关系更重要	L	L	M	M
S	以解决问题为中心	能够准确、快速地吸引新的信息并找出有效的解决方案。能够收集和分析数据，并根据数据做出决策	M	M	M	H
O	灵活	能够在没有计划的情况下很好地工作，有创造力，想象力，掌控力。对事物保持好奇心。能适应快速变化的工作环境	H	H	H	H
A	随和	心地善良，乐于助人，把别人的需求放在自己的需求之前，经常做出私利的行为。努力满足别人的情感需求	H	M	H	H
P	冷静	轻松和安全，善于表露自己的情绪。得分高的人常常有耐心而目镇气定	H	H	H	H
A	自信	乐于提出自己的想法，观点或意见，并在面对分歧时批评或逆境时坚持这些想法。观点或意见	C	Av	C	Col
C	冲突模式	个人在冲突中的表现：竞争（Cpt）、合作（Col），妥协（Cmr），回避（AV），迁就（Acc）	Col	Acc	Acc	Col
E	情绪能力	识别、评估和管理自己，他人和群体情绪的能力	H	M	L	H

我的团队

团队标签	名字	谈判中的角色
OT1	迈克·米尔斯	组长
OT1	彼得·威廉姆斯	专家
OT2	卢西	数据员
OT3	迪亚内·哈德比	扫地僧
OT4	山姆·科尔曼	倾听者 / 总结者

均衡分析

确定谈判涉及的品类所属的象限

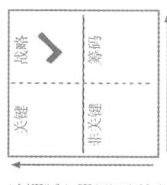

影响采购方利益的幅度 / 潜力
影响我们利益的幅度 / 潜力

图 6.11 红表方法论中的步骤 5A——谈判力

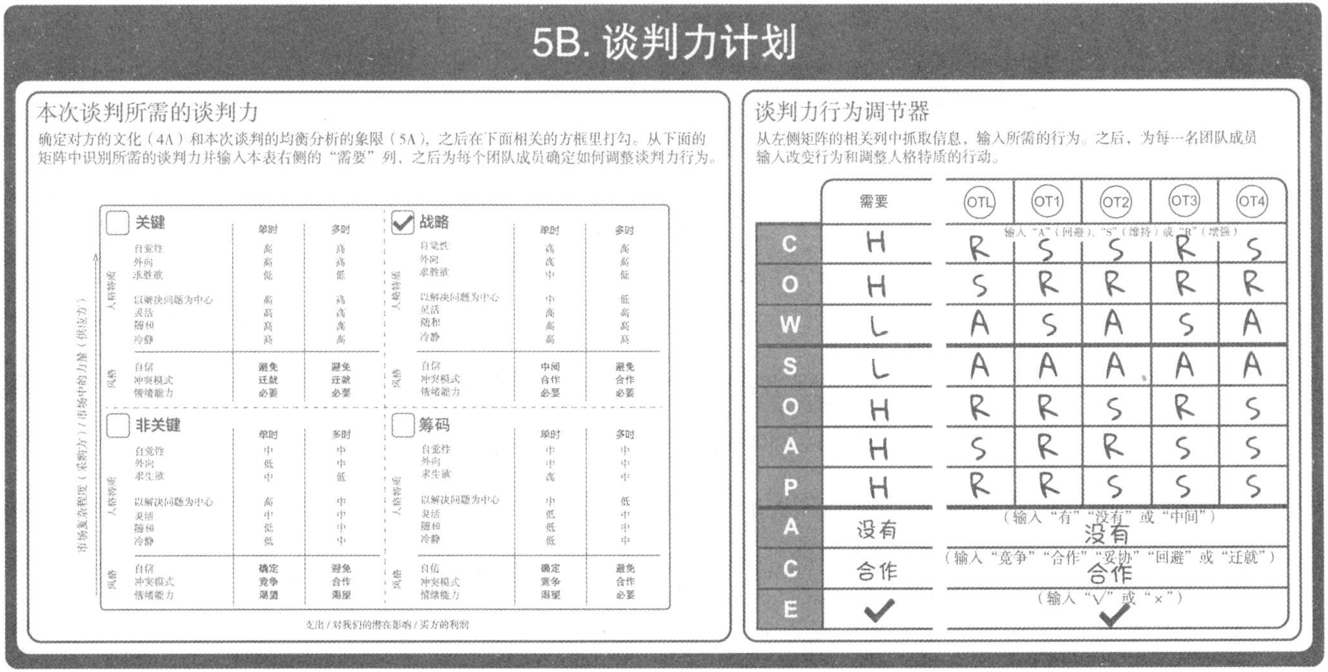
5B. 谈判力计划
本次谈判所需的谈判力
确定对方的文化（4A）和本次谈判的均衡分析的象限（5A），之后在下面相关的方框里打勾。从下面的矩阵中识别所需的谈判力并输入本表右侧的“需要”列，之后为每个团队成员确定如何调整谈判力行为。
关键
战略
非关键
筹码
单时
多时
自觉性
外向
求胜欲
求生欲
以解决问题为中心
灵活
随和
冷静
自信
冲突模式
情绪能力
人格特质
风格
市场复杂程度（采购方）/市场中的力量（供应方）
支出/对我们的潜在影响/买方的利润
谈判力行为调节器
从左侧矩阵的相关列中抓取信息，输入所需的行为。之后，为每一名团队成员输入改变行为和调整人格特质的行动。
需要
OTL
OT1
OT2
OT3
OT4
输入“A”（回避）、“S”（维持）或“R”（增强）
C H R S S R S
O H S R R R R
W L A S A S A
S L A A A A A
O H R R S R S
A H S R R S S
P H R R S S S
A 没有 （输入“有”“没有”或“中间”） 没有
C 合作 （输入“竞争”“合作”“妥协”“回避”或“迁就”） 合作
E ✓ （输入“√”或“×”） ✓

图 6.12　红表方法论中的步骤 5B——谈判力计划

1. 把所有的谈判团队成员列出来。每一列写一个人的名字并给他们分配角色。在红表中加上一个"OT"（我们的团队）标签，如"OTL"（组长）或"OT1"（1 号成员）。

2. 针对这场谈判做均衡分析，识别相应的象限并做好标记。

3. 使用 COW SOAP 模型、ACE 模型分析自己和所有团队成员的情况。

4. 根据文化类型和均衡分析象限，在矩阵中确定所需的谈判力。把这些值输入"必需"列。记住，ACE 模型对所有团队成员的要求是一样的。

5. 基于个人情况与所需的谈判力的对比结果，确定每一位团队成员的谈判力行为调整项，之后确定需要采取的具体反应或行动，如避免、加强或维持。

了解我们的对手

四种人格类型

了解对方跟了解自己同样重要。如果我们能够预见他们是谁、什么驱动和激励着他们，我们就能量身定制我们的行为和方法。这是成功谈判的重要组成部分，但在谈判前经常被忽略。

在解救人质的谈判中，警察首先会去寻找与劫持者相关的一切信息，特别是他们的个性、生活经历、激励者、生活方式等，因为这决定了警察将使用何种战术。一个极端主义者认为他在代表一个更强大的力量行事，他会有一种无视任何呼吁而去做自认为正确的事情的决心。这时，让他的母亲用扩声器叫他自首是不可能奏效的。然而，对一个通常不会犯下这种罪行的绝望的难民来说，这种战术可能会奏效。罗伯特·迪尔茨（Robert Dilts）和朱迪思·德洛齐尔（Judith Delozier）认为，行为是我们自身的产物——我们内在的"目的"或人格及信仰。

　　因此，了解谁在与我们谈判对任何谈判来说都是至关重要的，我们首先要确定他们的人格类型。然而，问题在于我们应该如何获得这类信息。劫持者同意完成一份人格评估并将其发给警方谈判代表是不太可能发生的。警方的工作是编制一份人格特质档案，这项工作从劫持发生的那一刻开始，并在整个谈判过程中持续进行，每一次接触和互动都有助于警方进一步完善劫持者的个人资料。在与劫持者接触时，警方派出的优秀谈判者有时会尝试使用不同的接触方式，试图激起劫持者的某些反应，以确定其人格类型。

　　在采购与供应链谈判的世界里，我们是与供应商谈判而不是恐怖分子谈判，而且不需要扩声器，但在理解对方的人格方面也面临同样的挑战。然而，如果说行为是我们自身的产物，那么我们既可以通过行为识别人格，也可以根据人格预测行为。现在让我们来看看希腊名医希波克拉底（Hippocrates）是怎么做的。

　　希波克拉底认为，人类既有灵魂，又有身体，还有四种体液。只有体液保持平衡，人类才能免受疾病的困扰。每种体液都会影响人类的心情、情绪和行为。四种体液分别是血、胆、郁、痰。这个理论直到 18 世纪都还在支持着医学实践。盖伦（Galen）在希波克拉底的理论的基础上发展出了气质类型学以解释人类的不同行为。表 6.4 总结了这项早期研究工作的结论。

表 6.4　四种气质类型及相应的体液和人格特质

气质类型	体液	季节	元素	器官	人格特质
多血质	血液	春	空气	肝	有勇气的、充满希望的、多情的
胆汁质	黄胆汁	夏	火	脾	易怒的、脾气不好的
抑郁质	黑胆汁	秋	地	胆囊	沮丧的、失眠的、易怒的
黏液质	黏液	冬	水	脑/肺	理性的、冷静的、无感情的

　　尽管阿尔弗雷德·阿德勒、卡尔·荣格（提出了 MBTI 人格理论）、埃里克·弗罗姆（Erich Fromm）和凯尔西·贝茨（Keirsey Bates）对人格塑造做了进一步的研究，但这四种气质仍然很重要。汉斯·艾森克（Hans Eysenck）进一步发展和更新了气质类型模型，他对人格差异进行了研究，得出了"气质基

于生物学"的结论。艾森克认为人格是神经质（倾向于体验负面情绪）和外向（倾向于享受积极事件）的产物。艾森克将这两个维度配对，并指出其研究结果与原始的四种气质类型相似。他的理论模型和原始的气质模型的混合体是今天仍得到广泛使用的一种模型。然而，弗洛伦丝·利陶尔（Florence Littauer）对这四种气质有不同的理解，她的书《人格 +》（*Personality Plus*）成了畅销书。这本书提供了一种简单的方法，该方法可以帮助我们轻松地了解他人的人格。这本书还提供了能帮助我们引起他人共鸣的方法，强烈建议读者阅读此书。

　　为了找到一个统一的、易于使用的模型，以便快速确定与我们谈判的人的人格，我们需要将最可信的研究整合起来。我们需要找到一种方法参考这四种人格。这个模型有很多种不同的变体，每一种都有自己的专用颜色，每类人格都有对应的颜色。颜色与不同人格的联系形成了一种简单的记忆方式。虽然原始模型中的气质类型和体液有自己的自然颜色（黑色、红色、黄色和绿色），而且很多人展示该模型时也使用这些颜色，但是它们似乎与每类人格的本质不符。相关权威人士和从事该领域研究的机构提出了四种气质的许多变体，以及一系列合适的颜色组合，但问题是每个人都在试图创建独特的模型，从而形成了一个有点混乱的"色彩景观"。如果希望对这一领域进行更深入的研究，就要意识到这一点。实际上，本书的早期版本使用了我自创的四色模型。不过，我已经纠正了这一点，因为我发现该模型造成了混乱，尤其是当谈判人员更熟悉另一种四色模型时。因此，我提出了一个四维人格类型模型，并使用针对每类的描述性词语，它们是"和谐的""有乐趣的""完美主义的"和"有领导力的"。因此，这种方法易于使用，并与你正在使用的任何一种四色模型都匹配。

　　图 6.13 展示了四种人格类型，该模型根据利陶尔、杰里·克拉克（Jerry Clark）和艾森克的著作及原始的四种气质改编而成。该模型还被发展为专门与谈判背景相关，并与红表方法论的其他部分保持一致。它包括四条独立的轴，我们将使用这个模型支持谈判计划，特别是作为对另一方进行快速评估的工具。

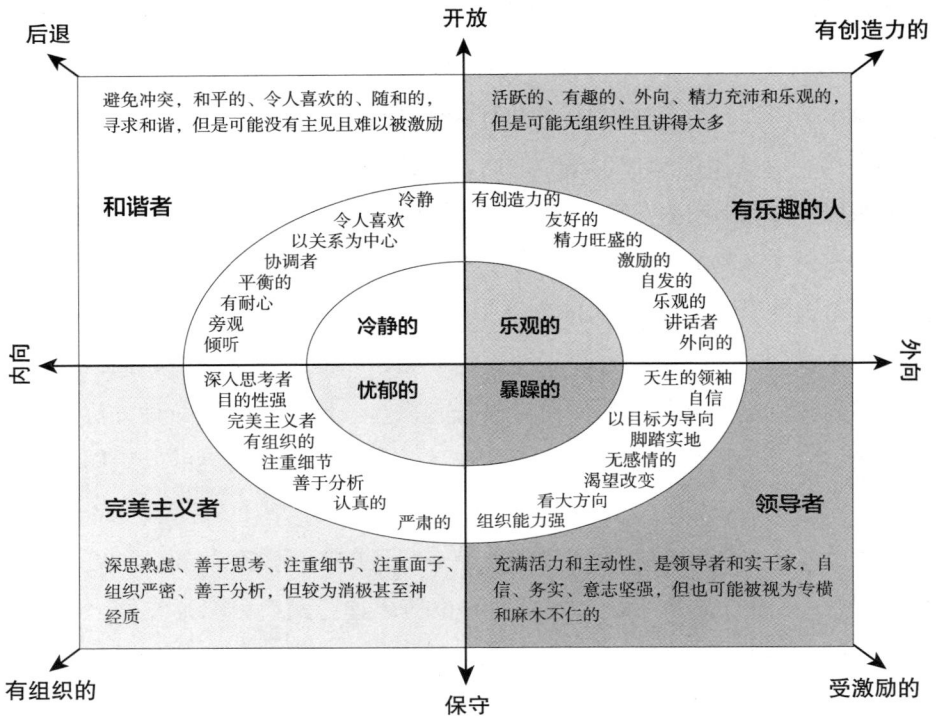

图 6.13　四种人格类型

　　在谈判前和谈判中都应该使用这个模型评估对方。熟悉这个模型之后，我们在与他人见面和互动时就能轻松地确定其人格类型。我建议你把它应用到你遇到的人身上，最好从家人、朋友和同事开始。经过实践，这将成为日常互动的一个固有部分，并使你能够选出从他人那里获得最大响应的方法。记住并在我们的头脑中使用这个模型有助于我们识别：在会议中总是主持或主导会议进程并推动计划付诸实践的人是"领导者"；活泼的女士，她总是在饮水机旁与他人聊天，总是牵头组织各种晚会，她是"有乐趣的人"；一个能平静地给出很多很好的理由解释自己的行动还没有完成的原因且很难生气的人是"和谐者"；一位安静的女士，她经常发表每周分析报告，不做过多的评价，报告总是完美无瑕，她是"完美主义者"。不过，我建议你不要在陌生的环境中公开分享你的评估。如果你告诉你的妻子，她并非你之前认为的那样，她不是一个"有乐趣的人"，而是一个"完美主义者"，那么你可能不会得到预想中的称赞。

在谈判计划中，我们的目标是了解对方的情况并确定他们的人格类型，最好在我们与他们接触之前就确定，这样我们就可以相应地调整我们的方法。但无论如何，这应该是一个持续的过程。我们最好从了解对方团队成员的姓名和角色开始，这些信息可能是已知的，如果还不知道，那就花点时间了解，这很容易在安排会议、制定议程或发出安全许可等情况下完成。接下来，我们要研究他们和他们的人格，这正是我们使用四种人格类型模型的时机，图 6.13 和图 6.14 表明这四种人格类型与典型的谈判行为有关。有三种方

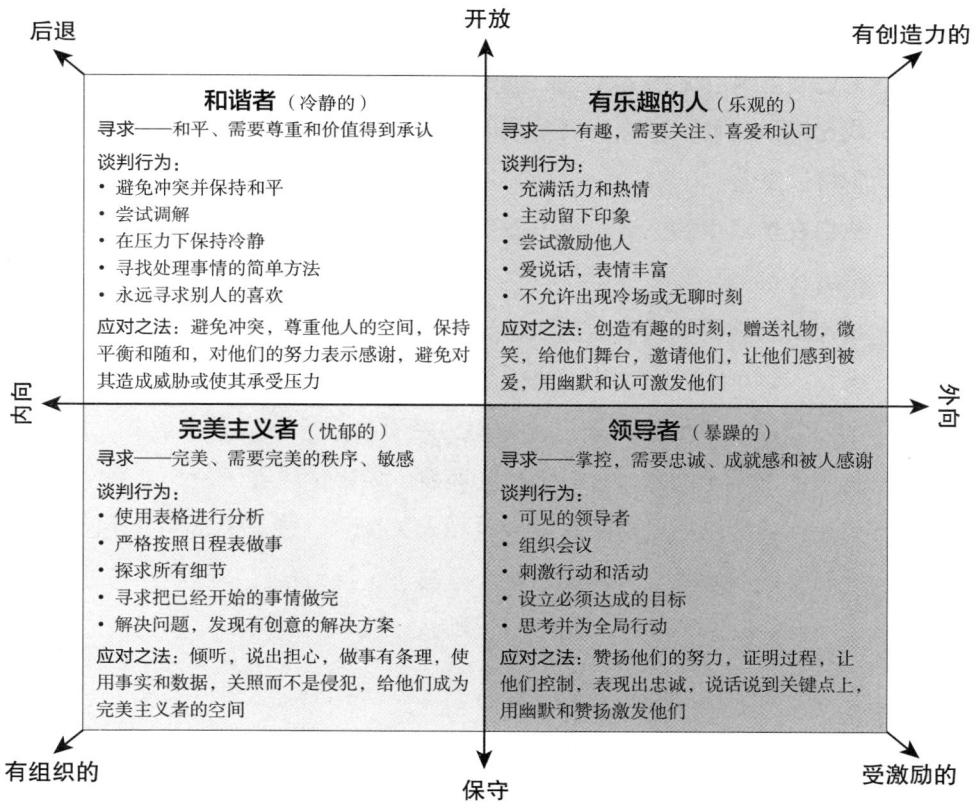

图 6.14　解读四种人格类型

法可以帮助我们做到这一点——研究、观察和测试。一切都应该按照需求使用，以便我们充分地理解对方。

研究

与以往不同的是，如今你在接触他人并获得有关他们的大量信息之前就可以对他们进行研究。只要在搜索引擎中输入某人的名字，通常就会出现大量的信息，尤其是在他们经常使用社交媒体与他人互动的情况下。研究方式包括以下几种。

- **网络搜索**。看你是否能在网上找到关于他们和他们公司的信息。
- **社交媒体**。看你能否在社交媒体上找到他们。如果在社交媒体上找到了他们，你就可以阅读他们发的帖子和他们的个人资料。通常来说，通过了解他们在社交媒体上发布的内容，我们足以了解他们的性格。
- **找出谁认识他们**。你的同事或你的关系网中是否有人见过他们或与他们打过交道？
- **他们在组织中的位置**。找出他们向谁汇报，这些信息经常会在公司网站上公布。
- **找出他们需要取悦谁**。他们对谁负责？谁是他们的客户？他们需要获得谁的认可？答案可能不是你想的那样。与我共事的一个人有这样一个习惯，在与他的妻子讨论之前他绝不会同意任何重大的商业决定；如果他的妻子同意，那么他也会同意。如果你能弄清楚他们需要取悦谁，你就可以把这种关系发展为私人关系。这是一个非常重要但经常被忽视的微妙的个人动机，这也是与一个认为自己不需要回答任何人的问题的青少年谈判非常困难的原因之一。

观察

没有比亲自接触更能准确衡量人格的方法了，你对对方的评价不应局限于研究。你与他们接触时，只需观察他们的行为，看他们是在控制会议还是在分析会议。注意，不要仅基于一种行为就草率地做出判断，因为高效的学习者会尝试模仿四种人格类型中的某些属性。我们应该随着时间的推移描绘出一幅较为准确的"画像"。

测试

当警方就释放人质与劫持者进行谈判时，他们通常无法从社交媒体的个人资料或第一次互动中获得任何信息，因此必须通过电话中的声音判断其人格。正如前文提到的，此时旨在引起某些反应的战术可能会有所帮助。警方可能会短暂地试图"终结"劫持者，并攻击他们，例如，没有仔细考虑他们的要求，看看他们有什么反应，是上钩还是逃跑。人格测试可以揭示很多东西，表 6.5 列出了一些可供借鉴的测试，以及拥有不同人格的人可能做出的反应。

表 6.5　谈判中的人格类型测试

测试	领导者	有乐趣的人	和谐者	完美主义者
试着主导什么	试着阻止你或从你手中接过领导权	因你在领导而感到兴奋	似乎允许你领导，但通常会有安静的异议	让你领导
提出一个雄心勃勃的、不切实际的建议	寻求把你带回现实	喜欢并支持你的想法	不会不同意，但是会把你的注意力吸引到高难度的工作上	会找事实证明你的建议是否可行
暗示一些琐碎的事情需要做决定	凭借坚实的基础，果断地做出决定	自发、果断地做出决定	喜欢由你做出决定	会做分析并以事实为依据做出决定
创造有趣和幽默的时刻	礼貌地回应幽默，任何更多的东西都可能屈服于领导力的挑战	加入	绝对令人愉快	几乎没有反应
向他们微笑	肤浅的微笑，以自己的方式做出回应	开心地大笑	自然地微笑	目光移开，也许会短暂的、有意识地微笑
用事实和很多细节概括一些事情	有限的容忍度，并会明确底线	会很热情，有助于缓解枯燥的时刻	耐心地倾听	有目的地听，将寻求证明

请注意，这些反应是最典型的反应，比较完美地体现了不同人格的差异。但事实是，这样的事情永远无法完全预测准确。而且，那些有很强的情绪控制能力的人可以扮演不同的角色，以适应这种情况。此外，任何测试都要小心而巧妙地进行，这样才不会被注意到。

按下他们的"开关"

大多数使用原始的四种气质的人格模型在某种程度上均基于理解自我和他人的能力，以及学习如何使个人行为更加有效的能力。杰里·克拉克用他的四色模型描述了影响不同人格的一系列方法。此外，他还列举了一些成功的销售案例。因此，在谈判计划中，这四种人格可以帮助我们选择和规划自己的风格、举止和参与方式，从而最大限度地发挥其潜在作用。这可能包括我们如何让他们放松、让他们喜欢我们、让他们信任我们、确保他们的利益并赢得他们的支持。从本质上讲，这是关于如何通过设计我们的行为与他们产生共鸣并建立融洽关系的方法。在这里，共鸣是关键，因为在互动中，我们可以选择做某些事情以激起对方的最大反应。表 6.6 列出了每种谈判特质的共鸣者和控制者及需要避免的事情。

表 6.6　每种谈判特质的共鸣者和控制者及需要避免的事情

谈判特质	共鸣者	控制者	需要避免的事情
领导者	• 向他们表示尊敬，让他们控制，表达忠心 • 给他们一些权利 • 当着团体中其他成员赞扬他们所做的事情 • 让他们知道自己对他们的成就和他们做事的方法印象深刻 • 让他们为会议开场	• 当他们愤怒、喊叫或威胁时，让他们知道应该如何解决问题，保持冷静，不要对抗 • 如果控制欲太强，温柔地让他们知道他们的权限边界 • 没有耐心、急躁、不灵活；不要挑战，而是要求他们了解另一种方法的优势	• 背叛他们 • 对抗，让他们自以为在控制 • 琐事过多

（续表）

谈判特质	共鸣者	控制者	需要避免的事情
有乐趣的人	• 他们喜欢花钱——给他们机会 • 微笑、魅力、幽默 • 问他们想要什么并感谢他们的指点 • 和他们一样表现出兴奋和激情 • 表扬他们 • 如果他们看上去很纠结，就支持他们 • 恰当地通过温柔的接触帮助他们停止讲话 • 有趣	• 说得太多——用感谢或幽默的语言打断他们 • 社交太多——使他们专注于手头的任务	• 打断他们——如果你确实需要打断他们，就使用感谢或幽默的语言 • 压制他们 • 不理他们 • 注重过多的细节 • 无趣
和谐者	• 给他们一种简单的解决方案 • 欣赏他们 • 好好想想他们带来的无形帮助 • 让他们去协调 • 请他们分享观察结论 • 与他们建立关系	• 拖延——如果要阻止他们这么做，一定要坚定 • 无主见——设定限制或截止日期以促使其做出决定 • 固执——确定并帮助他们解决根本问题 • 脱离组织——让他们参与进来 • 挖苦——认识到这是他们感到失控的迹象	• 把他们置于压力之下或威胁他们 • 与他们发生冲突
完美主义者	• 展现高标准和完美 • 表现出高度敏感 • 向他们表现出你理解他们 • 按他们的需求做分析——使用图标和电子表格 • 鼓励他们跳出条条框框思考 • 对他们付出的额外努力表示真诚的赞扬	• 情绪化——肯定他们的情绪，不要试着改变，询问他们如何解决问题 • 不愿花钱——基于事实和数据采取行动 • 迷失在细节中——打断他们并表示感谢	• 开玩笑或无视他们 • 试着让他们放松，欣赏他们的深度 • 显露你并非完全欣赏他们的分析结果的迹象

评估我们的对手

现在，我们把我们的研究和对谈判对手的评估结合起来。红表方法论中的步骤 6A 帮助我们构建了思维结构（图 6.15 提供了一个示例）。一旦我们确定了谈判对手，我们就可以确定其性格类型。在规划过程中，这是一个很好的时机，我们可以考虑和记录我们所知道的关于对方的任何事情，我们有可能从我们这边收集大量的知识，尽可能全面地了解对手。完成评估后（红表方法论中的步骤 6A），我们开始确定将要采取的具体行动和方法，这将使我们在谈判中拥有强大的力量，并与对方建立信任和融洽的关系。下一章将进一步介绍如何做到这一点，以及如何完成红表方法论中的步骤 6B。

实际操作

红表方法论中的步骤 6A——对手

本步骤的目的

步骤 6A 用于尽我们所能评估对方的团队，并确定我们可以使用哪些方法了解他们。图 6.15 展示了一个示例，模板可在附录中找到。

完成这一步骤

1. 列出所有的谈判对手及其职位。

2. 如果可以，通过将团队标签（如 TTL、TT1 等）放入谈判特质的四个象限，对其团队特质进行分类。

3. 列出你所知道的关于他们的所有其他信息，如他们向谁汇报、他们需要取悦谁、什么可以激励他们等。

6A. 对手

我们还知道什么关于他们的信息

1. 我们认为他们的工厂的开机率只有 50%，他们需要更多的业务与投资以便完成投资回报率指标
2. 在业界，该公司的所有者以诚信而闻名
3. 他们的销售总监是 PMC 公司的前雇员

他们的谈判特质（我们最准确的评估）

开放 · 有创造力的 · 乐观的 · 外向的 · 受激励的 · 跟随的 · 保守 · 有组织的 · 优越的 · 冷静的 · 外向的 · 后退

（M、L、P、PM，TT1、TT2、TT3）

我们的团队

团队标签	姓名	谈判中的角色
TT1	林冲	销售总监
TT	张伟	运营经理
TT2	陈吉米	客户经理
TT3	黄罗万	工程师

6B. 无形的力量计划

规划我们的风格、举止和力量，以及我们如何与对方建立信任和融洽关系

1. 使用间接语言、甲积极成分加强试修饰语言
2. 避免任何"时间有限"的建议，而是说"为了把事情做好，可以一直谈下去"

图 6.15　红表方法论中的步骤 6A 和步骤 6B——对手和无形的力量计划

NEGOTIATION FOR PROCUREMENT AND
SUPPLY CHAIN PROFESSIONALS
Third Edition

第 7 章

力量

本章旨在探讨谈判中的力量。在帮助你了解你和对方实际拥有的力量之后，本章将介绍在谈判中能够产生力量的主要因素及相关的重要知识，并提供切实可行的方法增强你的力量及削弱对方的力量。

本章涉及的关键问题

13. 面对谈判对手，我有何力量？

14. 我应该如何增强自己在谈判中的力量并削弱对手的力量？

本章涉及的红表方法论中的步骤

步骤 6B、步骤 7A、步骤 7B 和步骤 7C

一切取决于力量

力量的类型

如果你在谈判中拥有力量，那么你一定会得到你想要的东西。这听起来似乎很有道理，但现实情况往往大相径庭，具体体现为谈判者不了解自己的实际力量，甚至不知道如何使用力量。如果没有做好相关准备和研究，谈判就会失败。

力量是指一方拥有的、假设或被认为拥有比另一方更有利的地位。力量既可以被测试或衡量，也可以被感知，它基于一方表现出的强大能力和另一方的敏感性。力量也可以来自使用智慧战胜对手的巧妙策略。摔跤运动员之所以能轻易地摔倒对手，是因为摔跤运动员拥有的身体力量，但这并不是摔跤运动员唯一的力量来源。任何一场摔跤比赛之前都会有一场精心设计的用于虚张声势的表演，每个选手都会试图令对手"精神崩溃"或恐吓对手，并让对手产生自我怀疑。摔跤运动员也会运用巧妙战术的力量，有时他们不是依靠身体力量而是依靠能够击倒对手的战术取胜的。

在日常生活中，我们可以看到不同形式的力量。病人听从医生给她的每一条建议和指示，孩子努力使父母同意他的要求。医生和家长都有力量，但另一方的情况是不同的——对专业知识的尊重及爱和恩惠带来的安心。同理，在谈判中，有不同的因素可以创造更有力量的地位，无论是真实的还是被感知到的，这些因素在每一次谈判中都是独一无二的。约翰·弗伦奇（John French）和伯特拉姆·雷文（Bertram Raven）描述了五种不同的力量——强制、奖励、合法、相对和专家，表 7.1 列出了对这些力量的解释及其在谈判中的作用。

表 7.1　力量的类型

类型	定义	在谈判中的作用
强制	强迫某人做一些他不想做的事情，以使其遵从自己，否则可能会受到惩罚。威胁是强制的力量的核心，因此这种力量常常与极端情况下的欺凌或虐待行为联系在一起	• 强迫行为通常用于支持强硬的主张价值的谈判，如"同意这一点，否则我就走" • 不符合关系的发展趋势 • 只有在对方认为你处于比他们高的地位时才有可能具备这种力量
奖励	奖励的力量来自对某人所做的事给予奖励的能力。这种力量基于这个前提：如果我们有可能因为某件事得到回报，我们就更有可能做这件事。力量只有在你继续拥有对方重视的东西时才会变得强大。你奖励某人越多，你就越能使这一点常规化，他们的期望值也就越高	• 在谈判中用于提供谈判以外的回报（无论是实际的还是承诺的），如"同意我提出的要求，下次我将照顾你的生意" • 为完成特定交易而获得个人奖励是腐败产生的基础
合法	产生义务感或责任感的能力。合法的力量往往伴随头衔而来（你之所以服从领导，是因为他是你的领导）。合法的力量在权威主义文化、集体主义文化和多时主义文化中尤为突出	• 基于对个人的义务或他们所代表的权利，例如，保险销售人员会说"你有义务为你的家人购买人寿保险，以防发生意外" • 首先需要建立合法性 • 谈判中的合法性取决于头衔，也取决于个人确立至高无上地位的行为，如个人风格、行为、言论或相互比较
相对	这种力量与其他人可能尊敬的榜样或个人有关，并与创造对他人行为的认同感或接受感的能力有关	没有经验的谈判者会相信对方是一个更好的谈判者，并且往往会在没有意识到的情况下寻求对方认可自己的谈判能力，他们可能会屈服于对方的力量。经验丰富的谈判者会发现这一点，并抓住机会，通过一些精心选择的干预措施增强自己的力量，如"你不会让我这么容易完成谈判"或"你显然在这方面经验丰富"，所有这些都是为了表示赞同
专家	我们知道，力量是信息、知识和专业技能的来源，我们可以借此迫使他人产生信任。这种力量的形式与医生和律师等职业角色相似，人们相信这些角色的判断，并接受他们的建议	• 适用于一方是专家的谈判场景，例如，与为你提供创新解决方案的专业供应商进行谈判 • 那些提供真正独特的解决方案的人拥有强大的力量，如聘请一位指定的设计师

5×5谈判力量来源模型

弗伦奇和雷文的著作着眼于在一般情况和组织架构下考虑力量。在谈判的背景下，虽然它们能够帮助我们理解可能起作用的力量类型，但不能提供在谈判中实际塑造和控制力量的方法。例如，一个谈判者可以使对方感觉到他们有某种义务进而成功地运用力量，但他必须使用一系列精妙的战术和技巧实现这一切。强制力量只有在主张价值的谈判中才可能有效，前提是对方不能选择离开。我们实际运用力量及偏转对方力量时既要考虑力量的类型，也要考虑潜在的力量来源，以及是什么创造了这些来源。力量可以分为两类——有形的力量和无形的力量。

有形的力量的来源可以被研究、测量、建立、观察和定义，以及被具体的干预措施改变。例如，从购买品牌产品转向购买通用替代产品能够扩大市场的可选范围，增强市场的力量，并降低对品牌供应商的依赖。要想有效地使用有形的力量，就要了解双方掌握的实际力量。有形的力量是通过寻找替代品与对方进行对抗的。

无形的力量的来源不那么明显，但能被感受到。无形的力量能创造感知，并塑造和引导他人的行动，而且它往往是在他人没有意识到的情况下做到这一切的。在谈判中运用无形的力量的能力源于谈判者的情绪能力。谈判者能够通过潜意识影响对手，而不是引导或对抗。

在谈判中，有形的力量和无形的力量的来源大致可以分为五类，如图7.1所示。该模型将前文和后文的内容结合起来，为谈判计划提供了一个强大而实用的工具。每一种力量的来源依赖于一个或多个由弗伦奇和雷文定义的力量类型。通过考虑每个人使用的力量的来源和类型，我们便可知道在谈判中应该如何使用力量（见表7.2）。例如，如果我们知道对方依赖我们，而他们没有时间寻找任何替代方案，我们就可能会考虑使用强制力量和主张价值的方法谈判，除非双方有长期的合作关系。

有形的力量　　　　　　无形的力量

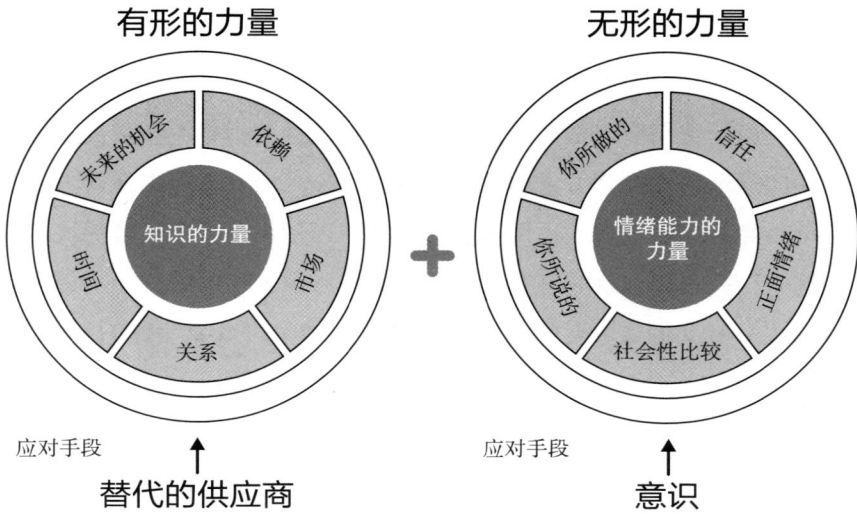

应对手段　　　　　　　应对手段

替代的供应商　　　　　**意识**

图 7.1　5×5 谈判力量来源模型

表 7.2　与力量类型相对应的力量来源

力量来源	强制	奖励	合法	相对	专家
有形的力量					
依赖	√		√		√
市场	√				√
关系	√	√	√	√	√
时间	√				
未来的机会		√	√		√
无形的力量					
信任		√	√	√	√
正面情绪			√	√	
社会性比较		√	√	√	√
你所说的	√		√	√	√
你所做的	√		√	√	√

有形的力量

在谈判中，我们需要了解并控制五个关键的有形的力量的来源——依赖、市场、关系、时间和未来的机会。在每一种情况下，力量都来源于知识，我们需要通过彻底的研究和分析获得这些知识，只有通过寻找替代品才能真正弱化对方的力量。红表方法论中的步骤 7A、步骤 7B 和步骤 7C 提供了评估有形的力量和确定总体计划的流程，以及扩展知识（提高我们的地位）所需的进一步的行动。

知识就是力量

弗朗西斯·培根（Francis Bacon）曾经说过："知识就是力量！"在谈判这一领域，这个观点是对的。了解我们实际掌握的力量及对方的力量是至关重要的，如果做不到这一点，唯一的选择就是虚张声势。

有形的力量是真实的和可定义的，就其本质而言，有形的力量只有在当事方之间存在差异时才存在。如果双方拥有同等的力量，并且知道这一点，那么实际上就没有力量和筹码。因此，有形的力量是我们相对于另一方的立场而言的。要想确定有形的力量，就要考虑什么是真正的力量，什么是假想的力量。例如，一个没有什么力量的优秀谈判者可能会给人一种他拥有力量的假象。如果对方不了解情况或缺乏经验，这可能会很管用。因此，建立假想的力量是一种关键的谈判战术，我们可以利用它占据优势。但是，如果我们不了解自己真正的力量，它也可能被用来对付我们，这就是知识如此重要的原因。

知识是研究和收集信息的产物。知识的收集往往容易被忽视，但它会对谈判结果产生巨大的影响。在做很多研究之后，我们会很轻易地假设我们拥有足够多的知识。在谈判中，过分自信也会欺骗我们，让我们以为自身可以虚张声势，而不需要良好的数据作为支撑。这是一种危险的心态，可能导致谈判失败。

2002 年，时任美国国防部长唐纳德·拉姆斯菲尔德（Donald Rumsfeld）在一次新闻发布会上，针对没有证据表明伊拉克与大规模杀伤性武器之间存在联系发表讲话，部分内容如下。

有些是已知的已知，就是有些事情我们知道自己知道；也有已知的未知，就是有些事情我们现在知道我们不知道；但也有未知的未知——有些事情我们不知道我们不知道。纵观我国和其他国家的历史，未知的未知往往是最困难的。

拉姆斯菲尔德的话已经被记录在册。他的这段话可能是围绕谈判研究而写的，这段话深刻地总结了挑战，特别是需要超越我们眼前所见，以便找到替代品和机遇的挑战。我们可能知道供应商及其能力，我们可能意识到我们不知道市场上发生了什么，但我们可以去探寻。然而，我们可能已经停止考虑供应商的财务状况，以及他们做得好还是不好。因为他们很有可能不会向我们透露这些信息，而且公布的信息会有时间差，所以这些信息对我们没有帮助。这里的重点是，在谈判准备中，"未知的未知因素"是最重要的，这些因素可能会让我们脱颖而出，也可能会提供一个巨大但尚未实现的机会。

谈判计划中的知识收集就是通过研究将"未知的未知"转化为"已知的已知"。这里没有什么变戏法般的研究计划能帮上忙。我们要在尽可能多的领域进行研究，有价值的知识将逐渐展现。随着每一扇研究之门的打开，以前从未想过的新门将会出现。这就是好的研究的力与美，任何一个完成了一篇论文的人都可以很好地理解这一概念。

研究和知识收集可以发挥以下五个作用。

（1）这确定了我们拥有什么有形的力量。

（2）这确定了另一方拥有什么有形的力量。

（3）这有助于我们识别对方和我们之间的实际差异。

（4）这有助于我们确定对方是否完全理解我们的立场。

（5）这有助于我们确定替代方案和机会。

表 7.3 是一份谈判知识收集清单。这份清单既不是详尽无遗的，也不是规定性的，收集什么信息和收集多少信息取决于谈判需求。然而，我们需要

的许多信息有可能已经存在于组织内的采购或供应链管理部门。例如，如果组织实施了品类管理或供应商关系管理，那么这两项举措都需要组织对供应商、市场、组织内部及采购的品类进行全面研究，我们可以在品类或关系战略中找到研究结果。

表 7.3　谈判知识收集清单

研究领域	收集的信息	可能的资源
他们的团队	• 他们是谁 • 他们的角色是什么 • 我们知道他们的什么 • 他们的谈判特质类型是什么 • 是什么激励着每个人	• 询问他们 • 使用搜索引擎 • 使用社交媒体 • 让其他人打听 • 了解他们的组织架构
供应商	• 业务范围 • 我们的采购额占其销售额的比例 • 财务情况 • 他们与其他客户正在做的项目	• 查看他们的网站 • 查看他们的年度财务报表 • 通过第三方评估机构了解他们的财务状况 • 询问他们
产品或服务（业务需求）	• 范围 • 法规要求 • 供应确定性 • 对质量、技术和标准的要求 • 所需的服务标准 • 商务要求 • 围绕创新的抱负	• 询问利益相关方 • 查询标准 • 查询过往历史 • 与营销部沟通，了解客户在未来需要什么
我们如何使用它	• 谁会买这类产品或服务 • 我们如何使用这类产品或服务 • 现在和未来的生产批量 • 现在的表现或客户满意度	• 询问利益相关方 • 之前的支出数据或采购订单 • 亲自查看（如访问工厂） • 与营销部沟通，了解客户在未来需要什么
其他供应商	• 这个市场中有哪些其他供应商 • 其他供应商都在做什么	• 通过互联网调查 • 贸易公司
市场	• 是什么决定了市场的边界 • 还有什么其他的相关市场吗 • 市场中正在发生什么？为什么发生 • 市场的竞争力如何（使用波特的五力分析模型）	• 业界新闻 • 通过互联网搜索 • 询问专家 • 询问供应商 • 使用期货指数查询原材料或某一品类的价格 • 展会 • 报纸或贸易类媒体文章 • 财务报告

当"未知的未知"被排除后，我们需要了解自身的相对力量，以便在谈判过程中将其转化为实际行动。为此，红表方法论提供了一个基于仪表的可视化指示器系统（见图 7.2）。其原理很简单，就像汽车里油表上的指针显示了当前的燃料储备介于空的和满的之间。力量仪表显示的是对方和我们之间的力量对比。红表方法论为每种有形的力量提供了五个仪表，通过绘制一个指针显示实际力量，再使用第二个不同形式的指针指示其投射的力量（供应商试图让我们感受到的力量）。这种实际和投射的力量的视觉对比可以为我们在谈判中选择何种策略提供依据。

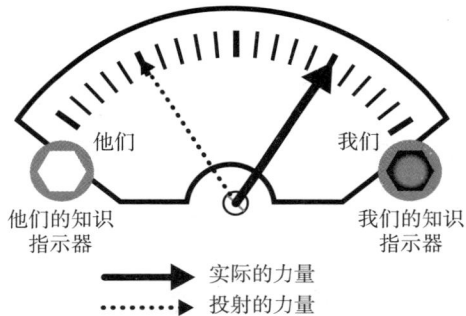

图 7.2　可视化指示器系统

这种力量仪表还为双方提供了知识指示器，每个指示器就像一个仪表板灯。当我们在评估过程中使用红表判断我们是否对自己的地位足够了解及我们是否认为另一方对他们的位置足够了解时，该指示器就可以发挥作用。例如，如果我们确定自己的地位很高，但没有进行太多的研究，因此没有真正的知识，那么我们只能猜测，并由猜测变成虚张声势，所以我们很可能失败。同理，如果我们的研究表明他们处于有利地位，但我们认为他们不知道，我们就可以把这一点作为自己的优势。对知识的检查是评估的重要组成部分，它有助于我们确认立场并找到机会。

知道最终价格应该是多少

"我怎么知道我应该为此付多少钱？"在规划谈判时，我经常听到有人问这个问题，尤其是那些刚接触谈判的人。这是一种常见的误解，即认为某个地方存在着可供专业人士用来获得这种洞察力的神奇工具或方法。如果我们拥有关于最终价格的高质量信息，谈判就变得非常容易了。但实际上，确定最终价格并不容易。

在一些谈判中，通过努力、研究和规划，我们有可能在一定程度上确定我们应该支付多少费用，但在大多数情况下，我们都是盲目的，或者至少是"半盲"的。原因有很多，复杂性、历史、市场动态等因素都会使我们的洞察力受到影响。从根本上说，我们知道最终结果并不完全符合供应商的利益，因此供应商会尽可能多地向我们隐瞒事实，以保护他们的利益。

确定我们应该支付多少费用的准确性取决于我们买什么。如果我们是一家采购面包的零售商，那么通过考虑所使用的原料及其数量确定面包的成本是相对简单的，其中大多数价格信息都很容易获得，同时还要对劳动力、制造、运输等其他成本进行评估。通过努力，我们有可能开发出一个动态成本模型，用它跟踪产品价格的变化，并计算出在那个时候我们应该为面包的原料支付多少钱。这可能是谈判的重要情报，可以在假设分析准确的情况下用来限制供应商。然而，如果我们购买的品牌面包是消费者希望在我们的货架上看到的，成本分解就变得不那么有效了，谈判的焦点会更多地转移到如何以低于建议的价格获得最大利益上。我们实际上是在购买该品牌的附加值，这不太可能会有商量余地。

如果我们对自己的分析有信心，那么在谈判中使用成本分析可能会很有用。如果事实和数据支持我们希望降价的立场，只要供应商参与谈判，就只能给出以下两种答复。

- 在价格问题上屈服并让步，也许会把讨论焦点转移到什么是合理的利润或可以提供什么样的增值服务上。

- 拒绝让步，也许是因为对价格分析有异议。在这种情况下，下一个问题会变成"请你提供正确的数据"。

在谈判中使用成本分析时，无论如何都需要供应商参与讨论，他们一旦参与就很难退出（基于上述原因）。在某一次讨论中，我要求供应商提供一些报价，并问供应商能否提供价格分解，并给我看劳动力和关键材料的构成。显然，这是一个供应商经常遇到的问题，他回答："我不提供价格分解。我可以列出工作中的所有活动和材料，但我提出的价格不会改变，我相信这对我们所做的一切来说都是合理的。"这是一个明智的回应，它消除了围绕个别因素进行谈判的可能性，还把讨论焦点转移到了一个简单的决定上，即我的需求和先前的价格调查及供应商的产品的可用性和供应商的声誉是否决定了价格是合理的。答案是肯定的，而且这笔交易是在我没有做出任何进一步的尝试的情况下完成的。毕竟在那个时候，我们的力量受限于我们有多想或有多需要对方完成相关工作，以及对方的声誉是否足够好。

因此，供应商通常会避免陷入此类讨论，除非他们确信自己的立场经得起透明的审查，或者他们知道自己可以隐瞒利润，例如，在管理费用的处理方式上动手脚，或者向供应商收取隐性回扣。因此，除非对供应商可能提供的任何数据的有效性有信心，否则"公开账簿"是一个值得警惕的做法，即供应商自愿提供明细表。此外，如果这类数据是在谈判期间首次提供的，就有必要争取时间做适当的审查和分析。

因此，有许多因素会造成价格谈判的盲目性。

我方造成谈判盲目性的因素如下。

- 我方缺乏研究或理解；
- 购买品牌、独特或高附加值的产品和服务。

供应商用来制造谈判盲目性（或投射的力量）的因素如下。

- 为商业信息保密。
- 捆绑附加值（见"第一天分析"工具）。
- 表明他们拥有更强大的地位，让我们误以为自己十分需要他们（投射的力量）。

采购价格成本分析工具

在某些谈判中，我们可以使用采购价格成本分析（Purchase Price Cost Analysis，PPCA）工具（有时也称应该成本或成本分解分析工具）在一定程度上克服谈判盲目性。我们可以针对我们正在寻找的产品或服务开展谈判并制定成本明细。有了一个很清晰的明细表，并知道了什么东西应该花多少钱之后，我们就可以用出色的情报指导谈判，并提供支持性的事实和数据。

PPCA 工具并不适用于所有谈判。如果我们对供应商几乎没有控制权，例如，我们正在采购一些独特的产品或品牌产品，也许批量较小，那么 PPCA 工具只会给供应商提供一个笑料，然后他们会礼貌地拒绝我们的要求。因此，确定 PPCA 工具是不是支持谈判的适当工具是有必要的。为了做到这一点，我们可以使用第 4 章探讨过的"第一天分析"工具。图 7.3 展示了 PPCA 工具对每个谈判象限的适用性。

PPCA 工具可以很好地支持针对"第一天分析"工具中"量身定做"和"定制"象限中的产品或服务的谈判。一些通用项目可以从 PPCA 工具中获益，但前提是它们不复杂，可以作为"快速测试"完成。例如，如果我们购买的是房屋维修服务，为了了解成本，我们可以根据已知市场价格下的工作时间及使用的材料计算服务成本。然而，在这个象限中的产品上花费大量的时间是没有意义的，因为如果我们了解市场和竞争对手的价格，我们就应该知道市场价格是多少。如果我们需要专营的产品，那么使用 PPCA 工具也没有任何意义。此时，我们是在为只有这家供应商才能提供的独特产品付费，因此我们很可能无法知道实际成本，而且无论如何，供应商都不太可能对此类讨论感兴趣。在这种情况下，谈判是围绕着我们能达到的最佳水平及我们可能获得的附加值进行的。

供应商的数量 \ 采购方的数量	一个	多个
多个	**量身定做 ✓✓✓** 在这个象限中，PPCA 工具确实有助于谈判。我们拥有选择替代品的权利，但更换供应商可能会对我们产生影响。PPCA 工具能够告知供应商我们的地位并要求供应商提供合适的价格。在谈判中使用 PPCA 工具是一种有助于获得正确结果的有力战术	**普通 ✓** 我们拥有选择替代品的力量，所以我们可以更换供应商以获得我们想要的结果。市场会决定价格，因此 PPCA 工具在这一象限中发挥的作用很小。但是，如果 PPCA 工具使用起来很方便或有助于了解最低市场价格，也值得一用
一个	**定制 ✓✓** PPCA 工具在这个象限中是有效的。当我们致力于与对方建立关系，缺乏选择替代品的力量，而供应商也需要我们时，PPCA 工具有助于提供一种透明的定价方法，以便我们能够清楚地了解我们在这一关系中可能获得的额外价值	**专营 ✗** PPCA 工具在本象限几乎无效。供应商掌握着力量，如果我们不能更换供应商，我们就缺乏替代品。在这一象限使用 PPCA 工具不太可能获得想要的结果，因为定价将基于价值或品牌。谈判将聚焦于与附加值相关的元素

图 7.3　使用“第一天分析”工具分析 PPCA 工具是否适用

构建 PPCA 工具很简单，但这是采购方在规划谈判时似乎想要回避的活动之一。我在《采购品类管理》一书中详细介绍了完成这项工作的过程，主要包括以下三个步骤。

（1）列出产品或服务背后的所有直接成本。如果是一个产品，就把它拆开，看看所有的组成部分。如果是一项服务，就列出包含的所有活动、使用的所有材料和发生的所有费用，包括材料和直接管理费用，如劳动力、工艺和分销成本，并确定或估计每个组件的成本。

（2）列出间接成本。这是支持整个业务运行的相关成本，包括日常开支。这些更难估计，但我们可以通过查看供应商的年度财务报告或访问其网站以了解其运营情况。一般来说，间接管理费用占直接材料成本和直接管理费用之和的 50%。

（3）针对报价明细里尚不明确的项目，进一步收集数据并开展研究，从而完成分析，提高 PPCA 工具的稳健性。

在谈判中使用 PPCA 工具时应仔细规划。相信 PPCA 数据是百分之百正确的并将分析结果作为不可置疑的论据可能会适得其反，甚至会使供应商离开谈判桌。不过，将 PPCA 工具得出数据作为探索供应商价格状况的基础，可以引发正确的讨论，并向供应商证明我们有多么重视此事。重要的是，使用 PPCA 工具得出的数据肯定会有误差，但通过讨论，我们可能会更加接近真实情况，这有助于我们确定谈判的终点。

最佳替代方案带来的力量

在谈判中，我们可以用另一方的谈判方式削弱其力量。最佳替代方案（Best Alternative To a Negotiated Agreemernt，BATNA）这一概念是由罗杰·菲舍尔（Roger Fisher）和威廉·尤里（William Ury）提出的，它是指如果不能从谈判中得到我们想要的东西，就要提前确定我们将采用的替代方案。

BATNA 在不同的层次上运作，我们既可以为整笔交易找到一个替代方案，也可以给谈判的某个部分制定单独的替代方案。例如，你有一个朋友想买一辆车，而车的价格不能超过她定的价格。她还决定，如果销售人员不能满足她的要求，她就去找别的卖家买车，这就是一个 BATNA。然而，在谈判过程中，她有可能尝试以旧换新；如果她对条件不满意，她会将旧车从交易清单里剔除，以便单独出售旧车。

由此可见，我们既可以为谈判中尽可能多的单个组成部分制定 BATNA，也可以为整笔交易制定 BATNA。BATNA 需要提前研究，这是我们收集的知识可能会发挥作用的地方。然而，制定 BATNA 不仅仅是走过场，还必须有真正的替代方案，我们必须做好充分的准备，否则它们将缺乏效力。确信我们有其他选择可以增强我们的信心、自尊和在谈判中更加努力的勇气。例如，一个需要工作的人得到了一份工作，他可能会感到欣慰和感激，这些情绪会削弱他在同意接受这份工作之前要求提高工资的勇气。然而，如果有两份同样有吸引力的工作可供选择，情况就会发生变化。拥有其他选择可以为这个人提供勇气，因为他可以尝试向一个或两个潜在雇主要求提高工资。

我经常听到"但在这种情况下没有替代方案"这样的话，这种心态限制了绩效的提升。事实上，总会有一个 BATNA，但我们可能需要花一些心思想想它是什么。关键在于，要想找到它，我们可能需要消除对某个特定结果的情感依赖。还记得我之前提到的那位汽车销售人员吗？他描述了人们准备购买某辆车的明显迹象。聪明的是，他会帮助人们想象自己拥有这辆车的场景。这是销售人员的梦想，因为一旦人们对获得某个东西形成了情感依赖，他们就会在脑海中排除任何其他选择。这就给了销售人员力量，他需要做的就是让客户感到自己得到了很大的回报，而情感依赖会帮他做好剩下的事情。找到一个 BATNA 不一定很容易，因为它可能是一些你不喜欢的替代方案，但你必须在获得好的谈判结果和同意对方提出的条件之间做出选择，以便得到你想要的结果。在这两种情况之间会有一个中间地带，因此，基于我们想要的东西，替代方案可以给我们提供足够多的选择。

找到很多潜在的 BATNA 是有可能的，我们只需要一点创造性思维，与其他人一起进行头脑风暴也会有所帮助。BATNA 可能有以下几种：

- 离开谈判桌；
- 寻找其他供应商；
- 购买替代产品或服务；
- 推迟；
- 变更规范；
- 从交易中移除某个组件；
- 改变谈判对象；
- 维持现状——保持当前安排；

- 与该组织的其他部门谈判；
- 在品类策略中找到其他替代方案（如果组织实施了品类管理）。

所有经验丰富的谈判者都会制定 BATNA，这意味着对方也会这么做。因此，要想制订一个好的谈判计划，我们就要提前预测对方的潜在 BATNA，并确定我们应该如何应对。丽贝卡·沃尔夫（Rebecca Wolfe）和凯瑟琳·麦金（Kathleen McGinn）认为，谈判的最终力量取决于替代方案的差异。例如，如果对方的选择是降低价格，以更低的价格结算，但我们准备离开，我们就拥有了更大的力量。

因此，BATNA 是谈判计划的一个重要组成部分，一定要避免情感依赖。创造性地开发替代方案可以使我们变得非常强大。千万不要忘记带着 BATNA 去谈判！

依赖程度

一方对另一方的依赖程度，是影响一方或另一方实现既定结果或维持更广泛关系的最重要因素之一。依赖有多种形式，主要是指缺乏简单的替代方案，并且可以导致依赖方顺从于另一方的情况。

在 20 世纪 90 年代，外包的概念开始流行起来。各种组织为了寻求更大的利益，将自身的各个部分移除，转而使用承诺可以提供规模经济和具备专业知识的外包供应商。外包有许多成功的例子，但也有很多失败的例子，即成本增加、质量下降，不少公司发现自己被"锁定"，因为供应商积累了关于如何提供服务的重要知识，从而阻止这些公司更换供应商。此时，供应商实际上已经建立了一种不容易被取代的依赖关系。

从依赖性的角度评估力量对比，就是要考虑产生依赖性的所有因素（见表 7.4）。降低依赖程度就是考虑存在什么样的替代方案，或者需要做什么才能找到替代方案。

表 7.4 依赖的力量

	对他们的依赖	对我们的依赖
框架问题	这家供应商对我们有多重要及其原因	这些采购额对供应商有多重要及其原因
决定依赖的力量的因素	• 从我们未来的业务方向来说，供应商是重要的。例如，他们有我们需要的创新能力或关键人物，或者现在的合作项目很重要 • 不容易更换供应商 • 产品或服务很复杂 • 在谈判以外，与这家供应商的关系很重要 • 供应商在我们不擅长的领域拥有重要的知识或专有技术，如拥有关键工艺知识的外包供应商 • 我们别无选择，只能购买指定的、品牌或专利产品或服务，如客户指定、监管部门批准等	• 考虑到未来的业务共赢，供应商依赖我们，如有合作项目或固定投资 • 我们的采购额占供应商的销售额比例很高 • 从供应商的角度来看，我们的品牌对他们很重要 • 我们与供应商的合作使供应商能在另一个领域创造收入。例如，在为我们制造某一产品的过程中产生的副产品可以被用于其他地方 • 供应商的财务状况很差，他们需要这笔生意
测试BATNA的方法	• 如果不能确保得到想要的结果，我们能多容易或多快速地找到替代方案 • 有哪些替代供应商 • 有哪些替代产品或服务	如果供应商失去了这项业务，他们能多快地弥补损失

市场

市场力量不同于资源有限形成的力量，后者是依赖性力量的一部分。市场力量是指当前或预期的市场状况有利或不利的程度，这取决于我们站在哪一边。

市场是一种系统、结构、关系或机构，在这里可以用产品、服务或信息交换金钱或有价值的东西。它们既可以是简单的也可以是复杂的，而且以多种形式存在，包括实体市场、非实体或线上市场、劳动力市场、商品市场、货币或股票市场和虚拟市场（受政府监管）。

获得市场力量的关键是对市场本身有良好的理解，因此知识收集是必不可少的。如果做不到这一点，我们就是在盲目地谈判。要确定市场力量，我们需要回答以下三个问题。

（1）这是什么市场？

（2）市场中正在发生什么？

（3）有什么市场能够替代现在的市场？

确定市场

第一个问题看似简单，但实际上谈判者往往并不了解他们所处的市场。关键是要了解市场的界限，然后才有可能确定需要做些什么来超越这些界限。市场可以有自然和人为的界限。例如，出租车公司遍布全球，但并不存在全球市场。出租车市场是一个个小市场的集合，每个市场都受到实用性、经营许可证及对长途出租车服务的有限需求的限制。决定市场的因素有以下几个。

- 形式——市场的类型和性质，如实体、在线等。
- 规模——市场有多大，通常以销售总额、就业人数或市场消费额衡量，如美国快餐市场的规模估计为每年 1200 亿美元。
- 规模——市场的地理范围。
- 位置——市场的基础和界限。
- 参与者类型——参与者是个人还是公司。
- 产品或服务的类型——它们是什么、它们的功能或它们能够满足的需求是什么。
- 通用选择——来源的通用或专有性质。
- 限制——限制市场或贸易自由的任何因素，如降低了质量或减少了可用数量及政府监管等。

在每种情况下，这些因素都会有界限。物理空间受到可用空间和位置的限制；地理范围取决于经济实用性，如果你打算购买苹果公司的 iPad 而不是普通的平板电脑，就会使潜在市场受到限制。通常来说，界限越多，我们的选择就越少，我们在市场中的潜在力量就会越弱。供应商总是会寻求减少我们的选择，使我们相信我们几乎没有选择，从而增强他们的力量。

因此，市场的力量与市场的界限有关，同时，它也与市场中正在发生什么有关。

理解市场中正在发生什么

这最终取决于特定时刻的供需关系，以及它是如何变化的，或者说它将如何随着时间的推移而变化。这背后的经济学本身就是一个完整的主题，用一句话来说就是，在没有人为干预的情况下，市场会增大或缩小，但总会自然而然地恢复到一种供需平衡的状态。高需求和有限供应的不平衡将抬高价格并吸引新的进入者，而低需求和过度供应将导致价格下降，并迫使供应商退出业务或变得多样化。然而，市场对不平衡的反应可能是缓慢的。供大于求意味着买方占优势，供小于求意味着卖方占上风。有了仔细的监控、良好的时机和行动能力，就有可能从市场变化中获取优势。我们可以在世界各地每天买卖股票或大宗商品的交易市场里看到，明智的投机行为和知道何时买入或卖出可以帮助我们赚钱。

了解大宗商品市场的情况相对简单。商品价格随市场情况的变化而变化，人们只要熟悉已发表的评论、指数和交易结果，很快就能具备很好的洞察力。例如，天气不好可能会导致作物减产。如果这还不够，那么还有很多专家愿意分享他们的知识。

对复杂产品或服务来说，了解市场中正在发生的事情则更为困难。在产品简单、通用的情况下，我们有时可以通过了解原材料及每种商品在各自市场中发生的情况理解市场。例如，为了了解氯气市场中的情况，我们需要了解影响氯气价格的关键因素。

- 当前原材料成本——盐和能源。
- 当前运输成本——油价。
- 对苛性钠（生产氯气时的副产品，按同等比例生产）的需求。
- 目前的生产能力。氯气需要大规模生产，因此产能只能大幅度地增加或减少；工厂关闭也会影响价格。

在某种程度上，更加复杂或专有的产品或服务与单项成本影响因素之间的联系不那么明显，甚至不连贯。例如，香水的销售价格通常对原材料价格的波动不敏感。监控玻璃价格或玫瑰花瓣的供应情况并不能帮助我们了解相应的市场正在发生什么。原材料价格的波动被巨大的利润所平息。销售价格是由供应商根据市场中愿意为特定品牌的香水或香水带来的感知价值而支付的费用确定的。然而，这仍然是一个市场，需求仍在波动。不同的是，当需求减少时，香水厂商往往不会通过降价来应对，而是通过积极开展营销活动增加需求。

因此，了解市场中正在发生的事情本身就是一门科学，这取决于我们要买什么。如果市场中正在发生什么与产品或原材料价格有直接关系，那么研究这些价格对理解市场的力量来说至关重要。此外，要想了解市场，还需要完成一些调查工作，因为任何供应商都不太可能告诉我们市场的情况，除非市场正在向对其有利的方向发展。好消息是，在任何一个特定的市场中都有大量的专家和良好的信息来源可以提供重要的情报，这些都列在了表 7.3 中。

确定替代市场

我们有可能通过寻找替代品和机会增强我们的市场力量、削弱对方的市场力量。这意味着我们要突破目前的市场界限，在市场运行过程中寻找机会。这是一项好的研究，它可以为我们提供关于什么事情有可能发生的知识。

通过了解界限，我们可以探索是什么限制了我们在市场中增强自己的力量。打破界限可以带来杠杆效应。例如，将目光从传统市场转向低成本市场，可能会扩大潜在市场，前提是有能力找到"饥饿"的供应商。着眼于产品或服务的功能而不是类型可以改变人们的思维方式，并且可以通过开辟全新的市场打破界限。例如，航空旅行有一个明确的市场，不过，如果其功能是帮助人们与全球的同行进行商务会议，那么将人们从 A 地移动到 B 地的市场将会大得多，还会创造一系列完全不同的、通过技术手段远程连接人们的市场。

我们要了解市场中发生的事情，用这些知识来武装自己，这样就能将谈判放在正确的背景中。我们要考虑谈判的时机及可供我们选择的其他更广阔的市场，以明确自己追求的目标和采取的策略。例如，2012 年，随着一系列农作物产量下降和能源成本上升，英国食品生产商的原材料成本急剧上升，供应商将谈判的重点放在确保价格上涨上。全球经济衰退还没有结束，仍在很大程度上限制着消费者的消费能力，因此超市急于维持自己的竞争地位。尽管它们的力量很大，但很明显，在某个时刻价格上涨所带来的影响需要被转嫁给消费者。

一家连锁超市认识到市场力量对其不利，于是采取了两种谈判策略：一是尽可能推迟与供应商的谈判；二是谈判时敦促供应商尽可能长时间保持现行价格，并承诺在某个时间点提高价格，从而迫使供应商在短期内自己应对影响。相比之下，在 2020 年，供应不足导致供应链中断，这永久性地改变了许多供应链，而且在某些情况下改变了力量的平衡，从而使零售商急于维持某些供应关系。零售商被迫从关注硬筹码转变为关注未来的商誉。通过了解市场和外部环境发生了什么，我们有可能设计出一种谈判方法，根据市场对我们有利还是不利，抓住机会或转移威胁，并相应地调整干预时间。表 7.5 列出了决定市场力量的因素及可用于寻找 BATNA 的测试方法。

表 7.5　市场的力量

	对供应商有利的市场	对采购方有利的市场
框架问题	市场中正在发生什么，趋势如何	
决定市场的力量的因素	• 市场中只有一家或几家供应商 • 他们是市场中的重要供应商 • 供应商在多个市场是领先者，不依赖于这个市场 • 我们在采购特别的、有差异性的、有品牌的或有专利的产品或服务 • 供小于求，市场中没有多余的产能 • 分销渠道被品牌所控制 • 新公司难以进入市场（例如，有法规限制或投资额巨大等）	• 在市场中竞争力强，例如，供应商需要很努力才能保证获得较低的利润 • 我们是市场中的重要客户，如采购量大、采购额高 • 我们可以轻易地更换供应商，例如，我们在采购通用产品或服务 • 买家很少 • 供大于求，例如，市场中产能过剩、需求低迷 • 可能有新的公司进入市场 • 退出壁垒很高

（续表）

	对供应商有利的市场	对采购方有利的市场
测试 BATNA 的方法	• 在新市场中有替代产品或服务（以不同的方式满足需求）吗 • 我们能使用更多的通用产品或服务吗 • 我们能否开拓潜在市场的边界，例如，去低成本国家寻源 • 我们能消除需求吗	• 供应商能向上整合吗（把我们的业务抢走） • 供应商不想在这个市场中竞争，例如，对其他市场很感兴趣 • 供应商会跟其他供应商合作以削弱我们的力量吗

关系

不要低估人际关系的力量。关系的力量往往是隐藏的，但在谈判中可能会表现为一股强大的力量，可以推动或阻碍谈判的进行。关系的力量是指对方在多大程度上建立了与我方的交往关系，使其具有优势或与我方的关键人物保持有影响力的关系。

历史

如果供应商在谈判前已经开始向我们供货，他们就会有历史记录。根据他们供应的产品的不同，这可能使他们比竞争对手更有优势，甚至可能使他们对我们更有吸引力，因为他们了解我们的业务。如果供应商已经积累了关于如何提供相关产品或服务的专业知识，而我们不容易获得这些知识，供应商就获得了力量。关于历史记录的力量的例子常见于服务交易和外包中，供应商熟悉客户业务的细微差别。这种知识通常无法被完全定义，因为它存在于供应商员工的经验中。此时，如果我们想要削弱对方的力量并寻找替代者，就要考虑更换供应商后新供应商必须重新学习重要技术的问题。如果我们支持一家特定的供应商发展其业务，历史记录就会对我们有利。如果我们是客户，给了一家小供应商机会，使他们获得了第一个巨大的发展机会，这本身就创造了一种责任感。

个人之间有影响力的关系

正如前文所述，供应商致力于建立关系和信任，但对象并不局限于采购与供应链专业人员。如果可以，供应商将寻求与我们组织中尽可能多的关键人物建立个人关系。在组织允许的情况下，供应商会通过友好的交流及提供支持、举办午餐会议甚至赠送体育赛事门票培养关系。在世界各地与我共事过的所有组织中，似乎只有少数几家成功地管理过或有过一个商定的协议，即在更广泛的业务中应该如何与供应商接触。采购部门以外的职能部门通常将与供应商建立自由和畅通无阻的关系视为其职责的一部分，并可能认为任何干扰都会阻碍其发展。开发团队与供应商会面，讨论他们如何支持新的开发工作；营销部门希望与供应商讨论在未来继续合作的可能性；运营部门与供应商讨论日常事务。

如果采购部门试图控制每一家供应商的一切活动，似乎就会受到某种限制，问题在于一致性，更确切地说是缺乏一致性。供应商通常可以自由地在整个组织中寻找并赢得盟友，然后分而治之并与其建立强有力的关系，从而对抗采购干预，甚至使谈判陷入混乱。如果供应商将其从我们组织中的其他人那里得到的信息进行背对背的处理，而且得到了不同的信息，我们在谈判之前调整供应商就没什么用了。这听起来好像是我在暗示那些不具备采购职能的人不忠诚，随时准备破坏谈判结果。事实并非如此，但现实是，很少有企业会花时间教育采购部门之外的人如何与供应商接触，应该做什么，更重要的是不应该做什么。实际上，供应商会利用的我们的弱点。供应商与我们表面上的友好交流实际上是一种情报收集活动。

关系不限于那些由供应商努力建立的关系，也包括历史环境的产物。如果供应商的一位关键人物与我们的一位高级管理人员有关系，如以前在一起工作，那么这两个人之间可能已经有了天然的友谊、信任和欣赏。事实上，这样的关系可能会非常强大，并且由于供应商也令我们满意，我们很可能会获得想要的谈判结果。然而，如果对方不符合我们的期望，这些关系就会成为谈判的障碍。这里的重点是，我们要了解已经存在的关系及它们是否为一方或另一方提供了谈判的力量来源。

关系并不总是对供应商有利。例如，如果我们之前给了一家小供应商巨大的发展机会，帮助其成长和发展，那么供应商可能不会忘记这一点，这就建立了一定程度的供应商义务和对我方有利的力量。

关系的力量随着文化的不同而变化。在单时主义和个人主义文化中，关系往往更具功能性，而商业交易的透明度往往是先决条件。然而，在多时主义和集体主义文化中，个人与历史之间的关系至关重要，交易的成败也取决于此。这使交易透明变得更加困难，因为对个人的忠诚超越了对公司的忠诚。

了解与关系相关的知识对规划谈判来说至关重要，为了理解这一点，我们回到红表方法论中的步骤 3 制定的利益相关方架构图，并据此确定已经存在的关系及其程度和性质。请求供应商帮助我们了解他们的不同接触点并不是不恰当的。一旦了解清楚所有的接触点和谁与谁之间的关系，我们就可以将这些接触点的力量纳入考虑。我们可以通过寻求一致性抵消关系的力量，这实际上意味着与利益相关方密切合作，好让他们支持谈判，并向与其有关系的供应商提供统一的信息。表 7.6 列出了决定关系的力量的因素及可用于寻找 BATNA 的测试方法。

表 7.6　关系的力量

框架性问题	他们拥有很好的关系	对我方有利的关系
框架性问题	双方关系的本质是什么、和谁联系、关系有多好	
决定关系的力量的因素	• 与我方的利益相关方有很好的关系，可能没有被察觉到 • 许多其他业务部门选择与该供应商开展业务 • 我方内部支持该供应商，甚至比对采购部门的支持力度更大 • 供应商为运营、技术或开发职能提供免费支持	• 利益相关方支持采购 • 我们的所有利益相关方保持一致，并向供应商展示一个统一的、预先商定的立场 • 采购部门了解并参与所有关键供应商的业务 • 没有或很少有历史记录可以锁定我们（例如，供应商对我方业务很了解）

（续表）

	他们拥有很好的关系	对我方有利的关系
决定关系力量的因素	• 长期的供应历史 • 他们对我们的业务非常了解，这使他们比竞争对手更具优势 • 供应商与我们公司的高层保持着良好的关系 • 采购部门不知道或不参与与该供应商的许多合作 • 与供应商的关系和互动是分散的、跨职能的	• 我们有扶持这家供应商的历史（例如，我们帮助他们成长），因此他们更愿意支持我们 • 与供应商的关系由采购部门集中管理 • 高层加强已经与供应商达成一致的立场 • 供应商无权在整个业务范围内与个人接触，例如，企业规定供应商只能跟某些人接触
测试BATNA的方法	• 我们能确保内部一致吗 • 我们能用资深团队强化我们的地位吗 • 我们是否可以使该供应商提供具有优势的专有技术，并将其提供给新供应商 • 我们能阻止供应商与其他采购方合作吗 • 我们是否可以利用事实和数据说服组织中需要改变的人 • 我们能与销售人员的上级建立具有影响力的关系吗	• 供应商能够向组织中更高级别的人投诉吗 • 组织中有人对供应商负有某些方面的义务吗

时间

时间就是金钱，时间是很重要的，时间对我们不利。在商业交易中可能会出现一方迫使另一方采取行动的呼声。对任何一方来说，时间都可能是谈判的力量来源。如果达成交易的时间有限，如合同到期或不可改变的事件即将发生，那么除非有其他选择，否则力量是对供应商有利的。如果对方知道这一点，甚至会借此威胁我们。

要防止对方对我们施加时间限制，我们就要有一个良好的计划，以确保我们不会陷入困境。2012年，伦敦奥运会为供应商设定了一个固定的期限，但采购团队的良好规划确保这不会成为供应商的力量来源。谈判和签订合同的活动都是事先计划好的，但至关重要的是，奥运会交付管理局用于选择和确定供应商的采购框架的一个关键标准是能否按时交付。此时，时间成了早期目标适用性的基本评估的一部分，也是选择承诺能在规定时间内完成任务的供应商的基础。

时间的力量也可以来自拖延，这同样很难克服。在法律界，通过要求解决一系列细节问题或提供额外信息拖延达成协议的时间是一种常见的策略，尤其是在另一方资金有限，无法继续打一场昂贵的"法律战"的情况下。人质谈判专家也会使用同样的策略，虽然看起来劫持者和人质拥有一切力量，但他们缺少时间。一位优秀的谈判专家肯定知道这一点。劫持者迟早会需要食物、水和睡眠，并开始变得疲惫，这些因素为谈判提供了机会。如果谈判专家认为局势已经得到控制，那么拖延时间往往是最好的策略。

只有在知道对方立场的情况下，时间才是力量的源泉。例如，如果一家供应商面临现金流的挑战，需要迅速完成交易，那么只有在我们了解他们的情况下，时间才对我们有利，而且他们很可能不敢对此置之不理。表 7.7 列出了决定时间的力量的因素及可用于寻找 BATNA 的测试方法。

表 7.7　时间的力量

	对他们有利的时间	对我们有利的时间
框架问题	时间重要吗	
决定时间的力量的因素	• 在达成协议之前是否有时间限制 • 目前的安排不能超过即将到来的结束日期，如合同到期 • 对产品或服务需求的反应很快，甚至比市场中其他供应商的反应都要快 • 我们需要在特定日期前支出，如有相关的预算或财务规定	• 我们不着急，可以等待达成一个很好的协议 • 供应商需要紧急完成交易 • 销售人员需要完成业绩 • 供应商有财务或现金流问题
测试 BATNA 的方法	• 我们可以延长合同或截止日期以获得更多的时间寻找替代方案吗 • 我们能够达成一个短期协议吗 • 我们可以更好地开展计划吗 • 我们能更换供应商并把"满足时间要求的能力"作为一个重要的选择标准吗 • 我们可以拖延吗	• 供应商能以某种方式迫使我们达成协议吗 • 供应商是否会暗示或创造未来的稀缺性 • 供应商可以使用拖延战术吗

未来的机会

未来的机会带来的力量体现在一方提供给另一方的当前利益及有可能实现的超越眼前交易利益的利益上。未来的机会有可能把一笔糟糕的交易变成一个有吸引力的提议。未来的机会的力量有以下四种类型。

- 未来憧憬。一些关于额外或未来利益的承诺或建议。例如，向供应商建议，如果他们表现良好，将来就可以获得更多的合作机会，而仅仅提高价格就有可能打破平衡和失去未来的交易。即使没有得到供应商的保证，这个建议本身也创造了一定程度的义务或至少是对后续行动的限制。因此，义务可以是一种确定的或投机性的利益。

- 声望。与对方做生意所产生的无形价值。例如，如果我们代表一个著名的家电品牌，供应商就会非常重视让我们成为其客户的机会，特别是在他们可以在其他地方利用品牌效应的时候。

- 专业化。一方拥有独特或专业的能力、产品或服务，这对另一方来说可能是非常有价值的。在与另一方更广泛的目标保持一致或有可能阻止竞争对手获得优势的情况下，专业人才可以提供最多的未来的机会的力量。例如，一家专门开发新口味食品的小公司可能是跨国食品生产商巨大的创新源泉，并且可以为其品牌增值。尽管它只是一家小公司，但它为跨国食品生产商提供了巨大的机会。如果该生产商与之达成某种排他性协议，就可以阻止竞争对手获得同样的创新源泉。

- 个人满意度。未来的机会的力量的最后一个组成部分是个人从谈判结果中获得的满足感或利益。在这个方面的一个负面例子是贿赂和腐败，但未来的机会的力量也存在于对个人有利或可取的情况下，可能有助于自我发展或职业发展。

未来的机会的力量往往被低估。一个需要我们品牌的影响力的供应商不太可能将这一想法告诉我们。因此，理解未来的机会的力量，就是要仔细考虑我们和对方提供的潜力。表 7.8 列出了决定未来的机会的力量的因素及寻找 BATNA 的测试方法。

表 7.8　未来的机会的力量

	他们是我们的机会	我们是他们的机会
框架问题	是否有一个重要的未来机会	
决定未来的机会的力量的因素	• 帮助我们实现目标，增加品牌价值 • 他们拥有独特的产品或服务 • 他们拥有我们需要的专业能力 • 他们是我们非常感兴趣的领域的创新者 • 如果我们完成了这笔交易，我们将来有可能、很可能甚至肯定会受益 • 他们和我们之间有很高的一致性，如运营位置、基础设施、工作方式	• 我们可以帮助他们实现目标、发展业务 • 品牌价值——供应商将通过成为我们的供应商获得声誉 • 服务量或服务范围可能会增长或扩大 • 我们的业务范围正在扩大 • 对我们的创新业务越来越感兴趣 • 地理位置 • 工作方式、方法等
测试 BATNA 的方法	• 我们能自制吗 • 有其他供应商能提供类似的机会吗	• 供应商能向上整合并抢走我们的业务吗 • 他们会与我们的竞争对手成为伙伴吗

为有形的力量制订计划

我们必须评估我们和对方实际拥有的每一种力量，以及各方是否知道自己或对方的力量。我们必须决定如何利用这一评估结果改变力量对比，使之有利于我们。我们可以采取以下两种方法：

- 使用替代品和 BATNA 增强我们的力量或削弱他们的力量；
- 利用知识（或他们缺乏的知识）投射更多的力量或削弱他们投射的力量。

我们使用步骤 7A 中的力量评估确定我们在谈判中要做的具体事情，并制订切实可行的力量计划（步骤 7B）。这时要注意以下两个方面。

- 优势——考虑我们实际或预计的力量，或了解对我们有利的地方，确定具体行动、讨论主题、我们将采用的 BATNA 或调查路线，以便占据优势。
- 弱点——对于我们的薄弱之处，确定有可能增强我们力量的行动（例如，巧妙地虚张声势或利用事实和数据），或者预测我们的对手有可能采用的战术和方法，并确定抵挡其攻击的方法。

在我们对自己和对手的力量对比没有充分了解的领域，我们要想取得好的结果，就必须多做功课，不能抱有任何侥幸心理。我们不了解的知识可能是我们失败的原因，但它们同样可能代表着一些机会，这些机会可以让谈判局面变得对我们更加有利。谈判者通常在无法确定情况或不进行充分的研究和准备的情况下就在这些领域采取行动，或者将其留到事件发生之前看看情况如何，这是一种糟糕的做法。我们应该关注我们缺乏知识的领域，并做进一步的研究。这需要时间、努力和承诺，但正是通过良好的事实和数据，我们可能会找到增强自身力量或更好地削弱对方力量的方法。我们不可能总能找到我们需要的情报，但如果我们努力增加我们的知识储备，我们就能做好准备。因此，制订切实可行的力量计划的最后一步是确定并收集知识（在这里我们使用红表方法论中的步骤 7C）。图 7.5 展示了有形的力量计划和知识行动的示例。

无形的力量

任何谈判中的力量都是多方面的，任何谈判都必须考虑有形的力量和无形的力量的所有来源。无形的力量不那么具体，它们是通过谈判的不同方式产生的力量，贯穿所有阶段，并支撑着整个红表方法论。无形的力量是通过情绪能力进行投射和对抗的。有了自我意识和社会意识，以及管理自身和我们的关系的能力之后，我们就有可能投射力量而不受对手力量的影响。第一次进入一个新班级的教师可能会以高高在上的姿态走进教室，并试图在课堂上做出自信的行为。事实上，她正在以一系列方式投射力量，试图尽早让学生知道谁是掌控者。

图 7.1 展示了谈判中无形的力量的来源，此外还包括积极的情绪、信任和社会比较（下文将展开介绍），以及你在谈判中所说的话和你的行动（后面几章将讨论这些话题）。

表现出积极的情绪

表现出积极的情绪是指谈判者在与我们接触时表现出热情、兴奋和为我们感到高兴的状态。这是人际销售的核心——面带微笑的推销员。当谈判者表现出积极的情绪时，这表示他们是值得信赖的，而且他们愿意合作。一位谈判者表现出积极情绪的会在引起另一方积极的情绪反应，使另一方放松下来，增加交流，并为讨论利益和优先事项创造可能性。一位优秀的谈判者或销售人员会抓住这个机会。

积极的情绪也能产生信任。研究表明，当一个人对我们表现出积极的情绪时，我们更倾向于本能地信任他们，而信任是谈判能力的关键来源。卡梅伦·安德森（Cameron Anderson）和利·汤普森（Leigh Thompson）将兴奋、热情和快乐作为在谈判中对他人产生积极影响的必要因素。

信任就是力量

正如我们所看到的，我们对信任的需求是人类交互中一个重要且常常被低估的组成部分，它也是无形的力量的强大来源。

赢得对方的信任可以将主张价值的谈判转变为创造价值的谈判，也有助于我方邀请各方就可能性进行讨论和合作，从而创造新的价值，而不是为既有资源的分配而争吵。一个相关的例子是向上销售，它是全球销售培训的一部分。与其他人相比，有些人更容易受到影响，或者经验较少，我自己就是一个活生生的例子。有一次，我走进一家商店，想要购买一款中等价位的电视，却被几款价格较高的超高清电视所吸引，而且被销售人员推荐购买。

在力量失衡的谈判或关系中，力量较小的一方处于弱势地位，容易被他人利用。那些地位较低的人往往更焦虑、更关心信任问题，因此会寻求信任他人的理由，并确信自己不会被利用。正如前文所述，积极的情绪有助于建立信任。如果二手车销售人员对喜欢这辆车但声称"在同意任何事情之前应该给儿子打个电话"的老太太微笑一下，发出一个强有力的"你可以相信我"的信号，就可能会发生奇迹。

然而，信任也可以是真实的，并为选择一家供应商而不是另一家供应商提供依据。例如，在与我们了解的供应商的长期关系中，他们从未让我们失望，我们与其合作是为了创造价值，我们对他们的信任是选择他们的一个令人信服的理由。如果一位高级管理人员需要完成一项比较敏感的工作，他们最有可能任用一位他们认识并信任的人。出于同样的原因，创业者通常会雇用朋友和家人。因此，信任不是一定要抵制的因素，但在谈判中，有必要警惕假装建立信任的策略（例如，展示积极的情绪，尤其是在我方处于弱势地位的情况下），并区分这些策略与作为关系的一个组成部分而建立起来的真正的、积极的信任。

社会比较

如果我们认为对方在某种程度上更优越，那么他们更有可能在谈判中占上风。这不是一件有意识的事情，而是我们的自信受到了损害，因为内心的某种东西让我们有这种感觉。想想你遇到的那些令你感到害怕的人，或者他们让你害怕面对的事情。如果在谈判时发生这种情况，那么你的表现很可能会受到影响。

当我们接触某个人或某个群体时，我们会在没有意识到的情况下，试图将自己与他们比较，并确定我们相对于他们的立场。我们认为自己的立场在哪里将决定我们的行为。社会比较有很多触发因素。在集体主义文化中，这几乎完全是由地位决定的；在个人主义文化中，社会比较的暗示更加微妙。

他们的语调、姿势、他们进入会议室的方式、他们说的话和他们使用的语言都是给我们的暗示。我们还会留意他们的长相、衣着、开的车、戴的手表等。

令人印象深刻的穿着在谈判中尤其重要。例如，在意大利，如果你想在谈判中让对方觉得你很有权势，那么你在谈判中的着装至关重要。一位优秀的谈判者应该考虑到自己的行为举止，尽可能使外表和行为的影响最大化。服饰与文化有关，但谈判之前的研究将揭示交易是如何进行的，以及什么会给人留下深刻印象。在法国，谈判者往往穿职业、低调但时尚的服装，但配饰的质量也传达了一些信息。在日本，男人穿时髦的西装并打领带、女人穿保守的衣服都可以树立良好的形象。谈判还为我们提供了采取不同行动的机会。经过练习，谈判者可以走得更稳、坐得更直、更专注、更仔细地考虑要说的话，并通过一种刻意打造的职业外表展现自己的力量。风格和行为也很重要，应该事先考虑和计划。后文将详细介绍这些内容。

为无形的力量制订计划

除了有形的力量计划，我们还需要一个无形的力量计划。我们需要确定我们的风格和行为，以便在需要的地方投射力量。这也是我们规划如何建立信任和融洽关系的方法。我们可以尝试做以下两件事：

- 运用情绪能力和个人本领，完善我们在给定情景下的谈判方法；
- 凭借意识和经验了解对手并调整我们的方法，以获得最佳效果。

与有形的力量不同，我们不评估无形的力量，而是确定这一点，并根据红表方法论中的步骤在五种无形的力量之间投射力量，具体包括以下几方面的内容。

（1）我们将如何谈判。

（2）我们是主张价值还是创造价值，例如，建立信任对主张价值更为重要。

（3）我们的关系目标。

（4）文化规范和期望。

（5）对有形的力量的评估及我们需要在哪些地方投射更多的力量。

（6）对手的性格类型。

也许最后一点最有意义，因为如果我们能够根据对手的性格类型规划我们的方法并确定我们将如何投射力量，那么这将是最有效的。因此，无形的力量计划是红表方法论中的步骤 6B 的一部分。图 6.15 提供了一个示例。

预估对方的BATNA

在一场主张价值的谈判中，如果我们掌握了力量，而对方没有或只有很少的选择，那么我们很可能会得到自己想要的结果。如果对方得不到他们想要的，他们可能会采用其 BATNA，并可能离开，产生一个双输的结果。虽然考虑我们的 BATNA 很重要，但也必须尝试先发制人，评估对方的 BATNA 的真实性和可行性。我们也许制订了有史以来最好的谈判计划，但如果对方离开，计划再好也毫无价值。

离开只是对方的一种反应，可能会对我们产生不利影响。如果某人得不到他想要的，另一种反应通常是变得更具攻击性。这就是所谓的"挫败—侵略"法则。有一段时间，索马里沿海国际水域的海盗活动不断增加。一开始，由于缺乏管辖，海盗们有机会追上并登上船只。起初没有人受伤，但当海盗们没有得到他们想要的东西时，他们就会开始变得更具攻击性。在谈判中，这种咄咄逼人的回应同样难以应对，因为它会导致对话中断，创造价值的机会减少。当面对这种情况时，谈判者应该保持冷静，避免因被欺负而屈服或变得同样具有攻击性，尽可能使用间接的语言，如"我觉得……"或"我希望我们可以……"等，温和地重申自己的立场。

实际操作

红表方法论中的步骤 6B、步骤 7A、步骤 7B 和步骤 7C——力量

这些步骤的目的

红表方法论中的步骤 6B、步骤 7A、步骤 7B 和步骤 7C 可以帮助你在具体谈判中确定你和对方之间的力量对比，并规划你可以采取的行动，使力量对比情况更加有利于你。你也可以识别个人行为，以便在谈判显得更有力量。这些步骤分为两个部分：一部分在红表方法论中的形势部分，另一部分在目标部分。图 6.15、图 7.4 和图 7.5 提供了示例，模板可在附录中找到。

完成这些步骤

按照以下步骤完成步骤 6B、步骤 7A、步骤 7B 和步骤 7C。

1. 根据事实确定五种有形的力量的对比，并在步骤 7A 的每个指示盘上画一个实线指针。

2. 在每个指示盘上画第二个实线指针，以指示投射的力量是否与实际力量不同。

3. 确定你所掌握的知识及你认为对方掌握的知识。如果你掌握了足够多的知识，就在你的知识指示器上涂上颜色；如果你认为对方对自身力量有充分的了解，就在他们的指示器上涂上颜色。

4. 注意每次力量测定的基本原理。

5. 回顾五种力量的对比，确定哪些行动可以通过利用优势和应对弱势使力量对比情况更加有利于自己。在步骤 7B 中制订计划。

6. 确定解决知识缺口所需的行动。对于每一个确定的来源，在步骤 7C 中指定一个负责人和日期，同时加以管理以确保实施。

7. 制订无形的力量计划——我们的风格和行为，以及我们将如何与对方建立信任和融洽的关系。该计划可根据红表中已完成且填入 6B 的部分制订。

7A.力量

对于每个力量计划，根据它们之间的实际力量对比画一个实线指针。如果实际力量与投射力量不同，画第二个虚线箭头以指示投射力量的位置。同样，如果我们有相关知识，就在知识指示器里涂上颜色。如果他们有相关知识，就在他们的知识指示器里涂上颜色。如果我们缺乏相关知识，就可以在步骤7C中明确知识或数据收集行为

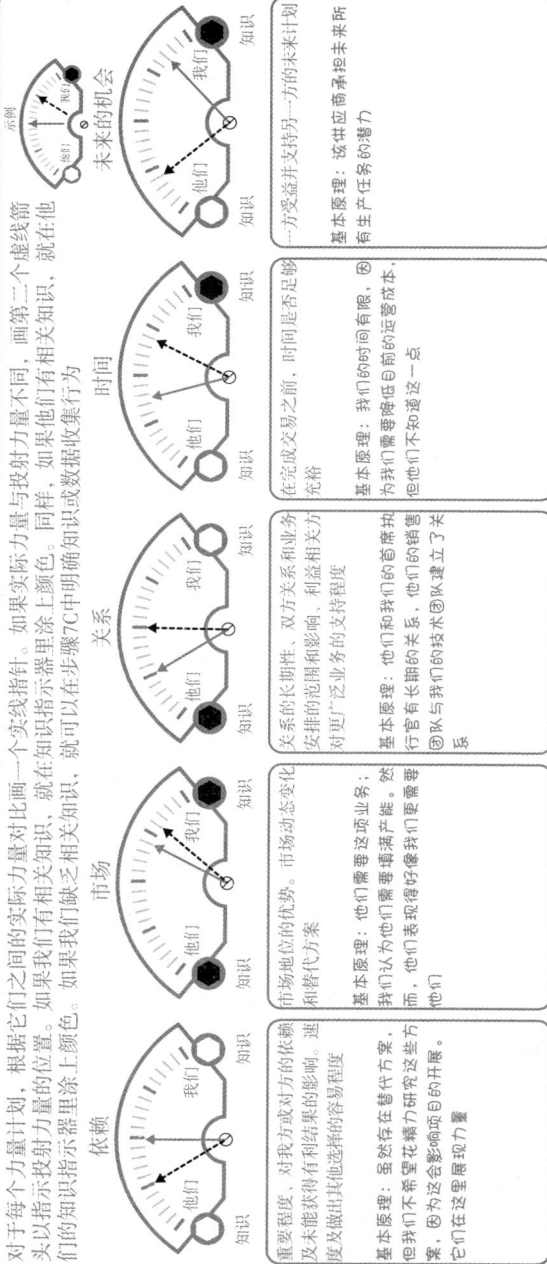

依赖

我们　他们　知识

重要程度，对我方或对方的依赖及未来能否获得有利结果的影响，速度及做出其他选择的容易程度

基本原理：虽然存在替代方案，但我们不希望花精力研究这些方案，因为这会影响项目的进展。它们在这里展现为力量

市场

我们　他们　知识

市场地位的优势，市场动态变化和替代方案

基本原理：我们认为他们需要这项业务；我们从他们需要填满我们的产能。然而，他们表现得好像我们的事需要他们

关系

我们　他们　知识

关系的长期性，双方关系和业务安排的范围和影响，利益相关方对更广泛业务的支持程度

基本原理：他们和我们的首席构执行官长期的关系。他们的销售行为与我们的技术建立了团队与我们的技术建立了团队关系

时间

我们　他们　知识

在完成交易之前，时间是否合足够充裕

基本原理：我们的时间有限，因为我们需降低目前的运营成本，为我们不需要他们不来建这一点

未来的机会

我们　他们　知识

基本原理：谈谈利益并支持另一方的未来计划——一方受益并支持另一方的未来计划，因有生产商承担责任的潜力

图7.4　红表方法论中的步骤 7A——力量

7C. 知识行动

提升或证明知识行动

所需的知识或数据	来源	谁	何时
找出他们有哪些要该项业务以增加工厂的产能	访问工厂	谈判团队	5 月 1 日
若谈判不成功，确定替代方案	建议邀请 + 市场分析	迈克	4 月 24 日

7B. 有形的力量计划

我们需要做什么以利用和提升我们的力量

1. 首席执行官的全力支持
2. 努力宣传未来的愿景和潜力
3. 避免表现出我们有时间有压力，维护时间没有限制的假象
4. 使用最新的事实和数据分析市场如何朝对抗方对抗方有利的方向变化
5. 建立一个新项目以寻找替代方案，并确保谈判对手束追这一点

图 7.5 红表方法论中的步骤 7B 和步骤 7C——有形的力量计划和知识行动

191

NEGOTIATION FOR PROCUREMENT AND
SUPPLY CHAIN PROFESSIONALS
Third Edition

第 8 章
谈判中的博弈论

本章旨在以博弈论为参照，探讨谈判中的博弈。本章内容将定义谈判涉及的四种主要游戏，并为识别这些游戏、确定所需游戏和转换到新游戏提供实际指导。

本章涉及的关键问题

15. 谈判对手在偷偷玩什么游戏？我应该如何转换游戏好让局势有利于我？

本章涉及的红表方法论中的步骤

步骤 8A 和步骤 8B

使用博弈论获得最优结果

博弈论的起源

博弈论研究的是高智商的理性决策者之间的选择策略。博弈论使用数学模型解释个体如何在冲突和合作之间做出选择。这些模型可以通过模拟个体对他人选择的策略的最佳反应帮助我们预测特定情景下的结果。罗杰·麦凯恩（Roger McCain）指出："博弈论建立在一个科学隐喻的基础上，即我们可以像分析游戏一样对待和分析许多我们通常不认为是游戏的互动，如经济竞争、战争和选举。""博弈论"这个概念最早出现在约翰·冯·诺依曼（John Von Neumann）和奥斯卡·摩根斯顿（Oskar Morgenstern）于 1944 年出版的书中。

博弈论的核心是一系列游戏，每一种游戏均可由一个数学模型描述。共有大约 30 种游戏，它们模拟了生活中的各种场景，其中有 4 种游戏与谈判密切相关，分别是斗鸡游戏、信任游戏、囚徒困境游戏和猎鹿游戏。

游戏没有对错之分，游戏是否合适取决于具体情况。在谈判过程中可能需要改变游戏，以获得最优结果。关键在于，作为谈判者，我们可以选择玩什么游戏。虽然我们可能无法影响对方选择的游戏，但只要了解博弈论，我们就可以识别他们正在玩的游戏，并努力将其改变为对我们有利的游戏。

为什么使用博弈论

博弈论可以从以下三个方面显著优化我们的谈判准备。

- 共同语言。描述谈判应该如何进行的语言往往对我们来说是不可用的。博弈论可以为谈判团队提供一种共同的语言以传达我们的意图并帮助我们。用单一的名称描述整个谈判方法能使我们团队中的其他人立即了解所需的风格、需要注意的事项和期望的结果。

- 验证方法。玩游戏的概念有助于检验我们的谈判准备是否合理，以及我们是否打算使用与我们选择的游戏相匹配的战术和技巧。
- 有助于转换游戏。如果团队成员在每场谈判中都使用共同的语言，那么只需要转换游戏，整个团队就能统一转换方法和思路。

四种谈判游戏

斗鸡游戏

斗鸡游戏是谈判中最常见的游戏，也是没有经验的谈判者最常玩的游戏。在斗鸡游戏中，两个玩家参与一项活动，除非其中一个人退缩，否则将导致严重的后果。对这个游戏最常见的描述是两辆车同时驶向对方，先转弯的一方认输，会被称为"鸡"。值得庆幸的是，说到开车，斗鸡游戏更多地出现在电影中，而不是日常生活中。尽管如此，这也是一个真实的游戏，是许多谈判场景的典型代表。

斗鸡游戏会出现在主张价值的谈判中，一方试图利用自己的优势地位影响对方，迫使对方让步。斗鸡游戏不是合作，而是一方战胜另一方。因此，可能的结果要么是"赢赢"（或"赢输"），要么是双输（见图 8.1）。

斗鸡游戏是典型的硬筹码谈判方式。在玩斗鸡游戏的过程中，我们必须预测对方的 BATNA，以确定我们可以把事情推进到什么程度。当对方和我们玩斗鸡游戏时，我们可能需要一个 BATNA。另外，我们也有可能通过提出不同的方法改变游戏。表 8.1 列出了斗鸡游戏的特点。

驾驶员 1

斗鸡游戏	转弯	直行
转弯	**中立** 如果两名驾驶员都转弯了，就没有赢家 **在谈判中**——拒绝或走开的双方既没损失也没收获	**赢** / **赢**或赢 / 输 一名驾驶员丢脸而另一名获胜 **在谈判中**——一方被迫认输
直行	**赢** / 赢或输 / **赢** 一名驾驶员丢脸而另一名获胜 **在谈判中**——一方被迫认输	**双输** 两车对撞 **在谈判中**——没有任何一方认输，也没有达成协议，说明双方都有问题

（左侧纵向标注）驾驶员 2

图 8.1　斗鸡游戏——各方的选择和结果

表 8.1　斗鸡游戏的特点

一句话总结	我会得到我想要的东西而不会给他们任何东西
方向	可以被任何一方使用 典型的采购方的斗鸡游戏："降价，否则我会找别人买。" 典型的供应商的斗鸡游戏："我知道你别无选择，所以我涨价。"
价值目标	只有主张价值
文化的影响	单时主义文化——往往是做生意的方式，尽管在某些情况下无效 多时主义文化——在强势的关系中，如果硬要玩斗鸡游戏，就可能会让对方丢面子，所以比较温和的方式可能更合适；在没有关系的情况下，斗鸡游戏可以玩得更激烈一些。在这些文化中玩这个游戏时需要在关系之外慎重考虑，因为你最终可能会在不知不觉中陷入囚徒困境游戏而上当受骗
对抗斗鸡游戏	斗鸡游戏会被替代方案击败，最终会被离开的能力击败。对方可选择的替代方案越少，斗鸡游戏就越难玩。如果对方和你玩斗鸡游戏，你有 BATNA，你就有出路；如果你选择玩斗鸡游戏，就要预测他们的 BATNA 和他们离开的能力

信任游戏

在信任游戏中，一方（提议者）相对于另一方（响应者）拥有决定性的力量，因此能够决定双方之间的利益分配。响应者完全是被动的，没有任何实际力量，因此响应者会提前向提议者赠送礼物，希望对方提供对自己有利的利益。礼物的大小也会影响响应者得到的利益大小。理解信任游戏的关键在于，在达成任何交易之前，力量较小的一方都会向另一方转移一定的价值，而且另一方没有义务做出有利于对方的回应。因此，送礼是实力较弱的一方采取的行动，这一方希望获得更好的回报（见图 8.2）。

人物 1

信任游戏	送礼	不送礼
答谢	**双赢** 一方送礼，另一方答谢 **在谈判中**——给了对方好处，希望对方能回礼	**赢 / 赢或赢 / 输** 不送礼，但对方还是回赠了一些好处 **在谈判中**——没有给对方好处，但对方还是回赠了一些好处
不答谢	**赢 / 赢或输 / 赢** 送了礼物但是没有得到回报 **在谈判中**——给了对方好处，希望对方回礼，但是对方没有	**双输** 不送礼，另一方也不回赠好处 **在谈判中**——没有任何一方给予另一方好处

人物 2

图 8.2　信任游戏——各方的选择和结果

当一方相对于另一方占据主导地位时，信任可以在任何一个方向上起作用。然而，玩这个游戏的关键在于决定送出某种礼物以影响结果的力量较小的那一方。如果没有送任何礼物，那么这个游戏只是独裁者的游戏，他掌握着所有力量，可以决定是否让步，力量较小的一方根本不掌握任何力量。但是，送礼可以给力量较小的一方增加一些力量。

在实践中，礼物有多种形式。供应商可以向有实力的采购方提供某种忠诚度奖励、免费的时段，或者同意接受不利条件，以赢得或保留关键业务。采购方可以在时间上提供灵活性，向其客户宣传供应商，或者建议供应商将这些客户作为潜在客户。20 世纪 60 年代，当库比·布罗科利（Cubby Broccoli）找到阿斯顿·马丁公司，要求他们为下一部"007"系列电影提供汽车时，会议是伴随着一顿丰盛的午餐进行的。布罗科利知道阿斯顿·马丁公司的管理层不愿意参与电影的赞助，因为当时詹姆斯·邦德（James Bond）这个角色并没有获得成功，而且很多公司也不会考虑产品投放的价值。在这个例子中，午餐是最初的礼物，也为布罗科利提供了让提议具有吸引力的机会。因此，礼物可能不是一种具体的东西，而是一种使力量较小的一方对另一方更有吸引力的行动。表 8.2 列出了信任游戏的特点。

表 8.2　信任游戏的特点

一句话总结	我给你一个礼物，我希望你给我很好的回报并达成协议
方向	可以是任何一方 典型的采购方的信任游戏："我很高兴可以灵活地加入你的计划，如果你说需要涨价就涨吧，我关心的是涨多少。" 典型的供应商的信任游戏："现在让我为午餐买单，我们来谈谈这笔生意。"
价值目标	如果选择不回礼，有力量的一方就是在主张价值；如果回礼，有力量的一方就是在创造价值
文化的影响	多种文化 单时主义文化——成功取决于个人 多时主义文化——只有建立关系后才会有效
对抗信任游戏	对抗信任游戏的方法是确定谈判将在什么时候设定一个隐含的义务以换取某些东西，并决定是否拒绝它、"基于信任"接受它或在谈判中澄清它

在谈判中，有时我们送了礼物，却不会得到回报。在谈判中，当我们缺乏力量时，信任游戏是唯一可以选择的游戏。挑战在于选择一个合适的礼物，它应该是可行的、可接受的和有吸引力的。对方可以通过不接受礼物、量化礼物并将其纳入交易或干脆不答谢的方式对抗信任游戏。

糖果的信任

休被他妈妈派到商店买些杂货，他被告知可以用零钱买些糖果。他这样做了，当他回家时，他的姐姐艾米莉发现了糖果并想要一些，但她知道这是休的东西，而且休没有义务分享糖果。其实，休知道他应该跟姐姐分享他的糖果，如果主动分享，妈妈会很开心。休在思考是平分糖果还是只给姐姐几颗糖果。毕竟，这是他跑腿的回报。艾米莉没有直接说她想要糖果，而是表现出好姐姐的样子，并邀请休进入她的卧室。在那里，她宣布，如果休愿意给她糖果，他就可以拥有她的旧 iPod，因为她有一个新的。休喜出望外，把买来的糖果分给了姐姐一半。

囚徒困境游戏

囚徒困境游戏也许是最著名、研究最多但又最难以理解的游戏。在囚徒困境游戏中，双方见面并商定一项交易或行动方案，然后分头实施交易，各自决定是履行交易还是违约。这个游戏的名字是由斯坦福大学的阿尔伯特·塔克（Albert Tucker）取的，他用一个故事将这个游戏带入了生活，后来《费城调查者报》（*Philadelphia Inquirer*）也有相关报道。塔克讲了一个这样的故事。警察在盗窃现场附近逮捕了两个嫌疑人。两人分别被带走，并被安排在不同的审讯室。警察对每个嫌疑人进行了严格的审讯，试图获得供词。每个人都被告知，他们必须认真思考是否认罪并供出对方。如果两人都不招供，那么警方将无法以盗窃罪起诉他们，只能以量刑较轻的枪支罪起诉他们，因此每人将在监狱中服刑 1 年。如果两个人都认罪并供出对方，那么两人都将服刑 10 年。但是，如果有一个人认罪并供出另一个人，而另一个人却不认罪，那么与警方合作的人将获得自由，另一个人将服刑 20 年。

囚徒困境游戏的结果（利益或惩罚）取决于每个人的选择，但关键是只要另一方不做同样的事情，一方就可以通过欺骗另一方获得更大的利益。囚徒困境游戏的核心是自我利益驱动的行动，这些行动在处于该情境中的个人看来是理性的。然而，当双方都把个人利益放在第一位时，他们最终会两败俱伤（见图 8.3）。

谈判中的囚徒困境游戏是一个需要注意的游戏，要确保不被它欺骗。通常情况下，在最初的会议或谈判后，双方有机会决定是否履行协议，这时就会产生囚徒困境游戏。供应商在交易达成后收回报价不是囚徒困境游戏，而是心态的改变，因为供应商的立场仍然是中立的，但他们不会从这种选择中获益，他们只会选择不做交易。

囚徒 1

囚徒困境游戏	不供认	供认
不供认	**双赢** 两名囚徒坚持双方的约定，每个人都会在监狱里服刑 1 年 **在谈判中**——双方都做出承诺，并履行约定	**输很多 / 赢很多** 一名囚徒认罪，他获得自由，另一名囚徒获刑 20 年 **在谈判中**——双方都做出承诺，但一方违约，欺骗了另一方
供认	**赢很多 / 输很多** 一名囚徒认罪，他获得自由，另一名囚徒获刑 20 年 **在谈判中**——双方都做出承诺，但一方违约，欺骗了另一方	**双输** 两人都认罪，各获刑 10 年 **在谈判中**——双方都做出承诺，双方都违约，都让对方付出了惨重的代价

(左侧竖排：囚徒 2)

图 8.3 囚徒困境游戏——各方的选择和结果

请看下面这个例子。一家公司与一家律师事务所针对法律服务的优先安排进行谈判。该协议是基于以下两点达成的：第一，该律师事务所只安排最优秀的律师为该公司提供服务，而不是安排按律师费率计费的律师助理；第二，该公司将确保所有法律服务均由该律师事务所独家提供。一旦交易完成，双方就必须决定是否履行交易。该律师事务所知道，他们的大部分工作可以不使用律师助理。该公司知道，他们可以通过独家合作确保律师费率最经济实惠，毕竟他们不知道总支出会是多少。

囚徒困境游戏的特点是双方可以选择是否履行交易或违约。如果只有一方有这个机会，这就不是囚徒困境游戏，而是斗鸡游戏，最终的结果是赢输。例如，如果你从一个在街头卖手表的人那里买了一块表面上看是正品的劳力士手表，但当你把它带回家时，手表背面的零件掉了下来，露出了廉价的石英电子机芯，你就被骗了。卖家不可能第二天在同一个地方接受你的投诉，所以这不是囚徒困境游戏。然而，如果你也可以选择，如决定是否用假币付款，而卖家后来发现了，这就变成了囚徒困境游戏，因为双方都离开了，只有事后才会发现对方是否履行了他们的承诺，如劳力士手表是正品或钱是真钱。表8.3列出了囚徒困境游戏的特点。

表8.3　囚徒困境游戏的特点

一句话总结	我们都会同意一个行动方案，但我们都知道自己可能会因为私利而违约
方向	任何一方都可能尝试，但双方违约的条件必须存在
价值目标	如果有一方违约了，就是在主张价值；如果双方都选择守约，就是在创造价值
文化的影响	单时主义文化——在一些场景下出现 多时主义文化——如果双方有关系，就不能玩囚徒困境游戏，因为违约有破坏关系的风险；这时，信任和名誉对任何交易都至关重要，任何形式的违约都会令人深恶痛绝，并导致丢失颜面并造成对关系的不可弥补的损害；然而，如果没有关系，囚徒困境游戏就是可以选择的游戏
对抗囚徒困境游戏	囚徒困境游戏可以通过消除违约风险予以应对

囚徒困境游戏与今天的收获

20世纪70年代，由于过度捕捞，世界上的鱼类种群不断减少，某些物种受到威胁。一些国家在其周边水域实行了捕捞配额制度，尽可能与邻国合作并达成协议，以使特定渔场的每个物种都有一个总的可捕量。配额制度的执行并不容易。尽管尝试了不同的方法，但早期获得的成果有限。个体渔民在渔业中没有长期利益，而是专注于将眼前利益最大化，所以他们会想方设法绕过限制。这种情况也发生在国家之间，各国在遵守约定方面做出了不同的选择。

在两国共享配额的渔场内，如果两国都确保其渔民遵守配额，每天的渔获量将是很平常的，但种群将是可持续的。然而，如果一个国家决定对其渔民超过约定的捕捞量视而不见，那么渔获量将非常高。这将促进经济发展，但由此产生的过度捕捞将导致来年的渔获量减少。如果两个国家都这样做，那么短期内双方都会受益，但当鱼群耗尽时，双方都需要寻找其他渔场。

今天，全世界大部分国家都制定了捕捞配额政策，并利用技术手段监测执行。

猎鹿游戏

猎鹿游戏描述了采用安全选项与社会合作之间的冲突。两个猎人外出狩猎，每个人都可以选择猎取雄鹿或野兔。每个人都必须在不知道对方选择的情况下选择猎物。其中一个猎人可以选择猎取野兔，但野兔的价值比雄鹿低。如果他猎取野兔，他知道自己一定可以吃到食物。雄鹿是很难抓到的，所以如果一个猎人想要成功地猎取雄鹿，就必须得到伙伴的协作。如果有两个以上的猎人，成功地猎取雄鹿的可能性就会急剧上升。

猎鹿游戏是一个合作游戏，该游戏的关键是双方合作所获得的额外利益。这个游戏听起来有点类似于囚徒困境游戏：每一方都可以选择自己的行动，另一方却不知道，如果双方选择不同的行动，就会有赢家和输家。不过，关键的区别在于有两种不同的共同利益状态：如果双方都是叛逆者，那么双方都处于不利地位，但双方都能吃到东西；如果双方都选择猎取雄鹿，那么双方获得的利益都会大得多。在猎鹿游戏中，双方根据自己的理性判断及预测的对方的理性判断做出个人选择。在囚徒困境游戏中，个体理性与互利之间存在冲突，因此无法预测对方的理性判断。

布赖恩·斯克姆斯（Brian Skyrms）认为，理性选择也是影响猎鹿游戏结果的一个关键因素。如果两个人一起划船，那么结果对两人来说都是最好的，因为他们都在前进。如果两个人都选择不划船，那么两个人都没有损失，因为两个人都待在原地；但是，如果前面那个人划船，而后面那个人不划船，那么对划船的那个人来说，结果是最糟糕的，因为他花费了精力，但是船并没有前进。在这种情况下，我们可以理性地认为，两个人都会选择划船，因为他们多半会按照约定或惯例做出选择。因此，在玩猎鹿游戏时，要考虑对方是否会把合作看作理性的前进方式。图 8.4 列出了猎鹿游戏中各方的选择和后果。

猎人1

猎鹿游戏	猎鹿	猎兔
猎鹿	**赢很多 / 赢很多** 两个人都选择猎取雄鹿，并且都通过猎鹿获得了更多利益 **在谈判中——**双方合作，共同成长，共享利益	**输 / 赢一些** 一个人选择猎取雄鹿，但失败了，而另一个人猎到了一些野兔 **在谈判中——**一方试图合作，但因另一方不合作而失败
猎兔	**赢一些 / 输** 一个人选择猎取雄鹿，但失败了，而另一方猎到了一些野兔 **在谈判中——**一方试图合作，但由于另一方不合作而失败	**赢一些 / 赢一些** 两个人都猎到了野兔，但也只有野兔 **在谈判中——**双方都不合作，因此利益仅限于手头的交易

（猎人 2 标于表格左侧）

图 8.4　猎鹿游戏——各方的选择和结果

　　在谈判中，这个游戏为双方提供了一个创造巨大价值的机会，但前提是双方都能找到获取价值的途径。然而，获取价值的途径往往并不明确，或者双方可能觉得难以信任对方。因此，猎鹿游戏是支持创造价值的谈判的游戏。在实践中，它要求双方超越眼前的交易，并向对方做出妥协和承诺，以便双方改善自己的地位。这可能意味着集中资源、商定长期方案、扩大交易范围、双方分享回报等。这也可能意味着双方开展不同的行动，帮助另一方，但双方都有净收益。例如，采购方可能同意向其客户推荐供应商，以增加供应商的销量，供应商则试图利用由此产生的规模效应降低成本。

　　猎鹿游戏一般是围绕着外包协议等重要合同的买方与卖方关系的典型游戏，当出现失败结果时，原因往往是其中一方试图玩斗鸡游戏。表 8.4 列出了猎鹿游戏的特点。

表 8.4　猎鹿游戏的特点

一句话总结	如果我们合作，我们都会更好
方向	没有方向。要求双方决定为实现互利的结果而合作。可能涉及两个以上的当事方
价值目标	创造价值

（续表）

一句话总结	如果我们合作，我们都会更好
文化的影响	普适的 单时主义文化——往往对这种方式是否真实或是否行得通心存疑虑，或者认为这种游戏实际上是囚徒困境游戏 多时主义文化——这是做生意的典型方式，但仅限于双方有牢固关系的情况
对抗猎鹿游戏	除非你的价值目标是无论如何都要获利，而你又特别不想合作，否则为什么要对抗这个游戏

玩猎鹿游戏的邻居们

一个大树篱形成了两个相邻房屋之间的边界。树篱是共享的，因此双方都有责任维护它。如果双方都不维护树篱，树篱就会长得又高又茂密。此时，双方都不会在维护树篱上浪费钱。如果双方都定期修剪树篱，那么这对双方来说都有好处。然而，如果只有一方修剪自己这边的树篱，而另一方决定省钱，那么树篱只有一边看起来很整洁，但是另一边的树篱仍然高大茂密，而这对另一方来说也是有影响的，这样就浪费了一方所做的努力和花费的金钱。

正确的游戏

选择玩什么游戏

我们选择玩什么游戏取决于许多因素。对方正在玩的游戏或预计要玩的游戏是一个因素，但不一定是我们选择游戏的依据。当事人往往选择玩斗鸡游戏，因为他们不知道其他的方式，仅仅因为对方在玩斗鸡游戏就用斗鸡游戏回应可能会适得其反。同样，对方可能真的很想与我们合作并建立关系，但如果我们有很多其他的选择，可能根本就没有必要这么做。因此，关键是确定哪种游戏有可能产生最好的结果（这可能是在不同的时间点上进行的不同游戏），并确定如何做才能玩好我们的游戏。

当我们在红表方法论中走到这一步时，我们已经获得了一系列的见解，只有综合考虑这些因素，我们才能确定最佳游戏。例如，如果我们对一个筹码品类主张价值（我们掌握着力量），而且这对单时主义文化中的供应商来说是核心业务，我们就应该玩斗鸡游戏。当一个关键品类来自一家对我们不太感兴趣的供应商时，我们就应该玩信任游戏。

均衡分析为此提供了很多选择（见图8.5）。考虑采购的品类所处的象限，每个象限都有一个自然博弈，在没有任何其他因素的情况下，这个自然博弈将是首选（见图8.6）。如果其他因素能够改变博弈，就要考虑其他因素。博弈中的选择是一种判断，如何选择并没有精确的科学依据，而要依靠人的大脑吸收所有可用的信息和见解，以确定最合适的游戏。图8.6总结了这个过程，并展示了需要考虑的各种因素。

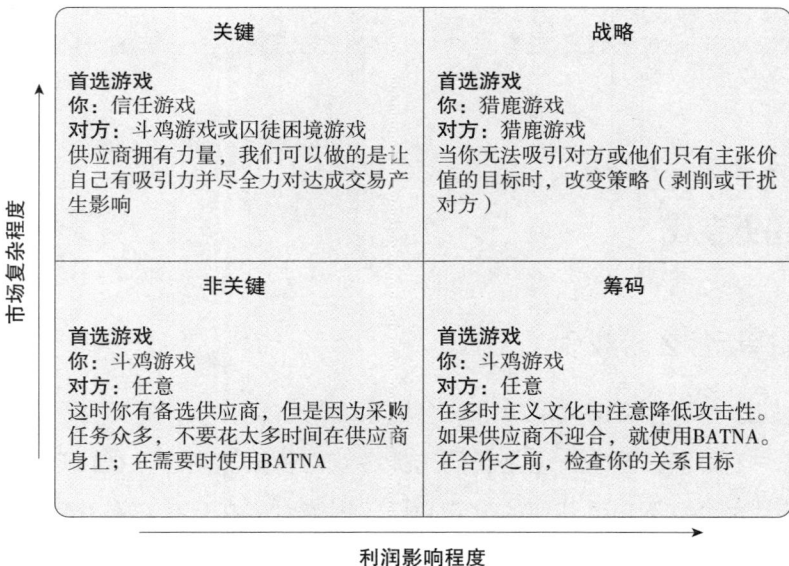

关键	战略
首选游戏 你：信任游戏 对方：斗鸡游戏或囚徒困境游戏 供应商拥有力量，我们可以做的是让自己有吸引力并尽全力对达成交易产生影响	**首选游戏** 你：猎鹿游戏 对方：猎鹿游戏 当你无法吸引对方或他们只有主张价值的目标时，改变策略（剥削或干扰对方）
非关键	筹码
首选游戏 你：斗鸡游戏 对方：任意 这时你有备选供应商，但是因为采购任务众多，不要花太多时间在供应商身上；在需要时使用BATNA	**首选游戏** 你：斗鸡游戏 对方：任意 在多时主义文化中注意降低攻击性。如果供应商不迎合，就使用BATNA。在合作之前，检查你的关系目标

（纵轴：市场复杂程度　横轴：利润影响程度）

图 8.5　均衡分析和博弈论

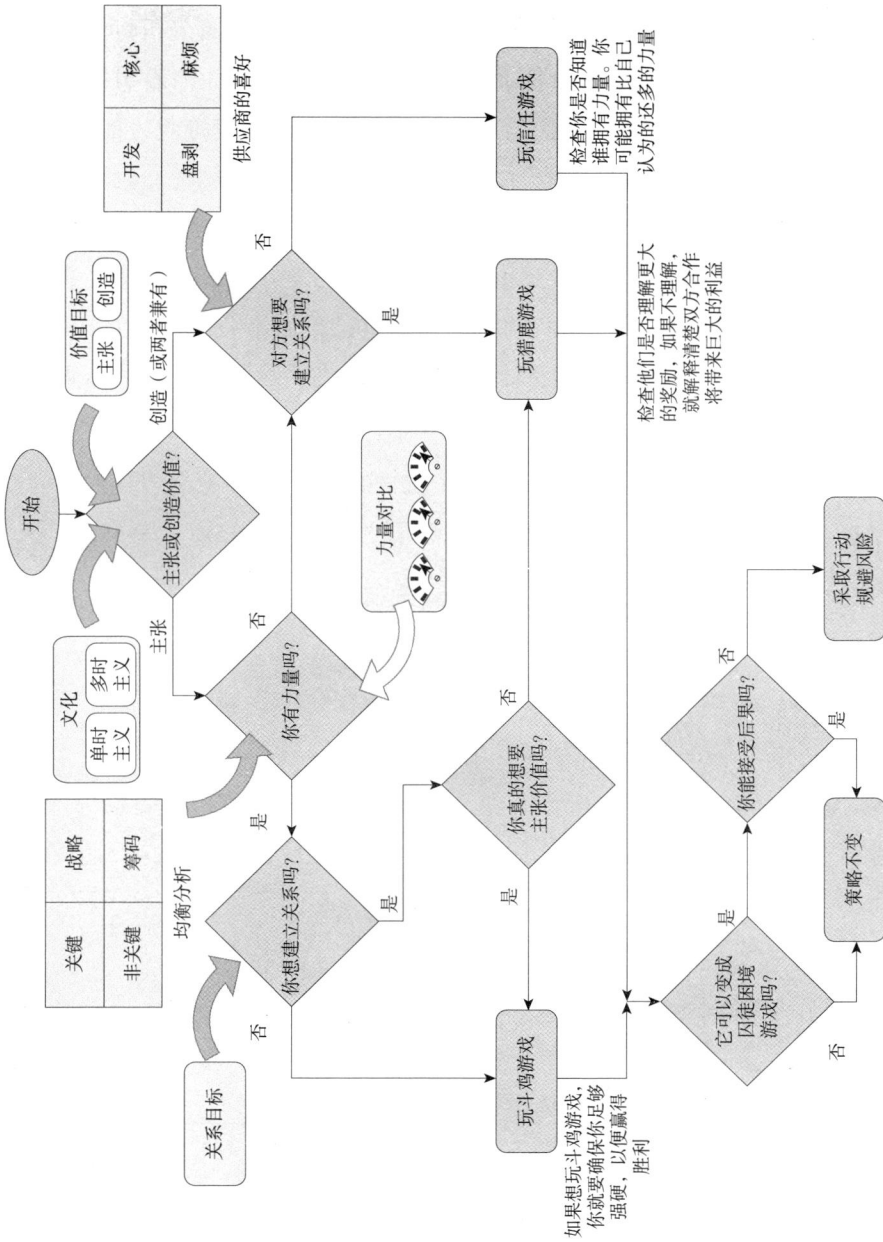

图 8.6　选择恰当的游戏

这种分析完全有可能彻底改变谈判策略，或者迫使我们质疑为什么要谈判。例如，最初的分析认为我们应该玩猎鹿游戏，因为均衡分析将该品类定位为"战略"，我们需要创造价值并建立关系，但我们的评估表明供应商对此不感兴趣，他们甚至认为我们是可利用的，此时玩猎鹿游戏可能会失败。更糟糕的是，我们可能最终与违约方进行谈判，陷入囚徒困境。因此，玩信任游戏和增强我们的吸引力可能是更合适的，我们也可以选择玩斗鸡游戏，但要做好输掉并离开的准备。

一旦确定了一个游戏，我们就应该检查自己是否准备好了玩这个游戏，并且不会失败、危害结果或破坏关系。表 8.5 提供了验证游戏选择是否恰当的检查问题清单。对于通过此清单发现的问题，我们应采取相应的行动。

表 8.5　检查问题清单

游戏	检查问题——影响因素和需要考虑的因素
斗鸡游戏	• 我们要怎么做才能让他们转变立场 • 我们对自己的立场有信心吗 • 我们的论点是否有力 • 我们是否准备好了按兵不动（否则考虑转换游戏） • 我们能否承受迫使他们改变立场的后果（如对关系的影响）
信任游戏	• 谁真正拥有力量，我们是否有把握 • 什么样的礼物才会真正被重视？他们真正想要的是什么？我们的礼物是否足够有创意 • 有没有什么因素会阻碍他们接受礼物 • 什么礼物容易赠送且会产生很大的影响
囚徒困境 游戏	• 我们如何知道自己是否正在玩囚徒困境游戏 • 我们是否需要让对方进行失望的交易 • 如果我们真的让他们失望了，我们能承受后果吗 • 我们能否打开沟通渠道，避免陷入囚徒困境游戏 • 他们希望我们做什么 • 我们期待他们做什么 • 我们还可以做什么使这个游戏有一个成功的结局

（续表）

游戏	检查问题——影响因素和需要考虑的因素
猎鹿游戏	<ul><li>我们知道自己追求的东西是什么吗</li><li>对方是否同意</li><li>对方会不会在追求别的东西</li><li>追求错误的东西会有什么后果？我们能接受吗</li><li>我们真的想要这个东西吗</li><li>我们需要什么资源才能得到更大的利益</li><li>我们如何审视这一路的进展</li></ul>

识别游戏

我们通过练习可以识别其他人正在玩的游戏，这有助于为我们提供各种选择和可能性。我们周围的人都在博弈，但人们通常不知道自己在玩什么游戏。博弈论是一种解释人性和行为的不同方面的方法，但博弈论并不是主流商业发展计划的一部分。销售团队通常不会明确他们要玩斗鸡或囚徒困境游戏，这些游戏只是他们最终所采取的行动，也许他们根本没有意识到。例如，战略关系中的各方可能不知道他们正在玩猎鹿游戏。

在规划谈判时，能够发现正在进行的游戏是很有帮助的，但这可能会在整个谈判过程中发生变化，我们也需要发现这一点。例如，与供应商的第一次接触可能是纯粹的斗鸡游戏，但随着时间的推移，随着双方相互了解并看到合作的好处，斗鸡游戏可能会转变为猎鹿游戏。因此，评估游戏时应该考虑以下几点。

- 他们上次玩的游戏（假设我们以前和他们接触过）和我们当时和他们玩的游戏。
- 我们预计他们会在谈判前玩的游戏。
- 我们观察到的他们在谈判中实际玩的游戏（假设他们转换了游戏）。

识别游戏是一种技能。学习这项技能的第一个要点是：要想获得好的效果，就要多练习。最好的方法是利用日常情境练习识别人们玩的都是哪些游戏，如在商店里买东西、为购买一辆新车进行谈判、让孩子做作业、和伙伴讨论去哪里度假。随着练习次数的增加，博弈论发挥的作用将会增强。为了帮助大家入门，这里列出了 10 个游戏，请试着判断正在进行的是哪个游戏。答案在本章最后。

他们在玩什么游戏

1. 一家小型软件公司的谈判人员告诉你："听着，我们没有必要谈判，因为我想要这份合同，所以我会同意你提出的价格，但如果你能向你的客户推荐我们，那将对我们有很大的帮助。"

2. 一个人打算在商店里买一台电视，价格是 500 英镑，但他说他只愿意付 400 英镑。当经理向他推荐一台价格较低的电视时，他坚持要买第一台。最后，经理给他提供了 10% 的折扣。

3. 一位员工要求加薪。经理说现在不可能，但到年中的时候也许可以考虑。

4. 一家园艺服务提供商同意每周到各站点服务，并为此向采购方收取费用。采购方已经同意每周预付费用并正在这样做，但该园艺服务提供商并没有按照约定每周提供服务。

5. 采购方为纸质饮料杯做了一次在线竞价，共有六家供应商参加，设置竞价环节是为了与赢得竞价的两个投标人进行谈判。

6. 某大学项目需要四个学生完成一项工作，每个学生都要进行一项独立的研究，合并研究成果后才能提交。每个学生只有完成各自的工作，才能通过该项目的考核。

7. 你从网上买了东西，之后卖家给你发邮件，并称不使用一般的支付方式，他会把物品邮寄给你，前提是你同意把现金放在信封里邮寄给他。

8. 一家重要的供应商提供的非常关键的复杂部件出现了质量问题。供应商对这种部件的需求正在下降，而供应商的故障成本却在增加。采购方担心供应商可能会退出合作，因此要求供应商免费提供一名工艺专家与其合作，帮助改善这种情况。

9. 一个孩子要求在外面多待一会儿，他的父母说不行，因为他还没有完成作业。他不顾反对，仍然留在外面。

10. 同一个孩子向父母展示他完成的作业，并谈到他的成绩提高了不少，然后询问父母他是否可以在外面待到很晚再回家，父母同意了。

转换游戏

如果对方转换游戏，就表明有些事情已经发生了变化，这也许对我们有利，也许对我们不利。如果我们希望继续掌控谈判，就要发现这一点。我们也可以改变游戏规则，这样做可能会帮助我们采取更有效的策略实现我们的目标。作为谈判计划的一部分，我们应该事先确定所玩的游戏。然而，有时根据谈判的进展情况，玩一系列游戏才是合适的。在这种情况下，我们有必要考虑转换游戏的触发因素是什么，如果我们正在为谈判做准备，就要让每个人都了解这些因素。

例如，想象一个谈判场景，供应商上次玩的是斗鸡游戏，我们预计他们在这次谈判中玩的也是这个游戏。我们决定玩斗鸡游戏，看看能否得到我们想要的东西。如果对方看起来不会让步到我们希望的程度，我们就转为玩猎鹿游戏，触发因素是对方拒绝接受特定的价格。我们会建议暂缓谈判，考虑一种对双方都有利的新的合作方式。

规划好如何转换游戏是最理想的，但有时会发生意想不到的事情，或者对方做了一些我们意想不到的事情。在这种情况下，我们就不得不临时转换游戏。但是，一般不建议这样做，因为突发事件会让我们毫无准备。如果可能，最好争取一些时间重新思考，要求更多的准备时间，或者说你需要与你的成员商议后再继续谈判。

游戏可以通过不同的方式转换，表 8.6 列出了一些方式。

表 8.6　转换游戏

他们正在玩的游戏	如何转换游戏
斗鸡游戏	• 猎鹿游戏——停止前进，建议使用不同的方式对待问题，概述如果双方合作将会带来更大的潜在利益，向对方说明这个想法。只有当你确定他们也在"一条船上"时，才能承诺采取新的行动，否则你可能会陷入囚徒困境游戏 • 信任游戏——无条件地给予某种礼物或利益 • 囚徒困境——创造条件让你玩这个游戏，即让你有机会默认某些事情
信任游戏	• 斗鸡游戏——拒绝礼物或重视礼物并将其纳入交易，重申你的立场和要求 • 囚徒困境游戏——创造条件让你玩这个游戏，即让你有机会违约 • 猎鹿游戏——接受礼物或承认它是走向合作的一步，也许是互惠的，考虑一种有利于双方的合作方式
囚徒困境游戏	• 斗鸡游戏——改变交易方式或遵守承诺。例如，在合同或付款条款中，一旦你核实项目已经进展到令你满意的程度，就可以消除违约的风险。一旦适当的保护机制到位，就可以玩斗鸡游戏 • 猎鹿游戏——停止程序，建议可以用一个不同的方式来看待问题，概述更大的潜在利益，说明你的想法。只有当你确定他们和你在"一条船上"时才可以开始一系列新的行动 • 信任游戏——无条件地给予某种礼物或利益，并希望得到最好的结果
猎鹿游戏	• 斗鸡游戏——拒绝合作的建议，重申你的立场和要求 • 信任游戏——送上一份礼物，看他们怎么做（期待合作） • 囚徒困境游戏——同意合作和共事，但暗中保留改变想法和默认的权利

答案

前文 10 个问题的答案如下。

1. 信任游戏。软件公司没有实力，所以会给采购方想要的价位这一礼物，希望双方能达成协议。

2. 斗鸡游戏。

3. 信任游戏。员工给予的礼物是继续按现有工资工作，以后由经理决定加薪的幅度。

4. 囚徒困境游戏。园艺服务提供商选择违约，但你没有。

5. 斗鸡游戏。

6. 猎鹿游戏。如果所有人都合作，那么所有人都能通过；但是，如果有一个人不合作，那么没有人会通过，其他人的努力也白费了；如果所有人都决定不合作，那么所有人都不会通过，但也不用做任何工作。

7. 囚徒困境游戏。如果双方在网站提供的保障之外同意这一安排，那么双方都可以决定履行承诺或违约。

8. 信任游戏。供应商有力量，考虑到风险，他们想退出，所以采购方通过免费提供工艺支持影响供应商的行动。

9. 斗鸡游戏。这个孩子运用了他的独立权利。

10. 信任游戏。这个孩子给父母送礼，影响后续谈判。

实际操作

红表方法论中的步骤 8A 和步骤 8B——游戏和游戏计划

本步骤的目的

红表方法论中的步骤 8A 和步骤 8B 涉及你应该如何规划在谈判中玩的游戏，以及如何转换游戏。这一步分为两个部分，一个部分在红表方法论中的形势部分，另一部分在目标部分。图 8.7 提供了一个示例，模板可在附录中找到。

完成这一步

按照以下步骤完成步骤 8A 和步骤 8B。

1. 如果之前有约定或与供应商的游戏正在进行，那么请识别你和他们正在玩的游戏，并在步骤 8A 的相应方框中打钩。

2. 根据你对他们的了解，判断他们会在谈判中玩什么游戏。在相应的方框中打钩，并在步骤 8A 中注明理由。

3. 根据你对最佳游戏的各种决定因素的观察，确定你应该用什么游戏开场，并在步骤 8B 的"我们将玩的游戏"部分的相应方框中打钩，并记录你计划如何做。

　　4. 如果你预计需要转换游戏，那么确定转换的触发因素（确保团队成员都知道），并根据需要记录你将要玩的下一个游戏（也在步骤 8B 中）。

8B 游戏计划

斗鸡游戏　信任游戏　囚徒困境游戏　猎鹿游戏

类型1
我们将如何玩：
转换游戏的触发因素：当他们首先要让步时

类型2
我们将如何玩：
强调未来的潜力并寻求合作；
触发转换游戏：

类型3
我们将如何玩：
触发转换游戏：

8A 游戏

确定玩过或正在玩的游戏，判断他们将在谈判中玩的游戏

斗鸡游戏　信任游戏　囚徒困境游戏　猎鹿游戏

斗鸡游戏　该游戏涉及两个玩家参与，将导致双方遭受重大的损失，除非其中一个人退出。通常适用于两辆相向行驶的车辆进相向前行的游戏，先转弯者输。被称为"鸡"

猎鹿游戏　两个猎人去打猎，每一个都可以选择猎取野鹿或野兔。每一方都必须在不知道对方选择的情况下选择猎取野鹿或野兔。如果两个猎人合作行动，他们就必须合作才能成功。任何一方都可以单独捕获野兔，但野兔的价值远远低于雄鹿

信任游戏　一方在另一方将给予回报的基础上向另一方提供礼物，利益或益处，但返还和益的大小由另一方决定。提供礼物的一方"信任"另一方会给予适当的回报

囚徒困境游戏　双方进行交易。在交易完成之前，双方都不知道交易结果。双方可能对交易内容有所了解，但各自行事。如果双方都选择诚实，则双方都合作并获得好的结果。双方可选择诚实或说谎，如果双方都选择诚实，则双方都诚实并获得好结果。而另一方会给予帮助

在玩我们的游戏及现在正在玩的游戏
以前玩过的游戏

我们　他们
他们

我们将要玩的游戏
判断他们在谈判中将要玩的游戏
他们

我们假设的理由
他们自己前给予的各种奖励措施作为关键值得的一部分是没有任何必要的

图 8.7　红表方法论中的步骤 8A 和步骤 8B——游戏和游戏计划

215

NEGOTIATION FOR PROCUREMENT AND
SUPPLY CHAIN PROFESSIONALS
Third Edition

第 9 章
建立让步战略

本章将介绍如何明确谈判需求，以及这些需求如何决定最理想和最不理想的结果。本章将探讨让步战略，并提供一系列有助于改进这一战略的战术和技巧。此外，本章还将概述 BATNA 在谈判中的作用和应用方法。

本章涉及的关键问题

16. 我应该如何确定谈判的具体要点或需求？

17. 我应该如何管理和控制交易和让步？

19. 哪些战术和技巧可以帮助我在谈判中获胜？

本章涉及的红表方法论中的步骤

步骤 9 和步骤 10

制定和部署一个成功的让步战略

让步战略是谈判的核心，它决定了我们管理谈判的方式。然而，让步战略的实际应用似乎是很难掌握的。很少有图书和培训机构能深入这个概念的核心——如何真正制定和部署一个成功的让步战略，并提供理论让个人去思考如何将其变为现实。这可能就是人们在谈判准备工作中较少规划让步战略的原因。

让步战略是一个理解起来有难度的概念，因为它不是一个单一的东西。它不是一个过程，不是一种策略，也不是一套我们可以适用的规则。它是一个无定形的混合体，包括如何定义我们需要和想要从谈判中得到的一切，我们可以和不可以接受什么，我们如何管理我们需要谈判的所有不同的东西，以及以一种使我们向着目标前进的规划方法。有效的让步战略能使我们在脑海中想象出谈判的所有动态部分，然后有计划且深思熟虑地管理自己的行动和干预措施，以实现目标。本章将提供一种方法帮助大家做到这一点，下面探讨有效的让步战略的六个组成部分。

（1）确定我们的要求。

（2）确定我们的 MDO、LDO 和 BATNA，并确保进入 ZoMA。

（3）谈判的四个阶段及如何通过这些阶段进行谈判。

（4）让步交易的流程。

（5）让步交易的制胜技巧。

（6）猜测他们想要什么和他们的 BATNA。

确定我们的需求

谈判是双方通过协商达成协议的过程。假设你去一家商场买一台新电视，因为你在朋友家里看过，所以你对你想要的型号了如指掌，你很可能只有一点需要与销售人员达成一致，那就是价格。如果你得不到你想要的价格，那么你可以去别的地方。然而，在商业谈判中，可能会有一系列单独的协议，当这些协议合起来时，就代表了谈判达成的总体协议。

为了制订谈判计划，我们需要确定达成某种协议的所有要点。这些都是我们的谈判需求或可谈判事项，它们构成了我们需要和想要的基本和理想结果的"购物清单"，因此也是我们要分别讨论的议题。与供应商的谈判可能涉及以下几个不同的主题：

- 价格；
- 付款条件；
- 商定的数量、规模或合同期限；
- 规格、特点、利益、质量水平和服务水平；
- 时间安排；
- 关系将如何发展。

从业务需求入手

我们确定谈判需求的出发点是：如果我们能从这次谈判中得到我们想要的一切，我们会要求什么呢？要想回答这个问题，我们首先要了解所有定义和形成我们所购买的东西的各种不同的要求，这些要求可能已经被传达给供应商，并作为招标、供应商选择、合同签订和绩效考核的一部分。但问题在于，这些要求通常过于宽泛且没有用处，但它们确实提供了一个好的起点。通常，这些要求包括以下内容。

- 对我们购买的产品或服务的要求（规格、质量、服务水平和时间安排等）。
- 供应商必须满足的要求（认证、法规和跟踪记录等）。
- 长期采购的要求（足够的供应能力、提供支持等）。
- 与我们希望与供应商建立的关系有关的要求（未来计划的一致性、合作意愿等）。

我们要对所有这些方面建立一个统一的定义，在此，我们采用战略采购中最重要的工具之一——RAQSCI（即 Regulatory、Assurance of Supply、Quality、Service、Cost/Commercial、Innovation）模型。明确业务需求就是给我们试图购买的东西预先下一个明确的定义，而不是简单地让供应商提出他们可以销售的东西，并明确安排必须如何工作。业务需求不是由采购或供应链部门单独制定的，而是必须对整个企业的需求和想要的东西进行综合和统一的定义，并且应该在整个企业范围内进行咨询后制定。如果企业采用了战略采购的方法（如品类管理），那么很有可能已经在支出类别这个层面上明确了这些需求。RAQSCI 模型如图 9.1 所示，每一个元素都代表一系列主题，所有需求都是在这些主题下制定的。

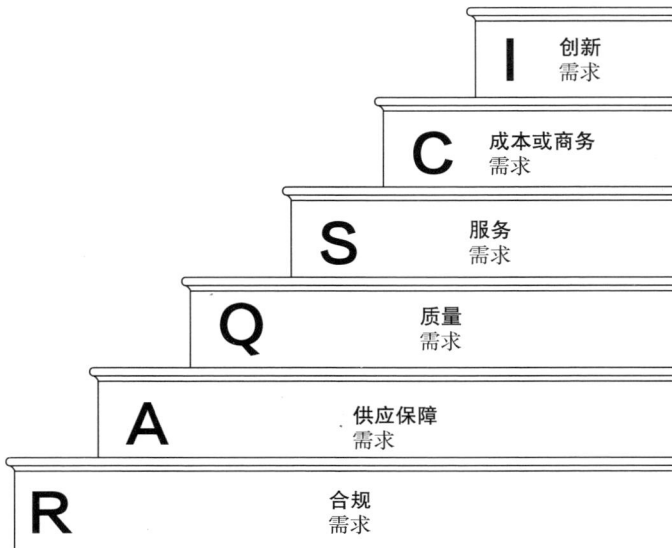

图 9.1 RAQSCI 模型

这些业务需求是有顺序或层次的，因此，RAQSCI 模型被展现为一个阶梯。你必须踏上第一个台阶，然后踏上第二个和第三个台阶，才能到达第四个台阶。商务需求也是如此，如果不能保证供应，产品就不会出现，考虑商务需求（如付款条件或指定联络点）也就没有意义了。这种层次结构是至关重要的，因为它将注意力按优先顺序重新集中在重要的东西上。在实践中，一份完整的商务需求清单如图 9.2 所示。

业务需求——印制电路板组装				
合规	需要	想要	现在	未来
完全可证明遵守所有相关法规	✓		✓	
供应保证	需要	想要	现在	未来
质量、环境和安全符合内审要求	✓		✓	
必须通过ESGROW规定的财务检查	✓		✓	
符合企业社会责任政策	✓		✓	
每年有足够的能力进行10万次装配	✓		✓	
最少有2家工厂能够生产	✓		✓	
质量	需要	想要	现在	未来
通过ISO 9001认证	✓		✓	
完全符合每个组件的规范	✓		✓	
在生产的所有阶段都能充分展示良率	✓		✓	
批量报废率小于1%	✓		✓	
所有组装线的操作员都应该按照TWC343第二版的标准培训		✓	✓	
服务	需要	想要	现在	未来
之前商定的账户、运营事项和财务的日常联络点	✓		✓	
在线获取生产计划		✓	✓	
能够跟踪生产中每个批次的状态		✓	✓	
最长交货期为30天		✓	✓	
根据TWC199每周报告生产和质量结果		✓	✓	
成本	需要	想要	现在	未来
每个组件的总拥有成本必须小于当前成本（不包括过渡成本）		✓	✓	
付款期限最好是60天，不少于14天		✓	✓	
同意我们的条款和条件	✓		✓	
创新	需要	想要	现在	未来
改进生产技术以达到零缺陷		✓		✓
定期举办合作论坛，以获得新想法		✓		✓

图 9.2　商业需求清单示例

定义可谈判事项

一旦理解了完整的业务需求，我们就可以开始提取谈判的具体需求或可谈判事项（见图 9.3）。从完整的业务需求开始，我们要排除任何不可谈判的事项。不可谈判事项是指在任何情况下，相关条件都是必须满足的，因此不需要成为谈判的一部分。例如，一家食品生产商可能有一套明确的业务需求，用于支持特定食品成分的采购。这可能要求任何供应商都要遵守相关的食品安全和卫生法规，并展示自己获得的相关认证。这是一个先决条件，除非我们确信供应商能够满足这一基本要求，否则就没有必要与其接触。这些不可谈判的事项通常是基本需求，在我们的业务需求层次结构中，这些条件应该在前几个台阶上（见图 9.4）。作为资格预审活动的一部分，这些条件应该得到满足。通过招标程序，我们只会与那些能够满足我们需求的人谈判。在前文提及的购买电视的例子中，走进一家面包店询问能否买一台新电视是没有意义的。

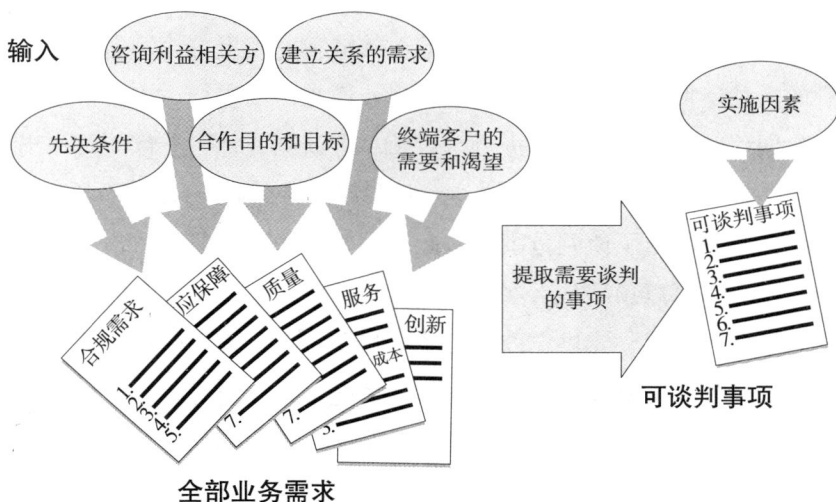

图 9.3　定义可谈判事项

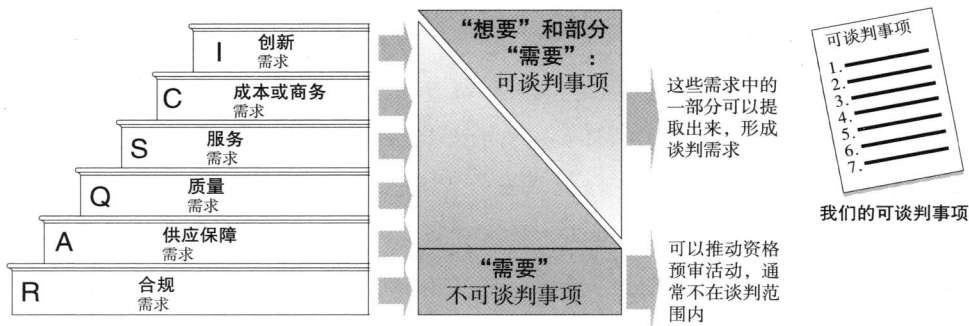

图 9.4　从业务需求中提取可谈判事项

　　明确可谈判事项的目的是确定需要达成协议的要点，并且可以在谈判过程中实际解决相关问题，在理想情况下应该有 5 ～ 7 个这样的问题。一般来说，谈判需求越多，谈判就越复杂，除非我们有足够的信心利用这种复杂性给我们带来好处。当我们从完整的业务需求中提取可谈判事项时，在不可谈判事项被移除后，通常还有许多其他的事项不需要讨论。例如，我们预计不会有任何分歧，或者我们已经确定了供应商的能力或除此之外的事情，如未来的愿望。最终，我们应该列出一个简单的清单，列出可谈判事项或我们打算谈判的事项。要想正确地完成这项工作，通常需要进行讨论、辩论和多次迭代，它们反映了谈判将如何进行。对于多方谈判，每一方都需要列出单独的谈判清单，因为我们想要或需要的东西在各方看来可能有所不同。

　　可谈判事项决定了谈判范围。在此范围内，我们一般会假设我们有一定程度的控制力，可以预测什么在谈判范围内和什么不在谈判范围内。在一次谈判中，我们已经对一家供应商进行了资格预审（作为投标过程的一部分），我们处于非常安全的境地。然而，在某些情况下，我们可能会突然发现另一方有不同的想法或试图谈我们认为不可谈判的事项。例如，在采购一个关键品类时，供应商掌握了所有力量，而我们几乎没有其他选择。假设之前与供应商签订的合同中的条款和条件是不可协商的，那么这可能是合理的；但如果供应商有其他计划，他们可能会暗示"事情有其他进展，我们需要重新审视合同"。虽然我们可以把法律作为保护，也有补救办法，但实际上，法律诉讼是昂贵和困难的，也许供应商甚至希望我们提起法律诉讼。因此，我们需要确信，我们的谈判内容包括谈判需要解决的所有问题，而对力量对比的评估对此有所帮助。我们还要尽力预测对方的谈判条件，后文将介绍相关内容。

没有付出就没有回报

谈判在进行过程中时起时落。有时我们可以朝着一个特定的方向进行讨论，有时我们只能随波逐流。谈判的技巧正如在充满危险的水域航行所需的控制力。谈判计划有助于我们获得这种控制权，因为它为我们提供了地图，以确保我们到达正确的地方。

然而，与遵循地图的指引不同的是，我们不一定要按照顺序处理所有的谈判需求。事实上，如果我们试图这样做或允许对方这样做，就可能会对结果造成不利影响。好的谈判者会同时处理所有需求，进行一对一的交易，但始终将全局放在心上。

问题是，在激烈的谈判中，我们很难在头脑中保留多个讨论线索，并予以控制。当我们有一长串的谈判需求时，这当然会变得更加困难。另外，我们的一些需求可能比其他需求重要得多，所以我们要确保我们不会在错误的地方过度妥协。为了解决这个问题，我们可以为每个需求分配一个"痛苦系数"。换言之，如果无法达成我们想要的协议，它将给我们带来多大的痛苦。从痛苦而不是重要性的角度考虑结果（或者说没有实现目标）可以稍微改变我们的观点。这可以把我们的注意力转移到结果上，而不仅仅是赢，这往往会带来一种稍有不同的决策方法。本章末尾提供了一个关于谈判需求的示例，并使用了简单的高、中、低系统为每个需求分配痛苦系数。

确定我们的 MDO、LDO 和 BATNA，并确保 ZoMA 存在

MDO和LDO

任何一本谈判类图书都会引用 MDO 和 LDO 或类似的缩写词，它们的意思大致相同。这里我们讨论的是最理想的结果（Most Desirable Outcome，MDO）和最不理想的结果（Least Desirable Outcome，LDO）。LDO 有时被称为最不可接受的协议（Least Acceptable Agreement，LAA）。它们共同定义了我们想要实现的目标，但同时也规定了在不牺牲迫切利益的情况下我们将接受的最低目标（见图 9.5）。

确定 MDO 和 LDO 的目的是在保持控制的同时为谈判确立明确的目标，这样我们就不会过度妥协。它们是谈判计划的重要组成部分，使谈判者能将所有相关事实和数据汇总为两个简单指标，这有助于开展谈判。

MDO　　　　　　　　　　　　　　　　　　　　LDO

图 9.5　MDO 和 LDO

每一个单独的协议要点都需要 MDO 和 LDO。整体的 MDO 和 LDO 可能代表单个 MDO 和 LDO 的总和。

第 1 章探讨了 ZoMA，它代表了我们的 LDO 和对方的 LDO 之间重叠的部分（见图 9.6）。如果没有重叠，那么协议是不可能达成的，除非一方或另

一方准备逾越自己的 LDO。

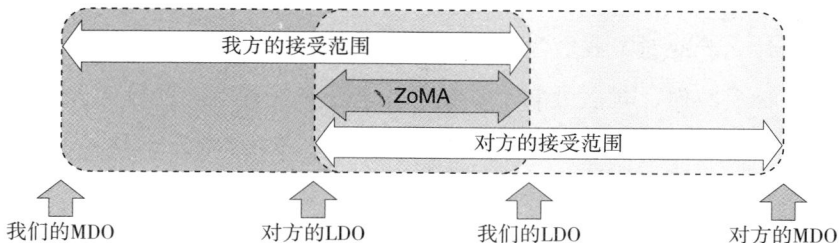

图 9.6　MDO、LDO 和 ZoMA

确定 MDO

美国励志演讲者莱斯·布朗（Les Brown）曾说："向月球进发。即使你错过了，你也会在星空着陆。"这是伟大的谈判哲学。如果我们的目标很高，那么我们很有可能最终达到高水平，或者至少是中等水平。但问题在于，许多谈判者的目标不够高，或者他们太快做出让步。在英国，我们的文化让我们往往过于礼貌，也不鼓励人们谈判。但对少数勇敢的人来说，在商店里讨价还价或与雇用的承包商进行谈判时，获得 10% 的折扣将被视为一个好结果，获得 20% 的折扣将是一个令人惊喜的结果。然而，在俄罗斯，谈判者很可能会从要价的 20% 开始谈判而且毫无负罪感。谈判中的期望有明显的文化差异，理解这些差异很重要，否则我们可能会失败。需要指出的是，这些差异也适用于供应商的定价方式，我们可以根据他们期望的谈判结果建立不同水平的谈判边界。

确定 MDO 不仅仅是确定一个好的起点，一个有抱负的 MDO 可以帮助我们在谈判中坚持自己的立场。当我们在谈判中向对方透露我们的 MDO 时，对方必须让我们更进一步，使我们进入 ZoMA，这增加了交易更接近他们的 LDO 而不是 MDO 的可能性。换言之，他们必须努力工作，让我们达成协议。因此，在确定 MDO 的时候，我们应该尽可能把目标定得高一些，假设我们不会得到我们想要的一切并且妥协是不可避免的，这时我们给自己留的空间应该越大越好。

确定 MDO 的过程看起来很简单，因为它很容易决定在理想状况下我们想要实现什么。此时，我们为谈判需求建立了起点，因为它列出了我们必须实现的目标。然而，我们可能需要做一些改进将这些出发点转变为一系列好的 MDO。针对每项需求，我们需要回答以下几个问题。

（1）需要满足什么要求？

（2）如果我们能在这里做点什么，我们会怎么做？

（3）考虑到我们的立场、力量、市场状况和其他因素，在不对谈判产生负面影响的情况下，应该在谈判中表现出多大的弹性？

（4）我们是否认为对方知道我们现实的立场（例如，通过事实和数据了解我们现实的立场）？

最后两个问题最具挑战性，因为需要一定的判断力。如果我们因为没有力量而玩信任游戏，那么我们会在谈判中暴露出一个荒谬的 MDO，这只会让对方笑着离开。然而，如果我们有实力，我们有很多选择，我们就可以玩斗鸡游戏。为什么不玩呢？因此，要想确定一个好的 MDO，就要在 BATNA 的基础上仔细考虑。因此，MDO 应根据谈判需求，通过审查迄今为止红表方法论所提出的所有见解予以确定，尤其是我们将要玩的游戏（步骤 7）、力量对比（步骤 6）、均衡分析（步骤 4）和文化（步骤 3）。如果谈判是由团队进行的，那么 MDO（以及 LDO）应该由团队来确定。

确定 LDO

确定 MDO 是一种有关信息的猜测，LDO 需要更多的确定性。为所有谈判需求制定一系列清晰、准确的 LDO 至关重要。如果弄错了，后果就可能是灾难性的。

如果我们在没有 LDO 的情况下谈判，我们就没有参考点判断结果是好是坏。一位朋友谈到，经过冷静的思考，他觉得自己是在用自己的车换了一辆新车后被骗的。朋友说他觉得自己好像"输得只剩内裤"了。这意味着他觉得自己做了一件与预想大不相同的事情。当我问他有什么期待、什么是让他选择"离开"的立场时，他承认他什么都没想到，他只知道自己已经被销售人员的花言巧语所吸引。同理，对于网上购物行为或在拍卖中发生的购买行为，为了获得胜利的兴奋感和片刻的喜悦，点击"再出价一次"按钮是很容易发生的。在这种情况下，设置一个不允许超过的限制条件就是 LDO。你要坚持下去，否则你就会就像我一样，车库里面堆满了你花了很多钱买的东西。因此，如果没有一个 LDO 和坚守它的信念，买家就很容易被冲昏头脑或失去方向，而这正是卖家的目的，即尽其所能推动双方完成交易。

使用错误的 LDO 谈判也可能是灾难性的。达成一笔损害我们业务的交易通常是愚蠢的，例如，这笔交易不可持续或无利可图。不过，在有些情况下，要么设定一个不可持续的 LDO，要么就低于 LDO。例如，零售商要求供应商参加"买一送一"等促销活动，这类活动通常是亏损的，但期限很短，供应商将获得未来的销量或更好的店内位置，并将在商店的促销活动中占有一席之地。这里的重点是，在必要时与更广泛的业务部门协商，做出一个有意识且知情的决定以量化和证明针对其他利益的行动是合理的。

LDO 必须准确，在需要时应以事实和数据为基础。例如，如果买家基于以美制盎司为单位的 LDO 进行谈判，那么他们可能会对谈判结果感到满意，直到后来签订合同之后，才发现供应商使用的单位是英制盎司。在这种情况下，供应商会获得额外 4% 的差价，在一笔高销量、低利润的交易中，这可能会造成利润和亏损之间的倒挂。

确定 LDO 需要内部和外部的研究。如果团队参与谈判规划，就应协同制定 LDO。我们再次从谈判需求开始，通过回答以下问题确定 LDO。

（1）如果我们必须这样做，我们维持生存的最低需求是什么？

（2）考虑到其他谈判需求，如果我们最终接受每一个 LDO，我们是否可以接受总体结果？

（3）对于每个需求，什么是舒适和可持续的 LDO？

图 9.11 提供了已经确定了 MDO 和 LDO 的谈判需求示例，我们在这些

问题上达成的协议取决于我们的谈判效率。

确定我们的BATNA

第 7 章探讨了 BATNA 的概念，它可以创造选择，让我们利用替代方案的力量，从而决定我们是否需要达成一项特定的协议，或者做一些不同的事情。BATNA 既存在于整个交易的层面，也存在于个别谈判需求的层面。BATNA 是一种重要的谈判武器，但要想使其发挥作用，谈判者就要尽可能多地参与谈判的各个层面。然而，对缺乏经验的谈判者来说，确定 BATNA 并不容易。这是因为，他们需要创造性思维以跳出条条框框。罗杰·菲舍尔和威廉·尤里认为，谈判人员未能确定 BATNA 有以下四个原因。

- 过早判断。我们很容易坚持 BATNA，而相应的场景并不存在。
- 搜索单个答案。如果我们对非传统的事物不持开放态度，只是坚持脑海中的一个答案，我们将错失改变游戏规则的可能性。
- 固定馅饼的假设。主张价值的谈判限制了可能性，如果我们试图创造价值，那么会发生什么呢？
- 认为"解决他们的问题"是他们自己的问题。如果我们能从对方的切身利益出发解决对方的问题，就会创造更多的可能性。

考虑到这些限制因素，当需要确定 BATNA 时，团队应该集思广益，最好能得到一些协助。有助于确定 BATNA 的问题有以下几个。

（1）我们要满足的基本需求是什么？

（2）我们怎样才能满足基本需求？

（3）是否可以通过其他方式满足需求，如使用替代产品或服务及通用产品？

（4）我们能否消除或延迟需求？

（5）我们自己能满足需求吗？

（6）我们能改变整体方向，做一些不同的事情吗？

（7）什么可以帮助他们并让他们更愿意达成协议？

（8）有没有一种方法可以创造价值而不是主张价值？

（9）如果我们什么都不做就离开会怎样？

（10）如果我们能做点什么，我们会怎么做？

BATNA 可能有一个自然的优先次序或顺序。例如，如果我们不能对一个结果达成一致，我们是否可以与供应商对另一个不能给我方带来较大利益的结果达成协议？如果不可以，我们能离开吗？

有效地使用 BATNA 意味着我们要准备好真正做一些不同的事情。在某些情况下，在交易层面，这可能意味着将整个业务带向完全不同的方向。此类 BATNA 需要事先得到利益相关方和决策者的同意。例如，一家大型流媒体公司可能会与一家卫星或有线电视公司进行谈判，后者也会制作独家内容。这家流媒体公司寻求达成一项协议，以便为消费者提供新内容，因为他们知道消费者希望看到这些内容。然而，在谈判中，卫星或有线电视公司可能会认识到保留这些频道的专有权所带来的竞争优势，并因此而坚持很高的 MDO。此时，这家流媒体公司面对的局面是，要么做一笔糟糕的交易，要么选择 BATNA。他们可以向监管机构投诉，监管机构最终可能会做出裁决。他们也可以制作自己的节目，并与卫星或有线电视公司直接竞争。这可能意味着一个新的商业冒险或背离公司传统的核心业务。这时，BATNA 不仅仅是一笔替代交易，还是公司全新的战略方向。因此，公司的战略往往取决于具体的谈判结果。

谈判的四个阶段及如何通过这些阶段进行谈判

谈判有四个不同的阶段——开场、探索、讨价还价和成交（见图 9.7）。下一章在讨论谈判会议计划时会介绍开场阶段。一旦谈判开始，双方将开始试图理解和探讨各自的立场。在这一阶段，双方会通过提问、提议和提条件的方式了解双方的 LDO，同时有选择性地披露自身部分或全部的 MDO。当双方形成对对方立场的看法时，就正式进入了谈判阶段。这时，交易开始，双方做出让步并继续试探达成协议所需的条件，最终达成协议。

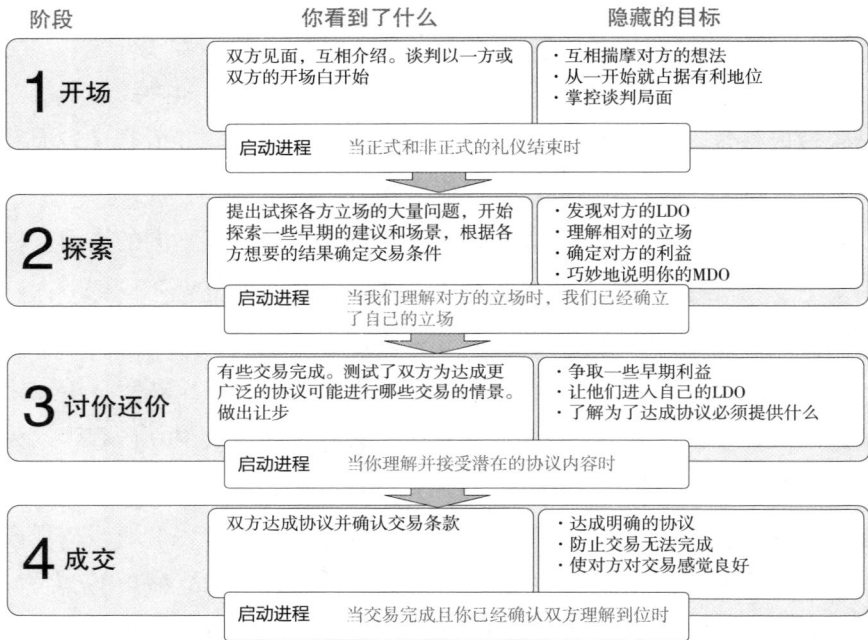

阶段	你看到了什么	隐藏的目标
1 开场	双方见面，互相介绍。谈判以一方或双方的开场白开始	·互相揣摩对方的想法 ·从一开始就占据有利地位 ·掌控谈判局面
启动进程	当正式和非正式的礼仪结束时	
2 探索	提出试探各方立场的大量问题，开始探索一些早期的建议和场景，根据各方想要的结果确定交易条件	·发现对方的LDO ·理解相对的立场 ·确定对方的利益 ·巧妙地说明你的MDO
启动进程	当我们理解对方的立场时，我们已经确立了自己的立场	
3 讨价还价	有些交易完成。测试了双方为达成更广泛的协议可能进行哪些交易的情景。做出让步	·争取一些早期利益 ·让他们进入自己的LDO ·了解为了达成协议必须提供什么
启动进程	当你理解并接受潜在的协议内容时	
4 成交	双方达成协议并确认交易条款	·达成明确的协议 ·防止交易无法完成 ·使对方对交易感觉良好
启动进程	当交易完成且你已经确认双方理解到位时	

图 9.7　一场谈判的四个阶段

通常，这些细节会混在一起，细微的差异甚至可能被忽视。随着讨论的不断深入，谈判将慢慢通过这个未说出口的流程的各个阶段得出协议。理解这些阶段能使我们更好地控制谈判的进行方式。当对方试图从一个阶段转向下一个阶段时，下文介绍的内容可以让我们深入了解他们对谈判的内容是否满意，以及他们是否愿意达成协议。此外，通过深思熟虑的干预将谈判推进到一个新的阶段，也可以推动谈判按照我们的想法结束。有许多战术和技巧可以帮助我们度过每一个阶段，后文将概述这些战术和技巧。

让步交易的流程

得到一个尽可能接近我们的 MDO 的结果始终是谈判的首要动因。挑战在于，另一方也会这样做。在某些情况下，谈判可能会导致一方毫无疑问地同意另一方的所有要求。例如，资浅人员求职或消费者购买产品时，未能意识到他们进行的讨论实际上是一场谈判，或者根本无法接受其他选择。虽然在某些情况下，我们可以通过陈述要求和拒绝让步获得我们想要的东西，但这种方法往往会失败，并迫使另一方选择他们的 BATNA 或离开，从而导致谈判在没有达成协议的情况下结束。

大多数谈判的核心是让步，即当事方从各自的起始位置（通常相隔一段距离）移向双方可以达成协议的点。在我看来，让步是"被给予的东西，特别是对要求的回应"。在谈判中，要想达成协议，就要做出让步。但作为谈判者，我们可以选择是否做出让步。另一方不让步，我们就不能让步。同样，让步太多会损害我们的地位。我们需要通过一种方法管理让步方式。然而，当一方同意来到谈判桌旁时，他们实际上就是在暗示他们已经准备好做出让步。光是这一点，往往就可以成为一个重要的迹象，表明我们能通过谈判达成一项更好的协议。

按部就班

想象两个人相距数米，而协议是他们见面握手，但要达成协议，每个人都必须采取一系列行动。双方都不打算一路走向对方，但双方都准备向前迈出几步，并期望对方也会这样做。双方都不想离目前的位置太远，但如果他们想达到另一个位置，他们就不得不这样做。在他们之间的某个地方，他们可以握手并达成协议（ZoMA），协议点代表他们的 MDO 和 LDO 之间的差距。如果谈判能进入某一方未曾预料的新层面，那么这一区域可能会扩大或改变。

在谈判中，建立让步战略是指我们规划一条路径，好让双方相向而行。

让步战略是对谈判过程中一系列互动和交流的规划，旨在争取对方的让步，并使我们能够做出考虑周全的让步，唯一的目的是实现谈判的总体目标，并取得尽可能接近 MDO 的结果。

让步战略应该与辅助我们执行战略的各种战术和技巧相匹配。让步战略因谈判而异。如果我们在谈判中寻求双赢的结果，我们就需要建立一种让步战略，让他们比我们走得更远。记住，在这样的谈判中，你不会因为公平而得分，而是为了追求更大的胜利而获得价值。如果我们正在寻求双赢，那么我们很高兴在中间与对方相遇，因为我们可以得到更大的、也许更长期的价值。

许多谈判者未能在谈判前制定或考虑让步战略，因此最终采取了他们无法完全控制的步骤。我们很容易认为，只要达成双方都满意的协议，我们采取的步骤就不会对结果产生什么影响。然而，这个观点是错误的。事实上，我们采取的步骤和我们达成协议的方式往往决定了达成协议的终点在哪里。

我们的让步战略不仅仅是达成协议的一种手段，该战略中的每一步都在讲述一个故事，并向对方发出一个信号，他们会利用该信号尝试确定我们的 LDO 在哪里。我们让步的大小、让步的速度、让步的方式反映了我们的洞察力、智慧及为谈判所做的准备。至关重要的是，制定让步战略时不能简单地听天由命，否则我们就是把力量交给了对手。

谈判者通常会在头脑中调整目标，然后进行谈判。这意味着在我们的头脑中，我们已经允许自己达到某一点，甚至可能在没有意识到的情况下，在最初立场和终点之间划分了区域。如果我们用 LDO 来做这件事，那么我们已经在脑海中准备好了做出让步，以达到自己的目的，而这种"精神上的许可"已经让我们接受了 LDO。事实上，我们在进入会议室之前就已经准备好要失败了。这里的心理暗示很重要，和运动员在比赛中所面对的心理暗示一样。如果一名运动员认为他们不会赢，他们就肯定不会赢。但是，如果有积极的心态，同时有 NLP 技术的支持，他们就会赢。在赛前准备好如何表现和预想好的结果，成功的可能性会更高。以相信 MDO 的心态谈判，我们会谈得更好，所以这不是应该听天由命的事情。有了经验，我们就可以学会在我们的脑海中找到或接近我们的 MDO，这可以使我们在谈判中变得更加强大。

因此，我们制定的让步战略不仅仅是在管理交易，更是在管理向对方发出的有助于我们的信号。为了制定好的让步战略，我们要考虑到每一步背后的心理因素。相关的因素包括以下几个。

- 步子大小。我们让步的大小，尤其是第一次让步，可以告诉对方很多信息。第一次让步较大，也许是因为对方已经设法让我们相信自己的立场是荒谬的，这表明我们还有更多的事情要做，即如果他们已经前进了一大步，那么我们很可能可以让他们再前进一两小步。同理，从一开始就只做小的让步可以表明我们没有更多的让步空间。

- 让步速度。过快做出让步会让人觉得你需要达成协议，甚至可能会让人觉得你已经绝望。同样，不动摇或迟迟不进行交易可能意味着你没有或很少有机会。这也是为了延长谈判的时间，甚至可能会挫败对手，但要确保对手不会离开谈判桌。

- 让步次数。对于大多数复杂的谈判，双方都希望有许多次让步。如果我们抱着只有一步之遥的信念进行这样的谈判，并表明我们的最终立场，我们就有可能承受对方继续前进甚至将我们推到 LDO 以下的风险。这就是说，迈出一步也是一个强有力的战术（被称为"全盘介绍"，后文将进行讨论）。除非我们管理相反的期望，否则对方通常会期望有两次、三次或更多次让步，并会进行相应的规划。

这些都不是谈判中实际发生的事情的可靠标准，也没有任何明确的规则可以指导我们。熟练的谈判者会采取让步战略，就像熟练的扑克牌玩家玩牌，有时是虚张声势，有时不是。这些会使对手无法获得任何洞察力、优势或发现我方的立场，我们必须做同样的事情。扑克牌有一种玩法，那就是让对方不断地猜牌，这是一种关于让步的玩法。这里的动力及让步战略背后的心理机制，随着谈判场景、文化、经验和个体的不同而变化。在商店里争取一点折扣的谈判通常只有一小步，与某些商人的谈判可能涉及许多大步骤。

谈判棋盘

到目前为止，我已经描述了让步交易的流程和管理步骤的概念。在这个流程中，我们都在谈单一的变量。在实践中，大多数谈判都有一系列的可谈判事项，以满足我们不同的需求和期望的结果。把谈判想象成棋盘对我们是有帮助的，图 9.8 体现了这一点。我们在一端，我们的棋子在我们的起始位置；对方在另一端，他们的棋子在他们的起始位置。我们这端的每一格代表不同的谈判需求。对方和我们之间的每条线都代表一个可谈判事项。我们从每个可谈判事项的起始方格开始移动棋子，这代表了我们针对每个可谈判事项或谈判需求制定的 MDO。中间的某处是我们针对每个谈判需求制定的 LDO，我们知道它们在哪里。对方的 LDO 也在某处，但我们看不到。我们希望每个可谈判事项都有一个 ZoMA。

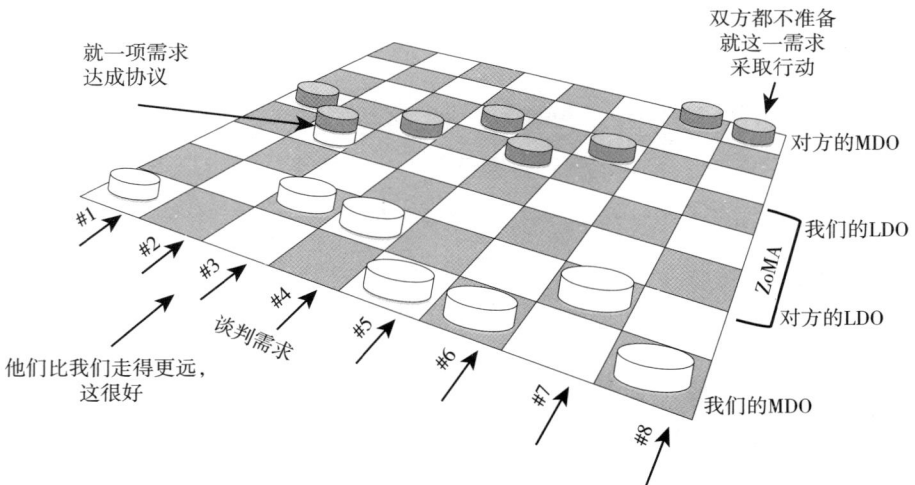

图 9.8 谈判棋盘

我们的目的是让对方尽可能多地将他们的棋子向我们推进，同时尽量避免推进我们的棋子。游戏的玩法是通过一系列的推进和收回，用一颗棋子换另一颗棋子，同时注意整个棋盘，尝试判断哪里是协议点、哪里是他们的 LDO。如果我们有太多的棋子向中间走去，而他们所有的棋子都还在另一边，我们就让步太多了，或者没有力量，我们需要考虑另一种下法（BATNA）。同理，如果没有什么进展，那么我们可能没有做出足够的让步或谈判不力。

谈判者很容易迷失在一场有许多内容的谈判中，如果出现这种情况，对方就可以通过在个别层面上获得一系列看似可以接受的让步获得对我们的控制力。当考虑全局时，我们会发现自己已经放弃了太多东西。这是熟练的谈判者会使用的策略。棋盘可以帮助我们理解谈判的意义及保持正确的视角，这样我们不仅可以保持对大局的掌控和让步交易的平衡，而且可以利用这一点战胜对手。

制定一个成功的让步战略

我们在制定让步战略时，要规划如何从我们的 MDO 开始让步，但不要碰触我们的 LDO。我们不能听天由命，也不应该在谈判过程中确定个别条款的让步程度（尽管有时这是不可避免的）。在可能的情况下，我们应事先针对每项谈判需求规划好在 MDO 和 LDO 之间的一系列互不相关的让步（见图 9.9）。每个让步的大小都是事先确定的，这样当我们需要做出让步时，我们已经规划好了这个让步的大小，以便考虑我们希望从对方得到的让步。我们预先规划好的所有让步，共同构成了我们对所有谈判对象的整体让步战略。回到棋盘的概念，这意味着确保我们在棋盘上的每一个棋子都没有超出我们的 LDO。

具体确定各个让步并不是简单地将 MDO 和 LDO 之间的差距划分开来，因为这样做会形成一种可识别的模式，对谈判无法产生有效的影响。让步应该基于我们迄今为止的谈判计划和见解，我们应该根据自己的立场及我们希望如何进行特定的游戏和选择的方法确定让步战略。

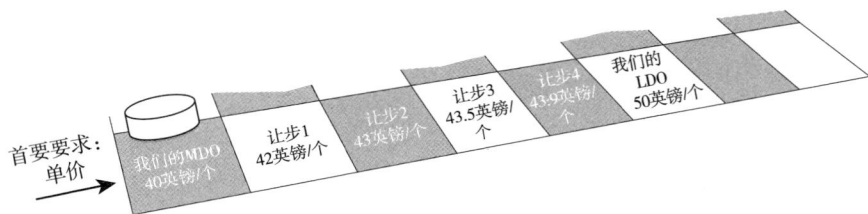

图 9.9　在 MDO 和 LDO 之间的预先规划好的让步

　　例如，在我们掌握着力量的单时主义斗鸡游戏中，适当的让步战略可以是努力保持一个接近我们的 MDO 的立场，并坚守到最后一刻，试图让他们失去勇气或疲惫不堪。我们可以通过一系列小步子和递减步子让他们觉得我们正在向我们的最终位置靠近（见图 9.9）。然而，在猎鹿游戏中，我们也许是与一个多时主义文化中的对手谈判，合适的让步可能是故意慷慨并显示想要合作的迹象。规划让步的方法并不确定，这里的关键点是作为谈判者，我们可以选择如何让步，以及我们希望发出什么信号。我们可以根据自己的总体立场规划让步，以取得特定的结果。

　　让步战略应被视为谈判中讨价还价的路线图，但是完全有可能出现尽管我们做了很好的计划，但当实际谈判开始时，路线图突然变得不可行的情况。这可能是因为我们判断错误，也可能是因为谈判中有我们不了解的因素。尽管对方会想方设法让我们失去勇气，但在有些情况下，我们确实需要放弃让步战略。如果这种情况发生了，我们不应一时冲动，而应要求暂停，尝试重新制定新的让步战略。

让步交易的制胜技巧

　　我们在谈判中使用的战术和技巧是我们将谈判程序从某个点推进到另一点的手段。要想成功地完成谈判，我们需要一套良好的战术和技巧，以及知道何时和如何运用这些战术和技巧的经验。本书收录了 100 种最有效的制胜战术和技巧，后文将一一介绍这些战术和技巧。这里先介绍一系列关于让步的技巧，这些技巧可以帮助采购方在谈判前规划让步交易，也可以帮助其在谈判中管理让步交易（见图 9.10）。

制胜技巧——让步

1 以物易物
如果你付出了一些东西，就要以你会得到一些回报为前提，甚至可以在你的让步交易中以得到一些回报为条件。这样做可以增加让步的价值，提高你的地位

2 两分法则
当做出让步时，人们通常会将第一次声明的立场与他们的LDO之间的差距减半，并且会一次又一次地减半该差距，但避免到达他们的LDO。他们的提议可以帮助我们确定他们的LDO。测试它，如果正确，谈判将对你有利

3 满足他们
找到一个让步点，在那里你可以很容易地"满足他们"，并同意他们的要求。这表明你愿意谈判，并希望通过让步达成交易

4 一直问到他们说"不"
不断要求额外的简单让步，直到他们说"不"。我们很容易感到我们可能会对他们造成冒犯并导致他们拒绝询问，但通常我们没有什么可失去的，我们很可能会得到比预期更多的东西

5 量化对方的需求
当他们提出要求时，让他们量化要求。例如，如果他们说"你的要价太高了"，你就可以回应说"有多高"。最初他们可能会拒绝量化要求并继续陈述他们的要求，你一定要坚持自己的要求，直到他们做出回应，然后从他们的回应入手继续谈判

图 9.10　制胜技巧——让步

制胜技巧——让步

6 强调让步带来的价值

在做出让步时，要量化并强调其价值，让他们感到他们得到了一些重要的东西。同时，记录所有的让步，以总结在关键点上做出了多少让步，将其作为拒绝进一步让步的理由

7 建立"情感银行"

当对方提出让步、礼物、交易或报价时，接受、感谢他们并将其存入"情感银行"，即从这一点开始，就好像已经做出了让步或接受了对方的条件一样，并相应地修改了你的要求。除非有道德原因，否则不要忽视礼物或留到以后再送

8 注意你的速度

注意不要过快或过早地做出让步，否则会显得你过于急切，还会不必要地提高对方的期望值。速度是向对方发出的最有力的信号之一，它可以说明你需要达到什么程度才能达成协议。不要让兴奋的情绪影响你

9 保持大门敞开

在可能的情况下，避免在让步交易中达成固定协议，而是尽量保持大门敞开。撤销协议里的约定比较困难，但你可以表示原则上的同意，就好像你在等着把所有的事情都摆在桌面上，才能完成你的承诺

10 把它拿回来

在第9个技巧的基础上，如果你需要谈判空间，可以把以前解决的问题或商定的让步重新提出来。要想做到这一点，就要找一个理由把它重新提出来，例如，他们有了新立场或"某些事情发生了变化"等

图9.10 制胜技巧——让步（续）

技巧1是以物易物，该技巧值得花点时间研究，因为这个技巧是让步的

核心。请记住，我们可以选择是否让步，所以当对方要求我们让步时，我们有以下四种选择：

- 不让步；
- 给予他们想要的东西；
- 少给一些；
- 给予的前提是他们会回报。

四种选择都有一个共同点，就是要根据可能和适当的情况做出选择。在任何让步中，这都是一个将利益作为回报的机会，因此让步是一种力量来源。

只要有可能，我们就应该尝试使用技巧 1 获得这种力量，这是孩子很早就学会的技巧。

母亲：“麦迪逊，我想让你今天早上整理你的房间。”

女儿：“啊！妈妈。好吧，如果我整理好房间，今天下午能和奥斯汀去公园吗？”

运用以物易物的技巧有助于加强和维护我们的总体谈判立场，但这并不总是有效的。例如，妈妈可以简单地说“不”，也可以做出部分让步，说“你今天不能去公园，但明天我们可以一起去”。

在一些情况下，以物易物并不适用或不起作用。这些情况包括以下几种。

- 创造价值的谈判，将目标转向让双方都获得而非放弃一些东西。
- 在我们没有力量的情况下艰难地进行主张价值的谈判。
- 我们通过送礼的方式与对方建立信任。
- 技巧开始产生有害影响，例如，重复使用技巧可能会损害我们与对方的关系并给对方留下不好的印象。

我们可以用假设性的问句确保某件事情，例如，"如果我把 X 给了你，你会不会提供 Y 和 Z"。

猜测对方想要什么和对方的 BATNA

如果我们知道对方想从谈判中得到什么，我们就可以据此调整我们的让步战略和整个谈判计划。除非我们有一个知道一切的水晶球或内线，否则我们只能利用自己掌握的情报尽量做出准确的预测。面对既有的供应商时，利益相关方的参与往往可以给我们带来强大的洞察力，剩下的事情就是花时间站在对方的立场上，努力猜测他们可能想要什么、他们的 BATNA 是什么。

对方想要什么

我们如何才能知道对方想要什么？很可能对方的谈判清单与我们的非常相似，只是期望的结果不同。双方可能都会要求商定价格和数量或合同条款，只是双方想要的东西不同。因此，我们预测对方要求的出发点是回顾自己的要求，确定我们认为对方的 MDO 和 LDO 可能是什么。我们需要做出最好的猜测，使用我们拥有的所有情报，并检查我们认为的 ZoMA。如果看起来没有 ZoMA，就检查假设并考虑修改 MDO 和 LDO，或者重新考虑谈判策略，甚至考虑为什么要谈判。

供应商可能会有一些我们清单上没有的谈判内容。我们可以尝试预测这些内容，并提出自己的 MDO 和 LDO，以便更准确地猜测他们的 MDO 和 LDO。

猜测对方的BATNA

我们认为我们有很好的 BATNA，对方可能也有同样的想法。但问题是，它们是什么？如果不了解对方可能拥有或创造的 BATNA，就意味着我们可能会误判我们的地位。如果这是一次微妙的谈判，我们掌握的力量很小，那么供应商可能会离开。

猜测对方的 BATNA 的过程与对方猜测我们的 BATNA 的过程是一样的，只是这时我们试图把自己放在对方的位置上，我们可以使用"供应商可以使用什么替代方案"和"如果供应商可以做任何事情，那么他们会做什么"之类的问题进行头脑风暴。

实际操作

红表方法论中的步骤 9 和步骤 10——我方的可谈判事项、让步战略和对方的可谈判事项

这些步骤的目的

红表方法论中的步骤 9 和步骤 10 包含双方的可谈判事项、我们的 MDO 和 LDO，以及对方可能的 MDO 和 LDO。步骤 9 用于事先确定我们的让步战略。图 9.11 提供了一个示例，模板可在附录中找到。

完成这些步骤

通过以下步骤完成红表方法论种的步骤 9 和步骤 10。

1. 确定你的谈判条件，并在步骤 9 中列出。如果你打算在全局的基础上进行谈判，如一个囊括了所有要求的协议，那么可以考虑确定底线。

2. 根据每项要求的重要性确定痛苦系数，并酌情输入"高""中""低"。

3. 在步骤 9 中的每一行输入你的 MDO 和谈判条件。

4. 确定你认为对方为你准备的谈判条件是什么，并在步骤 9 中输入这些条件。如果你认为对方还有其他的谈判条件，就把其他条件也列出来，然后回过头来完成步骤 1 ~ 3。

5. 确定每项要求的 LDO，并在步骤 8 中输入。

6. 你认为对方的 MDO 和 LDO 可能是什么（做出最准确的猜测），并在步骤 9 中输入。

---

7. 检查每一项是否有 ZoMA。如果有，请勾选步骤 9 和步骤 10 之间的方框；如果没有，检查你的假设，考虑修改你的 LDO 或质疑是否应该继续谈判。

8. 根据你的总体战略确定各个让步步骤，并对照每个要求将这些步骤输入步骤 9。

9. 在步骤 9 的底部写下你的战略和所有需要注意的地方。

10. 确定你的 BATNA，并在步骤 9 中列出。

11. 尝试预测对方的 BATNA，并在步骤 10 中列出。

9. 我方的可谈判事项和让步战略　　　　10. 对方的可谈判事项

对方的可谈判事项 我方的要求	痛苦系数（高、中、低）	我方最理想的结果	步骤2	步骤3	步骤4	我方最不能让步的结果 最低的限度	ZoMA?	对方最不能让步的结果 及我方最初的猜测	对方最理想的结果的猜测	对方谈判条件或结果 我方最初正确的预测
AT2392总装	高	降价18%	17%	14%	10%	5%	☑	10%	报价	
AT2392 PSU组装	中	降价20%	17%	10%	5%	报价	☑	15%	报价	
AT2393母板	中	降价16%	15%	12%	8%	报价	☑	15%	报价	
最小生产批量	低	500	1 000	2 500	5 000	10 000	☑	1 500	10 000	跟我们的一样
付款条件	高	60天	30天			14天	☑	30天	立即	
9月1日量产	高	9月1日	10月1日	11月1日		12月1日	☑	11月1日	12月31日	
交期	中	14天	30天			30天	☑	30天	30天	
最小产能承诺	高	没有承诺	每年1 000	每年2 000	每年10 000	每年10 000	☑	每年10 000	每年20 000	最少产量承诺
全局— 所有要求不一身							☐			

我们的BATNA
- 交易BATNA——寻找另一家替代供应商
- 过渡时间——亚洲停止现有业务
- 降低总装价格
- 令部分从交易和供应商应商中删除

我们的让步和成交战略
- 在所有方面初步小幅让步，坚守我们的阵地
- 引导生产运行，充当"诱饵"

他们的BATNA（基于我们最正确的猜测）
- 交易BATNA——他们可能只是坐视不理或冒险
- 过渡时间——他们会承诺一个很现实的交期之后合通知我们延迟
- 价格BATNA——也可能与我们想得到他们想要的，就他可能会用他们与我们执行官的关系

图 9.11　红表方法论中的步骤 9 和步骤 10——我方的可谈判事项和让步战略及对方的可谈判事项

NEGOTIATION FOR PROCUREMENT AND
SUPPLY CHAIN PROFESSIONALS
Third Edition

第 10 章
谈判会议

本章将探讨谈判会议的规划、关键的前期规划活动（如沟通、后勤和会议室布局）及规划的方法。

本章涉及的关键问题

18. 管理会议或谈判时间的最佳方法是什么？

19. 哪些战术和技巧可以帮助我在谈判中获胜？

本章涉及的红表方法论中的步骤

步骤 11 和步骤 12

会议准备

无论我们是否主持谈判，都需要做出一系列的安排。行动计划是必不可少的，也许可以采用"什么、谁、何时"的形式，将个别行动分配给谈判团队中的其他成员。表 10.1 是会议计划检查清单的一个示例，图 10.1 提供了红表方法论中的步骤 11 的一个示例。

表 10.1　会议计划检查清单

规划的活动	是否完成
谈判形式确定了吗——正式的、放松的或其他 需要通过预热活动（如晚宴或社交会议）建立关系吗 会议地点确定并预订了吗 会议室的布局和座次都确定了吗 日程表或话题的细节事先讨论好了吗？如果可以，发给相关人员了吗 见面和问候方式都安排好了吗 名片准备了吗 茶点准备了吗 接送都安排好了吗	

沟通计划

制订沟通计划是围绕内外部特别是外部沟通内容的一种结构化的方法。它能够确保关键的利益相关方充分了解并参与谈判规划过程。它还可以支持组织内部的协调过程，使供应商收到一致的信息。记住，供应商会尝试与组织中的所有人建立牢固的关系。在现实中，如果这些接触点之间的沟通不顺畅，供应商就有可能获得关于我们实际立场的重要情报，这可能对谈判产生负面影响。

内部和外部沟通都要支持谈判计划。内部沟通可以从我们之前制定的利益相关方架构图开始。该图应包含我们需要以某种方式与之接触及需要了解情况的所有个人或群体。这份名单构成了我们计划沟通的群体的基础。从这里开始，我们需要考虑我们需要传达什么信息，以及我们将如何做到这一

11.准备

会议计划行动

什么	谁	何时
- 预订会议室和午餐	M.M.	3月30日
- 预订一辆车，将他们从酒店接过来	D.R.	5月1日
- 5月7日晚，在酒店订一桌晚餐	M.M.	4月15日
- 名片	所有人	5月8日
- 演讲排练	所有人	5月1日

沟通计划

消息	发给谁	媒介、方式
- 简短且有效地传达信息	所有人	电子邮件和面对面会议
- 对让步战略的建议和要求	鲁迪、玛格丽特、西姆·塞格德斯、山姆、彼得·诺顿	面对面会议
- 将有条件的信息加到到供应商的邀请中	TMC公司	电子邮件和电话沟通

预先给对方的信息

- 我们在寻求比招标时更好的建议
- 我们有一份潜在招标应在建议清单
- 我们有足够的时间得到自己想要的结果

内部简短而有效的演讲

5月8日将与TMC公司进行重要的谈判，如果他们能调整目前的报价并满足我们的需求，他们就有可能赢得一份新的电子装配制造合同

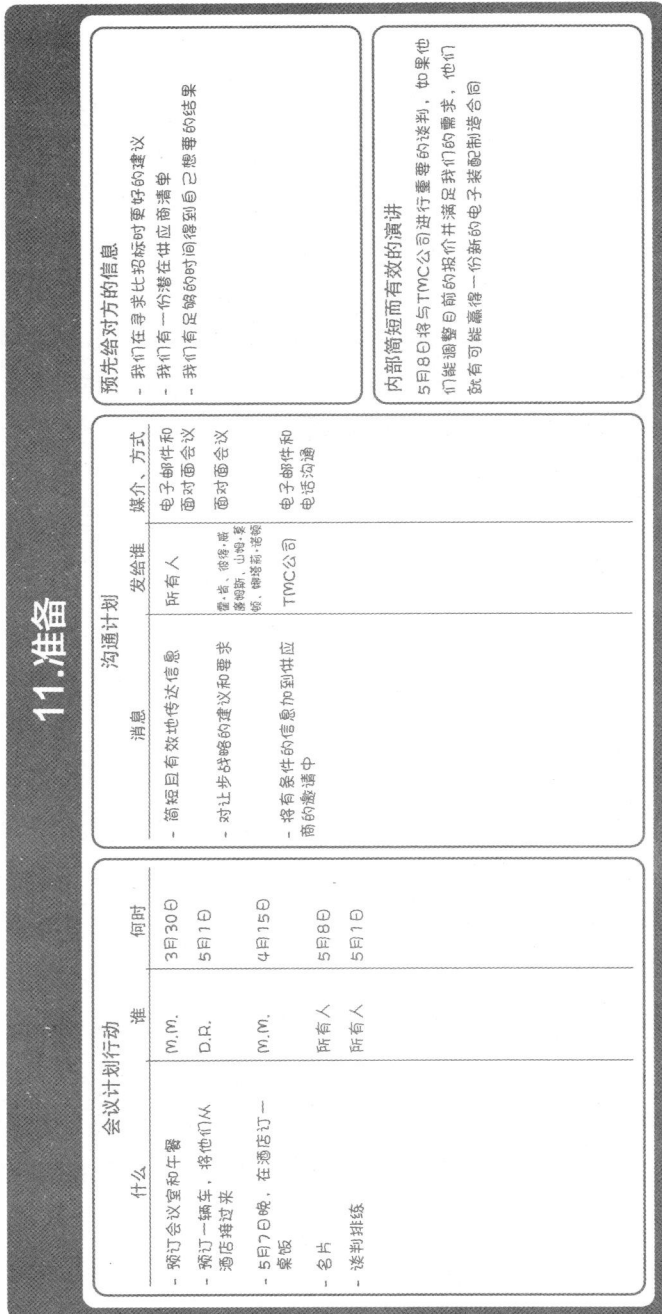

图 10.1 红表方法论中的步骤 11——准备

点，即我们将使用的媒介。

内部沟通的信息

一般来说，内部沟通的信息包括谈判的细节、谈判的原因和时间及期望的结果。它们可以决定哪些业务人员需要为谈判提供支持。除了某些人员的具体参与，最重要的是确保利益相关方了解什么应该、什么不应该传达给供应商，这一点至关重要。不同的利益相关方所传递的信息可能会有所不同，有些利益相关方可能只需要了解进展情况，而有些利益相关方可能需要更多地参与谈判。良好的内部沟通可以促进协作、减少阻力，并取得利益相关方的支持。

沟通媒介

我们可以根据什么是最有效的信息传达方式确定使用哪种媒介和传播形式。要使信息传达到位，就要有创造性。沟通可分为以下两类。

- 窄播——具体的一对一交流，可能需要通过面对面的接触或电话、电子邮件、非正式的网络实现。
- 广播——与广泛的群体甚至整个组织进行一般性沟通，有助于让所有人了解情况。在结果可能影响许多人的情况下，这一点尤为重要。广播沟通的例子包括短信、通信软件、封闭式社交媒体群组、电子邮件、内部网站、信件、内部路演、告示板、会议、群组电子邮件、视频、音频和团队会议。

我们可以使用沟通计划管理沟通（见图 10.1）。要考虑文化差异，特别是当利益相关方跨越了地理边界时，因为可能需要针对每个地理区域调整方法。多时主义文化中的利益相关方需要更多的个人参与，而在单时主义文化中，发一封电子邮件可能就足够了。

让每个人都收到消息

让团队中的每个人都能收到信息一直是一个挑战，但有一个技巧可以帮助我们实现这一点，那就是电梯演讲。想象一下，你刚走进电梯，首席执行官就在门关上前的那一刻进来了，说了声"早安"，然后问你在做什么。在电梯到达 9 楼之前，你只有 1 分钟的时间说些有意义的话。这种偶遇是最让人意想不到的，除非你事先想到了这种情况，否则你很容易以无意义的闲聊作为回应。

电梯演讲的地点并不局限于电梯，它是指人们在机会出现时可以流利地说出来的一套说辞。电梯演讲是通过创造一个简单的中心信息，简明扼要地概括要传达的信息而形成的。然后，我们将此信息发布给所有可能需要传达此信息的人，并鼓励他们学习此信息。当他们最终与供应商对话时，他们就知道该说什么。要想让电梯演讲有效，就必须让它短小精悍。

例如，内部简报——即将与 Goof & Bungle 维修公司进行谈判。

12 月 22 日，由采购部门领导的一个跨部门团队将与我们所有场地的楼宇维护服务提供商进行谈判。

- 目前的费用与市场水平不符。
- 最近服务质量下降，我们发现了不少多收费的情况。
- 此次谈判的目的是商定一个未来的发展方向，使合同恢复正常，或者决定我们是否寻找其他服务提供商。
- 如果这家服务提供商希望维持合同，那么他们必须大幅降低费用，并采取措施改善服务。
- 我们还在想办法让服务提供商返还超额收费。

针对供应商的限制条件

我们提出限制条件可以让供应商确信我们是认真的。这是一方在另一方头脑中设定界限和限制期望的过程，以便他们以特定的方式做出回应，并表明预期会有特定的结果。它可以被称为一种温和的操纵方式，事实上，其使用的方法通常是相同的。这不是一次性的活动，而是从与供应商接触开始就发生的事情，并在整个关系中持续下去。在主张价值的情况下，限制条件的作用更大；而在长期的合作关系中，它被双方更加公开和透明的接触所取代。

在谈判中，给供应商设置限制条件发生在谈判之前和期间。预先处理可以非常有效地塑造供应商的 LDO 设置。例如，如果他们认为自己在和一家现金充裕的油气公司谈判，他们就会有很高的期望值，因此要改变他们的立场将变得更加困难。然而，预先处理可以完全改变这一点。记住，谈判的过程并不局限于会议本身，而是从我们与供应商接触的那一刻开始的。每一次互动都有可能通过所说的话和传递给他们的文件改变最终的谈判结果。

在与供应商谈判之前发送一份议程或议题大纲是改变供应商想法的一个很好的机会，而如何编写这些议程或大纲会对最终谈判结果产生很大的影响。在进行主张价值的谈判之前，请考虑以下两条从"建议会议讨论的主题"电子邮件中摘录出来的内容。

示例 1

建议会议讨论的主题：

（1）回顾现在的业务情况；

（2）回顾绩效；

（3）明年的价格；

（4）未来计划。

示例 2

建议会议讨论的主题：

（1）讨论业务增长带来的挑战；

（2）回顾近几个月的质量问题；

（3）同意明年降价；

（4）未来机会和潜在的更高采购量。

在第一个示例中，每一个主题只不过是一个可以由供应商以多种方式解释的主题。但在第二个示例中，每一个主题都暗示着当前的形势和对变革的期望。第二个示例也暗示了供应商有巨大的机会，并开始考虑可能会有一笔降低价格的交易，以换取未来的业务。这将使供应商对所寻求的结果毫无疑问，从而迫使他们仔细考虑自己的做法。

在第二个示例中，围绕不断增加的业务挑战展开的讨论设定了这样一个场景：事情并不容易，而且存在可能影响谈判的压力。这种"普遍情况制约"可以非常有力地构建谈判框架。积极和消极的条件既可以单独使用，也可以一起使用，这表明谈判中存在明显超出任何一方影响的力量，或者如果对方同意我们的要求，就说明对方有很大的潜力。表10.2提供了积极和消极调节的示例，两者都应谨慎使用。

聪明的供应商会尝试先对我们所做的事情施加限制条件或反限制条件，可能的形式包括对上述示例做出书面回复，或者在活动期间进行开场介绍。在可能的情况下，我们应该对这种"买方条件"加以反驳，以确保供应商明白我们的立场不易改变，施加多重条件限制没有什么意义。一旦确定了谈判前的立场，就要将所有其他讨论排除，仅关注会议本身。对供应商进行条件限制不是一项仅限于采购人员的活动。为了使其有效，利益相关方必须使用一致的信息发挥他们的作用。事实上，利益相关方对供应商的制约往往更为有力，因为供应商更有可能相信自己听到的。前面提到的电梯演讲可以在这个方面发挥关键作用。

会议的力量

谈判不应仅仅被视为一次商务会议。谈判在哪里举行、对方如何到达、对方坐在哪里、会议室里发生了什么等都为我们提供了展示力量的机会。如果我们能够控制或影响这些事情，就可以获得优势。

位置、位置、位置

罗伯特·格林（Robert Greene）提出："当你强迫别人行动时，你就是掌控者。最好让你的对手来找你，让他在这个过程中放弃自己的计划，然后以惊人的收益引诱他并攻击他。你要抓住你手上的牌。"位置很重要，如果我们能让他们来找我们，谈判就会在我们熟悉的场地进行，这给了我们超越他们的力量。我们不仅在位置上控制着这场谈判，还在心理上控制着这场谈判。来访者可能会觉得有点屈从于我们，就像领导让你去他的办公室，这也是运动员觉得他们在主场更有可能获胜的原因。

在现实中，这也许是无法实现的，因此我们不得不到他们的场地进行谈判。这也是谈判的一部分，但我们可以使用一些策略保持控制权，稍后将介绍这些策略。此外，在中立场地进行谈判可以解决任何一方拥有更多控制权或优势的问题，许多谈判者都会坚持这一点，特别是在谈判形势比较微妙的情况下。因此，政治谈判通常在中立的第三地举行。

我们还要考虑一下地点的设置。这是一场正式的商务会议还是一场比较轻松的活动？文化对这一点有影响，在关系很重要的地方，谈判者通常会考虑到这一点。例如，在爱尔兰，大部分谈判发生在轻松的中立地点，如酒吧；但在日本，谈判地点不可能在酒吧。因此，文化对决定在哪里谈判至关重要。

会议室布局的力量

让一个人坐在椅子上并面对着一束聚光灯，只能听到房间里在其他位置的另一个人的声音，这种场景在商业谈判中不太可能发生。然而，这确实引出了一个问题："如果由我们组织会议，那么故意让对方不舒服是否合适？"我每次教授谈判的时候都会问这个问题，约有 1/5 的回答者认为这样做是合适的，给对方制造一些不舒服的感觉是有好处的。他们通常都会承认，重现电影中的审讯场景可能有一点极端，但他们支持这种做法，有些人甚至承认故意尝试过一些策略，例如，让对方面对窗户，让早晨的阳光照射他们的眼睛，或者调高会议室的温度。这些策略在主张价值的谈判中可能会有一些有限的效果，但一般来说，如果我们是和有经验的对手谈判，他们会有应对这种情况的对策。最有可能的是，他们会停止谈判，直到他们感到舒服为止；或者他们会拒绝达成协议，并尝试离开。让对方不舒服的策略很少奏效，花时间确保对方舒服往往是更有效的做法。此外，款待对方可以自然地使我们处于更加强势和有力的地位。

如果我们能够控制谈判，就应该花时间考虑谈判地点。如果有可能，还应该考虑如何布置会议室及人们坐在哪里。双方在同一房间内坐在一张桌子旁进行的谈判在世界范围内是比较常见的。2020 年爆发的新冠疫情推动了谈判方式的变化，对面对面会议的需求急剧下降，在一些文化中下降得更多。我们在考虑谈判地点时需要考虑以下因素。

- 谈判的性质——价值目标、关系目标和目标结果。
- 谈判将在哪里进行？
- 文化的含义是什么——某些人是否需要坐在某些地方？
- 每个人将坐在哪里——我们应该坐在桌子对面，还是在更舒适的座位和环境中做不那么正式的布局，并在促成合作的前提下进行谈判。
- 舒适度——我们应该让对方有多舒适？
- 桌上的障碍物。我们与对方之间的任何物体都是障碍，消除这些障碍，以促进更深入的对话。
- 茶点的安排。

每个会议室都有一个天然的权力点，也就是房间里权力最大的人所在的位置。在西方文化中，这并不是谈判者重视的东西；但在东方文化中，它是一门学问。中国人称之为"主位"或"上座"。坐在这个位置的人可以看到房间的所有入口，他们靠墙或其他结构而坐，因此他们身后没有任何活动。这使他们成为所有在场人员的关注点。强力位置来自我们的祖先为了保证自己不受敌人攻击而进化出的某种与生俱来的自我保护意识。图 10.2 展示了典型的强力位置（你或对方会自然地坐在那里）及相反的位置（假设没有社会距离的限制）。

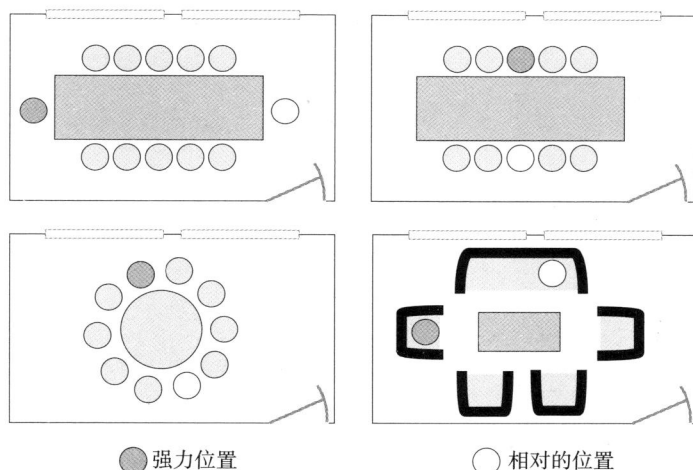

●强力位置　　○相对的位置

图 10.2　典型的强力位置

大多数谈判倾向于采用一种对峙的布局方式，即一方面对另一方。这是有充分理由的，因为这种布局能让双方都看到对方，同时营造一定程度的敌对紧张气氛。然而，在创造价值的谈判中，完全可以通过一种更轻松的安排更好地发挥布局的作用，例如，双方坐在两把相互成 90 度角的舒适扶手椅上。

如果我们控制了会议，那么使座位安排对我们有利就是有用的。这时，我们可以控制如何将对方带入房间，并引导他们坐到我们希望他们坐的位置。最终，对方可能会自己决定坐在房间里的哪个位置，但如果仅剩的椅子是我们希望他们坐的，他们的选择就会受到限制。如果在靠近我们的桌子旁留下一把空椅子，对方团队中的一个人就有可能坐在那里。这样的安排可以建立合作桥梁，同时让对方有机会看到我们的笔记。因此，我们要仔细安排双方的座位。

对于团队谈判，要考虑团队成员应该坐在哪里。很明显，数据员应该坐在团队组长的旁边，以便掌握事实并提供支持。支援者应该坐在角落，这样他就能看到对方的所有人。图 10.3 展示了典型的座位布局（假设没有社交距离的限制）。

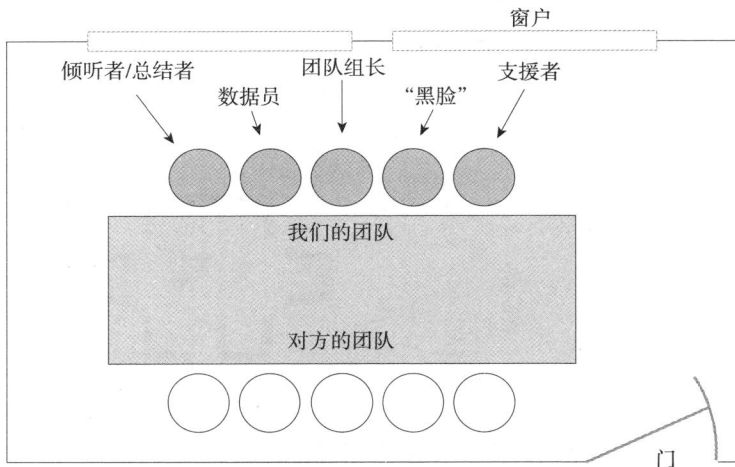

图 10.3　典型的座位布局

在一些文化中，房间的布局及人们应该坐在哪里都有一定的规矩。忽视这些规矩可能会危及谈判。例如，在与中国人的谈判中，座位一般是按职级排列的。主人要陪同最尊贵的客人入座，这个座位一般在房门对面，正对着主人。在沙发上或没有桌子的地方，最尊贵的客人应坐在主人的右边。因此，事先研究对方的文化规范或礼仪是有很必要的。

见面和问候

我们投射出的力量从见到对方的那一刻就开始发挥作用了，所以这一点要仔细规划。如果对方是来我们公司参观的，那么他们需要在接待处办理手续，之后会有人陪同他们到洽谈的地点。在对方抵达的过程中，我们应该决定在什么时候与其进行第一次接触。如果之前就与对方建立了很紧密的关系，通常在他们到达后就去迎接他们是合适的。但是，对第一次与供应商进行主张价值的谈判来说，这样做可能并不合适。最好的办法可能是请人迎接对方，并将他们带到会议室。在那里，团队成员已经聚集在一起，剩下的工作就是介绍和安排他们的座位。

介绍的过程也是必须要考虑的。如果一屋子人笨手笨脚地相互问候和介绍、交换名片，那么这不是一个好的开始。更糟糕的是，如果没有准备好，就很容易忽略文化规范或礼仪。请记住，在一些东方文化中，人们进入房间和相互介绍的顺序是有讲究的。此外，一定要交换名片，我们要用双手将名片递给对方，然后以同样的方式接过对方递来的名片，并以非常尊重的态度收好。尽管在新冠疫情爆发之后出现了所谓"新常态"，但在某些文化中，人们可能仍然会亲吻对方或用力地握手，而在另外一些文化中不是如此。在中国，欢迎词是必须要有的。因此，了解文化规范并据此规划见面和问候的过程是非常必要的。

当他们控制会议时

谈判有点像舞台上的表演，要想达到最好的效果，你需要感到舒适和可控。但是，如果对方在控制谈判，那么他们可能会想让我们感到有点不舒服。如果发生这种情况，没有经验的谈判者很容易无意识地做出一些反应，就像他们正在接受审讯一样。

如果事情不对，就控制一下，要求改变。如果你觉得自己坐的位置太远，或者因为阳光照射到眼睛而眯着眼睛，又或者感到口渴，你的表现就会不尽如人意，你很可能在这种环境下感到局促不安。任何一位表演者都会告诉你，如果你感到局促不安，你就会缺乏信心。这在谈判中是有害的，甚至可能正是对方所期望的。

掌控事物不仅能解决具体问题，而且是力量的展示。有力量的人总会发现一些东西需要改变，或者要求一些不同的东西。在现实中，我们要使这种干预遵循以下步骤——暂停、点名、提问和行动。

（1）暂停。例如，"对不起，我们能不能停一下……"。

（2）点名。说出问题或为需要改变某些东西创造一个好的理由。这能使个人影响力变得非常强大，因为别人不能轻易挑战你的感觉，但很可能自然地表现出一些同情心。例如，"我感觉我坐错了地方"。

（3）提问。通过请求许可获得所需的改变。例如，"你介意我坐到那里去吗"。

（4）行动。不要等对方同意，也不要给对方说"不"的机会，直接去做。在问完问题之前，直接站起来收拾文件。

去洗手间能为你提供一个很好的机会，你可以短暂地休息一下，反思一些事情。不要害怕要求对方给你送水或让对方满足你的合理要求。所有这些事情都可以通过创造一个重要的休息时间帮助你整理思路。

制订会议计划

我们现在要规划谈判会议的内容。我们已经到达了这样一个时点，即我们迄今为止所做的所有研究和规划工作都可以汇聚到一起，用来制订会议计划。在这里，我们使用红表方法论中的步骤 12 定义我们的会议计划和时间表，这将成为整个规划过程的关键输出。我们的游戏计划提供了进入谈判的手段，为管理和完全控制程序做了充分的准备。图 10.4 是步骤 12 第一部分的示例。

如果我们对会议充满信心，会议管理就会变得简单明了。不过，即使我们坐在强势的位置上，也不能完全控制谈判，所以我们最好只控制谈判的某些方面（见表 10.2）。

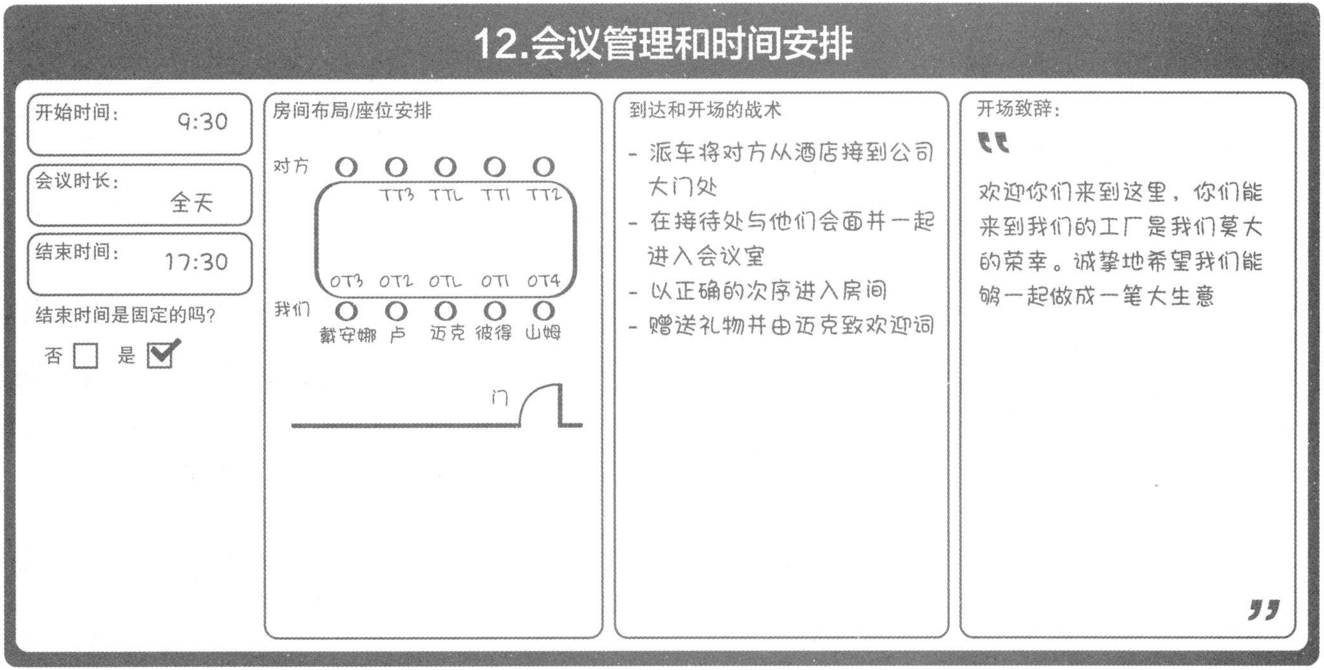

12.会议管理和时间安排

开始时间：　9:30

会议时长：　全天

结束时间：　17:30

结束时间是固定的吗?

否 □　是 ☑

房间布局/座位安排

对方

我们

戴安娜　卢　迈克　彼得　山姆

到达和开场的战术

- 派车将对方从酒店接到公司大门处
- 在接待处与他们会面并一起进入会议室
- 以正确的次序进入房间
- 赠送礼物并由迈克致欢迎词

开场致辞：

欢迎你们来到这里，你们能来到我们的工厂是我们莫大的荣幸。诚挚地希望我们能够一起做成一笔大生意

图 10.4　红表方法论中的步骤 12（第一部分）——会议管理和时间安排

表 10.2　常见情境下的谈判控制

类型	主题	发出的信息
消极控制	困难时期	我们正处于困难时期，生意艰难，财务状况不佳，我们的竞争对手正在击败我们；或者我们正在挣扎，需要一些帮助以渡过难关 *仅在合理的情况下谨慎使用。不会反复有效。应考虑将其与正面信息同时使用*
	重大改变	收购、重组或关闭带来的影响。新的管理层带来了新的想法，对现状产生威胁
	宏观的变化	市场发生了变化，供给或需求发生了变化，以前很好的东西现在不符合需求了，需要修改 *这一点可能被挑战，所以请确保事实和数据的准确性*
积极控制	未来的增长	新的产品或服务，或进入新市场；推动增长并扩大未来业务量（规模），供应商有机会参与其中
	极端的位置	"你是第一选择……一切都取决于这次谈判。" "你可以赢得一切，也可能输掉一切。" *只有在消除竞争性紧张关系不会造成损害时才可以使用。要有一个好的 BATNA*

如果我们是在与劫持者谈判释放人质，那么规划如何进行谈判似乎没有什么意义，议程也没有什么用处。就算有一个议程被送到劫持者藏身的地方，劫持者也不可能遵守这个议程。谈判是不可预测的，随着每一方坚持的立场和策略的改变，谈判进程会起伏不定。这就像船航行到了未知的水域，当风暴袭来时，水手不可能阻止狂风的肆虐或海浪的冲击。他们只能对周围发生的事情做出反应，保持正确的航向，并利用自身的技能引导船远离危险、驶向目标。就像任何一位优秀的水手在启航前都会规划航向一样，我们应该规划好谈判的方式，但同时要牢记我们有可能偏离航向或不得不改变航向，以便在暴风雨中驶向我们的目标。

开始和结束时间

谈判是否有固定的开始和结束时间？我们要了解这些时间，以及有多少时间可以用于谈判。人们通常希望谈判迅速开始，这对单时主义甚至一些被认为是多时主义的文化来说是很重要的，因此对文化期望进行一些研究有助于解决这个问题。

如果我们设定了结束时间，那么这可能对我们不利。如果对方知道我们有航班要赶，或者我们要走很长的路才能回到家，那么他们也会知道我们很可能急于在最后 5 分钟内达成协议。他们需要做的就是坚守阵地、等待时机。

因此，我们要仔细考虑是否需要告诉他们时间限制，如果有可能，应该让所有的选项在完成时间方面保持开放，或者制定一个替代方案。据我所知，有一位谈判代表会为重要会议预订两趟回家的航班，如果讨论时间较长，他就有替代方案可用。不过，他会对自己的替代方案保持沉默，并允许对方假设他已经到了最后期限。这往往对他有利，可使对方相信他对自己的立场是认真的，当他们期待的让步没有出现时，就会产生一种混乱和恐慌感，局面便会就此扭转。

谈判的开场

第一印象很重要！我们如何开启谈判可以决定对方对我们的看法。如果用一些犹豫不决、准备不足的话语开场，我们就会表现出软弱的一面。力量在于开场的人，因为这种姿态往往与权威联系在一起。对于开场，应该遵守一些文化规范。例如，当与中国人谈判时，主人总是应该以欢迎词开始。除非文化上有不同的要求，否则由我们主持开场是很有帮助的，这也提供了一个很好的机会，我们可以加入一些调节气氛的内容。

谈判场合的压力会让说开场白成为一件让人非常紧张的事情，所有的目光都集中在我们身上，对方在最初的几秒内就会对我们和我们的地位做出判断。因此，开场白应该精心准备。作为一名前播音员，我认为电台直播最难的部分是前 10 个字。直播可能是我们可以想象到的最可怕的场景之一，就连最简单的开场白都会令人崩溃。因此，在播音职业生涯早期，我就学会了编写开场白，并在纸上加以完善。当红灯亮起时，我已经做好了一切准备。同样的技巧对谈判的开场也是非常有效的。拟一段简单的欢迎词，根据场景调整措辞，也许是关于条件的内容，并将其写下来。举例如下。

谢谢大家今天抽空来这里，很高兴见到大家。我们有很多内容想与大家讨论，希望我们能从今天开始找到一个双方都能接受的结果。大家都知道，现在有一个很好的机会，但我们也有一些挑战和障碍需要克服。我首先要……

聪明的供应商也会尝试开场，原因与我们一样。这是可以接受的，也是可以预料到的，我们有以下两种选择。

（1）让他们开场，然后反开场——反制，有效地压制他们的开场。

（2）切断他们的控制，也许可以说"对不起，在你开始之前，我想先谢谢你"之类的话。

议程

如果谈判是不可预测的，那么议程会有帮助吗？答案是有帮助，因为如果事情如预期的那样发展，它就可以为谈判确定理想的路线；它还可以帮助我们重新找回方向，因为讨论会把我们拉向不同的方向。一个好的谈判议程不仅仅是一份议题清单，它还可以将迄今为止的所有计划融合成一个实用的路线图，我们可以用它来做许多事情。具体来说，议程包括以下内容。

- 确定议题清单，以谈判需求为依据。
- 确定这些议题的理想顺序，根据让步战略和痛苦系数确定。
- 分配大概的时间。
- 预先规划整个会议的流程和策略，包括使用特定策略或采取预先确定的行动方案。
- 明确每个要素的目的和回报。

在设计议程的总体顺序时，应考虑到开场、探索、讨价还价和成交四个阶段（见图9.7），以及业务需求、让步战略和痛苦系数。我们要根据期望的结果，从战略上考虑顺序。并不是说痛苦系数高的需求就应该先满足，其实从战略上来说，先覆盖几个小项目可能会更好。在制定议程的时候，我们实际上是在确定整个谈判策略的时间线。这里没有任何公式或模型可供参考，我们需要经验。然而，到了这一步，我们的立场、优势和劣势应该已经非常明确了，现在应该从各种信息和见解中找到最佳的前进方式。

制定议程的推荐方法是使用 3P（即 Purpose、Process、Pay-off）格式，即针对每个主题，考虑该主题的目的、过程和回报。虽然这么做看起来有点过头，但要想制定一个 3P 格式的议程，我们就要考虑为什么每一次会议都很重要，我们希望取得什么样的结果，以及每一次会议的运行方式。增加潜在的策略和触发因素可以使这个议程成为一个全面的谈判计划。图 10.5 提供了一个示例。

在向供应商发送议程时，要仔细考虑分享的内容。很明显，分享我们的战术、实际的目的或回报会暴露我们的立场。因此，传递给供应商的议程应该单独编制。向供应商发送议程可以为我们提供一个很好的调整机会，尤其是使用 3P 格式的议程时，我们可以通过写下目的和回报设定期望值。此外，如果顺序很重要，那么可以在议程中提前声明。

请记住，我们不仅在制定议程，而且在确定我们将如何管理和控制谈判活动。

结束谈判

达成协议后，就要结束谈判。讨论的时间越长，重新讨论已经达成的协议或本来没有分歧的问题的可能性就越大。因此，一旦达成协议，就要尝试结束谈判。我们应该事先规划好如何结束谈判，包括如何总结和商定下一步。第 12 章将探讨如何在谈判中找到结束谈判的恰当时机。图 10.6 总结了会议前的制胜技巧。

12.会议管理和时间表

会议议程阶段和话题	时间	谈判阶段和话题	目的	流程	回报	战术	触发点
开场	09:30	见面、问候并走进会议室	建立关系，观察文化规范	迈克在前台等待对方的到来，将雾把他们带到会议室，邀请他们按照正确的次序就坐。	礼议结束并开始谈判	呈诞老人	致欢迎词
	09:40	相互介绍并交换名片和礼物		咸唰鲂斯做介绍并与他们交换名片。			
搜索	9:45	开场陈述和致欢迎语					
	9:50	探寻谈判力	理解对方的建议中有多少可以谈判	起初的限制条件，邀请他们对英国的业务提出改善建议，演过提问反馈破绽	我们尽早结束和谈是否达到他们的 LDO	找到破绽在沙地上画线	当欢迎仪式结束时
讨价还价	10:30	为后续的让步提供基础	创造一个诱饵	每大最小生产量问题，将其作为后续让步用的幌子	为未来的让步打分	诱饵	当谈判向前进展时
	11:00	谈论价格	遵架达成协议并形成最终的一揽子协议	讨论：(1) 总装价格；(2) 母板；(3) 大过论 (4) 缓用诱饵；(5) 使用诱饵	就该谈判的部分议题达成协议	事实和数据全景观切看脚	当诱饵安全时
交易	11:00	付款条件	提起一件事	再次提起一件事——交期，我们必须在今天达成一致	谈判完成	可忆均今天的交易	当协议的其余部分达成时

图 10.5　红表方法论中的步骤 12（第二部分）——会议管理和时间安排

制胜技巧——会议前

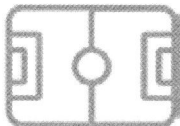

11 在你的"主场"	如果你能控制会议，就让他们来找你谈判。在你的"主场"进行谈判，你就有了先天的心理优势。如果你不能控制地点，就尝试提出一些条件，例如，由你确定谈判时间，确保会议在你选择的那天开始等
12 先决条件	提前提出先决条件，以便在他们的脑海中设定对你所追求的结果的期望，以及可能推动事态发展的因素（如组织变革、现状不佳等）。确保组织中的每个人都是一致的，并向他们传达信息
13 提前做好角色扮演	事先练习谈判，尤其是作为团队成员进行谈判时。花时间想想他们会如何处理，他们可能会说什么话。商定你将如何应对，并提前练习角色扮演。如果有可能，坐在他们将坐的椅子上，想象你就是他们
14 管理见面和问候	如果可以，管理好与对方的见面和问候。如果是他们来找你的，管理好第一印象及问候的方式。如果不在你的地盘上，规划你将如何与他们进行首次互动
15 控制房间	如果你能控制场地，就能控制好房间，提前规划好你坐在哪里，以及你希望他们怎么坐。不要让坐在哪里成为一种偶然，或者允许他们自行决定。相反，要组织好，让他们坐在你希望的位置上。要考虑文化方面的因素

图 10.6　制胜技巧——会议前

实际操作

红表方法论中的步骤 11 和步骤 12——准备、会议管理和时间安排

这些步骤的目的

步骤 11 和步骤 12 用于规划和执行谈判活动本身，包括我们在文化方面需要做出的改变（从步骤 4B 开始），以提供谈判的路线图。图 10.1 提供了谈判前准备工作的示例，图 10.4 和图 10.5 提供了谈判活动管理的计划、议程和时间表示例，模板可以在附录中找到。

完成步骤 11

1. 首先列出所有关于会议规划的行动，并为这些行动指定责任人和截止日期。确保所有人接受这些行动。

2. 通过列出各种关键信息并确定需要与之接触的利益相关方完成沟通计划。确定传达信息的媒介或手段。

3. 确定供应商预设信息，并根据需要在内部发布及向供应商发布。

4. 确定内部电梯演讲稿，并向关键利益相关方传达。

完成步骤 12（第一部分和第二部分）

1. 确定活动的开始和结束时间及持续时间。

2. 确定房间布局和座位（假如能控制好这一点）。

3. 确定会议和开场战术。

4. 确定开场白。

5. 按期望的顺序列出讨论的主题，并确定估计的持续时间。对于每个议题，确定议程的目的、过程和回报，并确定要使用的战术及每个战术的触发因素。

NEGOTIATION FOR PROCUREMENT AND
SUPPLY CHAIN PROFESSIONALS
Third Edition

第 11 章
在谈判中获胜的战术和技巧

谈判与人格、流程和本领有关。本章旨在探讨什么是本领、为什么本领很重要，以及如何为谈判及其不同阶段制定和部署一套强有力的制胜战术和技巧。

本章涉及的关键问题

19.哪些战术和技巧可以帮助我在谈判中获胜？

本章涉及的红表方法论中的步骤

步骤 11 和步骤 12

发展你的本领

本领是表演者知道或准备表演的项目，是一个人习惯性使用的技能或行为。

英国喜剧演员和游戏节目主持人鲍勃·芒克豪斯（Bob Monkhouse）以在任何情况下都可以讲出一个笑话而闻名。当他在 2003 年去世时，也就是他在英国电视上出现了 40 多年后，他已被视为喜剧传奇。然而，认识他的人都说，他觉得自己缺乏和其他喜剧演员一样的天生的喜剧能力。鲍勃·蒙克豪斯的优势在于他积累了大量的笑话和喜剧创意，同时将其编入一系列的硬皮书中，并编制了索引。这些书凝聚了他一生的心血，并伴随着他走到各地，不断地被补充。无论是在舞台上还是在镜头前，他都能按要求回忆并讲出关于任何话题的笑话。当这些书在 1995 年被盗时，蒙克豪斯立即悬赏 1 万英镑，只求找回这些书。18 个月后，这些书被安全地归还。

本领是关键的工具，使表演者能够自信地做他们所做的事情，因为他们知道他们有东西可以调用，使他们摆脱不利情况。把事情写下来是一门伟大的学问，因为它有助于加强我们的本领，并提供一些我们可以修改的东西以帮助我们回忆。然而，重要的是我们在脑海中的记忆，而任何书面文件只能成为帮助学习和记忆的备忘录。在谈判过程中，通过查阅笔记找出一个合适的战术是不现实的。因此，发展谈判本领就是要建立一个包含战术、技巧、行为、风格、手势、学问、有力的短语、要说的话和要做的事的心理库。所有这些东西都应根据行之有效的原则选择，也应根据经验、观察或研究予以确定，并以一种合理的方式储存起来，以便将来回忆。记笔记或整理档案可以有所帮助，然而，一些优秀的谈判者会说他们从来没有这样做过，而是会描述他们简单地记住他们所使用的各种方法的方式，或者把这一切归结为经验。

我们的本领定义了我们的谈判风格，但发展本领可没有什么神奇的参考书，这是一段个人旅程。雷蒙德·科恩将谈判风格描述为"一系列的可能性，而不是一个僵化的、不变的预选项"，这表明本领不仅仅是一个心理库，也是可以帮助我们学习在什么时候使用什么，从而使我们在不同的谈判情况下变得更加高效的工具。随着可熟练使用的战术的增加，我们的谈判能力也在不断增强。本书提供的一系列战术和技巧都不是绝对的，而是一个起点，剩下的就看你自己了。

选择正确的战术或技巧

无论是本书，还是其他任何一本书，都无法真正指导读者在艰难的谈判中到底应该怎样做。随着谈判的进行，每一方都会在旨在赢得或实现预期结果的交流和互动中使用战术和技巧。熟悉常用战术并在对方使用这些战术时及时发现并反击是至关重要的。

本章提供了 50 种战术（包括 15 种反制战术）。本章和其他各章还提供了另外 50 种制胜技巧。这 100 种战术和技巧加在一起，可以为谈判者提供他们可能需要的一切。但请记住，关键并不在于我们能使用多少战术，而在于我们能在正确的时间使用正确的战术。

50种战术

下面逐一介绍这 50 种战术，这些战术是按照谈判的四个阶段排列的（见图 11.1）。

开场的战术

上一章探讨了用于启动谈判的开场白，说完开场白，谈判就开始了。但如何谈判，用什么谈判呢？假设你去参加拍卖，一旦拍卖师要求竞拍者确定加价幅度，谈判就开始了。但在谈判中，可能有人不愿意先出击。如果他们带头，那么我们可以跟随。如果我们需要主导谈判，那么出发点总是基于让步战略的谈判议程，以反映我们想如何推进讨论，如先谈小事或直接谈大事等。有一些开场的战术在与让步战略配合使用时可以发挥辅助作用，表 11.1

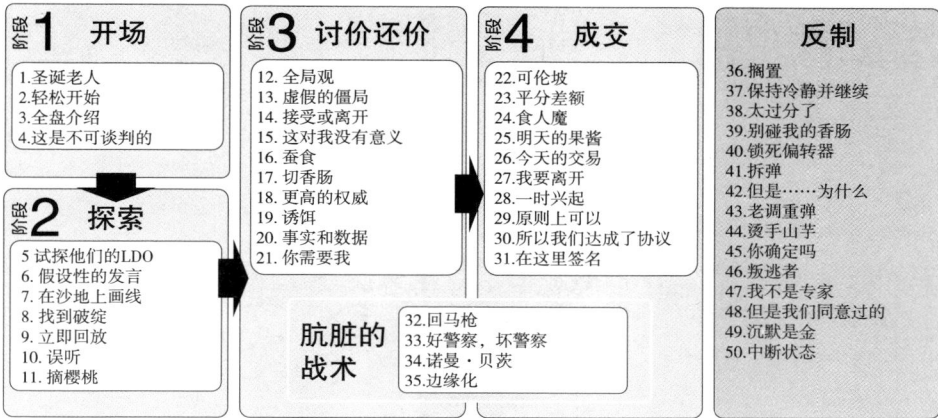

阶段1 开场	阶段3 讨价还价	阶段4 成交	反制
1.圣诞老人 2.轻松开始 3.全盘介绍 4.这是不可谈判的	12.全局观 13.虚假的僵局 14.接受或离开 15.这对我没有意义 16.蚕食 17.切香肠 18.更高的权威 19.诱饵 20.事实和数据 21.你需要我	22.可伦坡 23.平分差额 24.食人魔 25.明天的果酱 26.今天的交易 27.我要离开 28.一时兴起 29.原则上可以 30.所以我们达成了协议 31.在这里签名	36.搁置 37.保持冷静并继续 38.太过分了 39.别碰我的香肠 40.锁死偏转器 41.拆弹 42.但是……为什么 43.老调重弹 44.烫手山芋 45.你确定吗 46.叛逃者 47.我不是专家 48.但是我们同意过的 49.沉默是金 50.中断状态

阶段2 探索

5 试探他们的LDO
6. 假设性的发言
7. 在沙地上画线
8. 找到破绽
9. 立即回放
10. 误听
11. 摘樱桃

肮脏的战术

32.回马枪
33.好警察，坏警察
34.诺曼·贝茨
35.边缘化

图 11.1　谈判战术和反制战术的完整列表

列出了这些战术的详细内容。

探索的战术

一旦谈判开始，双方都会在早期阶段试图了解对方的LDO。我们的LDO 是对方的重要情报。对方会在谈判前尝试预测我们的LDO。谈判开始后，对方就会想要了解我们的LDO。如果他们能够做到这一点，那么他们需要做的就是保持强硬的立场，旨在使我们相信自己的LDO 是无法实现的，并希望这种立场能够迫使我们重新考虑自己的立场，甚至超出之前设定的LDO（见图 11.2 ）。

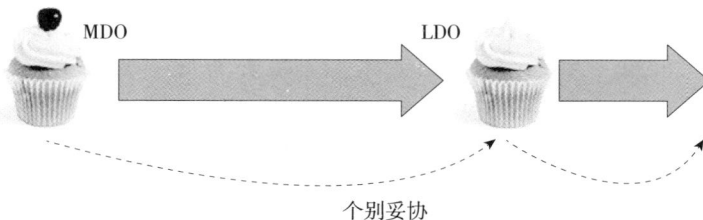

图 11.2　"试探他们的 LDO"战术

对方可能会使用许多战术尝试发现我们的LDO，而这些战术也可被我们

表 11.1 开场的战术

战术	它是如何运作和实施的	反制措施
1.圣诞老人 在开始时软化对方	一方以送礼的方式开场，原则是礼物能让对方产生一种义务感。可以采取以下两种形式。 （1）真正的礼物。在一些国家，送礼是有文化基础的。许多公司也有规定，禁止接受超过一定价值的礼物，所以需要事先调查。送礼让他们很难对你苛刻。当我在海外谈判时，我经常会带一些英国菜单或一些来自康沃尔（我出生的地方）的软糖。送礼时一定要征得对方的同意："你介意我送一份来自我出生地的礼物吗？" （2）让步的礼物。与送真实礼物的原则相同，但这时你提供的是一种无条件的先期让步。选择一些你知道他们想要的并且容易送出的东西："首先，我知道由于成本上升，你们要求对这个项目进行提价，我想先说我们愿意同意这个要求。"但是，要确保你的礼物不会影响谈判内容。 注意： 真正的礼物往往是个人接受的，优惠则会使组织受益，这可以改变礼物的影响力。礼物的价值会受公司规则的影响；如果他们说不能接受，也不要生气	· 首先决定你是否适合接受礼物（确保遵守公司关于此类事项的规定）。如果不适合，要么礼貌地感谢他们并解释你不能接受的原因，要么遵循公司对此类事项的规定，例如，许多公司将此类礼物集中起来，然后用于慈善事业 · 如果你能接受礼物，就要决定是否接受。接受礼物通常需要很有礼貌，你应该感谢他们，问他们一两个与礼物有关的问题，然后把它从桌子上拿开，并把它放在你看不见也摸不着的地方，然后像往常一样开始工作 · 如果你决定不接受礼物，也许是因为你要进行强硬的主张价值的谈判，那就找一个合适的理由礼貌地拒绝对方

（续表）

战术	它是如何运作和实施的	反制措施
 2. 轻松开始 用能让双方绑定的东西开始	困难的项目被搁置起来，由一方牵头就某一点开始讨论，希望另一方同意，并就结果进行讨论。这样建立信任，并在开始谈该议题之前打破僵局。 **注意：** 他们会把困难的项目放在一边，因为他们想先谈更大的议题，这样你就可以跑掉了	除非你有时间压力，否则就随它去吧
 3. 全盘介绍 在有时间压力的情况下使用，或者通过表现出坦诚和透明赢得别人的好感，并开始建立关系	这是一个高风险开场白。我曾经认为这是属于没有经验的谈判者的开场白。但是在我成功地做了几次这样的开场白之后，我发现在认为，如果你打算建立一种关系，它有它的作用。一方开场时就把自己能够提供的东西全都摆出来，或者只保留一件东西。在提供的时候会附带一些条件，如"我就敞开门见山地说了，我会给你最好的报价"。对方当然会认为这是一个开场白，接下来只会变本加厉。这时，如果有一样东西被保留了下来，就可以给出去。那么，做开场白的一方就会坚称"这是我能提供的最好的条件"，对方很快就会发现，一旦惊喜消息，全盘介绍会起到和送礼一样的作用。 **注意：** 他们拒绝接受这是你的最终立场。在这种情况下，建议他们离开，并考虑一下或设定一个最后期限好让他们决定	通过寻找并暗示还有更多的破绽试探这是否真的是一个完整的介绍或只是一种策略。在这种情况下，继续谈判。如果是真的，就接受它

（续表）

战术	它是如何运作和实施的	反制措施
4. 这是不可谈判的 从一开始就采取强硬的态度，表明你不准备做出任何让步	一方开宗明义，表明立场是不可商量的，会议只是礼节性的。 这种战术的作用在于首先设法消除谈判的基础。如果没有谈判，就不会有让步。请记住，通常当双方同意来到谈判桌前时，实际上已准备好了做出某种让步。 这种战术可以用来维持初始地位，也可以作为一种开场白以维护你的立场，并且伴随着对方可能会离开的风险。然而，它有它的作用，如果在某些情况下谨慎使用，它可以成为一种非常强大的战术，以确保保护你的MDO。这种战术经常被律师和零售商使用。 在以下情况中，它可以发挥作用。 （1）一方掌握着所有的力量，另一方几乎没有选择。 （2）另一方已经表现出某种强烈的同意意愿（如对某一结果的情感依赖）。 （3）当有一个政策或条款是由主管部门制定的，并且不能被挑战时（如在商店里买东西）。 当用不可谈判作为初始立场以维护某种力量时，要小心翼翼地运用它，给对方留下一条缝隙，让对方认为我们能开。使用"我很乐意谈论这个问题，但我很认为这样的语言能在这个问题上提供更多的东西"这样能运论这样的语言并且没有完全关闭大门，给对方留了一线希望。 **注意：** 如果这很重要，他们会离开或关系会被破坏	• 问"那你为什么来这里"。事实上，他们已经来到了谈判桌前，这表明他们已准备好了谈判 • 试图确定为什么不能谈判，并试图消除障碍 • 寻找他们立场中的破绽（见"找到破绽"战术） • 虚张声势，使用你的BATNA

用来试图确定对方的 LDO。假设性的问题可用于测试可能的情况，为了更接近某个立场而明显误解对方的话或试探对方立场上的破绽都是有帮助的。表 11.2 概述了一些探索立场的战术。探索是为了试探立场，而引发的反应往往比对方所说的话更能揭示问题。后文会介绍肢体语言，但是，在探索阶段最重要的是设法防止非语言反应泄露"棋局"，并仔细观察对方的反应。

讨价还价的战术

讨价还价发生在双方都知道彼此可能想要的东西的时候，尽管在实践中，这一点从来没有被完全理解。优秀的谈判者总是可以保留一两个惊喜。在讨价还价阶段，双方已经开始测试达成协议所需的条件，无论是针对个别谈判需求还是针对整个谈判。双方甚至可能已经开始在某些事情上达成一致。在讨价还价阶段，双方将继续探索彼此的立场。

讨价还价的战术有很多，但其作用都是一样的——让对方完全同意。讨价还价的战术可以对结果起到决定性的作用。如果我们没有发现并反制这些战术，这些战术就会对我们不利。例如，同意一个看似很小的让步，然后同意另一个让步，看起来是无害的，甚至是有益的，但如果对方使用的是一种叫作"切香肠"的战术，那么他们的目的就是要确保我们同意一系列小的让步（切片），当这些小的让步都实现后，他们再争取大的让步。人们很容易认为小交易是次要的，但其实不然（见图 11.3）。

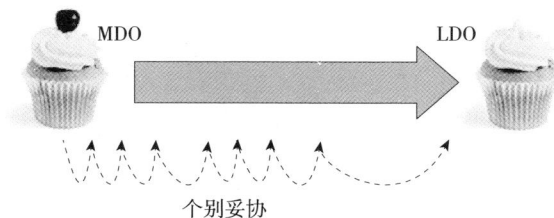

图 11.3　"切香肠"战术

另一种常见的讨价还价战术是"你在伤害我"。采用这种战术时，对方

表 11.2 探索的战术

战术	它是如何运作和实施的	反制措施
5. 试探他们的 LDO 用于尝试最大限度地得到你想要的结果，通常在探索阶段的早期使用，用于探索和讨价还价阶段寻求潜在的协议点	一方试图找出对方的 LDO 可能是什么。这种战术的作用是使对方认为他们错误地判断了自己的立场，质疑自己的立场，透露他们不能再继续下去了。 **如何使用这种战术：** (1) 让他们说出他们想要的东西。 (2) 对他们的地位表现出难以置信的态度（使他们怀疑自己的 LDO）。 (3) 同意有回旋的余地。 (4) 鼓励他们提出"更合理"的建议，这样你就可以开始讨论。 (5) 提出一个荒谬的建议（很可能超出他们的 LDO）。 (6) 从这一点出发，非常缓慢地靠近对方。 假 LDO 是由他人揭示的：就算对方说"我不能再在前在了"，也要继续测试，直到你发现他们的痛苦是真实的	• 谨慎地处理你所透露的内容，尽可能避免做主。但你应该做时，请记住，你是在沙地上画一条线，这将使未来的讨论从这条线开始 • 记住，荒谬的建议是行为的一部分，表现都是行为的一部分，不要被愚弄 • 保持冷静，维持自己的立场，坚守 LDO，不断强化自己的论点或行动上的困难 • 不要怀疑自己 • 制造一个假 LDO 并让他们发现，但要让他们为之努力，显得你走到那一步很痛苦
6. "IF…" 假设性的发言 当对方顽固不化时，运用筹码并探索他们的 LDO。用于探索寻求潜在的协议点	一方提出一个假设性问题，以探寻另一方是否会同意某事。因为这只是一个假设性问题，没有任何承诺，所以对方更容易答应。例如，"如果我能找到一种方式来满足你的派价要求，你会不会把进度加快"。 **如何使用这种战术：** (1) 确定你准备做的潜在交易，以及想从他们那里得到什么。 (2) 以假设性的方式问他们："如果我要求这样做，你会那样做吗？"你得到的回答将会决定这这是不是一种切实可行的可能性。 (3) 继续问假设性问题来探寻不同的可能性。 (4) 利用你获得的情报进一步讨价还价，促成交易。 (5) 利用对假设性议价点的总结，朝着达成交易的方向发展。 **注意：** 不要透露你的真实立场，但假设性问题仍然意味着你在透露你的立场，要谨慎	• 决定是配合还是拒绝 • 如果你选择配合，请记住，这个问题的目的是让你表明自己的立场。根据目的传递的信息，谨慎地做出回应。 • 通过不回答但改变话题或提出自己的假设性问题转移话题

（续表）

战术	它是如何运作和实施的	反制措施
7. 在沙地上画线	一方被鼓励甚至自愿说出了他们想要的东西，就像在沙地上画了一条线。"你会给我报价吗？你会接受什么价格"或"你准备支付多少钱"等问题在这时经常被使用。一旦在沙地上画出一条线，今后所有的讨论都会围绕这条线进行。例如，考虑出售一辆自行车。 买家："你想要多少钱？" 卖家："给我开个价吧。" 买家："好吧，我准备付 50 英镑。" 卖家："报价太低了，我买它的时候花了 150 英镑，我把它保养得很好，它值 80 英镑。" 买家："我最多只能出 70 英镑。" 卖家："好吧，75 英镑怎么样？" 买家："成交。" 在这个例子中，买家觉得自己完成了一笔不错的交易，谈判也很顺利。然而，如果卖家一开始就认为他能以 40 英镑的价格卖出这辆自行车，那么会发生什么呢？想象一下，当对方以 50 英镑的价格开始时，卖家会多么惊喜。他本来就知道，如果他们从这个报价开始，那么买家很可能会出更高的价格；他要做的就是让他们达到这个价格。一旦在沙地上画出一条线，你就这样做了对方。有时，画出第一条线是必要的或不可避免的。然而，只要买家的或卖家的讨论立足于这条线，就可以利用它获得优势。 注意： 非常高或非常低的报价及文化差异。在欧美国家，第一次报价与最终报价之间往往有 10%~20% 的差距。但在部分国家或地区，第一次报价与最终报价之间的差距往往超过 20%	• 如果有可能，不要做第一个在沙地上画线的人，而是鼓励对方先画线 • 如果你确实需要主导这次谈判，那么你要了解第一次报价和预期的最终报价之间的差距 • 如果对方坚持要你报出价，你就出一个高得离谱或低得离谱的报价。当对方退缩时，责怪他们坚持要求你出价，并适当地使用幽默的语言。从你的离谱报价中慢慢回过头来，鼓励对方说出他们想要什么

（续表）

战术	它是如何运作和实施的	反制措施
8. 找到破绽 用来测试一个可能会被发现的立场	当一方在某项要求上坚持某个立场时，另一方就会试探一下，看看这个立场到底有多真实，或者哪里有可以撕开的缝隙。这种战术的作用是将对方的立场从谈判的即时环境中抽离出来，并将其置于新的假设或解决当前的情况下。如果他们做出新的让步，你就可以获得更多的让步。因为这个问题是假设性的，所以容易回答，问他们这个问题是会同意合同这些新的假设，但这样一来，他们就破绽了，也透露了有让步空间的事实。 举例如下： 供应商："我们不可能在我们的条件上再做任何改进了，因为我们已预计海外工厂的管理费用会增加，而目前我们无法预测这些费用是多少。" 采购方："那么想象一下，我们有一个不同的合同，其中有一个机制用来应对真正的成本增长，这样你就不需要通过价格建立风险保护机制了，所以就没有可能改善状况，对吗？" 注意： 他们会接受你的假设的假设性建议并提出真正的建议。记住，这只是一个测试题，所以不要做出承诺。	• 认清他们在做什么，然后决定你是否要配合。如果你要配合，那么要以他们的假设是否露出破绽为条件 • 当你不想露出破绽时，要以回报为条件给你一些露出条件 • 如果你不想露出破绽，就拒绝回答，或者用另一个能够找到破绽的问题转移话题，或者记下它，以后再回答
9. 立即回放 用来检查你到了什么地方，到目前为止，到目前为止已经商定或决定了什么	一方要求暂停，并重述他们对迄今为止所取得的进展的理解。然而，至关重要的是，你应该在准确并检查关于他们立场的假设。 如何使用这种战术： （1）在关键点上要求暂停讨论，并暗示你想总结一下认为讨论取得了哪些进展。 （2）总结讨论的关键点，如"你刚才说……你对表示关注"等。 （3）不要害怕使用暗示他们动机的语句。看看他们是否会赞同或纠正你。 （4）请他们确认是否同意你的总结。如果他们同意，他们以后就很难改变他们的承诺。 注意： 观察他们的肢体语言，看他是表示同意还是有不自在的表现	• 让他们这样做，但要仔细观察肢体语言。在他们总结时表现出明显的同意态度，因为这是你希望他们看到的东西 • 如果他们的复述不准确，就纠正他们 • 如果他们将讨论的内容编成对他们有利的内容，就说明他们在曲解你，这时你要纠正他们 • 如果他们的复述不准确，请表达出你的疑惑

（续表）

战术	它是如何运作和实施的	反制措施
10. 误听 用来测试他们对某一立场的舒适度、接受度，并推动他们向 LDO 更进一步	这是"立即回放"战术的一种变体，只是故意改变了某个事实，使之成为对你更有利的结果。改变的程度等同于他们认为可以接受的让步。对方会纠正你，或者如果新的观点仍然在他们的接受范围内，他们可能会放任自流或不会注意到。如果你受到质疑，你就以"听错了"为理由道歉，否则以后所有的讨论都会从这个新的观点出发，他们就很难再提出质疑，因为你以后可以提醒他们你或"犯规"。例如，如果提议的价格经过讨论已经被确认为 110 英镑，那么你在总结时可以喊 "价格在 100 英镑左右"。 如何使用这种战术： （1）使用"立即回放"战术，但改变某个事实，使之对你有利。 （2）确保你在复述时，被改变的那个事实不会引起注意。 （3）如果他们发现了，就道歉并改正自己的错误；如果没有发现，就从现在开始使用这个数字。 （4）请他们确认同意你的复述。 注意： 他们会回到原来的位置，并声称他们没有同意。	立即纠正他们，除非你能控制住，否则不要让你的谈判地位下降
11. 摘樱桃 用来降低他们对某一立场的报价、消除他们可能拥有的任何的"附加价值"，并确定为什么对他们来说是非重要的	一方试图只挑出谈判中的某些方面进行讨论，似乎对其他方面没什么兴趣（即使这不是真实的立场，他们可能会放大这种兴趣）。这就迫使商要么缩小范围，要么抵制，他们可能会透露其他人对他们来说很重要的内容，或者完整的一揽子方案可能给他们带来了某种优势，以某种方式将你锁定在他们身上。 如何使用这种战术： （1）发出你对特定元素感兴趣和对其他元素不感兴趣的信号。不要排除它们，暂时将它们留下，作为一个提议。 （2）观察他们的反应。 （3）如果被删除的内容对你很重要，就以后再来找他们，甚至让他们认为你在帮助他们。 注意： 当他们诸责你虚张声势时，不要做任何反应	• 建议从讨论中删除某些内容，但这对其余内容会有影响，因此会改变你的立场 • 如果他们从讨论中删除了一些重要的内容，不要做出任何反应（他们可能在观察这会这些内容做）。请记住，你可以讨论这些内容，并要求将其作为以后交易的条件重新提出来。在你对整个交易满意之前，你不需要对任何事情达成一致

制造了一个离实际 LDO 有一段距离的假象，目的是让我们相信没有什么谈判的余地。通过紧缩和减少让步，以及在让步时表现出痛苦的样子，我们可以让对方认为他们已经触碰到了我们的底线。这是我遇到的水管工和建筑商用得最多的战术，他们会在谈判中刻意表现出不得不让步的痛苦，最后猛吸一口气，好像在说"好吧……这是我的最终价格，但你伤害了我"（见图11.4）。表 11.3 列出了讨价还价的常用战术。

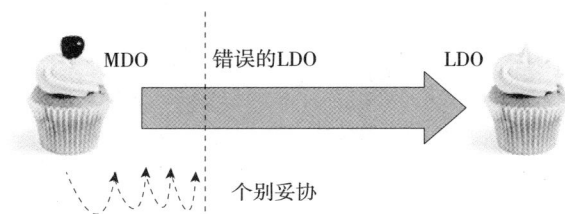

图 11.4 "你在伤害我"战术

成交的战术

成交是谈判的一个关键组成部分，但也经常被低估。我们要知道如何成交，但更重要的是要知道何时成交，这是一种技巧。合适的时机是由很多因素决定的，大多数人会在无意中通过肢体语言和眼神透露他们已经准备好了。我稍后会介绍这个现象的原理。然而，没有经验的谈判者往往不知道这一点，他们仿佛在等待对方采取行动。这种情况持续的时间越长，就会有越多的力量转移到对方身上，对方会越来越感觉到自己在控制着我们，而且对方会有很多时间思考论点和替代方案。

在人寿保险业发展初期，金融监管介入之前，销售人员有一套成熟的技巧：第一，要讨人喜欢，赢得信任；第二，要让人产生恐惧感和内疚感，害怕一旦发生最坏的情况，亲人会无依无靠；第三，给他们提供一种方案、一张表格和一支笔，让他们签字。大多数人当时就会签字，但那些选择考虑一下的人就不太可能签字了。

表 11.3　讨价还价的战术

战术	它是如何运作和实施的	反制措施
12. 全局观 用来避免拘泥于大量的细节，主要用于讨价还价和成交阶段	一方建议，与其关注所有细节（谈判需求），不如将讨论的重点放在全局上，即涵盖所有内容的单一协议。 如何使用这种战术： (1) 说出问题所在："我们被细节困住了。" (2) 确保达成协议，树立全局观。 (3) 提出建议，讨论各自的立场。建议树立全局观的一方很可能需要率先提出建议。 (4) 给对方时间，让他们检查自己的立场。 注意： 只有真正了解自己的 MDO 和 LDO，才能树立全局观	• 除非你已经针对这种情况做好了准备（即已经制定好了 MDO 和 LDO），否则就应要求暂停，以便考虑自己的立场 • 让他们提出第一个建议 • 如果你还没有得到你想要的东西，就不要害怕从树立全局观转向关注谈判的细节要点 • 就算你已在全局观上达成一致，也不要害怕再提出一个要求
13. 你在伤害我 用来给对方留下某种印象，即他们的要求太高，而你所提的价格已经达到、接近或超过了你的 LDO。在讨价还价和成交阶段使用这一战术可以确保得到更有利的结果	制定一个虚假的 LDO，并给对方下没有更多让步空间的印象，迫使他们做出更多的让步或停止寻求让步。为了提升谈判地位，你可以表现出他们的要求伤害了你或使他们遇到很大紧的感觉，也可以表现出身体不适的迹象。 如何使用这种战术： (1) 确定一个虚假的底线。比起真实的底线，实际的底线必须隐藏起来。 (2) 让对方猜出我们的假 LDO，但不要让它太容易被猜出。只有这样让对方努力猜出它，这个战术才会奏效。 (3) 我们要坚定自己的立场，并表现出明显的苦衷，让对方觉得做出这个让步对我们来说是很困难的。 (4) 继续表现出苦恼和不适，让他们知道我们不能继续下去了。 注意： • 他们会有我们意想不到的 BATNA • 不要把事情做得太过分了，否则他们可能会离开 • 注意我们的肢体语言，用肢体语言暗示我们想表达的意思	• 确认这是他们正在做的事情，再施加一些压力，观察他们的反应 • 注意他们是否表现得很痛苦 • 当他们做出"痛苦的让步"时，向他们表示感谢，但不要害怕继续谈判，或者直接提出成交条件 • 如果一切都失败了，给他们下达最后通牒或使用 BATNA

（续表）

战术	它是如何运作和实施的	反制措施
14. 接受或离开 （TAKE IT / LEAVE IT） 假装要拒绝谈判，试图使对方同意你的条件。在讨价还价阶段使用这一战术可促使别的成交价和成交阶段达成协议	无论是从一开始还是在做出一些让步之后，我们都要坚定自己的立场，明确声明不会再让步，他们要么接受要么离开。坚定立场，不发出任何软弱的暗示，并做好他们会离开的准备。 如何使用这种战术： （1）从一开始就表达强硬的立场或在做出一些让步后再表达强硬的立场。 （2）在使用这个战术之前，确保我们有一个好的 BATNA。 （3）坚定立场，坚定不移。 （4）要有耐心，坚定不移。 （5）必要时做好离开的准备。 注意： • 他们有我想要不到的 BATNA • 不要把事情做得太过分了，否则他们可能会离开 • 仔细观察他们的肢体语言	• 通过阐明我们的立场确认他们正在做的事情，注意他们是否只是简单地重申自己的立场 • 利用时间压力或其他理由来推进谈判 • 暗示我们没有得到我们需要的东西，如果我们不能前进，不妨休会 • 不要表现出急于达成协议的信号。保持冷静，表现出我们拥有世界上最好的 BATNA 的样子 • 如果一切都失败了，给他们下达最后通牒或使用 BATNA
15. 这对我没有意义 用于鼓励对方做出让步。在讨价还价阶段使用这一战术有助于达成个别协议	一方提出交易（或许先用一个假设性问题进行测试）并提供一些东西作为回报。对方提供的东西也许对其价值不大，但对我们可能价值很高。例如，买方可以提供合同条款，允许卖方宣传买方的首选供应商，并且可以在宣传材料上使用买方的品牌。 如何使用这种战术： （1）考虑他们对谈判的潜在要求及什么对他们有吸引力，并确定对你来说什么是容易给他们的。 （2）将这些东西作为筹码，换取你特定的东西作为回报。记住，要强调所提供的东西的好处，并让对方相信。 注意： 如果用一些没有价值的东西换回了一些令人难以置信的价值的东西，这将破坏你已经建立的信任关系	• 确定对方提供的东西对你是否有价值，如果有价值，确定是否值得交易 • 如果没有价值，确定是否值得交易 • 把他们提供的东西加入最后的交易 • 毕竟它对他们来说价值不大，所以他们很可能会乐意把它加进去

（续表）

战术	它是如何运作和实施的	反制措施
16. 蚕食 用来争取对方的小幅让步	一方要求另一方做出的小幅让步，并因核让步达成协议。当有关的让步是另一方不太可能保质减的，能够日会轻易给予的。提出请求的时机应该是通过做出让步让双方更接近达成交易时。 该战术成功的关键在于，蚕食的协议要得到了保障，使对方力以后很难反悔，因为蚕食已经无法撤回了。 若连续使用该战术，就成了"切香肠"战术。其他相关战术还包括"可伦坡"战术，这是一种谈判结束后的"蚕食"战术。 注意： 他们对蚕食的价值预期不符合你的要求，他们要求得到回报。如果发生这种情况，退让可能是更接近他们的行动方案	• 避免一口咬定，而应在原则上达成一致，留出反悔的余地 • 要求有所回报 • 在原则上达成一致，但要把所有条件都摆在桌面上
17. 切香肠 通过推动一系列表面上很小的个别协议的达成确保整体优势。然而，所有较小的协议加起来使协议发生较大的地位发生较大的变化。在讨价还价阶段使用这一战术有助于达成个别协议	这是在多次蚕食的基础上形成的一种战术。一方做出一系列表面上很小的让步，并在途中确保每次让步达成一致。另一方可能会敌意手，但随后认为每一次小让步都会影响结果。慢慢地，一方获得了很多小切片，但随后真正的谈判开始了，一方已经解决了大问题。另一方突然意识到他们已经做出了太多的让步，但为时已晚，因为事情已经发生了，所以最终结果比计划中的结果更接近他们的LDO。 **如何使用这种战术：** （1）暂缓讨论主要话题，提出一系列的小要求。例如，"在我们讨论这个问题之前，我们正在通过消除障碍帮助他们，"例如，"我们能不能同意，我们能不能……" （2）不断寻找新的共识，就像你刚刚记起它们一样，例如，"噢，还有一件事，我们能不能。" （3）确保他们同意每一个观点。 （4）当上述方式不再奏效时，开始讨论主要的谈判点。 （5）阻止对方重新审视已经达成的协议，例如，"但我们已经针对这些事情达成了一致，如果你有回到头来谈这个，我会有意见的" **注意：** 避免达成有条件的协议；如果对方留下任何退路，这个战术就变成了对可能性的探索	• 避免在途中发出任何形式的同意信号，要保留到最后。这样你就可以根据自己的条件和全局的情况进行交易 • 做出非承诺性的回应，给自己留一条退路，如"这是有可能的，让我们先……" • 谈其他的事情，之后再谈这个问题

（续表）

战术	它是如何运作和实施的	反制措施
18. 更高的权威 用来使争论变得无关紧要、制造人为的界限	一方制造一种限制或理由，说明为什么必须采取某种行动，例如，这是公司政策，超出了他们的权限，或者这是上级主管部门授权的。当然，上级主管部门太重要了，不能参与谈判，不能被质疑。当你要求赔偿时，客户服务中心会说："我最多提供50英镑。" **如何使用这种战术：** 创造一个合理的、不可移动的障碍，它在你的权限之外或显然是由更高的权威设置的，这可能是预算限制，公司政策或规定，安全考虑或批准权限。 **注意：** 若使用更高的权威，对方可能会直接挑战权威或与之有关系，也可能会自愿解决问题	• 在谈判开始时，询问对方是否有权采取行动和达成协议以防止出现这种情况。如果他们以后说"是"，他们以后就很难用这一招来对付你。如果他们说"不"，你就可以提出，在所有合适的人都到场之前，继续进行谈判是没有意义的 • 通过观察他们的肢体语言确定他们的要求是否真实 • 挑战上级主管部门或拒绝承认其有效性 • 给对方下达最后通牒，要求他们要么想办法克服障碍，要么停止谈判 • 准备好使用你的BATNA
19. 诱饵 用来避免给予太多	一方假装非常重视一个实际上意义又不大或根本不重要的问题或要求，以此制造一个假象，并维持这个假象，以后可以在这个问题或要求上做出重大让步。实际上该方几乎没有损失，但另一方会认为他们之间的交易是平等的。 **如何使用这种战术：** （1）选择一个不重要的问题或要求。 （2）确定一系列合理的论点，使其看起来很重要。 （3）坚守自己的立场，坚持声称这个问题或要求很重要。这时不要让步，而是继续前进，之后再来谈这个问题，最后通过让步要求对方达成交易。 **注意：** 避免不可信的论点	如果他们说来件你认为不足道的事情非常重要，不要急着质疑他们。而要询问问他们是什么让这件事情是什么提高了这件事情的重要性，以了解他们的立场的真实重要性，要求他们将讨论过的另一个项目进行重要性与已经讨论过的重要项目进行对比。例如，"显然对你来说，那么我们可以安协到这个程度，那么其他事情更重要还是没有这件事情重要"。这句话暗示你可以满足他们的其他需求，但这也意味着取消已经达成的协议

（续表）

战术	它是如何运作和实施的	反制措施
20. 事实和数据 用来增强你的论点的可信度，强化你的立场，削弱他们的立场，迫使对方让步	一方根据事先准备好的事实和数据提出论点。这些论点是经过深思熟虑的，目的是解除对方的武装，并确立一种难以争辩的立场。若要求降价，就可以将产品数据作为支持，这些数据可以表明原材料价格或劳动力价格最近有所下降，或者用质量或其他数据表明供应商一直表现不佳。根据事实和数据了解市场的一般状况对你来说也非常有用。如果他们说你的信息有误，就请他们提出理由。 **如何使用这种战术：** （1）做好研究，提出论点。 （2）根据事实和数据确定你想要的结果，但确保计算正确。请记住，如果投入成本发生变化（如原材料价格下降），这对结果的影响程度就取决于这在多大程度上反映上反映了产品或服务的价格。 （3）展开你的论点，坚定你的立场。如果他们对你说的话提出质疑，请他们用数据说明理由，他们要么在虚张声势，要么有真实的数据。在这种情况下，要理解他们的立场，并花时间重新考虑你的立场。 **注意：** 数据不准确会让你掉入数据陷阱。如果他们更了解情况，你将无计可施，因为你已经将使用事实和数据作为商定结果的基础了	• 做好准备，不要被吓到，要自己搜集资料，了解自己的立场 • 预测他们可能使用的论点 • 提出相反的论点，表明你承认他们的立场，但又能说服他们。例如，"你是正确的，一些原材料价格下降了，但原材料价格只占销售价格的不到10%，尽管如此，石油和能源价格却上涨了很多" • 你一旦确立了用来反驳对方的论点，就要努力推动双方就你提出的条件达成协议，因为他们很难再提出质疑

（续表）

战术	它是如何运作和实施的	反制措施
21. 你需要我 用来让他们注意到他们对你的依赖	一方将注意力放在那些在某种程度上可使另一方对自己产生依赖的因素上。其核心是制造一种恐惧感，特别是对失去或错过某些东西的恐惧感。这种战术的一个变体经常被销售人员使用，他们可能会说"现在对你来说是一个很好的机会"或"想象一下，如果你发生了什么事，而你没有购买这份人寿保险，事情会有多么可怕。" **如何使用这种战术：** 如果有可能，确定对方可能需要的东西或交易本身以外的价值，或者确定特定的损失是否会影响对方，然后促使交易达成，以消除这种风险。例子如下。 （1）"你能承受不达成交易的风险吗？" （2）"当我们对你的业务如此了解时，你能承受不与我们合作的风险，并冒险与其他人合作吗？" （3）"从来没有人因为雇用×××（随便提一家大的咨询公司的名字）而被解雇。" （4）"记住，我们是唯一一家有你所需要的这种独特技术的公司。" **注意：** 在尝试使用这种战术之前，要知道在这种情况下更有力量。如果你不这样做，你就可能会没有依靠，或者这种战术可能会被对方用来对付你	考虑所传达的依赖性，确定它是否真实存在。如果存在，你可以考虑以下几点： • 确定你对它的重视程度，并确定你可以做些什么来消除或降低这种依赖性（制定一个替代方案） • 试图让对方相信它对你来说不是那么重要 • 确保在交易中保持独立

成交的战术是旨在使天平趋于平衡的战术，这些战术只有在对方同意或将要同意时才会发挥作用。如果过早地使用这些战术，就会失败。不过，这并不意味着无法成交，因为使用成交的战术只是为了推进谈判。表 11.4 列出了成交的战术。

肮脏的战术

肮脏的战术有很多，唯一的问题是是否使用这些战术。一种战术是否肮脏是个人或文化判断的问题。使用某种战术对一个人来说可能是不可接受的，但对另一个人来说可能是公平的游戏。很多人会毫不犹豫地谴责你使用这样的战术，但他们自己会很乐意使用这些战术。"好警察，坏警察"战术的运用有程度之分，可以有多种玩法——从"温柔"到"审讯标准"。

肮脏的战术属于主张价值的谈判领域，因为就其性质而言，它们与创造价值是相悖的。它们往往被用于探索和讨价还价两个阶段，我们无法预测某人何时会使用它们。我们要问问自己："是否有一个可靠的理由让对方不使用肮脏的战术？"如果没有一个令人信服的答案，就不要相信任何人。真正的关系一般倾向于防止肮脏的战术被使用。矛盾的是，当在多时主义和集体主义文化中进行商业交易时，关系有助于达成协议，但如果关系不牢固或不真实，那么任何事情都可能会发生，而无情的、肮脏的战术可能是掌握权力的群体之外的人的公平游戏。

是否使用肮脏的战术是个人的选择，因为其中的许多战术需要你虚张声势，或者变得咄咄逼人、粗鲁或无情。我们还应注意这种战术是否有助于或阻碍谈判。我曾经目睹谈判团队组长在早期使用其 BATNA 时，有人对他使用了肮脏的战术。他只是站起来说："对不起，我打算不再与你讨论这个问题，因为你的行为是不道德的，所以这次会议到此为止。"然后，他立即走了出去，再也没有回来。他的团队成员和我都被留在房间里，在这令人不舒服的沉默中收拾东西。请谨慎使用肮脏的战术，这些战术只有在充分了解风险的情况下才能使用。表 11.5 列出了一些可供使用的肮脏的战术。

表 11.4　成交的战术

战术	它是如何运作和实施的	反制措施
ONE MORE THING 22. 可伦坡 用来争取对方最后一个小让步	就在对方准备结束谈判，你只需说"哦，还有一件事……"（这句话在电视剧《神探可伦坡》中很有名），而且似乎没有其他障碍的时候，然后你再要求对方做出一个最后的但相对微不足道的让步。要想做到这一点，整个交易可能会失败。而且必须是对方觉得如果你不达成交易易可签字了的时候，你说："还有一件事，你能不能给车加满油？" **如何使用这种战术：** （1）随着谈判的展开，确定一个对方愿意做出的小让步，并在谈判结束之前一直把它排除在讨论范围之外。 （2）当你和对方显然已经准备好达成协议并结束谈判时，你可以像突然记起某件重要的事情一样说"哦，就有一件事，还有一件事，……"并要求对方做出让步。 （3）如果他们说"不"，就重新谈判，你应当坚定接受或离开的态度，促使对方同意做出让步。 **注意：** 他们会对要求采取接受或离开的态度	• 考虑满足这个要求对你来说是否容易，是否值得为了完成交易而做 • 如果你真的做出的决定去做，就提出一些条件，例如，"好吧，我会满足一些条件，例如，但前提是我们的谈判本来已结束了，而现在需要继续……你同意吗" • 如果你不准备做出最后的让步，你就坚定立场。好像你已经准备至离开。好好重新开始谈判甚至离开，"很抱歉，但我已经做到了极限了，这是我们能做的最大让步，请坚定立场"
✗ 23. 平分差额 用于通过推动表面上的相互的让步结束谈判，通常用于人们对谈判感到不舒服的时候	当双方坚定各自的立场，继续讨价还价，但没有达成协议，一方建议双方各退一步，换句话说，就是在两个立场之间的中点这成一致。例如，A 方说"价格是 150 欧元"，B 方说"我只准备支付 100 欧元"，然后 A 方说"我们降到 125 欧元"。 **如何使用这种战术：** （1）如果双方认为对方已接近放弃，而且两个立场之间的中点对你来说是可以接受的，就提出平分差额。 （2）像对朋友提出建议一样说"为什么我们不各退一步呢"或"让我们各退一步吧"。 （3）有时，在提议之后，使用一些增强接近成交这种印象的手段是很有帮助的，例如，伸出手准备握手或暗示"我们今天就可以给一张采购订单"。 **注意：** 你的建议会让他们看到一个新的、更低的 LDO，让他们有机会把你的价格降到更低。要么坚定新立场，要么做出更多的让步	• 如果对方在谈判初期就使用了这个战术，有可能是因为对方没有经验，而这可能是他们唯一的战术。礼貌地解释为什么这是不给当的，并提出理由，例如，"在这种情况下不适合以物易物，请专注于我们自己的立场。我推荐……" • 如果在最后阶段使用，就要决定是否可以接受建议立场，以换取我们的立场。如果你接受，并尝试提出一个较小的让步，并首先试图建立一个新立场，如果中点对你稍有利照他们的建议按

（续表）

战术	它是如何运作和实施的	反制措施
24. 食人魔 用于创造一个令对方信服的理由，使其让步或同意	当一方顽固并坚定自己的立场时，另一方就会表示，除非他们能够提出令人满意的结论，否则"食人魔"就会介入。"食人魔"是一个真实的或想象中的人，他对结果感兴趣，他的干预对另一方来说是灾难性的，不可预测的，而且他真的有可能停止谈判，选择别的方案。要想做到这一点，另一方需要逐步建立这样的观念，即"有一个'食人魔'在伺机而动，不要让他介入谈判，这对我们双方都没有好处，因为这可能会让一切都停滞不前"。 **如何使用这种战术：** （1）确定谁是"食人魔"。理想情况下，这是一个真实的人——一个级别更高、更可怕的人，如果你真的想使用这个战术的话，就需要向他做出充分的说明。这个人必须有一个合理的理由来进行潜在的干预，也许是因为他是一个资深的利益相关方。他还必须有充分的权力叫停谈判。 （2）在整个谈判过程中要发出信号，表明这个人存在，他为什么对正在发生的事情感兴趣，以及这个人可能想要干预谈判，如果这种情况没有发生，对大家来说会有什么好处。 （3）如果谈判陷入僵局，建议你不要汇报你提出的建议，你需要把"食人魔"带入谈判。或者改天在他在场的情况下重新召开会议。 （4）坚持到底，就好像你即将把"食人魔"带入谈判一样。 **注意：** 避免另一方一方知道谁是食人魔或与之有关系	• 验证对方的说法。询问对方的身份和利益，以及为什么他不参与谈判 • 如果你知道此人且他们的说法是真实的，你可以要求与他们合作，不让此人参与 • 如果你认为这是虚张声势，就坚定自己的立场，表现出对他们的威胁不屑一顾 • 扭转局面。例如，"听起来这个人是一个关键的决策者，所以我认为应该让他听听我们的意见"

（续表）

战术	它是如何运作和实施的	反制措施
25. 明天的果酱 用于在对方同意对方的情况下向对方提供潜在的利益	在对方即将同意的时候提供潜在的利益，即如果他们同意，将来可能发生什么事情。这是信任游戏的一个变体，因为这个建议不是作为谈判的一部分而正式确定的，而是一种个人承诺。例如，"你看，如果我们在这个问题上达成一致，我认为这将使你以后在与我们的重要的事情进行谈判时处于一个更有利的地位"。 **如何使用这种战术：** （1）确定潜在的利益，并建议对方接受。 （2）提出这个建议，注意不要做出任何确切的承诺，而是暗示可能发生的事情。 （3）决定你是否会在以后跟进或做出改变。 **注意：** 他们会要求你对你的建议做出承诺时，你必须转移话题，暗示可以不做承诺，但他们会抓住这个机会	• 量化他们的建议 • 决定你是否希望在这个建议的基础上继续下去，毕竟它隐含着一种要履行的义务 • 如果你不放心，就把这个建议作为交易的一部分正式确定下来。如果他们拒绝，你就指出他们的建议显得有些空洞，他们并没有提供任何实质性的东西，然后继续谈判
26. 今天的交易 用于迫使对方做出决定或结束谈判，在谈判结束时提供成交时的成阶段使用	一方设定某个最后期限，旨在迫使另一方结束谈判或做出决定。这是汽车销售人员使用的经典战术，他们会给你制的折扣。"今天的交易"显然只有今天才有，目的是防止你离开。谈判者往往会利用个人因素引发对方的共鸣，如"你看，我是在我领导准许的压力下才同意的"。 **如何使用这种战术：** （1）设定一个合理的期限，如果他们在期限前达成协议，就在目前的交易中提供奖励。 （2）发出提醒，确保他们明白这是以及时达成协议为条件的。 **注意：** 对方会鼓励你使用这种战术，作为他们探寻的LDO的一种手段	• 让他们出价，这将给你提供关于他们目前最低报价的重要情报 • 保留你的选择权 • 暗示你现在还没有准备好或无法回应。他们很可能限制的报价。作为回应，你要表明你愿意重申这个价 • 如果可以，你就提出一个对你更有利的报价，并说"今天就成交"

（续表）

战术	它是如何运作和实施的	反制措施
27. 我要离开 用来下达行动或不行动的最后通牒	如果谈判没有朝着希望的方向取得进展，因此要离开。这可能伴随着令人不舒服和某种情绪的爆发。一方宣布要离开，他们必须立即收拾东西准备离开，并做好坚持下去的准备。采用这个战术的前提是，要么对方会阻止你，要么你必须做好离开的准备。如果他们让你离开，你就不能轻易返回。 **如何使用这种战术：** （1）决定这个战术的触发点。 （2）如果你真的离开了，就要决定接下来会怎么做。 （3）在宣布离开之前表现出不舒服的样子，或许还带有一些情绪，但要保持冷静、镇定。 （4）利用你收拾东西的时间继续表明你的立场。 （5）为你们无法达成一致而道歉，然后离开。 （6）如果他们阻止你离开或追来，就重新开始谈判。 **注意：** • 如果他们让你离开，你就继续离开。 • 如果再次使用，第二次成功的可能性较小。	• 不要表现出惊讶，但要保持冷静，也可以帮助他们收拾东西。给他们一次留下的机会，例如，"我们当然对你们决定放弃和离开很失望。我们希望继续与你们协商，因为我们感觉已经有进展了。"如果他们不回应，那就用"好吧，谢谢你们的到来"回应，然后带他们离开 • 表现出需要他们的样子，如果他们改变主意，要做好再次召开会议的准备

（续表）

战术	它是如何运作和实施的	反制措施
28. 一时兴起 用来创造一个令人兴奋的环境，让人快速做出决定	这与你在拍卖中看到的情况是一样的，现场的压力和兴奋迫使人们做出迅速的决定，也许是考虑不同的决定。在谈判中也有可能创造同样的情景，开始对双方将如何合作感到兴奋，开始畅想未来的发展前景，并认为他们可以一起实现目标。随着热情不断高涨，一方会快速、兴奋地提出一系列可能发生的事情，其中包括对方将为实现目标做出的一系列贡献，对方就会被这一刻的气氛冲昏头脑，并同意各种条件。 **如何使用这种战术：** （1）预先规划好如何建立兴奋点，并寻找可以刺激这些兴奋点的因素。 （2）确定谁来做这次的工作并进行练习。让团队中的其他团队成员也参与进来，并向他们介绍情况，帮助他们培养热情。 （3）实施。 **注意：** 对方会对自己的反应进行限制或事后反悔。	加入，但要确保你的回答假设是假设的或可能的行动方案，并加以限定。 例如，"嗯，这是可能的"或"我们能就合理的商业广告达成一致，如果那么任何事情都是有可能的"等
29. 原则上可以 用于表示广泛的或有条件的同意	一方提出立场，并直接问"你能同意吗"，另一方回答"原则上可以，但是有一些细节问题需要解决"。这样可以避免完全同意，并继续就其他要点进行谈判。这个战术应该在即将达成一致的时候使用，因为它很有威力，因为它避免了说"不"，但也没有完全同意。 **如何使用这种战术：** （1）当你得到对方想要的最后提议时，发出有条件的同意信号。 （2）按照你的条件就其他要点进行协商，只有你满意了，才表示完全同意。 **注意：** 他们会要求你准确说明是什么阻碍了你完全同意。	• 请他们量化是什么原因阻碍了完全同意，例如，"请告诉我们，要让我们无条件地同意，我们需要做些什么" • 围绕这些要点开展工作，并不断试着达成完全一致

（续表）

战术	它是如何运作和实施的	反制措施
30. 所以我们达成了协议 用于先发制人地完成交易	当接近达成协议时，随着双方做出的最后让步，一方会表现得好像交易已经完成。这种战术需要伴随着坚定和果断的姿态，暗示他们谈判结束，防止他们再反对，希望他们被一时的冲动冲昏头脑，就这样同意。手势很重要。手势用以前常用在握手的时候，如果你把手伸给对方，他们很少会拒绝。新冠疫情爆发之后，这种情况就不太常见了。你可以考虑让他们发出同意的信号，如在适当的时候点头，以表示同意。 如何使用这种战术： （1）虽然交易即将完成，但对方可能仍希望你做出一些让步。 （2）微笑（根据自身体接触的合适程度），与对方握手或热情地点头，鼓励对方同意。与我们同意 100 欧元，谢谢你。很好，我们要合作了"。 注意： 切勿太早使用这个战术，该战术只在即将成交时使用才会有效	允许他们这样做，但在他们让你与他们握手或点头的时候，说"你想完成交易是可以理解的，但现在有点为时过早了，我还没有同意"之类的话，然后用你想要的东西反驳，如"我认为达成交易的条件是……"
31. 在这里签名 将货物摆在桌子上，使交易变得不可抗拒	这种战术的作用是预先确定报价，并且这个报价要让对方可以获得直接利益。 如何使用这种战术： （1）在会议前准备好报价。把达成交易的条件定在一个更接近你的 MDO 的点上，但也不能离得太远，以免他们认为没有吸引力。把达成交易的条件定在一个更接近你的 MDO 而不是他们的 MDO 的点上，例如，"我喜欢这辆车，但我不喜欢这个价格，我包里有 1 万英镑现金。如果你愿意以这个价格成交，这些现金现在就是你的了"或"如果这是合同，我现在就可以签"。 注意： 检查你被告知的表面利益是否真的存在，或者是否有进一步的障碍	确定是否要价过高。如果是好的交易，就接受它，否则就多争取一点（即使他们说这是不可能的），然后以达成交易或离开完成交易或离开

表 11.5 肮脏的战术

战术	它是如何运作和实施的	反制措施
32. 回马枪 用来达到你的目的，无论使用什么的一种战术。通常用于可以接受谎言和欺骗且艰难的主张价值的谈判，未来不需要与对方建立关系，对方也不能轻易离开。对方也认为这是一种不道德的谈判方式	这是特工人员广泛使用的一种战术。你对方开始放松，认为一切都以某种以已经达成协议的信号。当对方结束了的时候，你在结束之前宣布情况已经改变，需要重新开始谈判。然而，这次你想要的更多。当你在使用这种战术时，你会不止一次地重复重视这种战术。 **警告：** 这种战术涉及谎言和欺骗。很多人认为这种战术不道德。了解它是好事，但如果你选择使用它，就要十分小心了。 **如何使用这种战术：** （1）通过谈判获得某个结论。 （2）采取干预措施，例如，离开房间以获得对方的同意。 （3）建议重新审视某些事情，如"我真的很抱歉，但似乎有点草率"或"我们似乎有一个问题"。 （4）建议继续谈判，但增加要求。 **注意：** 对方可以选择离开或使用他们的 BATNA	• 坚决反对重新审视已达成的协议 • 用道德论据试图让他们明白其行为是不道德的 • 拒绝改变之前的立场，坚持自己的立场 • 试图通过叫停谈判控制事态的发展 • 如果被迫重新审视你的位置，就努力完成交易，从而得到一些回报 • 记住，对方使用这种战术是为了把你拉到他下达最后通牒或害怕他们下达最后通牒。不要使用你的 BATNA 或离开

（续表）

战术	它是如何运作和实施的	反制措施
33. 好警察，坏警察 用来赢得信任，同时让对方失望，让他们只想同意你的要求，以便结束谈判	这是一种经典的警察审讯战术，在谈判中效果会很好。一方扮演坏警察的角色，对另一方表现出不愉快，咄咄逼人甚至愤怒的情绪，试图用一连串的谴责性争论消磨他们。然后，坏警察要么离开，要么被领导要求让步。接着，这一方开始扮演好警察的角色，面带微笑并为之前的行为道歉。当好警察试图赢得对方的信任时，他会温和地建议对方考虑同意坏警察继续这样做。 如何使用这种战术： （1）提前商定谁扮演好警察和坏警察，同时确定争论论点和触发点，以衡量对方的不适感，从而判断对方同意的可能性。 （2）让坏警察演下去，但要仔细观察对方的肢体语言，以衡量对方的不适感，从而判断对方同意的可能性。 （3）继续下去，直到你得到你想要的东西。 **注意：** 他们可以使用 BATNA 或离开	• 记住，这是一种战术，要学会发现它，不要被它干扰 • 在坚定立场的同时，要刻意对坏警察保持冷静和同情的态度。使用"很抱歉你有这种感觉，但恐怕这并不能改变什么"之类的话作为回应 • 运用事实和数据 • 如果谈判变得太艰难，就说出来，并暗示你不准备继续下去，除非他们的开始变得更专业，并放弃使用肮脏的战术
34. 诺曼·贝茨 用来让对方感到不安，让他们认为自己已通得太紧	以电影《惊魂记》（*Psycho*）中的人物诺曼·贝茨（Norman Bates）命名的战术。对大多数谈判来说，这种角色或许有些过于强势，所以这种战术是指一个人故意突然改变行为，也许是变得更加情绪化，甚至有些攻击性。这样做的目的是让对方认为自己通得太紧了，提醒对方不要咄咄逼人。这种战术可能使对方变得顺从或做出反应。 如何使用这种战术： （1）提前商定谁来扮演诺曼·贝茨，触发点是什么，以及你将如何结束表演（例如，超时了，有人让他冷静下来等）。 （2）让它按照约定的方式进行。 （3）装作事情发生了变化，要求对方认清现状。 **注意：** 不要找演技差，没有说服力的人扮演这个角色。如果你成功地扮演了诺曼·贝茨，对方一定会真的让你生气了	坐下来看一看，学一学，然后平静地继续谈判，就像什么都没发生一样

（续表）

战术	它是如何运作和实施的	反制措施
35. 边缘化 用来积极实现某项要求，使对方同意或离开	一方提出自己的要求并坚持这一立场。这一方咄咄逼人，毫不妥协，目的是有效地将另一方推到边缘或该方愿意接受的边缘。边缘化战术就是让对方相信，他们除了接受这项提议或识别无选择，除非他们准备离开。 **如何使用这种战术：** （1）确定你所需要的立场和结果。 （2）向对方阐述你的要求。发出信号，表明你的立场是不可改变的。这很有效，坚定你的立场。 （3）确定你是想花时间参与他们的各种争论（这可能会防止他们离开），还是继续重申你的立场不会改变。 **注意：** 他们可以选择离开	• 通过各种战术测试他们是否在耍阴谋诡计，看看是否能获得让步 • 除非提议无选择，只能接受提议，否则使用BATNA或离开

不要忘记小事

不要忘记小事，每一次接触都是投射力量、收集信息的机会。小事往往能发挥辅助作用，所以我们在规划谈判时要花点时间考虑细节。如果是面对面谈判，我们就要考虑以下几个方面的事项。

- **看得见的东西**。优秀的谈判者可以阅读倒放的文件！这是一种可以通过练习掌握的技能，所以对方很可能会尝试阅读我们放在面前的任何东西。有一条经验法则：假设所有展示出来的东西都可以被阅读，我们就要隐藏他们不应该看到的东西，并在提到它时将其屏蔽。这也为我们提供了给对方提供错误信息并误导对方的机会，让对方相信我们的 LDO 是我们在面前的便笺簿上故意写下的数字和我们在其上不断加大的新数字。这也有助于我们学会阅读对方的文件，所以这是一种值得学习的技能。我们可以在任何商务会议中练习，用于缓解无聊的气氛。

- **对方的竞争对手的东西**。将对方的竞争对手的东西摆在眼前（但不要太明显），可以向对方暗示我们也在与其他供应商洽谈，即使事实并非如此。这可能是一份报告、文件或带有竞争对手标志的东西，我们要做好回答对方问题的准备，并想好答案。这种战术只有在主张价值的情况下才适合使用。

- **访客簿**。大多数公司会要求供应商签到。有些公司仍然采用传统的纸质访客簿，上面有以往访客的信息。在这种情况下，任何供应商都可以直接查看其他的来访者有哪些。数据保护规则和现代电子系统已经让使用纸质访客簿成为历史。然而，为谈判而来访的供应商可能不知道这一点。我们可以考虑采用这样的战术，让写有来访者信息的纸质访客簿只展示一天，并向谈判人员介绍签到的必要性。

- **组织出租车接送**。组织出租车到机场或火车站接送对方的谈判人员可以获得宝贵的情报。谈判者经常以为谈判已经结束，一坐上出租车，就会放松下来。他们很可能会在车上公开讨论事情的进展情况，或者给领导打电话。我们并不需要与出租车公司有什么特殊关系，只需要让司机倾听并汇报情况即可。

使用暗号

基于团队的谈判可能是混乱的，特别是当谈判团队由热情的谈判者组成时，每个人都试图表现自己并希望他们的问题得到回答。再加上团队中的不协调，我们的立场很容易泄露。对于任何基于团队的谈判，要商定谁是主导者，并商定角色、规则及每个人如何行动和表现。然而，事情并非总是按计划进行的。团队成员可能会说得太多，或者无意透露一些信息，或者错过对方所说内容中的重要线索。此外，谈判可能会出现意想不到的转折，或者团队成员可能会发现一个必须向团队组长提出的问题。因此，谈判团队需要某种暗号系统。

在谈判中偶尔向另一个团队成员传递信息并非不合适，虽然在许多会议中这会被认为是不礼貌的，但在谈判中似乎经常被接受，只要不是太频繁。一个更微妙的方法是使用一个道具来传达一个预先商定的暗号。一些谈判者利用手机摆放位置的不同来传达暗号。团队到达后，按照之前商定的做法，将手机放在面前的桌子上。把手机转90度可能是团队组长发出的停止说话的信号，把手机转向另一个团队成员可能表明这个成员应该发言，任何一个团队成员把他的手机翻过来可能意味着发现了一个问题，并提醒组长做一些事情。用什么形式、用什么道具并不重要，重要的是要有一个系统，并且大家都明白这个系统的规则。同样的道理也适用于通过技术手段进行的远程谈判，只不过这时团队成员可以通过私聊传递消息。注意不要使用你谈判时使用的网络会议工具，请使用其他聊天工具，以避免不小心将消息发给对手。图 11.5 总结了这些制胜技巧。

制胜技巧——会议中

16 解决问题并移除障碍

专注于解决问题，移除阻碍前进的障碍，而不是交易和让步。设身处地为他们着想，或者问"是什么阻碍了你们的发展"，然后将谈判的重点放在如何解决这个问题上

17 给自己留出谈判空间

注意不要在靠近LDO的地方谈判，也不要太早给对方太多。留出空间让对方努力地说服你，警惕他们可能会使用什么战术让你快速到达你的LDO

18 秘密代码

商定一个暗号，以便在谈判期间与你的团队进行沟通，例如，何时应该开始发言、停止发言或暂停谈判。考虑使用放在桌面上的手机，通过将其转向一边或另一边向你的团队成员发出信号

19 个人表演

你可以用个人表演打破现状或发出从一种状态转变为另一种状态的信号。例如，如果你戴着眼镜，那么摘下眼镜并将其放在桌子上的行为可以为你争取思考时间，让你切换到"变得强硬"模式，直到重新戴上眼镜

20 暂停

如果事情出现了意想不到的转折，或者你需要重新调整（可能是与谈判伙伴或同事商讨），就暂停谈判，礼貌地告知对方你需要快速暂停，然后离开房间，整理你的思路或根据需要调整思路

图 11.5　制胜技巧——会议中

事实、数据和专业知识

你永远都不可能拥有足够多的事实、数据和专业知识。一个好的谈判战略将通过彻底的研究对比双方的力量。在谈判过程中，我们很可能需要事实、数据和专业知识。但问题是，我们事前无法准确预测需要什么来捍卫或加强某一特定立场，而且参考详细的分析也不切实际。我们应该做好以下几件事情。

- **做好功课**。在谈判前熟悉关键事实，如果你来不及学习所有的东西，就学习一些关键事实。如果对方相信你了解自己的立场，并且消息灵通，就会把你视为一股强大的力量。
- **商定角色**。避免既要领导谈判又要敏捷地处理一系列复杂的数据，而应指定一位专业人员，或者找别人与你一起负责处理事实和数据。
- **带上一位专家**。确保专家充分知情，知道应该做到什么程度及什么话不能说。
- **不要虚张声势**。如果你不确定自己的立场，就要避免虚张声势，因为对方很可能比你更了解情况。你应该听从另一个团队成员的意见，或者花时间确定自己的立场。

掌握数学知识

如果整个谈判战略都围绕着单一的数据展开，那么数据必须是正确的。如果他们能够否定我们的数据或支持数据的算法，整个论点就失去了意义，而且可能无法挽回。在开始谈判之前，我们应当检查数据并制定 BATNA，以防他们拿出一些意想不到的证据。如果一切都失败了，就用"对不起，我一定是搞错信息了"这句话争取一些时间去做并进一步的调查。

在与供应商谈成本降低或增加时，采购方经常犯的一个错误是没有正确量化某个成本驱动因素的实际影响。例如，在英国，著名的英式炸鱼和薯条的成本在 2020 年大幅上涨，这主要是由于过度捕捞带来的环境问题使某些鱼类变得稀少或不受欢迎，以及土豆成本的上涨。2020 年上半年，我在一家餐厅看到一个牌子，上面写着"顾客请注意，我们很抱歉，但我们不得不涨价10%。这是因为最近土豆价格上涨了 10%"。我问是否有顾客提出异议，店主回答："几乎所有人都表示理解。"然而，在这种情况下，土豆成本只占一份炸鱼和薯条总成本的一小部分。加上鱼肉、油、包装、能源、人员和管理费用等成本之后，土豆成本只占最终售价的 2% 左右。也就是说，如果土豆价格上涨 10%，那么针对消费者的售价应该只增加 2%。这是许多供应商为证明成本上涨是合理的而经常使用的战术，同时他们还会附上一些令人信服的数据。理想的情况是，如果供应商已经提前发出了这样的谈判信号，那么我们可以让他们提前提供数据，以便进行深入的分析。否则，不要感到意外，而要争取时间审查他们提供的数据并进行计算。

大概的数字

大概的数字一般经过计算，但处于某个范围内，不够精确。不过，大概的数字也有其用武之地，特别是在讨论全局协议或创造价值的谈判中。在某些情况下，我们可能需要注意它们，并且应该尽可能地建立数字基础。例如，"请告诉我你是如何得出这个数字的"或"你能不能把这个数字分解开来，让我明白它的构成"之类的问题会对我们有帮助。

出现问题的时候

谈判可能会出现问题。人们可能会退出谈判，气氛可能会变得紧张。在涉及安全事件的谈判中，甚至可能会有人死亡。有时，失败是不可避免的，没有人能在所有的谈判中获胜。当谈判变得困难时，我们可以做一些事情改变局面。

处理僵局

因为各方立场不同，所以冲突是谈判的一个必要组成部分。如果双方都不准备退让，冲突就会导致谈判陷入僵局。请看下面的对话。

> 丈夫："我不想参加聚会。"
> 妻子："但我们已经说了我们会去。"
> 丈夫："就算我们不出现，他们也不会注意到。"
> 妻子："如果我们说要去，就应该去。"
> 丈夫："你为什么不自己去呢？"
> 妻子："那样大家会以为我们吵架了。"
> 丈夫："可是我不想去啊。"
> 妻子："可是我想去。"

罗杰·菲舍尔和威廉·尤里指出，谈判中的冲突可以通过关注利益而不是关注立场予以避免。关注立场会使各方只是不断地重申自己的立场，并更加坚定地坚持下去。问题通常不在于立场的冲突，而在于双方的需求、欲望、关注点和恐惧之间不言而喻的冲突。利益才是我们的动力，如果我们转而关注这些因素，就能找到适应冲突的方法。再看下面这段对话。

> 丈夫："我不想去，因为最近我发现我在人群中说话很吃力，我觉得自己好像得了幽闭恐惧症。"
> 妻子："如果不去，我担心别人会失望。"
> 丈夫："也许我们可以待一会儿就提前离开？"

人的需求是最大的利益，大多数事情最终都可以归结为恐惧、金钱、控制或权力。在与供应商谈判的过程中，恐惧（失败或尴尬）和金钱（获得个人奖金和晋升的可能）往往是主要的个人利益。通过了解它们，我们有可能转换战术或提出满足自身利益的交易，同时更接近我们想要的东西。如果对方看重个人利益，就有可能做出比其 LDO 还要多的让步，这样对方就能得到自己想要的东西。利益可以通过以下四种方式探寻。

- **5W 技巧**。不断地问为什么，最多问五次，直到问出真正的原因。但要注意，抗拒性的"为什么"可能会让人讨厌或显得有点孩子气，所以可以考虑用"这是怎么办到的"或"在什么方面有帮助"等替代性问题来代替问"为什么"。请谨慎使用这种方式，如果这种方式的效果适得其反，就要做好停止谈判的准备。
- **假设性选择**。提出假设性选择试探问题是什么，如"那么，问题是出在聚会上还是不想出去呢"。
- **问对方感觉如何**。兴趣往往会被表达为感觉。个人可能并不总是能意识到自己的兴趣，但他们能理解自己的感受。因此，"你对这里发生的事情有什么感受"之类的问题可以引导他们做出回答。
- **以他们所说的话为基础**。通过提问回应对方的立场，让他们在回答的基础上更进一步。与上述 5W 技巧类似，我们可以使用"这是如何做到的呢""有什么效果呢""为什么这是一个难题呢"之类的问题。

解决冲突

冲突并不总是以僵局告终，它还可以在其他方面起反作用，通过消除合作和协作的欲望，导致结果不尽如人意。在一场主张价值的谈判中，如果我们掌握着力量，那么冲突可能是完全可以接受的。但是，如果寻求的是创造价值的结果，就要尽快化解冲突。

威廉·尤里认为，合作的障碍包括我们的反应方式，对方是否有能力控制自己的情绪、立场、不满和力量。在这些障碍中，我们可以改变的是我们的反应方式。要想做到这一点，我们就要知道自己天生的冲突模式是什么，这也是第 6 章探讨的谈判力的部分内容。如果我们有合作的天然倾向，那么这将有助于化解冲突。但是，如果我们倾向于竞争或迁就，而且想要有效地化解冲突，那么管理自己的反应就至关重要。此外，关注利益有助于化解冲突，但有两种经过实践验证的方式也很有效。

反思、回想，然后反应

威廉·尤里指出，当我们面对冲突时，我们有一种倾向，即要么反击、要么让步、要么离开。然而，由于不同的原因，这些反应都具有破坏性。更有效的反应是花点时间反思说过的话，并思考这些话背后可能隐藏着什么利益。回想对方说过的话并说明自己的理解，这会对我们有帮助。"所以你的意思是……"或"我明白了，你觉得……"之类的话语都为我们做出正确的反应赢得了宝贵的时间。当最终做出反应时，我们能够具备更强的协作性。

感觉、感受、发现

一次争论会引发更多的争论。不过，当我们认可别人的论点时，他们就没有理由继续与我们争论，每一次争论的核心都在于利益和感受。"感觉、感受、发现"是将争论转化为协议的一个很好的方式，它的作用是用三个声明回应争论，承认对方的立场并提出建议，而不是给对方强加一个解决方案。例如，我们可以说"我理解你对进一步降价的感受""第一次这样提议的时候我也觉得这一步跨得太大了"或"然而，我回顾市场数据时发现，其实它与市场的走势是一致的"。

反制战术

当对方对我们使用精巧的战术时，我们能做什么呢？我们应当积累经验，以便对可能遇到的每一种情况都能做出正确的反制。虽然到目前为止本书所探讨的战术也包括反制措施，以防这些战术被用来对付我们，但一位优秀的谈判者应该准备更多的反制战术，这些战术见表11.6。一般来说，这些战术都是防御性的，或者说是对某一战术的反应。当然，我们也可以向对方使用这些战术。但是，我没有以那种方式介绍这些战术，因为许多战术要么是无效的，只有缺乏经验的谈判者才能使用，要么是只对对方无意识行为的反应。

表 11.6　反制战术

反制战术及其使用时机	你能做什么
36. 搁置 当事情因多重问题和要求而陷入僵局时使用的战术。常常作为一种故意拖延的手段，并被缺乏经验的谈判者使用	你只需要求搁置所有附加的或新的问题或要求，先集中在要点上，也可以承诺稍后再来讨论这些问题。在实践中，你可能不需要稍后再来谈这些问题（除非这些问题对你很重要），因为确保主要协议可能是另一方寻求的，所以即使你承诺重新讨论，除非对方提示你，否则最好不要提及。 你可以这样说： • 合作的——"是的，我们也需要讨论这个问题，但我建议首先我们要完成……" • 坚定的——"我们在这个要点上达成一致后，再来讨论这个问题" • 自信的——"我注意到了，我准备讨论这个问题，但只有在我们解决别的问题之后才会讨论这个问题"
37. 保持冷静并继续 当对方变得咄咄逼人、愤怒或不安时使用	对方变得咄咄逼人、愤怒或不安时，也许会表现出真正的或假装的愤怒，这时你要坐下来，停顿一下，并冷静地回应。愤怒是一种体现力量的战术，如果你以同样的方式回应，你就会表现得较为软弱，但只有叫得最响的一方才会赢，而且通常这种交流方式会适得其反。保持冷静并继续下去会让你占据上风，并且会迅速消除对方的愤怒。 你只需坐在椅子上，温和地交谈，不要争论，而是使用"感觉、感受、发现"或类似的技巧。如果继续下去，就说出问题所在。 你可以这样说： • 合作的——"我理解你的感受。当……时，我也有同样的感受。我发现……" • 坚定的——"让我们冷静下来，我不会继续下去，直到你以更合适的方式与我交流" • 自信的——"你说完了吗？如果说完了，我们就继续吧"
38. 太过分了 当对方提出过分的要求时使用	被拒绝的过分要求往往会作为真正的要求的前奏。最初的要求是为了让你失去警惕，这样就会更容易同意一个你本来不会同意的要求。例如，如果领导说"我要你在未来一年的每个周末都加班"，你的反应可能是愤怒地说"这根本不可能"。但如果领导接着说"好吧，你是对的，但这个周末你会来加班吗"，你就有可能同意，因为你感到领导妥协了。小心对方在过分要求之后提出的要求，要区别对待它们

反制战术及其使用时机	你能做什么
39. 别碰我的香肠 当他们试图让你做出一系列表面上很小的让步时使用的一种反制战术，如同切香肠	使用"切香肠"战术的谈判者在切香肠的时候往往会有一种"我在试探我的运气"的感觉，这会让他们觉得使用这个战术没什么大不了的。不要屈服，因为执着的切香肠者如果第一次就得到了自己想要的东西，之后还会再次切香肠。明确什么才是你们讨论的主题。避免赠送任何东西，但如果你需要，可以用交易代替，并使用搁置措施把这笔交易放在以后讨论，或者选择保留协议，直到你知道他们要求的一切。 你可以这样说： • 合作的——"很抱歉我不能同意，我们的计划没有考虑到这一点，这不是我们讨论的一部分"或"原则上我可能会同意，但我想先了解你要求的所有事情" • 坚定的——"我不能同意，你要求的是新的东西，而且是有成本的"或"我需要了解你的所有要求，然后再讨论我们可能可以或可能无法达成一致的地方" • 自信的——"不，我不能同意"
40. 锁死偏转器 用于应对"接受或离开"或"这是不可谈判的"战术	"接受或离开"和"这是不可谈判的"都是强有力的战术，目的是向对方发出信号：快结束了，已经没有可谈判的地方了。它会让谈判停滞不前，很多人不知道如何处理。这也是一种战术，会让对方感到被骗了。然而，任何事情都是可以商量的。首先，你应该通过寻找破绽测试他们的立场："如果因为我们内部审批的限制条件，我们不可能达到你的价位，那么你是否愿意就此失去这项业务？"一旦你确定他们不会让步，继续争论下去就没有什么意义了。你也可以做一些其他事情，但要记住，如果你在和多时主义者或集体主义者谈判，你就要给对方留一条出路，这样他们才不会丢面子。 （1）装作没听见，不管不顾地进行下去。 （2）承认立场，利用搁置措施尝试讨论其他要求。 （3）如果你同意他们的立场，就要确保得到适当的回报。当你签订新的手机合同时，价格通常是不可谈判的，但你可以确保一个月的免费使用权或要求赠送车载充电器。 （4）尝试确定是什么原因使其不可谈判（也许是上级主管部门的要求），你也许能找到一个创造性的解决方案。 （5）向他们说明后果，促使其合作："如果我们最终不得不做X，那么你们需要理解我们将不得不处理Y。" （6）离开。如果这只是一种战术，他们就不会让你走。不过，如果你这样做，你就必须做好准备；如果他们不叫你回来，你就必须离开

（续表）

反制战术及其使用时机	你能做什么
 41. 拆弹 应对威胁的反制战术	威胁就像在谈判中投下一颗炸弹。威胁是权力的投射，它可能是真实的，也可能只是虚张声势，目的是迫使你让步。然而，威胁的威力只取决于对方是否愿意或有能力实施它。如果他们在威胁你，那么他们急于与你达成协议一定是有原因的，所以你首先要重新评估自己的立场，检查有没有遗漏什么。对于威胁，有以下三种可能的反应。 （1）忽略并继续前进，就像他们从来没有说过。 （2）揭露威胁，要求他们澄清他们说的是什么。他们要么会澄清，要么会让步。 （3）用 BATNA 迫使他们不再虚张声势，并指出如果他们想继续威胁，游戏就会改变。 举例如下。 供应商："除非你同意，否则我们会把这件事交给律师处理。" 采购方："好吧，如果我们现在进入诉讼程序，我们就要将此事交给我们的律师处理。如果我们现在进入法律领域，那么恐怕我不能继续讨论这件事了，你们的律师现在需要直接和我们的律师对话。你确定这是你想要的吗？"
WHY ? **42. 但是……为什么** 当事情陷入僵局，而他们一直用"但是……"和一系列不同的论点来回应时使用的反制战术。这也许是一种故意拖延的战术，因为他们感到不确定或无法继续下去	对于他们的每一句"但是"，承认他们的担忧，并询问他们担忧的原因，例如，"我可以看出你不愿意承诺，但请你告诉我到底是什么阻碍了你"。如果他们坚持说"但是"，就使用 5W 技巧，对每个"但是"做出回应，问他们为什么，这将迫使他们做出不同的解释，或者让你更深入地了解"但是"背后的原因。这样重复五次，他们很可能会告诉你真正的原因。这是一种非常有用的技巧，对孩子们来说是自然而然的，但成年后他们就会遗忘

（续表）

反制战术及其使用时机	你能做什么
43. 老调重弹 当他们不断重复同样的论点而不前进时，这就是一种可用的反制战术	出现这种情况的原因有两个：第一，这可能是一种故意的反制战术；第二，这可能是更深层次的担忧或恐惧的表现。你需要识别原因，然后做出适当的回应。例如，供应商一直说："我们就是不能同意 60 天的付款期限，因为我们的标准期限是 30 天，仅此而已。"如果这是一种战术，那么供应商需要说出一个让你完成交易或让步的理由，所以你要试探这一点："如果我们能在其他地方做出让步，是否有回旋的余地？"如果他们同意，这就是一种战术，你可以继续谈判；如果他们不同意，那么这句话背后可能隐藏着更深层次的东西，也许他们有现金流问题，也许他们向销售人员下了严格的命令。此时，你应该把重点放在了解背后的问题上，要么使用一些测试问题，如"请告诉我需要做什么你才能同意新的条款"，要么提出你认为的问题是什么及其解决方案，并观察他们的反应，如"如果这是关于现金流的问题，那么我们能不能换一种方法帮助你们"。这时，5W 技巧可以发挥作用
44. 烫手山芋 当他们试图将他们的问题变成你的问题时，例如，"我面临着将这项工作纳入本财务年度的压力，这意味着我需要在今天就完成这项工作"	他们的问题不是你的问题，把这个烫手山芋扔回去，你可以说："很抱歉，但我们的时间不是由你们组织内部的事务决定的。" 这个烫手山芋也可以提供一个交易的机会，因为你可以帮助他们解决问题。不过，这当然是有代价的
45. 你确定吗 用于处理错误信息的反制战术。如果他们在正确的信息中植入错误的信息，就表明他们实际上拥有更多的力量，例如，"有两个其他买家想要这个，但都没有确认，所以对于'今天的交易'，我可以给你优先权"	请记住，错误信息是一种投射力量的企图，你应该对此保持警惕，并期待对话中会出现一些错误信息，而你可以直接忽略这些信息。然而，如果他们说的内容很重要，代表真正的威胁，那么你可以做以下几种反应。 （1）把它写下来，因为他们的话好像很重要。你可以说"我们以后再来讨论这个问题"。他们的谎言被挑战所造成的威胁很可能足以阻止他们植入更多的错误信息。 （2）用"我对此感到惊讶，再告诉我一些"挑战对方，并不断提出细节问题迫使他们解释。注意他们回答时的不适反应。 （3）虚张声势，如"如果你真的那么忙，那么我可以停止谈判，因为我担心你可能没有足够的能力满足我们的需求"

（续表）

反制战术及其使用时机	你能做什么
46. 叛逃者 当他们设法分裂和征服你的团队时使用；当另一方在谈判前或谈判期间在你的阵营中赢得了盟友，并利用这一点取得对他们有利的结果时使用	对方有可能采用以下两种形式。 （1）利用与你们组织中高层人士的关系作为筹码。你要代表整个组织重申你在这次谈判中的权威，并暗示你将在谈判后直接与此人交谈 （2）在谈判过程中，在你的团队中制造分歧。理想情况下，你要通过商定基本规则防止这种情况的发生。如果这种情况发生了，就暂停谈判，让你的团队保持一致
47. 我不是专家 对那些通过信息压倒我们的专家使用的反制战术，通常用于对方希望我们不理解这些信息或以某种方式贬低我们的情况	如果你能提前确定他们带来的专家是谁，你就有机会带上自己的专家。你的专家应该向他们介绍情况，向他们提出很多研究性的问题，但要服从你的指示。如果你发现自己暴露在他们的专家面前，你可以做以下几件事。 （1）避免被审问或让他们利用技术知识占上风。只有在你愿意且有信心的情况下才这样做。 （2）装傻，拒绝回答，如"对不起，但我不是专家，我只负责讨论商业条款"。 （3）要求他们解释。让他们给你看他们引用的技术报告等。 （4）让他们的专家成为障碍。记下他们的问题，以便你之后拿回去让自己的专家予以回答。当然，如果他们坚称自己的技术问题真的很重要，这预示着谈判将延长。 （5）奉承他们。他们的专家有可能不是他们团队的核心成员，可能也没有充分了解其角色。你可以用一个微笑和一些赞美的话语胜过谈判对手，这可能会让他们的专家不那么具有挑衅意味
48. 但是我们已经达成协议了 当另一方试图撤销先前达成的协议时使用的一种反制战术	针对"为什么突然要重新审视那些已经达成的协议"这个问题，谈判者会有各种各样的回答。他们可能会说"事情已经发生了变化"或"是的，但那是基于当时的情况来看的"。不要让他们这么做，你应该抗议，用与道德相关的论据阐述这样一个事实：撤销协议是一种肮脏的伎俩，如果他们不准备履行约定，你就很难继续信任他们。不要赞同他们"事情已经改变"的观点，而要用"事情没有改变，这是一场谈判。当我们来到这里时，我们都知道事情会如何发展"这样的话进行反驳

（续表）

反制战术及其使用时机	你能做什么
   49. 沉默是金 当他们摆好架势时，让他们不舒服的反制战术	沉默是一件非常强大的武器，可以帮助我们揭示他们对自己的立场有多么认真，并为你争取宝贵的思考时间。一旦他们提出要求或建议你做出某种让步，你就干脆保持沉默，完全不做任何回应。这样做会给他们带来一种很不舒服的紧张感，他们甚至会觉得有必要通过进一步说些什么以缓解气氛。这往往是他们露出弱点的时候，因为这个新的"什么"可能是毫无防备的，暗示着撤回之前的条件或他们知道自己的要求是不现实的。例如，如果他们说"我们需要达到每单位 10 英镑的价格"，而你保持沉默，没有任何反应，他们最终很可能会说"或者非常接近每单位 10 英镑"。
Diversion **50. 中断状态** 在你需要完全迷惑对手然后重新控制局势时使用	这是用来让你的对手从当前的状态中清醒过来，让你重新控制局势的战术。你可以做一些完全出乎意料的事情，迫使对方停下脚步，为谈判创造一个新的状态。例如，如果讨论变得相当激烈，而对方正试图用"诺曼·贝茨"战术来恐吓你，你就可以突然看向窗外说"嘿，看那朵形状像荷马·辛普森的云"，甚至可以建议喝杯咖啡休息一下。关键是要改变当前的状况，让控制权发生转移

当其他办法都不管用时

如果谈判出了问题，就争取一些时间重新考虑自己的立场，要么暂停谈判，要么要求重新召开会议。如果你发现自己陷入困境或犯了一个错误，或者谈判气氛很紧张，就使用幽默的语言使气氛变得轻松一些，收回或重新确定你的立场。如果这些尝试都失败了，就使用你的 BATNA 或离开，考虑你的选择，并总结你从这场谈判中学到了什么。

更多的制胜技巧，带来巨大的成果

第 10 章介绍了一些会议前的制胜技巧。图 11.5 总结了会议中的关键制胜技巧。此外，还有一系列的技巧可以让我们在谈判中和围绕会议本身发挥力量。例如，我们有时可以使用的最强大的谈判技巧之一就是拒绝上谈判桌。如果我们同意谈判，我们就发出了一个信号——我们准备好做出让步了。在会议和接触之前保持沉默可以让对方觉得我们对谈判不感兴趣，并增强我们的力量。我们可以利用"别人都这样做，你为什么不这样做"暗示对方完成交易。图 11.6 展示了其中的 10 种制胜技巧。

制胜技巧——力量游戏

21 分而治之
努力把他们的团队成员逐一分开，最好是在谈判前和谈判过程中，根据每个人的不同利益，想办法分别赢得他们的信任，或许可以用几种不同的方法实现

22 不要走上谈判桌
只要我们上了谈判桌，就表示我们已经准备好谈判了，因此很可能会做出让步。延迟甚至避免上谈判桌（如果你可以且有实力这样做）是非常有力的制胜技巧，可以解除对手的武装

23 保持沉默
对于远程谈判或定期的会面，当对方在等待某事的回应或答复时，保持沉默。花较长时间回应或不接电话，争取时间，让他们感到不安，这会让你处于更有利的地位

24 势在必行
营造一种必须行动和结束的气氛，要么是因为时间限制，要么是因为稀缺性或其他因素

25 虚张声势
就算你没有力量，也要表现得像你拥有力量一样。努力让他们相信他们更需要你。投射力量——表现得不那么感兴趣，看起来有他们不知道的替代方案。要自信，甚至有点抵触

图 11.6　制胜技巧——力量游戏

26 你不知道我是谁吗	使用职位或指定的角色展示权威，如"我是这个项目的负责人"或"我受首席执行官的委托领导这个项目"等。如果没有高层授权，就运用团队的权威，如"我需要让团队同意"等
27 互惠	想办法通过提供一些东西让对方产生义务感。这可以是一个完整的战术，如简单的善意款待，让他们愉快地参与，令他们感兴趣
28 社会证明	社会证明是一个强有力的行动理由——"如果别人都在做，那么你也应该这样做"或"不要落后"等。在整个谈判过程中，要想方设法展示或描述别人正在做的事情并尝试创造令人信服的理由，让对方做同样的事情
29 找到他们的动机	每个人的动机都是不同的。除了谈判，还要尝试找出个人的动机，如获胜、职业发展、做正确的事、成为专家等。试着将这一点融入讨论，并说明结果将如何满足对方的动机
30 奉承	找到赞美对方的方法，让他们感觉良好。避免过于明显或个人化。例如，找理由赞美他们的谈判多么有效，或他们在这个方面有多擅长、参与制订的计划有多好等

图 11.6　制胜技巧——力量游戏（续）

NEGOTIATION FOR PROCUREMENT AND
SUPPLY CHAIN PROFESSIONALS
Third Edition

第 12 章
肢体语言

本章旨在介绍手势、反应和肢体语言所表达和透露的信息，探讨肢体语言的沟通形式。

本章涉及的关键问题

19. 哪些战术和技巧可以帮助我在谈判中获胜？

20. 我应该如何控制肢体语言并读懂谈判对手的肢体语言？

本章涉及的红表方法论中的步骤

步骤 12 及与供应商的每一次交互

非语言沟通

当我们与别人进行面对面的讨论时，不管你信不信，在他们接收到的信息中，只有大约 7% 基于实际所说的话，而副语言占 38%。副语言是指我们的声音所暗示的东西，包括我们的音调、语气和语速。其余 55% 的信息是通过我们的肢体语言传递的。因此，面对面的谈判与远程谈判的效果大不相同。不过，越来越多的谈判是远程进行的，在有些谈判中可以看到对方，而在有些谈判中无法看到对方。

我们为什么需要了解肢体语言

肢体语言是我们的行为举止、我们的身体所做的事情，以及我们身体的一部分或整体的移动方式和我们对周围发生的事情的反应。训练有素的人可以通过身体知道更多关于对方在想什么的信息，甚至比对方都清楚。一想到我们的身体能透露这么多的信息，你可能会觉得很不可思议。我们可以管理自己的行为方式吗？要完全抑制非自主的身体反应几乎是不可能的，原因是我们已经进化出了令人难以置信的强大的大脑，它能处理好一切，不断地监测我们周围发生的事情，并在我们没有意识到的情况下立即做出反应。如果你需要证明这一点，那么你可以向一个毫无准备的人扔一个网球，然后看看他闪电般的接球速度。

在需要了解真相的情况下，人们说的话很可能不可靠。这时，肢体语言和非语言线索就显得尤为重要。警察及安全部门、海关和移民署的官员都接受过此类培训。在某些情况下，心理学家可能会在审讯中旁听，并观察被审讯人。销售人员经常参加类似的培训，以帮助自己在销售过程中获得优势。但采购人员很少接受这种培训，这使其在谈判中处于不利地位。

在谈判中，肢体语言是我们最好的朋友，也是我们最大的敌人。每一方都知道对方所说的话不太可能反映其真实的立场，因为在谈判中通过虚张声势、误导、撒谎、操纵、歪曲事实等手段以取得最有利于自身的结果是很常见的现象。如果我们能读懂对方的肢体语言，我们就能获得重要的线索，知道对方的 LDO 在哪里或双方能否达成一致。然而，问题是对方也会密切地关注我们，寻找类似的线索。因此，在谈判中有效地使用肢体语言就是要读懂对方，但又不能让对方读懂我们，这是一个相当大的挑战。在本书中，我只能从表面上讲解这个问题，建议读者进一步阅读相关图书。

健康警告

如果我们学会了每个肢体语言和手势的含义，我们就能读懂他人的肢体语言了吗？很遗憾，不能！如果这么简单，世界可能会变得很不一样。准确地解读肢体语言是非常困难的，即使是专业人士也会判断失误。原因主要有以下几点。

- **人的差异**。一个普遍的观念被一些关于肢体语言的图书所强化，即当别人交叉手臂时，他们对我们来说就是封闭的。不过，这可能只是意味着他们感到冷，或者只是觉得这样做更舒服。
- **"接错了线"**。人们常说，如果你抬头向右看就是在撒谎。这也许是真的，也许不是。有时，人们的做法似乎完全相反，就像接错了线，而他们是左撇子还是右撇子也会影响别人的判断。
- **人们对环境的反应**。肢体语言会随着环境的变化而变化。将一个人置于压力环境中，你很可能会看到他做出一系列不同的反应和行为。
- **人们可以故意误导**。有经验的人如果学会了管理自己的肢体语言，就很可能会故意通过手势和动作误导我们。

解读他们的步骤

解读他人的肢体语言是有可能成功的，但这种成功是通过建立对特定个体的印象实现的。在这里，我们使用"线索—集群—变化"模型解读肢体语言（见图 12.1）。

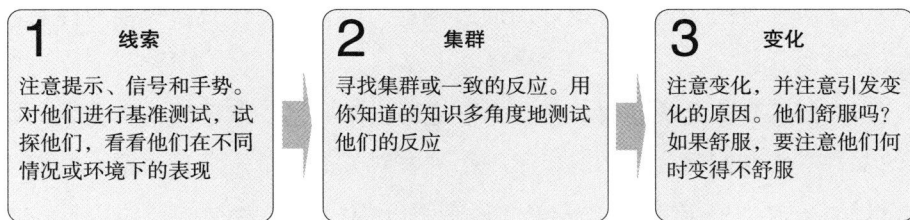

1　线索	2　集群	3　变化
注意提示、信号和手势。对他们进行基准测试，试探他们，看看他们在不同情况或环境下的表现	寻找集群或一致的反应。用你知道的知识多角度地测试他们的反应	注意变化，并注意引发变化的原因。他们舒服吗？如果舒服，要注意他们何时变得不舒服

图 12.1　解读肢体语言——"线索—集群—变化"模型

注意可见的线索

我放慢了车速，在驶上跨海峡渡轮前，在向我招手的海关人员身边停下。他向车内望了望，然后很友好地直视着我。他问了一系列看似无关紧要的问题，还开着玩笑，似乎完全沉浸在电子游戏中。我们对他笑笑，然后，他一边与我进行眼神交流，一边说："好吧，你有什么东西可能会让你在到达另一边的海关时出一身汗吗？"我不动声色，也没有与他进行任何眼神接触，只是简单地回答："没有，没有这样的东西。"他祝我们假期愉快，并向我们挥手致意。任何一个旅行过的人都能讲出类似的故事，但很少有人会想，为什么海关人员要抽出时间与通关者闲聊。这种友好的交流是刻意的，目的是在友好而不具威胁性的情况下，迅速了解我的肢体语言。一旦完成，他就开始问一些困难的问题，并仔细观察我的反应是否有变化。这是全世界的安保人员都在使用的经典技巧。

在谈判中，解读肢体语言从我们见到某人的那一刻开始，并贯穿于每次接触。可见的线索表明了他们的想法和感受，包括他们使用的信号或手势，他们如何移动、坐下或对某些事情做出反应，他们的手做了什么，他们的眼睛在说什么，他们的头的位置，他们的脚或肩膀指向哪里等。发现肢体语言是需要练习的，需要对可见的每一种肢体语言保持刻意的、持续的观察。为了保持良好的礼仪，这应该在隐蔽的情况下进行，所以我们要学会利用周边视觉并尽可能地与对方保持目光接触。有趣的是，女性往往比男性更能辨别这些肢体语言，因为她们有更好的周边视觉，而且往往比很多男性更注意肢体语言。

当人们感到不受威胁时，便会自然地做出某些动作或反应。在会议开始时的友好交流和闲聊为我们提供了一个观察对方的机会。通过观察，我们可以设想对方在某些情况下的表现。后文将介绍一些最常见的肢体语言。但是，在解读肢体语言时，我们要寻找两样东西：对方现在的感觉，以及对方在事情发生变化时的反应或对我们所做的事情的反应。我们不可能准确地描述要观察的东西，但是通过练习和观察，无论多小的事情，我们都有可能识别出有意义的内容。例如，我们问了对方一个问题，然后通过他们的肩膀注意到，在他们回答问题时，他们坐的椅子会轻微地移动。这很重要，这可能说明他们在回答这个问题时很不舒服，也许是因为他们在撒谎。当然，这也可能没有任何意义，这就是为什么根据对单一反应或动作的观察做出判断是危险的。

肢体语言可以在任何公共空间观察到，所以练习的机会就在我们身边。火车、公共汽车和机场都是很好的练习场所。

寻找集群

某些手势、动作或反应的集群与正在发生的事情和正在说的事情相匹配，这有助于我们理解肢体语言，促使我们将随机的身体动作或故意的误导与真正具有某些意义的动作区分开来。

如果对方在说话的时候反复做某个动作，而其他人没有，这就是一个集群，也许暗示着对方说的这些事情不太正确。

通过熟悉、学习解读某个人，我们可以通过测试和多角度测量进一步验证对方所看到的东西。例如，问一些我们已经知道答案的问题有助于建立反应模式。

发现变化

一旦我们能读懂别人的肢体语言，我们就能发现事情的变化，并将其作为他们从一种状态转变到另一种状态的指示。这些变化可以帮助我们识别何时已经到达他们的 LDO，或者他们何时已经准备好进行交易。扑克玩家也会运用同样的原则，如果对手看着自己的牌，其身体某处突然出现了一丝兴奋，这很可能就是提前弃牌的明显信号。

相关的变化可能包括变得更加兴奋、活泼、不耐烦、不舒服甚至咄咄逼人，后文将介绍每一种变化。变化与谈判中的事件可能会有直接的关联，但有时肢体语言的意外变化可能会在没有明显原因的情况下发生。这可能预示着事情并不像它们看起来的那样，所以如果发生这种情况，请反思并检查刚才发生的事情。

舒服和不舒服

美国联邦调查局前反间谍特工乔·纳瓦罗（Joe Navarro）提出，比观察人们的具体行动更可靠的方法是寻找人们舒服和不舒服的迹象，以及从一种状态转换到另一种状态的迹象。如果我们觉得自己能控制情况，就会觉得很舒服。纳瓦罗提出，当一个人承受压力时，如被审讯时，如果把一些可能证明他们有罪的证据展示在他们面前，他们就会感觉不舒服，而这通常是通过各种肢体动作来体现的。因此，通过研究肢体语言，特别是寻找舒服和不舒服之间转换的迹象，我们可以在谈判中获得关键的情报。下文将探讨不舒服是如何表现出来的，应该寻找什么，以及如何刻意表现出不舒服来暗示某种立场。

掌握情报

把它写下来！当对方下次与你接触时，你至少有一些依据，但很少有人会这样做。如果你已经了解了别人的肢体语言，而且你未来还要与他们

接触，你最好把你知道的东西记录下来，以便在未来与他们的谈判中占据
上风。

每个人都在说什么

我当然在撒谎

"我与那个女人没有发生性关系。"

——比尔·克林顿（Bill Clinton），1998 年

他比平时多眨了一下眼睛，语气也变得稍微温和了一些。他还多次摇头，以配合"没有"这一回答，但至少他没有揉鼻子，也没有抬头向右看。总而言之，这是一次令人信服的表演。我和千百万人当时都相信了他。撒谎的问题在于，在别人身上这是一件非常难以察觉的事情。纳瓦罗表示，我们发现某人在撒谎的概率最高只有 50%。更糟糕的是，男性比女性更难发现别人是否在谎言。女性往往更注意肢体语言及说话内容与肢体语言之间的一致性。

我们很早就学会了撒谎。孩子们很快就会发现，撒谎是一件很容易的事情，可以给他们带来很多好处，甚至可以帮助他们避免惩罚。问那个脸上有巧克力残渣的孩子是否吃了巧克力，她可能会摇摇头，看着你的眼睛，给你一个令人信服的回答"没有"。有些孩子会撒谎，有些则会坦白。对有些人来说，让父母失望的风险足以阻止他们撒谎；而对另一些人来说，承担这种风险是值得的。在成年后，我们更了解撒谎的困难性和后果，因此我们给自己定的底线是：永远不撒谎，只有在真正有必要的情形下才会对某些人撒谎；或者撒谎是可以接受的，只要不被发现。在谈判中，情况就不同了。这是一个人为创造的环境，就像在舞台上表演一样。因此，那些在日常生活中选择不撒谎的人可能会很乐意在谈判中撒谎，并将其视为表演的一部分。不

过，此时撒谎往往被赋予更多温和的标签，如虚张声势或创造立场等。新手或初级谈判者往往更容易撒谎，这可能是因为他们普遍存在一种误解，认为谈判就是这样进行的，或者是因为基于撒谎的策略从表面上看是一种比较容易的方法。这意味着，当我们进行谈判时，我们可以预料到对方会撒谎，我们需要为此做好准备，并尽可能地发现谎言。

尽管有些人很擅长撒谎，但作为人类，我们的本性是不撒谎。从古至今，撒谎一直被认为是社会所不能接受的。在我们进化过程中的某些时期，以及在某些文化中，撒谎的后果仍然是可怕的。因此，撒谎一般是难以做到的事情。这是因为，我们的大脑会告诉我们这是不对的，然后本能地做出反应，在没有意识到的情况下试图阻止它的发生。正是通过这种反应，我们可以发现某人在撒谎。其中最常见的一种本能反应是把手放在嘴上，好像想阻止自己说出谎言。他们的表现可能是将手臂抬起来，甚至只是轻微地抽动嘴角，或者触摸嘴巴或附近的某个地方。艾伦·皮斯和芭芭拉·皮斯认为，撒谎的人有以下非自愿反应：

- 捂住嘴；
- 摸鼻子；
- 挠痒；
- 揉眼睛；
- 抓耳朵；
- 抓脖子；
- 拉衣领；
- 把手指放进嘴里。

单纯观察肢体动作的问题在于，所有这些动作都可以被故意用来制造错觉。

正如之前提到的，另一个被广泛使用的检测方法是观察眼球的运动轨迹。从理论上说，如果我们抬头看向左边，我们就在使用左脑，所以我们说的是真的；但如果我们抬头看向右边，我们就在使用右脑，而右脑具有创造性，也就是说我们正在编造一个谎言。观察眼球的运动轨迹仍然被许多专业人员用来测试人们是否说谎。但是，如果他们受到了干扰，我们没有判断基准呢？如果他们想制造错觉呢？况且，一个高明的撒谎者会直接看着我们的眼睛，而他们的眼球却不动。再次强调，单单观察个人行为并不是一个无懈可击的测试方法。

纳瓦罗提出，除了寻找肢体语言的变化，我们还应该听声音的变化。当我们撒谎时，我们的声音会发生变化，大脑会试图阻止我们撒谎，我们的语气、声音的稳定性和语调也会发生变化。很多人在撒谎时会用稍微平静一些的语气，语调变化较少，但有些人则相反，他们撒谎的关键特征是声音有变化。但这还不是全部，撒谎会引发压力反应。在压力下，人的声音往往会有些颤抖。当一个紧张的人要在很多人面前讲话时，我们可以察觉到这一点。在日常生活中，人耳听不到声音的颤抖，但它仍然存在。随着科技的发展，越来越多的专业人士倾向于使用与声音变化相关的检测方法，并认为这种方法最可靠。现代语音压力分析（Voice Stress Analysis，VSA）设备可用于寻找声音变化模式和微颤音的变化。它被警方、情报部门和安全部门广泛使用，也是谈判专家最先连接到电话上的设备之一，以获得交流中的实时"真相"或"谎言"读数。一些保险公司在通过电话进行理赔交谈时也会使用这项技术。我们距离 VSA 成为有效的智能手机应用或呼叫中心和电话销售团队的标准配备仅一步之遥。它未来甚至可能在远程谈判中占有一席之地。

在谈判中可以不撒谎，但我们需要准备好自己的论据。决定是否撒谎是个人的选择，我们在一种情况下的选择可能与在另一种情况下的选择不同。在任何情况下，撒谎、虚张声势或误导都要遵循一些基本的规则，因为如果你被发现，就会损害你的信誉。

如果信誉对你来说很重要，你就要遵循以下规则。

- 永远不要"当场"撒谎，事先想好你将如何表达。

- 做好调查，尽可能选择在一些对方无法知道的事情上撒谎。

- 避免让人觉得你有撒谎的需要。

- 准备好你的答案，以防受到质疑。

- 始终有一条退路，以防被发现。

- 不要穿帮。

- 将谎言与真相混在一起。最有说服力的谎言往往会将事实与谎言结合在一起，创造出一个可信的立场，这种谎言很容易说出来。

有经验的谈判者往往不会撒谎，或者对他们使用的谎言非常挑剔。例如，在人质谈判中，与劫持者进行诚实的交流是至关重要的，因为谈判专家是他们唯一的"朋友"，任何暗示交流不诚实的说法都有可能导致人质被杀害。不过，在某些情况下，如果要控制局势，撒谎就是必要的。根据自身的经验，我发现采取一贯的诚实路线有一定的力量，特别是在创造价值时，而且对方似乎也会发现这一点。诚实路线消除了所有担心被发现的顾虑，但也意味着争论要更加有力。

一切都在眼睛里

虽然眼睛可以帮助我们识别谎言，但在谈判中我们可以通过对方的眼睛看到更多的东西。眼睛可能是我们身体上最能透露信息的部位。你不需要通过水晶球和五颜六色的披肩读懂一个人，你只需要知道寻找什么。具体来说，有四件事情需要注意：他们在看哪里，眨眼速度如何，是否试图遮住眼睛，他们的瞳孔在做什么。

很多人在和我们说话的时候，其眼珠会瞬间上下转动或看向另一边。持续保持目光接触可能会让人感到不舒服，所以瞥向别处是我们减轻大脑压力的方式，但我们瞥向的地方是很重要的。艾伦·皮斯、芭芭拉·皮斯和休·奈特（Sue Knight）认为，根据我们思考和记忆事物的方式，我们的目光方向揭示了我们的大脑正在关注什么（见图 12.2）。通常情况下，向上看的人，无论左看还是右看，都倾向于运用视觉思维。侧着看的人则倾向于运用听觉思维。当我们向左平视时，我们是在获取事实或真实的事物；当我们向右平视时，我们是在创造新的事实。对左撇子来说，有时是相反的。低头向左看是为了自我对话，低头向右是为了处理感觉和情绪。只要了解一个人的思维方式是以视觉、听觉还是以感觉为基础的，我们就能找出与他们的思维方式产生共鸣的方法。

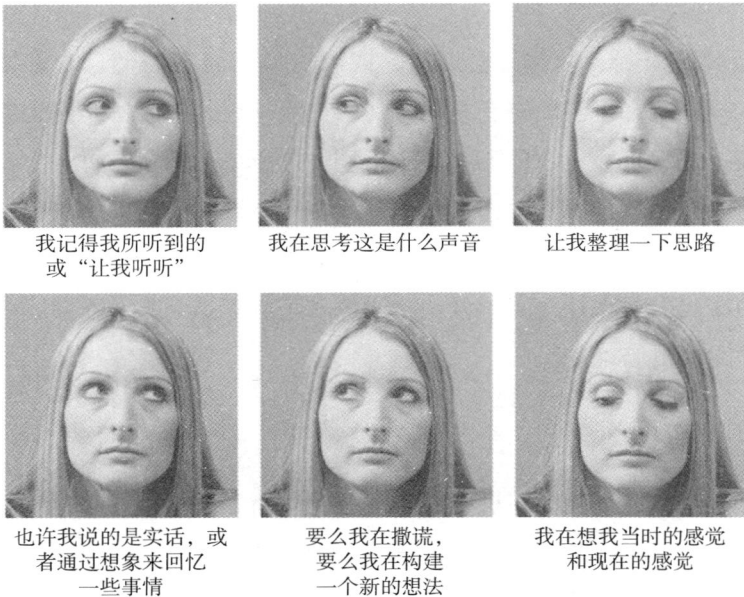

我记得我所听到的或"让我听听"	我在思考这是什么声音	让我整理一下思路
也许我说的是实话，或者通过想象来回忆一些事情	要么我在撒谎，要么我在构建一个新的想法	我在想我当时的感觉和现在的感觉

图 12.2　眼珠的运动轨迹

仔细观察别人的瞳孔。当人们感到兴奋、快乐或舒服时，瞳孔会放大；当人们感到不舒服时，瞳孔会缩小（见图 12.3）。这在谈判中是非常重要的，可以表明谈判是否到了关键点。首先，瞳孔可以揭示对方从舒服的状态进入了不舒服的状态，也许是因为对方已经到达了自己的 LDO 并有一个用处不大的替代方案。不舒服主要表现为瞳孔收缩，但还有更多的表现。当我们遇到突如其来的威胁时，我们的瞳孔会放大，以便尽可能多地吸收光线，并给我们的大脑提供所需的信息，以决定如何应对威胁。在谈判中，一旦我们的大脑意识到没有必要停下来、逃跑或战斗，瞳孔就不会继续放大，然后会缩小，把我们不喜欢的东西拒之门外。这种变化发生得非常快，就在一秒之内。纳瓦罗称之为"闪光弹效应"，它是一个可靠的指标，表明刚才所说的内容引起了我们的不适。当我们想测试一些东西、提出一个提案或透露一些我们认为可能会让对方关注的东西时，请观察对方的瞳孔。如果对方瞳孔快速放大然后缩小，那么我们很可能已经发现了对方关注的东西。有时，我们可以诱导供应商，故意说"我们觉得这个报价不够有竞争力，除非你们能改变，否则我们需要进行一次市场竞价"或"我希望你能给我一份你们的成本明细表"。此时，对方的瞳孔会表明他们何时准备达成协议。当对方准备达成协议时，其瞳孔会略微放大，表明某些东西已经发生了变化，他们现在更舒服了。

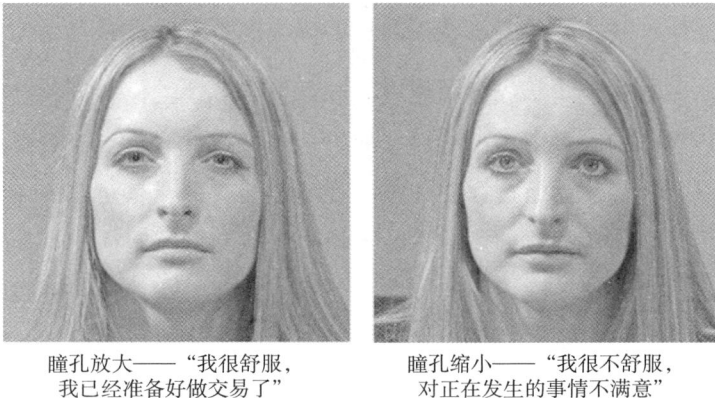

瞳孔放大——"我很舒服，我已经准备好做交易了"　　　瞳孔缩小——"我很不舒服，对正在发生的事情不满意"

图 12.3　观察瞳孔可以让我们知道对方的感受

我们的眼睛和眉毛既会表现出我们高兴或兴奋的情绪，也会表现出我们不舒服或不开心的情绪。当我们遇到不喜欢的事情时，我们的大脑会本能地把这些事情拒之门外。具体的表现是更快速地眨眼或眼皮闭合的时间更长一些，也可能表现为眯眼、故意闭眼或用手捂住眼睛（见图 12.4）。

假设文化规范没有相关约束，在整个谈判过程中，进行和保持眼神接触

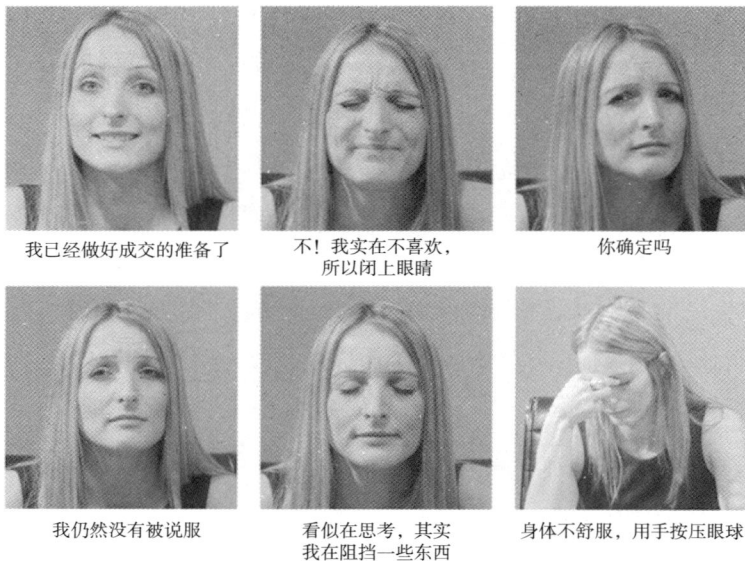

我已经做好成交的准备了	不！我实在不喜欢，所以闭上眼睛	你确定吗
我仍然没有被说服	看似在思考，其实我在阻挡一些东西	身体不舒服，用手按压眼球

图 12.4　眼睛可以表达我们的感受

是很重要的。当其他团队成员围绕事实和数据或记录工作时，我们要利用周边视觉观察对方的肢体语言。我们如何进行眼神接触取决于谈判类型。在近距离内，目光接触往往是这样完成的：我们逐渐将视线从对方的一只眼睛移动到另一只眼睛上，并移动到对方脸上略高于或略低于眼线的其他点上。这一点很重要，因为把视线投向对方略低于眼线的地方往往是一种亲密的目光接触，也是人们表示想要与对方友好相处的方法。如果把视线从对方的一只眼睛移动到另一只眼睛再移动到额头上，你就会表现出一种优越感或冷漠感。如果你完全不进行直接的目光接触，而是将视线集中在对方眼线上方的一个点上，这种优越感就会被进一步加强。如果你想体验这种感觉，你可以在大街上走路，刻意避免与向你走来的人进行目光接触，略微看向他们的上方。你很可能会发现，人们会本能地为你让路。如何进行眼神交流取决于谈判类型，如图 12.5 所示。

　　如果我们的对手很有经验，那么他们也会仔细观察我们的眼睛，所以我们要注意看哪里，或者故意把视线转向某个方向，误导他们。注意自己的眨

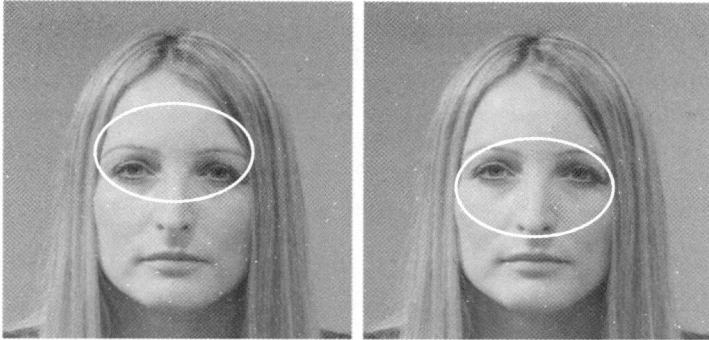

进行强硬的主张价值的谈判时的　　　　进行创造价值的谈判时的眼神接触区域
眼神接触区域

图 12.5　主张价值的谈判和创造价值的谈判中的眼神接触区域

眼速度，不要捂住眼睛。我们无法控制自己的瞳孔做什么，这会给我们带来风险。据传，某些特工人员会用眼药水放大自己瞳孔，他们还会在鞋里放一根针，当他们需要缩小瞳孔时，可以用脚趾头顶着针。这种做法可能有点极端。通常情况下，当你知道你的眼睛会泄露信息时，只需低头看自己的笔记或写一些东西。配饰也可以发挥作用，如果你戴眼镜，那么眼镜会让别人很难看清你的瞳孔。如果你不戴眼镜，你可以考虑买一副，因为它可以作为谈判的道具。在谈判过程中，你可以摘下眼镜再戴上眼镜，这可以为你争取宝贵的时间以整理思路。

远离不好的东西

我们倾向于远离我们不喜欢的东西，转向我们喜欢的东西，但我们往往不会意识到这一点。当你下一次观察他人时，看看坐在一起的夫妇或群体的互动，观察他们的肢体，特别是他们的脚是如何转向或远离某事或某人的。你需要仔细观察，因为这些迹象可能很细微。不过，这些迹象也很有说服力，例如，我往往发现一对夫妇中的某人看起来对其他人比对其伴侣更感兴趣。

这又是我们的大脑在没有意识到的情况下反映我们行动的表现，这是一种很难抑制的反应，因为某处的某些东西发生了变化。脚通常是最能说明问题的，因为它们可以成为指向标。当你看到人们站着说话时，看看他们的脚指向哪里。如果他们对正在交谈的人或他们所说的话感兴趣，脚就会指向那个人；如果不感兴趣，或者他们准备离开，又或者他们更愿意与别人交谈，那么一只脚甚至两只脚都会指向他们更愿意去的地方。我们在坐下来的时候也是如此。

如果双方坐在桌前谈判，那么我们有可能看不到对方的脚，但"转身"也可以通过上半身表现出来。在坐着的时候，如果你试着转一只脚，你就会情不自禁地微微转头。有些人也许会转动整个身体，或者向一边倾斜。一般来说，他们这样做的时候，就是在远离旁边的人。

我们转身离开时也会用到肩膀，一边或两边的肩膀会抬起来，仿佛在保护我们。当我们想逃避周围的东西时，我们的双肩往往会向上，而我们的头会向下。我们甚至可能会双手合十。纳瓦罗将其称为"龟缩"，并将其描述为"躲在空旷的地方"，他还举了一个失败的球队离开球场时的例子。图 12.6 是我们转身的方式。

她面对着他，似乎对他很感兴趣，
但她的脚表现为不感兴趣　　　　　防御性后退

转向一边　　　　"乌龟"

他要走，她要他留下（右图）

图 12.6　转身的方式

在谈判中，观察对方转向或远离什么是很重要的，因为这是衡量他们舒服或不舒服的重要指标。我们的团队成员在房间里的座位也是很重要的，对方可能会试图远离特定的团队成员，也许是最具挑战性的人。如果你选择使用"好警察，坏警察"战术，你的团队中使用该战术的人与对方之间要有一定的距离，这样你就可以看到对方是如何转身的，以及"坏警察"能否成功地让他们紧张出汗。

注意你的手和手臂

在谈判中，我们的手和手臂可能是身体的第二大"危险"部位。如果任其运动，我们的肢体语言就会告诉对方我们的各种感受。手和手臂的一些动作与个人的特定感觉有关（见图 12.7）。它们往往是准确的，但并不总是准确的，刻意的手势有可能误导他人。观察集群和变化，尤其是可以表明某人从舒服转变为不舒服的变化。

我们的手和手臂的位置可以鼓励或阻止对话。交叉的双臂在我们和对方之间制造了一个障碍，暗示对方的潜意识里有东西阻碍了公开交流。如果你是那种习惯于交叉手臂的人，那么在谈判中不要这样做。

正如我们已经看到的，我们的大脑有一种强大的力量，它会反射性地、本能地采取行动以保护我们。我们倾向于触摸我们的脸部，好像是为了保护我们免受不好的东西影响，或者阻止我们撒谎。我们的手和手臂可能会针对我们周围发生的事情"说"些什么。在西方文化中，很多人会不假思索地将一只或两只拇指朝上，以示对某件事的积极态度。当我们坐下并把双手放在面前的桌子上时，也会发生这种情况。人们（最常见的是男性）会双手插进口袋站着，同时拇指伸出来并朝上，这是一种自信的表现。紧张的情绪会使我们在说话的时候手舞足蹈，而使手指朝上往往暗示着自信。很多人在说话时都伴随着手部动作，他们会通过摆动手指和手臂来表达特定的观点。在大多数情况下，这是无害的，问题是我们的手也在向他人"讲故事"，所以我们要确定它们只"说"我们希望它们"说"的话。有经验的谈判者往往会避

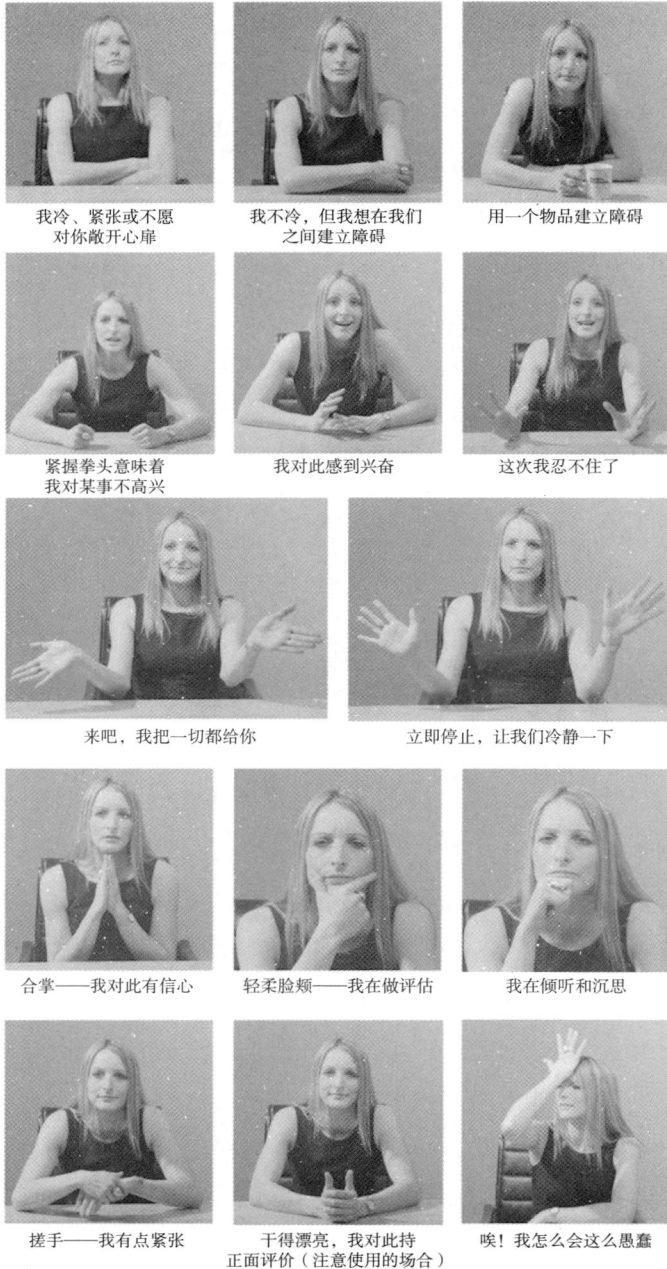

我冷、紧张或不愿
对你敞开心扉

我不冷，但我想在我们
之间建立障碍

用一个物品建立障碍

紧握拳头意味着
我对某事不高兴

我对此感到兴奋

这次我忍不住了

来吧，我把一切都给你

立即停止，让我们冷静一下

合掌——我对此有信心

轻柔脸颊——我在做评估

我在倾听和沉思

搓手——我有点紧张

干得漂亮，我对此持
正面评价（注意使用的场合）

唉！我怎么会这么愚蠢

图 12.7 手和手臂在表达什么

免在谈判中使用任何手势。

　　说话时手掌朝下是一种权威的表现。露出手掌是一种安抚的动作，告诉对方我们不是威胁，也没有携带任何武器。当氛围变得紧张时，伸出双臂露出手掌（见图 12.7）有助于缓解气氛。

正视问题

　　我们的脸有很多话要"说"。正如前面提到的，眼睛能说明很多问题，但我们的眉毛、嘴巴、额头、脸颊乃至整个头部也能说明很多问题。我们的脸上约有 44 块肌肉，通过这些肌肉，我们能够表现出快乐、悲伤、恐惧、愤怒、厌恶和惊讶等情绪。大脑的本能反应又一次让我们难以避免地在脸上表现出自己的情绪。这一点在某些人身上表现得更明显，这与脸部肌肉张力有很大的关系，年轻人比年长的人更容易表露情绪。这也许是更成熟的老年人能给人留下更沉稳的印象的原因之一。

　　我们的嘴巴会做出各种各样的动作（见图 12.8）。它们可以暗示我们真的很高兴，或者只是礼貌性地高兴，以保持专业性。它们可以表示我们不同意或不喜欢某件事，或者我们在隐瞒什么。把手放到嘴边，那就真的意味着我们在隐瞒某件事。我们可以学会控制自己的嘴巴，但很难抑制笑容。如果我们刚刚努力争取到了一个令自己很满意的结果，而对方也同意了，我们就很难抵挡本能地大笑的欲望。即使我们的嘴巴不动，眼睛周围的肌肉也会动，这可能会泄露实情。在抑制不住笑容的时刻，我们可以把笑容转换成礼貌的微笑，把嘴巴闭紧，微微眯起眼睛，这样做可以掩饰自己真实的感受。

　　眉毛是很好的反应工具，罗杰·摩尔（Roger Moore）在扮演詹姆斯·邦德时就用过，效果很好。眉毛透露真实信息的可能性较小，不容易引起不自觉的反应，但对投射力量和引起更深层次的反应非常有用。使用"沉默是金"这一反制战术，再加上微微仰头和扬眉，也许就足以让对方重新思考自己的做法是否恰当。最后，头部的位置也是很重要的，低头表示不舒服，把头偏向一边则表示倾听和接受。

我接受，喜欢听你说　　　　　我在听　　　　　我很高兴而且真的很喜欢你

真实的微笑：　　　　　虚假的、商务的或职业的　　　　抿嘴一笑："我不同意"
"我真的高兴"　　　　　微笑："我在忍着"　　　　　或"这行不通"

我忍耐不住了　　　不！我真的完全不喜欢那样　　　微微冷笑，眼睛一眯，
　　　　　　　　　　　　　　　　　　　　　　　　　　不屑一顾

图 12.8　解读面部信息

让自己舒服，但不要太舒服

不管是坐在舒适的沙发上还是椅子上，我们的坐姿都能说明很多问题，如我们的专业程度和现在的感受。当我们与家人或朋友外出，坐在椅子上时，我们也许会双腿交叉，将双臂放在脑后，甚至将一只手臂放在旁边的把手上，这样做不会有什么不妥（见图 12.9）。在谈判中，采取这种轻松舒适的姿势通常会被认为是不合时宜或不专业的。艾伦·皮斯和芭芭拉·皮斯认为，女性尤其不喜欢在会议中这样坐着的男性。在强硬且主张价值的谈判

中，使用强有力的姿态或做出展示领地的动作可能是合适的，但一般不建议这样做，因为有时会适得其反。

我开放并乐于接受　　　展示领地：我拥有主导权　　　放松、舒适和开放

我准备好交易了　　　我在看着你，但是我已经封闭起来了　　　我和你之间有一道障碍

图 12.9　不同的坐姿

肢体语言和文化

有些文化比其他文化更鼓励使用肢体动作。某些动作或手势在不同的地区有不同的含义，如果不知道这一点，就很容易对他人造成冒犯。然而，艾伦·皮斯和芭芭拉·皮斯认为，尽管存在许多差异，但基本的肢体语言在任何地方都是一样的。研究你应该或不应该做什么总是必要的。

重要的迹象

一旦我们知道要寻找什么，我们就可以知道对方会做出哪些具体反应，并留意一些变化。这些变化会告诉我们一些事情，也许表明我们已经到了谈判的关键点。不舒服的反应可能会告诉我们，我们已经击中了对方的LDO，或者对方会给我们开"绿灯"以完成交易。

不舒服看起来像什么

正如纳瓦罗所言，从舒服到不舒服的转变才是最能说明问题的。纳瓦罗的经验基于刑事审讯及比与供应商谈判更有压力的情况。在与供应商谈判这种情况下，迹象往往不会那么极端。一位有经验的销售人员不可能因为我们想要一个更低的价格而感到不舒服，所以我们在日常谈判中很难发现对方的不适感，尽管它仍然存在。在涉及数百万英镑的商务谈判中，双方已经准备了好几个月，销售人员的未来事业发展和奖金都取决于谈判的结果，因此，不适感往往会比较明显。

到目前为止，我们已经考虑了我们的大脑在不舒服时的一些反应，这些反应与试图保护自己、躲避某些东西或阻止自己做某些事情有关。纳瓦罗提出，作为人类，当我们感到不适时，我们会尝试安抚自己，因此这种安抚行为最能说明问题。安抚行为也可以在动物身上看到。狗会用口鼻拱、轻推、抬起爪子或放下尾巴等动作表明自己不会对其他狗造成威胁。如果它认为其他狗是威胁，就会伤害它们。一群海豚遇到捕食者后，一旦脱离困境，它们就会相互靠近并轻轻地相互摩擦鳍，以安抚对方。安抚行为在人类身上更加常见。父母或护工抱起哭泣的孩子，轻轻揉搓他，让他平静下来，就是一种安抚行为。随着孩子年龄的增长，膝盖擦伤的疼痛似乎会随着父母的神奇揉搓而消退。这些事情并没有看起来那么简单，理查德·格雷（Richard Gray）的研究表明，摩擦行为刺激皮肤下的快乐神经，抵消了其他神经的疼痛感，从而使疼痛消失。随着年龄的增长，我们被别人揉膝盖的机会越来越少，所以我们会转向自我安抚，这正是谈判中要注意的。揉额头，搓手，抚摸下巴、脸颊或胡须，用手在大腿上搓动，都属于安抚行为。其他表示不舒服的迹象包括捂住脖子、拉衣领和舔嘴唇（见图 12.10）。

搓额头　　　　　　　搓眉毛　　　　　　　呼气

调整领带　　　　　　透气　　　　　　　摩擦后颈部

摩擦前颈部　　　　　搓手　　　　　　　揉搓大腿

揉搓鼻尖　　　舔嘴唇或略微伸舌头　　　揉搓眼皮

图 12.10　不舒服的迹象或安抚行为

注意"绿灯"

销售人员必须理解"绿灯"背后的肢体语言，它在谈判中发挥着重要的作用。在对方没有准备好之前，试图完成交易是没有什么意义的。反过来，在对方准备好的时候没有完成交易，就会错失机会。

当人们准备好把事情往下推进时，他们会更多地表达自己的感受，即使是经验丰富的谈判者也是如此。当正确的交易摆在桌面上时，高压时刻已经过去了，威胁已经消失，没有什么可担心的了。另一方很可能对看起来将要获得的结果感到非常高兴。因此，"绿灯"是一种情绪的波动和肢体语言的明显变化，是对方准备完成交易的信号。"绿灯"包括以下几种迹象：

- 瞳孔放大；
- 准备达成交易，或许坐得更靠前或向谈判对象靠拢；
- 明显的或被抑制住的笑容；
- 脸上出现兴奋或快乐的"光"；
- 任何争论或讨论的要点都只是细节；
- 对方变得不耐烦。

利用肢体语言获得优势

我们需要掌握肢体语言，只要有良好的观察力和自制力，就有可能在谈判、商业世界和生活中获得巨大的优势。这种能力甚至可以改善你的感情生活，但提及这种说法的谈判图书并不多。要想变得优秀，就要学会识人。这是一件很容易做到的事情，观察人的肢体语言的机会每天都有，但你下次要更认真地观察，看看他们的身体在"说"什么。掌握肢体语言需要自我意识，你可以尝试将你所学到的东西付诸实践。不过，你有可能不会意识到你所做的一些事情。你可以请同事提供反馈，甚至进行角色扮演，并给自己录像，这些都可以增强你的洞察力。掩饰肢体语言有助于面对面的谈判，也有助于通过远程方式（如网络会议工具）进行的谈判，因为在这两种情况下我们可以看到我们的对手。

要避免的行为

在谈判中，有些行为是应该避免的。首先，我们要了解对方是否有文化禁忌。此外，某些行为普遍不合适或会产生反作用，尤其是有指责意味的行为。指点具有权威性、谴责性和攻击性，这种手势往往会引起对方的消极反应，应该避免使用。然而，如果将拇指和食指捏在一起，指点就会变得不那么具有威胁性。如果你天生就爱指点，那么这是一个缓和这个手势的威胁性的好办法。

用手指梳理头发、清洁我们的耳朵、咬指甲及其他预热手势或习惯动作都应该避免。这类行为表明我们要么没有听懂，要么过于紧张，并向对方表明我们感到不舒服。即使是从外套领子上取下一小块绒毛的动作，也有可能表明我们没有完全听懂对方的意思。图 12.11 展示了一些需要避免的行为。

指向对方："你要
按照我说的做！"

降低侵略性，将拇指和
食指捏在一起指点

咬指甲：
我有点紧张

矫揉造作或玩弄头发，
说明对谈判不感兴趣

去除衣服上的绒毛

检查自己

图 12.11　谈判中要避免的行为

最佳坐姿

在谈判中，最佳坐姿（见图 12.12）是在椅子边缘坐正，身体略微前倾并面向对方；抬头挺胸，双手掌心朝下放在面前的桌子上，如果你容易手舞足蹈，也可以将双手合在一起并放在面前的桌子上；你的双脚应该稳稳地放在地板上，要么并拢，要么一只脚稍稍放在另一只脚前面（通常这样更舒服），同时与对方进行眼神交流并微笑。

谈判时的最佳坐姿　　　　　　需要保持双手不动时的
　　　　　　　　　　　　　　　最佳坐姿

图 12.12　谈判时的最佳坐姿

在谈判过程中一动不动地坐着有些不切实际，也很奇怪。但是，这个最佳坐姿应该成为基础坐姿，只有当你想刻意做出某些动作或转变时，才需要改变坐姿，也许是做出某个手势，或者靠在椅背上放松片刻，但总是要回到基础坐姿。你可以想象这样一个场景：你被磁铁固定在某个位置上，如果你移动了，就会被吸回来。

镜像

镜像是利用同步行为建立融洽关系的艺术。镜像是指观察对方所做的事情，并做同样的事情（就像他们在照镜子一样），它可以起到使对方喜欢我们的作用。如果对方把手放在下巴上，我们也要这样做。但镜像一定要不易察觉，这是因为，如果对方意识到我们在复制其行为，就会产生反效果。镜像肢体语言有以下三种方法。

- **姿势和动作**。模仿对方如何抬头、做什么、四肢的位置和动作的速度。
- **表情和目光**。如果对方看向某处，我们也要看那里。
- **呼吸频率**。模仿对方的呼吸频率，与他们建立强大的关系。当你说话时，用你的周边视觉观察对方的吸气和呼气频率，以及肩膀和胸部的起伏。

畏缩

畏缩是指针对别人所说或所做的事情，故意在视觉上表现出不舒服。其目的是让对方认为我们正在遭受痛苦。畏缩也许是为了造成一种错觉，让对方认为自己逼得太紧，或者是为了表明我们已经到了极限，让他们认为自己的提议或建议是荒谬的。畏缩的常见例子包括突然喘息或吸气、露出惊恐的表情、后退或远离对方。畏缩是特别有力量的，因为身体的反应比说"我很震惊"更有效。此外，人们看到别人受到伤害时，就会产生共情反应，并渴望帮助受伤害的人减轻痛苦。畏缩是"你在伤害我"战术的一部分，可以帮助我们坚守自己的 LDO。

不要忘记微笑，保持激情澎湃

表现出积极的情绪（如快乐、热情、对讨论感到兴奋）会对另一方产生强大的影响，特别是在他们没有谈判经验的情况下。这种表现可以让对方产生信任，进而促进沟通，使双方开始讨论利益和优先事项，并能将对方的立场转变为创造价值。

在开始接触时和每一次互动中，我们都要保持积极的态度：微笑、保持目光接触，并向对方表现出热情。

建立亲和力和管理肢体语言的制胜技巧

我们可以做很多事情来管理自己的肢体语言，并在他人身上寻找迹象。肢体语言也是与对手建立良好关系的一个关键因素。建立亲和力是影响谈判的一个关键因素。如果我们能与对方建立良好的关系，我们就能赢得信任，对方也更有可能按照我们的要求行事。建立亲和力也是生活中与他人相处的一个关键技巧，它是销售人员所依赖的，也是一种可以让你得到你想要的东西的方法。建立亲和力不仅要给对方留下我们真的对他们感兴趣的印象，还需要使用一些特定的肢体语言技巧。图 12.13 提供了五种建立亲和力的制胜技巧，图 12.14 提供了五种管理肢体语言的制胜技巧。

管理肢体语言的 10 个小技巧

1. 设想完美的基础坐姿，保持这个坐姿，始终回到这个坐姿。

2. 意识到并抑制自己本能的身体反应。

3. 面带微笑，热情洋溢。

4. 做好眼神交流。

5. 观察对方的肢体语言，用自己的周边视觉尽可能多地观察对方的身体。寻找集群和变化。

6. 镜像对方的行为。

7. 使用配饰。考虑用眼镜隐藏瞳孔。

8. 笑，但只在适当的时候笑。笑是会传染的，它能治愈人心，释放内啡肽，让别人和你一起笑。当事情变得棘手时，它也可以帮助你。

9. 表现出积极的态度。如果你对你正在做的事情感觉良好，你的身体会表露你的感觉。不需要采取行动，而是让你的身体表现出你的真实感受，这会容易得多。努力让自己保持正确的心态，你的身体会做剩下的事情。

10. 练习，练习，再练习！掌握好肢体语言是所有人都能做到的。把握每一个机会练习，更深入地认识自己的肢体语言，以便更好地管理它。

制胜技巧——建立亲和力

31 建立亲和力	建立亲和力是指迅速建立关系，以获得对方的信任和肯定。它是销售的核心，即使正在进行主张价值的谈判（我们总是在销售某种成果），也能对谈判有所帮助。使用肢体和口头语言，表现出自己感兴趣
32 微笑并使对方喜欢你	谈判中总是有微笑的空间。微笑、友好、和蔼是建立关系的一部分，有助于赢得对方的信任和肯定。这也会让对方更喜欢你。如果你的对手喜欢你，你往往可以在谈判中取得更理想的结果
33 直呼其名	寻找在讨论中直呼其名的机会。直接叫某人的名字有助于与其建立关系，并表明你对他感兴趣和重视他。我们喜欢听到自己的名字被别人叫出来，所以想方设法直呼其名有助于与对方建立融洽的关系
34 镜像他们	巧妙地镜像他们的肢体语言。采取类似的姿势和位置，并随着他们微妙地变化，但注意不要过于明显。镜像能给对方一种潜意识的保证——你就像他们一样，这会使他们更容易喜欢和信任你
35 眼神接触：注意他们的眼神	在整个谈判过程中保持良好的眼神交流（目标是覆盖70%~80%的讨论）。眼神接触是建立融洽关系的一部分，也可以让我们观察他们眼球的运动轨迹，并了解其反映的信息。在整个过程中要控制好自己眼球运动轨迹

图 12.13　制胜技巧 —— 建立亲和力

制胜技巧——管理肢体语言

36 良好的基础姿势
采取良好的基础姿势来管理肢体语言。双脚并拢，指向前方，坐直，双手合十或分开放在桌上。根据你的需要移动和使用手势，管理好自己的动作，让自己始终回到基础姿势。这将使你的整体控制力更强

37 线索、集群和变化
观察他们的肢体语言。如果可以，在社交场合中进行校准。观察线索（动作、行动、目光的方向和他们所做的事情），寻找集群（例如，当他们回忆时会产生同样的眼神），然后观察变化。变化意味着有些事情正在发生

38 控制你自己
注意你的肢体语言。如果他们很有经验，你所做的一切都会被观察到。警惕眼球的移动，你的手如何移动，你如何坐着或倾斜。仔细管理你的行动和动作。始终回到基础姿势

39 让他们看到你想让他们知道的
当你想让他们相信某件事时，故意给他们不同的暗示，利用肢体语言发挥你的优势，例如，改变眼睛看的方向，让他们认为你在虚张声势；或者假装不舒服，让他们认为你在挣扎，而且离你的LDO很近

40 调整呼吸
谈判可能会很激烈，我们可能会一时被形势冲昏头脑。控制好节奏，给自己争取时间考虑应对措施，放慢速度以调整自己。控制呼吸，进行更深、更慢的呼吸不仅能让你保持冷静，还能让你掌控一切

图 12.14 制胜技巧——管理肢体语言

NEGOTIATION FOR PROCUREMENT AND
SUPPLY CHAIN PROFESSIONALS
Third Edition

第 13 章
管理你所说的内容和说话的方式

本章旨在以肢体语言的重要性为基础，讨论我们的口头语言是如何影响谈判结果的。本章将探讨我们应该如何表达，如何更有效地选择语言，避免什么，以及如何提出和回答问题。

本章涉及的关键问题

19. 哪些战术和技巧可以帮助我在谈判中获胜？

21. 我应该如何读懂谈判对手的潜台词及有效地管理我要说的话并用更恰当的方式说出来？

本章涉及的红表方法论中的步骤

步骤 12 及与供应商的每一次交互

与他们建立联系

如果只有 7% 的沟通基于我们实际使用的词语，那么我们最好选择有效的词语；如果有 38% 的沟通基于我们如何说这些话，那么我们最好掌握有效传递信息的方法。但问题在于，我们对语言的选择及如何使用语言会受到我们的思维方式和世界观的影响。如果与我们交谈的人思考和看待世界的方式与我们相同，我们就可以和他们进行有意义的交流并理解他们所说的话。否则，双方的交流就会像每个人都在说不同的语言。也许你也有过这样的经历，我们很容易认为每个人都像我们一样思考，但别人并不这样认为。为了有效地进行谈判，我们需要了解和克服阻碍沟通的因素，并针对口语使用一些简单的技巧。

你知道我的感受吗

休·奈特认为，在生活中，我们可以用以下三种方式表达信息。前文在探讨眼球运动轨迹时曾提到了这些，这里会更详细地介绍这些方式。

- **视觉**。通过画面思考和看待事物。复杂的概念会在脑海中直观地排列成某种模式，回忆会以画面的形式浮现在脑海中，单词和数字也会出现在脑海中。当视觉型的人在记忆如何拼写时，他们是通过看到这个词进行记忆的。视觉型的人可能会说"我可以看到你的观点"或"从我们目前的情况来看"。
- **听觉**。在声音中思考。听觉型的人通过听觉在脑海中思考、评价和记忆概念。听觉型的人可能会说"我听到你说的话了"或"听起来你已经下定决心了"。
- **感觉（动觉）**。基于情感和感觉思考。回忆与内心的感觉或物理刺激（触觉、味觉、嗅觉）紧密联系。感觉型的人可能会说"我觉得我们接近达成一致了"或"这个结果可能会留下不好的味道"。

如果一个视觉型的人站起来，尝试用活页图向听觉型的人说明一个概念，那么听觉型的人很可能会坐在那里不知所措，因为他们需要把自己看到的东西转化为他们可以处理的东西。有时我们可以看到这种情况，听觉型的人很可能会读出画下来的内容，就好像对自己说话以便理解其看到的东西。通过了解对方是如何思考的，我们可以调整我们与他们互动的方式，这样就不需要由对方复述一遍我们说的话了。把一个概念画出来给视觉型的人看，这个概念会直接进入他们的大脑。他们是否理解的线索就在他们所说的话中。如果你不确定，就提出一些测试问题，如"你是怎么看的"或"告诉我你对这个的感受"，看看他们是否愿意回应。当然，还要观察他们在回忆某件事情的时候眼睛往哪里看。

倾听

在谈判者中流行一句话："谁在谈判中说得最多，谁就输了。"

——博比·科维奇（Bobby Covic），2004 年

"倾听"（Listen）与"沉默"（Silent）包含相同的英文字母，这是一个令人惊喜的巧合。如果我们希望听到对方会说和不会说的内容，就要学会保持沉默，这样我们才能提高弄清楚他们想要什么及达成协议的可能性。我们不仅要全面准确地理解对方说出来的立场，还要寻找隐藏在对手所说的话语中的信息、暗示或推理，因为它们可以带来比话语更多的信息。我们只有真正地倾听才能发现这些。柯维说过："大多数人在听的时候并不是为了理解，而是为了回答。"我们都认为自己是很好的倾听者，包括我自己，直到我接受了一些关于倾听技巧的训练，才发现自己擅长的其实是等待对话中的空隙说出自己想说的话，这显然不算会倾听。后来，我向身边的人讲述了我的想法，他们没有我想象的那么惊讶。我们在倾听的时候，往往只听到对方说的部分内容，其余的内容都会错过，造成这一现象的原因如下。

- 我们会将自己听到的内容与我们思考和看待世界的方式联系起来。

- 我们会根据自己的经验添加新的细节。
- 我们忙于思考轮到自己的时候会说什么。
- 我们昏昏欲睡，想着晚餐要吃什么。

我们可以通过肢体语言给别人"我接受和感兴趣"的印象，并表明我们在听。尽管如此，我们实际上缺乏兴趣的表现仍会很明显。眼神失焦或面部表情局促不安可能会出卖你。唯一真正的倾听方式是专心致志地听，屏蔽所有其他的想法，只关注对方。点头有助于表示肯定。有趣的是，这种行为源于鞠躬，表示从属于对方。当然，这正是我们倾听时应该做的。

与倾听技巧有关的知识值得我们进一步学习，这也是一个独立的话题。不过，有一些简单的技巧可以帮助培养倾听技能，概述如下。

学习倾听

一个培养倾听技能的技巧

找一个安静的空间和愿意帮助你的同事或你信任的人，你们面对面坐在一起，你们之间没有桌子。请你的同事或朋友想一想生活中与他有关的、他愿意谈论的事情。你们都同意这次讨论仅发生于你们两个人之间。

让这个人就他所关心的问题与你谈上整整 7 分钟。在这段时间里，你必须面对他，并努力表现出你在倾听的所有迹象（如进行眼神交流、点头等）。不过，你必须保持沉默，只在必要时开口询问，但对他所讲的内容不做任何评论。你不能做笔记，但必须记住他讲的所有内容，在脑海中建立主题或分组，好让你听到的内容变得有意义。你需要集中精神，不要把自己的想法与别人的想法联系在一起。

在结束时，向你的同事或朋友复述你听到的内容，并请他告诉你复述的准确度如何，以及你是否增加、改变或遗漏了什么。如果你觉得这很有趣，可以与对方交换角色。倾听的秘诀在于你在脑海中的做法，以及你对所听到的内容进行总结、分组和拒绝美化。这是一种可以培养的技能，通过重复这个练习并在日常生活中运用相关技巧，你很快就会提高你的倾听技能。

副语言和元语言

在我们所说的话语背后，有两种成分可以传达更深层次的意义——副语言和元语言。如果我们能对我们说的话进行编码，对我们听到的话进行解码，那么这两种语言在谈判中会成为我们的盟友；但如果我们没有意识到自己的行为，那么这两种语言都会让我们暴露太多的信息。

副语言是指口语交流中的非语言元素，包括我们说话的音调、音量、语速、语调和语气。通过副语言，我们可以传递和表达情感。大脑管理着我们对自身处境的反应或想要表达的东西，所以通常我们会表达情感，就算我们不想这样做，或者无意中试图隐藏不合适的情感。所有这些都意味着，如果听的人知道该听什么，声音的变化完全可以揭示更深层次的感情和情绪。

元语言是指口语以外的其他意思，换句话说，元语言表达的东西比单纯的语言更多，或者更加不同。其结果是我们所说的东西既有表面意义也有深层意义。求职面试及之前所写的简历都是元语言的温床。"我在各行各业都有丰富的实践经验"其实意味着"我没有很高的学历，在一份工作上坚持不了多久"。元语言包括一系列有意、习惯或无意使用的语言技巧，通过润色、强调、隐藏的意思、概括、歪曲句子的方式或故意遗漏的内容传达更深层次的意义。后文将探讨其中的一些问题。

镜像副语言

上一章介绍了用类似的手势和配合对方的呼吸进行肢体语言镜像的概念。镜像副语言是建立亲和力和赢得他人信任的另一个强有力的方法。如果一个人疯狂地快速说话，另一个人却缓慢地答复，那么不匹配是显而易见的，这种交流看起来是双方都在容忍对方，而不是真正地倾听对方。

如果一个人用平静的语气慢慢地说话，就镜像他；如果对方的情绪很激动和活跃，那么镜像对方自然会与其产生共鸣。然而，当对方的副语言升级并变得消极或具有攻击性时，你千万不要镜像，因为这会使消极情绪升级。同理，如果你做相反的事情，那么由此产生的不匹配会引起对方对你的行为变化的注意，并促使对方重新考虑自己的做法。不要过度使用镜像，因为这很容易使你在无意中模仿对方的口音，从而被理解为一种嘲笑。要注意不要让对方明显地感觉到自己被模仿了。

读懂字里行间的意思

在 2012 年奥运会之前，纽约的 Bakevy 公司出版了《英国指南》(*Guide to British*)，这是一本为习惯于直接与他人交流的纽约人准备的行为指导书。有些纽约人为了参加奥运会而前往英国，这本书可以帮助他们融入当地社会。这本书提出，英国人一般倾向于避免对抗性交流或直接说出自己的感受。为了礼貌，他们会使用更多的词汇。在被问及他们的情况时，他们可能会回答"我很好"，即使在最不好的情况下也是如此，在人群中，他们更愿意说"对不起"，而不是"看路"。在英国文化中有一个共识，那就是不直接说出实际意思。但当英国以外的人观察英国人时，这种行为可能会显得很奇怪，而且没有必要。

说一些与本意不同甚至相反的话，不仅是英国人的习惯，这种行为在许多文化中都或多或少地存在，因此，围绕着一种文化的直接性进行事先的文化研究很重要。此外，谈判为隐藏意义提供了更大的空间，因为从谈判的本质来看，当事方会倾向于伪装，其目的是误导对方或表明立场，他们会谨慎地透露自己的意思。

读懂字里行间的意思，就是能够理解话语背后的真实含义。我们要考虑话语背后的潜台词，或许可以试探对方说的话。这是一种随着练习发展起来的技能。结合肢体语言观察，我们可以获得不同的线索以理解对方到底在想什么。请看以下这些例子。

- "要考虑进一步降价，我们就要有一定的成交量保证"的意思是"你还没到我的 LDO，但我在尝试交易"。这时，你可以试探性地问"如果我们能保证交易量，那么你能提供什么价格"，如果他们回答，那么不管你能否保证交易量，你对他们的 LDO 都有了更准确的判断。
- "你们只有在本月最后一天之前做出承诺才有资格享受之前的价格"意味着"我需要通过这次交易获得奖金"或"我们需要现金"。
- "我们会派最好的团队和项目经理去做"的意思是"我们还不知道谁会做这件事"。
- "我不想在这个问题上讨价还价，但是……"的意思是"我要开始在这个问题上跟你讨价还价了"。
- "我不太清楚"的意思是"我知道，但不想说"。

强调的词语

通过强调某些词语，我们可以使自己所说的话的意思发生变化。这类元语言经常被用来传达隐藏的意图，而不宜用来直接说明某事。例如，"我必须告诉你，我们今年没有预算做这件事"可能是符合公司立场的正确说法，但强调这一点也是在告诉有价值的供应商，他们可以对明年充满希望。考虑一下这样的说法，"我觉得你们的提案还不够好，我不同意"。我们通过强调某些词语可以彻底改变其意思。

- "我不觉得你的提案对我来说足够好"的意思是"我不喜欢"，但暗示着"别人会喜欢"。
- "我觉得你的提案还不够好，我不同意"表示还有其他提案，而且更好。
- "我不觉得你的方案好到足以让我同意"表示方案已经接近完美了，只有很小的差距需要弥补。
- "我不觉得你的建议好到足以让我同意"表示可能会同意，但会由其他人同意。

粉饰

为了掩盖错误，人们常常会在简单的陈述中加上旨在提升意义的附加词。你问一个孩子在一个她不该去的地方做什么，她的回答可能是"我只是在找我丢的东西"，似乎加上"我只是"就可以去掉其陈述的原因，把它的影响降到最低。当说话者对自己要说的话感到不舒服时，往往会使用去掉强调的粉饰，也许是因为它并不完全真实。相关例子包括"我绝对没有说过""我绝对没有说""我特别想"，"绝对"和"特别"这类词可以用来强调句子的其他部分。其他的例子还有"跟你说实话"和"我不会骗你"。这些并不是判断一个人是否在撒谎或提供错误信息的可靠指标，因为对一些人来说，润色已经成为习惯，可能反映了他们有不安全感或缺乏信心。然而，在谈判中应避免润色，因为它们可能会暗示我们并不完全诚实或仅凭我们的陈述是不够的。

问答

提问有助于投射力量。当我们提出问题时，我们就在很大程度上控制了讨论的主题。在谈判中，提问有助于我们加深对对方的理解，收集有关对方立场的情报，并在对方说话时争取时间进行思考。

澄清问题

很多时候，我们话语背后的深层含义既没有被表达出来，也没有被有意识地理解。人们很容易认为，如果我们对某件事情有明确的理解，我们就可以通过语言将其完整地传达出去，但事实往往并非如此。

休·奈特认为，我们对语言的使用基于我们的大脑所使用的过滤方式，它可以帮助我们理解这个世界并过滤掉我们大脑认为与我们无关的东西。然后，我们的观点就会驱动我们说话。根据大脑的过滤方式，我们会使用三种不同的方式：删减我们说的一些话，歪曲我们所说的内容，以偏概全。在谈判中，删减、歪曲语句或使用概括性语句是无益的，会使我们无法获得推进谈判所需的情报。因此，我们需要注意哪些话没有说出来、哪些话没有传达，并利用提问填补缺失的细节。奈特将这些问题称为"精确问题"。警察和那些负责调查事件的人都会使用这种技巧。只有当目击者的观察能力可靠（如果不经过训练，那么我们大多数人在这方面都会有所欠缺），并且有可能从他那里获得准确的描述时，目击者对罪犯的描述才有价值。当目击者说"我看到小偷离开了房子，然后迅速往马路上走。我觉得他有些奇怪"时，询问者可能会提出一系列问题进一步询问目击者，以获得更准确的描述。例如，为了了解更多的细节，他们会问"你是从哪里观察到的""你怎么知道他是小偷""他是往哪条路走的""他是步行、跑步还是以其他方式离开的""速度快吗，与什么相比""是什么让你觉得他很奇怪""你怎么知道这是个男人"等。

在谈判中，为了收集更准确的信息，我们可以澄清问题，这是一项重要的技能。澄清问题可以使说话者与自己的内心理解重新建立联系，促使他们重新评价自己的话语甚至思想，然后重新陈述。他们在这样做时可以为我们提供更多的信息。请参考以下例子。

- **含糊其辞**。"他们不让我们给产品打折"——他们是谁？为什么他们不在会议室里？
- **把个人意见当成事实**。"一直要求我们降价是不对的"——谁说的？既然市场在变化，为什么降价不对呢？
- **一种抽象的情况**。"我们正处于一个变化的市场中"——怎么变化的？
- **没有事实根据的比较**。"我们的服务是首屈一指的"——与谁的服务相比？怎么测量的？什么时候测量的？

- **诉说你的感受**。"我知道你不喜欢我们提供的服务，但是……"——你怎么知道我们不喜欢呢？

- **判断**。"与贵公司很难做生意"——你为什么会这么说？

- **利用感情指责**。"你让我觉得受到了威胁"——我怎么会这样做呢？

- **解释**。"最近几个月成交量下降了。你那边出问题了吗？"

- **概括**。"我在谈判中从不讨价还价"——从不？你在谈判中是怎么赢的？你现在为什么跟我谈？

- **迫不得已**。"我必须在月底前完成这笔交易"——你为什么这么需要完成这笔交易？

- **没有事实根据的死胡同**。"我不能同意"——为什么不能同意？我们接下来要怎么谈？

根据对方所说的

根据对方所说的提问意味着找到要问的问题很容易，因为对方已经给了我们提示。这种方法有助于强化对方的自我意识，为我们赢得思考的时间，观察和评估对方的肢体语言。休·奈特将其描述为一种非常有效的技巧，并建议这样的问题应该以天真、着迷、无私和渴望学习的态度提出。我们可以通过镜像和重复对方所说的部分内容，然后要求他们告诉我们更多内容的方式提出这类问题。这类问题往往会引出比对方原先想要提供的更多的信息。

供应商："当然，我们正在进行一些令人兴奋的创新，在我们前进的过程中，这些创新有助于您的业务。"

采购方："可以在哪些方面提供有帮助的创新？"

供应商："我们可以通过改善客户体验帮助您提升品牌影响力。"

采购方："改善……你们怎么做？"

供应商："我们正在开发新的交互式门户网站，里面可以宣传您的品牌，使其看起来像是您业务的延伸。"

采购方：“我们的客户会在这个里面做什么？”

避免回答

如果我们能提出所有的问题，而对方能提供所有的答案，那就太好了。然而，在现实中，提问和回答是一种双向交流，在此过程中我们有可能获得某种优势。

一个重要的风险是被问到有分量的问题。面对这些问题时，无论我们以何种方式回答，都可能削弱我们的地位或泄露信息。例如，“这里有任何改进的空间吗”就是一个有分量的问题。如果回答“没有”，我们就进入了一个毫无成效的边缘游戏；如果回答“有”，就表示他们还没有到达我们的 LDO。此时，我们可以设置以下几条防线。

- 带着问题回答。“你真的认为以我们现在的情况，还能有什么改进的空间吗？”
- 质疑问题。“你为什么要问这个问题？我已经阐述了我的立场。”
- 回避问题。“我不打算和你进行那种街头商人式的交流。”
- 推迟问题。“等我们讨论完其他问题，再来讨论这个问题吧。”

然而，当我们向对方提出一个问题，却被对方以转移讨论的方式回避时，我们可以通过替对方回答问题的方式提供我们希望听到的答案，等待对方承认或否认。

如果我们最后像被审问一样，接二连三地回答对方的问题，就会使对方更有力量，因为提问的人以他们的条件积累了大量的信息，而我们只能回答和提供信息。显然，回答对方的问题很可能是交流的必要组成部分，但如果这变得极不平衡，就要改变游戏。我们必须开始推迟和转换话题，并向对方提问，如“好吧，我们来讨论这个问题，但首先我想了解……”。

开放式和封闭式问题

开放式问题是指那些只能做出解释性回答的问题，如"告诉我你的建议"或"你能解释一下你是如何得出这个数字的吗"。封闭式问题只需用一个明确的字或词回答，如"这是你的最终报价吗"或"你会同意我的报价吗"。

开放式问题和封闭式问题在谈判中都有其作用，但我们要在正确的场景中使用正确的问题。开放式问题很适合让对方开始讨论，但如果我们的问题过于开放，就会产生相反的效果。我们开场时问了一个问题，如"现在的生意怎么样"，这似乎是很好的试探，我们可以了解他们有多需要一个好的谈判结果，但我们不太可能得到有意义的回答。首先，供应商会认识到为什么会被问这个问题；其次，这个问题的范围太广，所以他们很容易用一个含糊不清的答案进行回答，而这个答案并不能告诉我们什么，如"哦，我们相当忙，面临着挑战，但没有什么是我们不习惯的"。一个更有启示性的问题可能是"如果我们能达成协议，你们能以多快的速度供应"。同理，我们提出封闭式问题时，如果对方给出了否定的回答，就排除了有价值的选择，我们就会自取其辱。毕竟不太可能有供应商会对"这是你的最终报价吗"这个问题回答"不"。

引导性问题

引导性问题具有很强的操纵性，旨在引导被问者说出期望的答案。这类问题的提出方式是让预期的答案包含在问题中，如"我们在这里达成一致了，不是吗"。引导性问题经常被销售人员用来消除障碍，以完成交易。如果他们所问的问题中有一丝真实性，那么你很难不给出他们所期望的答案。例如，"你不认为这正是你想要的车型吗"。

制胜之道

影响力和说服力

掌握影响力和说服力可以让你在商业世界和日常生活中获得令你满意的结果。它是许多关于销售和个人效能的图书的主题，这些书提供了许多方法和制胜之道。影响他人就是这么回事，它针对的是个人而不是公司。在商业谈判中，各方将代表公司行事，但最终决定同意或不同意的是个人，这些人在他们的职权范围内行事。因此，影响个人可以确保结果。

罗伯特·恰尔迪尼提出了六项说服个人的原则，这些原则可以用来构建谈判方法和论证方式。请注意，前面概述的一些战术使用了其中的一个或多个原则。

- 互惠性。如果我们给了对方礼物或恩惠，那么对方往往会给予回报。
- 承诺性和一致性。人们倾向于始终如一，如果他们对某一结果、目标、想法或做某事做出承诺，那么他们更有可能履行承诺，即使最初的动机已经消失。决定放弃一份工作的人往往希望在放弃之前"看清事情的真相"。这也是"但是我们已经达成协议了"这一反制战术的基础。
- 社会证明。人们看到别人在做的事情就会去做相同的事情，并跟随别人的步伐。
- 权威性。人们倾向于服从那些明显的权威。
- 喜欢。如果人们喜欢对方，就更容易被对方说服。
- 稀缺性。人们认为稀缺性会产生需求。如果人们认为时间不多了，就更容易采取行动（这也是"今天的交易"和"一时兴起"等战术的基础）。

将这六项原则中的一项或多项融入讨论中可以增强我们的力量。互惠是信任游戏的核心，是"圣诞老人"战术的基础。权威性和是否受到喜欢取决于我们如何表现，前面已经详细探讨过这个问题。

如果我们能确保实现对结果的承诺，那么即使讨论没有结束，我们也很可能已经赢了。双层玻璃窗在北欧和北美的大部分地区的房屋装修中都是标配，但那些上门推销替代产品的推销人员往往采用强硬的推销策略。他们的做法的核心是获得承诺。如果他们能说服房主邀请他们去"讨论可能性"，房主就已经对购买新窗户的提议做出了承诺。如果房主允许他们开始测量，那么他们几乎肯定会做出承诺，并有可能跟进。从那时开始，只剩下讨论价格了。在谈判中，让对方对结果做出承诺意味着从那时起，讨论需要集中在完成交易上。这在实践中的作用是鼓励对方把注意力集中在谈判成功后的情况上，仿佛谈判的剩余部分只是走过场。在这一点上，当对方开始热情地谈论事情将如何运作时会说"我们将做 X"或"我们可以做 Y"，而不会说"如果我们取得成功"。

如果人们觉得自己的公司落后了，社会证明会吓得人们不敢行动。很少有公司真正了解自己与同行相比的情况。即使是那些花巨资请咨询公司以某种方式对他们进行评估的公司，也只能通过咨询公司曾经接触的公司或那些同意参与的公司获取信息。因此，社会证明是谈判中的有力武器，它可以使我们处于权威地位。例如，"你应该知道你的竞争对手已经把这个功能作为标准配置了"或"其他所有的供应商都已经同意了新的条款"。如果你选择在谈判中虚张声势，就要留意你需要立即或稍后处理的挑战。

最后，稀缺性促使双方达成协议的基础是对错过机会的担心。稀缺性可以是有限的时间，也可以是不经常出现的机会，如被加入主协议或框架协议，或成为极少数被选中的供应商之一。强调结果的好处，然后引入表明机会难得或有限的因素，就可以产生稀缺性。这反过来可以迫使对方迅速做出决定，如果对方不同意我们的提议，就会有产生损失的风险。

说出他们的名字

在我们的一些话语中加入对方的名字，会让他们感到更受关注。如果我们能在其中加入一些对他们的赞美和独特的东西，效果就会非常好。艾伦·皮斯、芭芭拉·皮斯和艾伦·加纳（Allen Garner）提出，人们认为自己的名字是世界上最美的词，所以会更加注意包含它的话语。"萨沙，我已经审阅了你那份极其详尽和完善的电子表格，我有一些问题"这句话很可能会得到萨沙的积极回应。

杯子是半满的

与其说杯子是半空的，不如告诉他们杯子是半满的，看看对方的反应如何。消极的言论会像刀子一样伤人，让事情停滞不前，让所有的希望破灭。用正面的方式说话，更容易引起相似的正面反应。例如，如果你对想与你合作的供应商说"你在这个问题上与我们的合作还不够紧密"，就很可能会引起供应商的防御性反应或报复，他们会把一些责任推给你。但是，更积极的措辞很可能实现预期的结果，如"向前看，有更好的机会让我们一起工作，我们都会受益，前提是你能更接近我们正在做的事情"，说这样的话有可能使他们提出一些建议以更好地完成这件事情。

现在谈谈完全不同的事情

"而且"这个词很不起眼，但可以通过在对方所说的基础上增加进一步的激励措施传递巨大的力量。例如，如果对方说"我们可以把一个员工安排到你们的团队中辅助动员项目"，我们的回答可以是"而且我们会培训他如何工作"。"而且"可以增加提议的吸引力，如"我可以同意 X，而且我可以加入 Y"。"而且"还可以用在假设性问题中，从而使提议更有吸引力，如"而且如果我们同意这些条款，请描述这种新的安排给业务带来的附加价值"。

注意你说的话

口头合同

在一些谈判中，我们可能有必要或有意给供应商一个口头指示，并做出明确的承诺。如果我买一辆车，我可能会进行谈判，商定一个价格，然后确认协议，当场完成交易。然而，许多商业谈判是将协议要点落实为一份有力的法律文件的前提。因此，交易并不是在谈判中完成的。

口头合同是指双方或多方通过口头交流达成的合同。在谈判中很容易在无意中签订口头合同。在大多数国家，口头合同具有法律约束力，而且法律针对违反合同的行为规定了补救措施。然而，实际执行口头合同时往往会出现我们的表述与他们的表述相抵触的情况。根据我的经验，如果有人认为他们签订了一些让自己后悔的条款，那么他们对协议内容的描述可能会在谈判后发生变化。在基于团队的谈判中，双方所说的话都有目击者，无意中签订的口头合同成为可执行合同的风险会增加。因此，了解口头合同是如何签订的及如何避免这样做，对任何谈判者来说都是至关重要的。

根据英国法律，任何合同（包括口头合同）的签订都需要具备以下四个要素。

- **要约**。一方当事人表示愿意以规定的价格或按规定的条件购买或出售某物。请注意，如果供应商提出建议、价目表或以某种方式确定费用，这就不是要约，而是邀请。要约是随后提出购买所述产品或服务的行为。
- **接受要约**。对方发出信号，表示接受要约。如果接受是有条件的，就成了反要约。
- **对价**。当事人之间交换有价值的东西。
- **意图**。由双方达成具有法律约束力的协议。

当我们在商店买东西时，我们知道产品是如何组合在一起的，所以很难在沃尔玛买到让自己感到意外的东西。在谈判过程中交换利益时，情况可能就不那么明显了，这会带来风险。从本质上讲，如果我们同意做某事、卖某物或买某物，而别人根据我们的声明采取行动，这就可能形成口头合同。这里的困难在于，谈判就是探索立场和个人愿意达成协议的条件，以达成一个范围更大的协议。请参考以下案例。

咨询公司认为已经订立的口头合同

一家咨询公司在客户购买 200 天咨询服务以支持下一年的项目的基础上，为其在提案中提出的费率打了折。后来双方没有正式确定最低承诺，因为在谈判期间，客户提出项目天数将超过 200 天，但出于预算原因，咨询公司需要根据每月的工作天数按月收费。在谈判中，双方商定，咨询公司将以此为基础立即开始工作。然而，仅仅过了 2 个月，客户就宣布公司重组，并立即取消了该项目。咨询公司被要求"退场"。咨询公司声称，双方订立了一份包含 200 天咨询服务的口头合同，由于客户接受了降低的费率（第一张发票上开出的天数与原提案相比费率较低，而且客户已经毫无异议地支付了费用），所以他们违反了合同。客户声称从来没有对天数做出任何承诺。争议无法解决，在考虑是否采取法律行动后，咨询公司选择离开。

在本案例中，客户很可能只是出于善意，或者只是试探性地看看咨询公司的 LDO 在哪里，认为 200 天不过是交易的基础。咨询公司并没有获得任何正式的协议，所以无论如何都是在有风险的前提下与客户合作的。那么，究竟谁是对的呢？只有法院才能最终确定是否存在口头合同，客户是否真的违约，以及什么是合适的补救措施。本案例表明，陷入纠纷几乎总会对一方或双方造成损害。通过法院寻求补救措施是昂贵、耗时和紧张的。我们应该极力避免纠纷，要想做到这一点，就必须避免出现一方可以声称一个口头合同已订立的情况。这种风险来自要约和接受要约的方式，但我们可以通过以下方式消除这种风险。

- **有条件地达成协议**。冈特·特雷特尔（Guenter Treitel）将要约定义为"愿意在某些条件下签订合同而不进行进一步谈判"，这表明如果我们在探讨可能的立场或协议点时提出谈判是不完整的，它们就不能构成要约。请看下面这种情况。

供应商："如果我们按照你的建议，将提案中的费用降低20%，你们是否可以接受？"

采购方："原则上是可以的，但前提是我们同意条款和最终合同。"

- **示意不接受**。在探索和讨价还价阶段，我们可能意外地发出接受的信号。即使是在错误的时间点，我们也有可能被对方算计。在需要的时候，我们可以通过明确的信号告诉对方我们的反应以降低这种风险，例如，"说白了，我们并不是在表示任何形式的接受，我们只是在探讨现阶段的立场"。

想一想信任和囚徒困境游戏，如果一方不遵守协议，口头合同就会产生风险。因此，玩这些游戏时需要仔细考虑，以免出现口头合同方面的风险。

尽量少用"不"字

"不"就是不的意思！当我们说"不"的时候，我们就关上了一扇门，我们向对方发出了一个强烈的信号，我们不准备重新打开这扇门。在谈判中，有时对报价说"不"可以提供一个有分量的条件，防止过早地暴露我们的LDO。关键是要意识到在谈判中使用"不"是很绝对的，要么我们很清楚说"不"是因为我们不会接受对方提出的要求，要么我们确信这是一种不会危及未来讨论的策略。有许多替代说"不"的方法往往效果更好，可以使我们的选择更加开放。与其拒绝一个建议，不如提供一个替代方案，如"这里有一个替代方案，我建议……"；如果对方提出一个不合理的要求，与其简单地说"不"，不如用一个同样体现不合理要求的建议予以回应。

虚张声势

虚张声势就是谎言！每一次虚张声势都带有撒谎的外衣，所以虚张声势时非常谨慎。虚张声势在谈判中确实有其价值，但问题在于，如果对方发现我们在虚张声势，我们就会失去信誉以及今后与他们交往的机会，这是一个危险的游戏。不过，如果你仍要选择虚张声势，那么请注意以下几点。

- **坐实**。做好功课，查清事实。记住，对方可能比你更了解情况，所以你应该只用对方无法提前查证的东西虚张声势。

- **确定你的利益相关方都完全同意**。如果高级别的利益相关方已经向供应商做出了其他方面的承诺，那么你虚张声势地宣称供应商会失去业务是没有意义的。

- **始终给自己留一条退路**。做好被发现的准备，然后在发生这种情况时做出最恰当的反应。最好的办法是装傻充愣，说"哦，对不起，也许是因为我消息不灵通，或者你知道的比我多，所以我需要再去查一查"之类的话。

要避免的事

一些语言可能会对谈判或建立融洽关系的过程产生反作用。以下是需要避免的 10 件事。

- 讽刺。它很少跨越地理界限，可能会冒犯他人或暗示自己缺乏信心。

- 陈词滥调。陈词滥调是指人们在无法使用自己的话语表达时，就会复述或采用过度使用的短语或谚语。例如，用"在一天结束的时候""顺便"等词来说明一个立场，如"危难中的避难所"或"我们就别拐弯抹角了"。陈词滥调可能会很烦人，往往不能跨越地理界限，有些可能会冒犯人。更重要的是，陈词滥调无助于投射力量。那些看起来有一定权威或在某种程度上令人信服的人很少会使用陈词滥调，但会努力使用质朴的话语，并直接表达他们的意思和愿望。

- 说太多话。如果你在说话，你就没有在听，对方就会获得思考的空间。

- 多次打断他人。打断他人的话说明你没有在听，你在根据自己的经验确定他人的意思，所以你会错过重要的内容。

- 指责。制造冲突，使对方处于防卫地位，很少有任何有意义的目的。

- 威胁。对方可能会使用 BATNA，无论如何都会缩小合作的范围。

- "但是"。当你用"但是"结束一句话的那一刻，你就是在推翻你或对方刚才说的一切。例如，"你做了一个很好的演讲，但是……"。

- 侮辱。侮辱是不必要的，也是不专业的。进行人身攻击说明你缺乏控制力，这会使你处于较低的地位。

- 对挑衅做出反应。这会使挑衅方处于有利地位，而你将成为从属者。你要暗示对方他们正在向你发难，可能会造成冲突的螺旋式上升。

- 说脏话。说脏话会冒犯他人，但更重要的是，有力量的、受人尊敬的人很少会觉得有必要说脏话。

文化也决定了我们应该避免某些行为，因此，我们最好通过事先研究酌情确定并避免这些行为。

制胜的语言技巧

图 13.1 总结了我们在谈判中使用语言的主要技巧。

制胜技巧——语言

41 镜像副语言	使用他们说话的语气、速度甚至语调。这将使你和他们一样，并使你通过潜意识与他们的潜意识建立关系。当他们开始对抗时，要做相反的事情，并使用你的副语言化解对抗的局面
42 合其心意	弄清楚他们如何思考和在脑海中表现世界，即明确他们主要是视觉型的、听觉型的还是感觉型的。通过倾听他们使用的语言（如"你明白我的意思吗"）和眼球运动中的蛛丝马迹实现这一点。将你的语言（如"是的，我明白了"）与他们的心态相匹配，以建立融洽的关系
B+ **43** 积极向上	要积极、热情。如果你的行为积极，你就会感到积极，你的整个肢体语言都会反映这一点。积极的外在行为具有感染力，非常讨人喜欢，能帮助你与对方建立融洽的关系。它会让你看起来具有成就感，所以能让你更容易完成交易
? **44** 澄清问题	在与他们谈判时，通过澄清问题获取优势。将事情浓缩为纯粹的事实，去掉笼统、主观、解释性和未经证实的内容。例如，"我们在这方面非常有竞争力"或"与某某相比有竞争力"
READ **45** 言外之意	听听对方的字里行间透露了什么。人们使用的语言往往会透露出他们真实的思想和感情。听听是否有润色、量化和模糊的陈述。例如，"我们的价格不能再低了，必须在每台100英镑左右"意味着还有更大的降价空间

图 13.1　制胜技巧——语言

制胜技巧——语言

46 建立在他们所说的基础上

根据他们所说的话建立亲和力，并通过传达兴趣提高他们的自信心。重复他们所说的部分内容，然后要求他们陈述更多的内容，以便获得更多的信息。例如，"我们的服务可以帮助你改善业务"或"如果你可以改善我们的业务，你会怎么做"

47 而且我们可以谈谈别的

"而且"这个词是一个非常强大的建立信任和关系的工具，有助于使用"建立在他们所说的基础上"技巧，并增强进一步的激励。例如，"而且如果我们同意""而且如果你同意了 X，我们可以提供 Y""而且，我们都想完成交易"等

48 我们不

谈判时使用"我"可以投射一种自我主义的立场，这有可能是赢得胜利的唯一障碍。它会使谈判变得个人化。使用"我们"会让你显得更有合作精神，更受人喜欢，但也会造成一种错觉，即还需要说服其他人

49 不要随意说"不"

在一些谈判中，"不"有其存在价值，但要少用。"不"意味着关闭了一扇门。这是一个强烈的信号，有时可以建立一个强有力的立场，但也可能影响未来的讨论。注意不要在说了"不"后又改变主意，否则你会失去信誉

50 不要仅达成口头合同

谨慎选择措辞以免签订口头合同。在你准备好之前，避免做出坚定的承诺。提出以同意最终合同为条件的建议和讨论，并表明你不是同意或接受，而是在探索立场

图 13.1　制胜技巧——语言（续）

367

NEGOTIATION FOR PROCUREMENT AND
SUPPLY CHAIN PROFESSIONALS
Third Edition

第 14 章
确保完成交易的会后行动

本章旨在探讨如何进行会后行动，包括总结经验教训。本章将介绍我们在谈判会议后必须做的事情，以确保我们在谈判中达成的协议得到执行。

本章涉及的关键问题

22. 我应该如何确保谈判中达成的共识被跟进和落实？

本章涉及的红表方法论中的步骤

步骤 13、步骤 14 和步骤 15

还没有结束，直到……

1978 年，圣安东尼奥马刺队和华盛顿子弹队（现为奇才队）的篮球比赛结束后，丹·库克（Dan Cook）说："在那位女士唱歌之前，比赛还没有结束。"他想说的是，虽然马刺队赢了，但季后赛还没有结束。

当我们结束一场成功的谈判时，往往会像从战场上走下来一样，虽然取得了胜利，却带着伤疤，还得包扎伤口。想要抛开这一切，去喝一两杯啤酒庆祝的愿望可能会让人难以抗拒。庆祝成功是很有必要的，特别是对团队谈判来说，这样做可以激励团队成员辛勤地工作，并使他们在下一次谈判中保持积极性。但是，谈判可能还没有结束，可能还有工作要做。各方可能已经达成了协议，但在所有手续到位和新的安排得到充分执行之前，交易还没有完成。

在会议室里达成的"坚定协议"在事后突然反转的情况并不少见，也许是因为对方做了反思；也许是因为他们认为自己有权达成这样的协议，汇报后却被告知这个协议是不能接受的；也许这是一种故意的战术。我曾遇到一家供应商在谈判中明确表示同意，但随后又否认说过这样的话。当他说到在与我们谈判的 3 个小时里双方讨论了什么、达成了什么协议时，他的记忆有点混乱。因此，在结束谈判时要注意，在你离开后，事情有可能会发生变化。我们可以通过以下方法降低这种风险。

（1）在谈判前要确定对方有充分的权力。

（2）在谈判结束之前要确保对方与你对已经达成的协议有明确的一致理解。

（3）谈判策略的构建是为了让对方高兴地离开，觉得自己已经取得了胜利，即使事实并非如此。当对方结束谈判后感觉被欺骗或处于不利地位时，对方很可能会决定放弃已经达成的协议。

因此，会后行动的目的和重点是完成交易，并使会议上商定的内容尽快变成现实，从而降低事情发生变化的风险。所有的行动，无论是在谈判过程中确定的，还是在谈判后确定的，都应该被执行，因此，一个行动计划（什么、何时和谁）是必不可少的，每项行动都要有明确的责任和时间安排。步骤 13 是我们记录和规划所有会后行动的步骤。图 14.1 展示了一个完整的示例，附录提供了模板。

正式合同

当我们离开会议室时，谈判可能还没有完成。虽然双方可能已经达成了协议，如通过握手或指示等方式达成，但许多商业谈判要求随后以具有约束力的合同正式确定协议，可能的形式包括提供采购订单、签订主协议或框架协议或正式书面合同等。

围绕具体谈判成果的最终法律框架应向各方澄清、安排如何运作，并在意外发生时提供保护。这通常包括大多数合同都包含的条款和条件，如终止合作、出错时的责任归属及对意外事件或当事人无法控制的事情的规定等。除非在谈判前或谈判期间已就这些问题达成具体协议，否则可能需要进一步谈判以商定这些细节。当事人围绕条款和条件进行交流，如果当事人不能达成一致，就会拖延甚至使程序停止。此外，如果最终确定法律框架的工作被交给不同的法律团队完成，他们可能很少或根本没有参与讨论，最后一刻出现复杂情况的风险就会增加。有时，声称需要法律小组参与可能是一种故意的策略，目的是重新谈判和争取对方更多的让步，利用公司政策掩盖真实意图。

失败的"成功谈判"

在收集了一次建议之后，采购方（一家在全球大多数国家都有业务的跨国公司）与一家总部设在美国的供应商针对全球音频和网络会议服务达成了对采购方有利的协议。谈判结束后，采购方将双方已达成的协议正式转化为一份有标准条款和条件的主协议。供应商的法律部门拒绝签订这份协议，并表示公司政策规定只能使用他们的条款和条件。最终，双方一致认为，需要

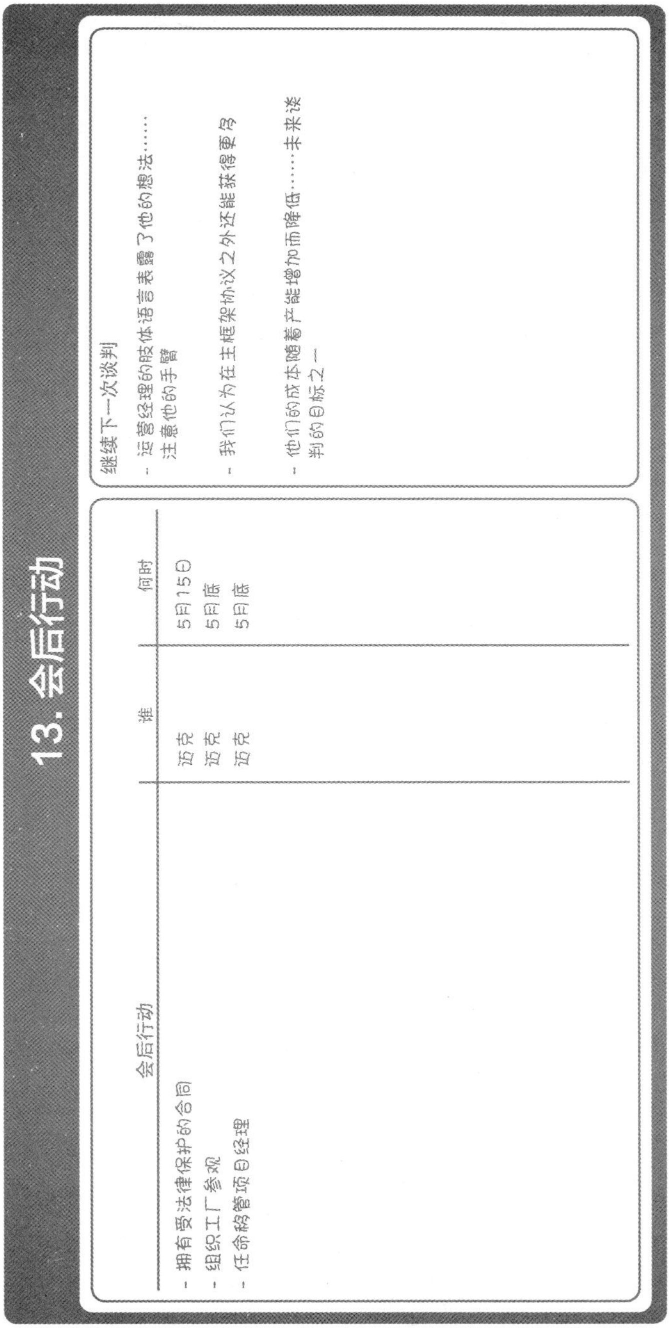
13. 会后行动
会后行动
谁
何时
- 拥有受法律保护的合同
迈克
5月15日
- 组织工厂参观
迈克
5月底
- 任命移管项目经理
迈克
5月底
继续下一次谈判
- 运营经理的肢体语言表露了他的想法……注意他的手臂
- 我们认为在主框架协议之外还能获得更多
- 他们的成本随着产能增加而降低……未来谈判的目标之一

图 14.1　红表方法论中的步骤 13——会后行动

对条款进行谈判，并将供应商的条款作为谈判的起点。随后，两家公司的法律部门进行了一系列漫长的讨论，虽然双方在大部分问题上达成了一致，但在两个问题上无法达成一致——保险条款和责任限额。双方都声称这是公司政策问题。最后，讨论陷入僵局，采购方不得不与另一家供应商接触。

签订合同是谈判的真正结束点。然后，就看双方是否履行了他们所商定的内容，否则一旦发生违约，对方将采取法律补救措施。合同有很多作用，在某些时候，合同是必需的，或者说没有合同会产生负面影响。合同会规定以下几个方面的内容。

- 正式定义各方在谈判中达成的协议。
- 提供法律框架，将协议的所有方面结合起来，并在现行法律范围内使其具备有效性。
- 正式界定关于提供什么和提供方式的细节，以及双方的关系如何发挥作用。
- 界定当事情发生变化或出错时的情况。
- 当事人通过签字等方式签署正式合同。

采购人员在签署合同的流程中发挥的作用因组织而异。有些公司特别是美国公司会将有关合同起草和执行的所有工作都交给法律部门。有些公司会将这些工作交给采购部门。有些公司则会将两者结合起来，由采购部门起草合同，然后将其交给法律部门审核，以完成整个流程，使其在法律上无懈可击。不管是什么安排，关键是要记住，大多数采购人员都不是律师。因此，组织应仔细考虑采购人员在建立和管理适当的法律安排方面所承担的责任，并根据其能力、经验和培训经历加以平衡。

不应把谈判与商定合同分离开来，它们是同一过程的一部分。在规划谈判时应考虑到这一点，以便在理想的情况下，双方结束谈判后不会出现意外或障碍。在实践中，这意味着我们要做到以下几件事。

- 让法律部门尽早参与规划过程。
- 在谈判前拟好条款和条件，将其提供给供应商，并对供应商进行资格预审，以确保只邀请那些已确认可以接受这些条款和条件的供应商，或在合理范围内剔除需要替换或修改条款的供应商。
- 在谈判中纳入需要讨论条款的内容。
- 围绕业务需求和谈判中达成的共识，确定最终合同。

签订合同前的总结——问题

有时，一方会在谈判后向另一方发送电子邮件，总结他们认为已经达成的协议，希望对方回复以示确认。这样做的目的是使协议具体化，并检查协议的一致性，但更重要的是将一些内容以书面形式记录下来，这样另一方就更难违反协议。供应商往往热衷于发送总结性的电子邮件，这样他们就可以根据内部销售目标确定销售额。

用电子邮件进行总结可能带来一些问题。不论在会议室讨论了什么，只要电子邮件围绕定价、最低业务量（规模）等事项做出承诺，而且对方回复确认，这就足以形成具有法律约束力的合同。如果电子邮件反映了双方讨论和商定的内容，那么这似乎是可以接受的。但问题在于，电子邮件是孤立存在的，没有更广泛的合同框架、条款和条件提供重要的规定和保护。如果一方想要退出，或者发生不可预见的情况，就可能导致双方产生争议。

这类电子邮件中往往包含"受合同约束"或"不妨碍"等措辞，发送者以为这样做就可以消除非预期合同的风险，但事实未必如此。当双方仍在谈判，尚未准备好受合同约束时，"受合同约束"往往是合适的。但是很显然，在谈判后的电子邮件总结中，情况并非如此，因为双方都有受合同约束的明确意图。这一事实可能使"受合同约束"失去意义。此外，标明"不妨碍"的文件似乎被广泛认为不能作为法庭上的证据，因此这个词经常可以在电子邮件摘要中找到。然而，这个词也可能是不恰当的。为了使其有效，它必须用于与争议及解决争议有关的沟通。谈判后的电子邮件总结并不是这样的。因此，谈判后的电子邮件总结虽然有助于保持势头和巩固关系，但应尽量简短，只集中在非合同方面，如表示感谢或说明下一步的行动，以推进和结束谈判或正式确定法务部门出具的合同。如果有任何疑问，请事先寻求法务部门的帮助。

意向书和协议书

在签订最终合同前达成协议或获得承诺的其他方式包括签订意向书（Letters of Intent，LOI）和协议书（Heads of Agreement，HOA），这类文件在英国有时也被称为条款书（Heads of Terms，HOT）。供应商往往非常热衷于签订此类文件，以确保完成交易。对于冗长的谈判，使用 LOI 或 HOA 可能是难以避免的、必要的，甚至是可取的，目的是确保对某事的早期承诺。但是，这两种文件都有潜在的陷阱，需要特别注意。

HOA

HOA 是双方同意的文件，它总结了双方达成的协议要点，但承认协议的其他部分尚待协商。因此，HOA 要以最终合同的约定为准。在签订 HOA 时，双方承诺达成最终协议，并转而签订合同。HOA 应该是不具备法律约束力的，只有被纳入最终合同且双方随后达成一致，才可以强制执行。但是，如果 HOA 与合同太过相似，它就有可能成为具有法律约束力的协议。

LOI

LOI 类似于 HOA，用于概述或澄清协议要点，或在谈判失败时确定具体的保障措施或条款。LOI 有时也用于宣布某些当事方正在进行谈判（如在合并或收购的情况下）。LOI 不应该具有全面的法律约束力，但可能包含某些具有法律约束力的条款。与 HOA 一样，如果 LOI 过于接近合同，它就有可能具有法律约束力。

这两种文件都是在最终合同之前制定的，并受制于最终合同。无论哪种文件，如果是以做出承诺的方式写的，它就有可能成为具有法律约束力的文件。我在这些问题上接触过的大多数律师都建议，如果有可能，应该避免制定这些文件，因为一旦这些文件具备法律约束力，就会充满风险，而且需要耗费大量的精力予以实施。相反，如果有可能，最好将精力直接用于制定最终合同。在此，合格的律师应再次就最佳行动方案提出建议。

执行谈判后的行动

达成交易后，接下来就要实施它。根据商定的内容，实施可能是一项重大的任务。如果双方针对单一物品或供应项目的价格达成一致，那么双方接下来要做的可能只是完成交易（提供产品或服务）。如果一项交易涉及为多个地点的托管服务更换供应商，就可能需要进行大规模的项目管理。要想确保成功实施，任何与供应商相关的项目都需要采购方提供很多资源和支持。对变革的抵触、沟通不畅、缺乏高管支持、购买力不强只是项目失败的部分原因，因此良好的变革管理是必不可少的。有效的项目管理也是如此，只有提供足够的资源才能使项目变成现实。

最后是履约问题。很多企业都有采购部门完成的交易未能实现的例子，因为企业中的内部客户可能会选择他们更喜欢的其他供应商。确保合规性是必不可少的，如果不能强制执行交易，就要通过有效的利益相关方管理和大力推销说明为什么新交易对企业是正确的，以及它将带来哪些好处。

如果协议是直接实施的，就应该制订一个简单的实施计划，也许可以使用甘特图，这就是红表方法论中的步骤 14。图 14.2 提供了一个示例。

计划下一次谈判

这次谈判的计划和经验是下一次谈判的重要情报。如果这次谈判是众多谈判中的一次，那么现在是时候趁着事情还在脑海中，为下一次谈判制订一些纲领性的计划了。该计划可以是一个简单的想法或头脑风暴的记录，它应该包括以下内容。

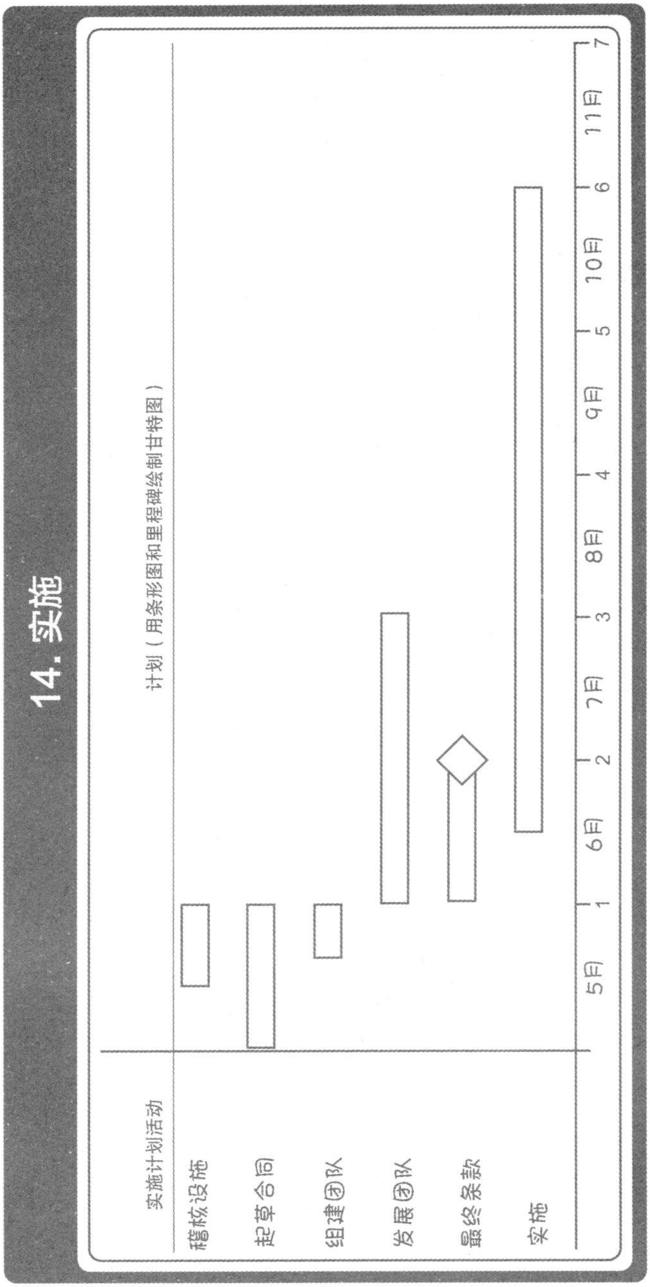

14. 实施

计划（用条形图和里程碑程绘制甘特图）

实施计划活动	5日	1	6日	2	7日	3	8日	4	9日	5	10日	6	11日	7
稽核设施														
起草合同														
组建团队														
发展团队														
最终采款														
实施														

图 14.2 红表方法论中的步骤 14——实施

- 在此次谈判中寻求但尚未获得的让步，下一次应该重新谈判。
- 已知的变化（如市场或技术的转变）将带来哪些机会。
- 关于对方团队及其运作方式的说明。
- 下次谈判的时间安排。
- 讨论的话题。
- 可能增强或削弱我们未来力量的因素。

实际操作

红表方法论中的步骤 13 和步骤 14——会后行动及其实施

　这些步骤的目的

　步骤 13 和步骤 14 涉及记录谈判中产生的行动、规划会后行动的实施，以及记录关键情报或见解，以便用于未来的谈判。图 14.1 和图 14.2 是示例，模板见附录。

　完成这些步骤

　1. 确定步骤 13 中的会后行动，为每项行动指定负责人和时间范围，并将其记录下来。

　2. 确定落实谈判内容所需的行动，并制订一个简单的实施计划。使用甘特图，用条形图和里程碑分别代表每项活动和完成期限。

　3. 确定并记录用于下一次谈判的情报或见解。

总结经验教训

　从谈判结束的那一刻起，我们就要开始总结经验教训。一旦对方离开或谈判结束，我们的团队自然会开始讨论之前发生的事情及他们看到的情况，包括谁说了什么、对方放弃谈判的时刻、意外的惊喜、对方是如何反应的、我们错过了什么等。这样的交流很可能会持续一段时间。这是个人和团队发展的一个非常重要的组成部分，可以让团队和个人建立对谈判理论在实践中如何运作的共同理解。为了学到更多，我们应该给这种珍贵的交流建立某种结构。红表方法论中的步骤 15 提供了这种结构，图 14.3 提供了一个示例，内容是在谈判结束后立即召开的正式的审查会议。会议在哪里举行并不重要。无论采用哪种方式，都应引发讨论，请团队成员谈论他们听到和看到的东西，最好针对以下方面做一些记录。

- 他们放弃了什么？我们是如何发现的？
- 他们的 LDO 在哪里？他们用了什么战术掩盖这个问题？
- 他们玩了什么游戏？
- 他们使用了什么战术？
- 我们做了哪些事情让他们有所改变？
- 我们错过了什么？
- 我们放弃了什么？
- 我们是如何坚持我们的指定角色和预定议程的？
- 我们对他们每个人以及他们的谈判方式有什么了解？

最后，总结学到的内容，以便掌握谈判知识。这很可能是一两天后的单独会议，但要使用谈判后立即记录的笔记。鼓励团队成员对经验进行反思，做出一份书面总结，并确定以下内容。

- 哪些地方做得好。
- 哪些方面可以改进——"如果……就会更加有效"。
- 哪些方面取得了成绩。
- 哪些是关键的经验教训。

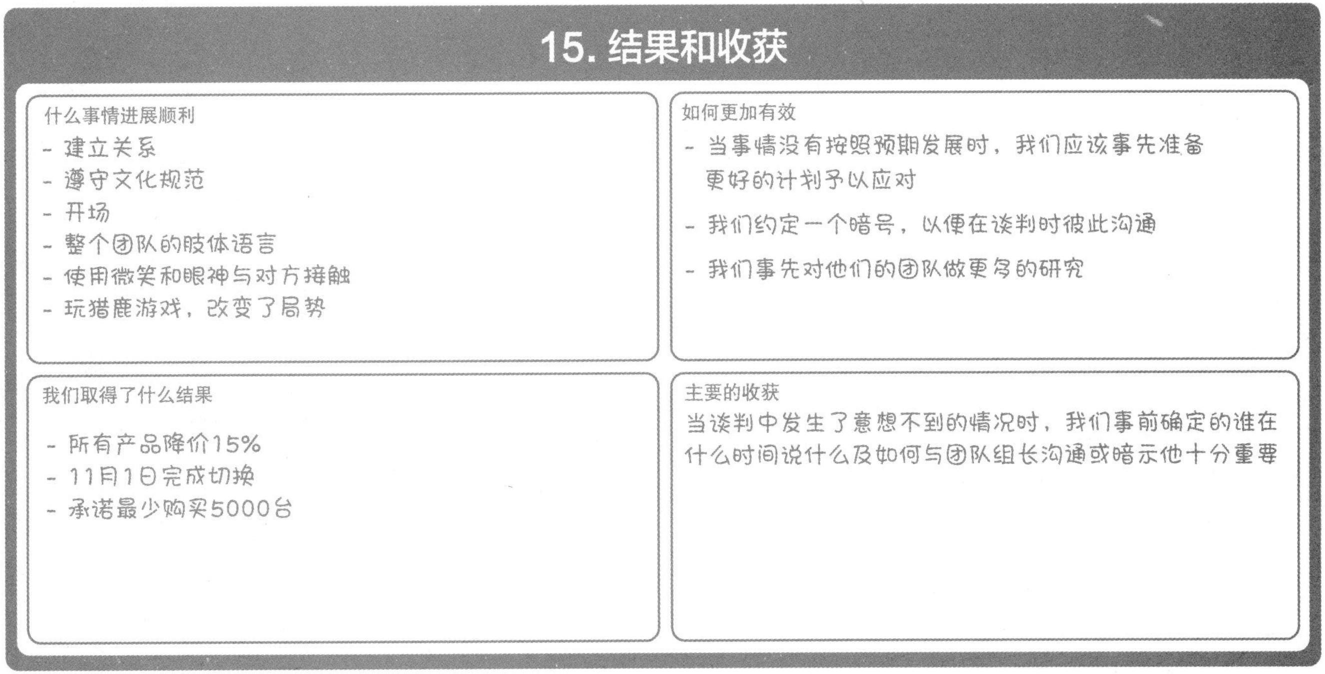

15. 结果和收获

什么事情进展顺利
- 建立关系
- 遵守文化规范
- 开场
- 整个团队的肢体语言
- 使用微笑和眼神与对方接触
- 玩猪鹿游戏，改变了局势

我们取得了什么结果
- 所有产品降价 15%
- 11月1日完成切换
- 承诺最少采购 5000 台

如何更加有效
- 当事情没有按照预期发展时，我们应该事先准备更好的计划予以应对
- 我们约定一个暗号，以便在谈判时彼此沟通
- 我们事先对他们的团队做更多的研究

主要的收获
当谈判中发生了意想不到的情况时，我们事前确定的进在什么时间说什么以及如何与团队组长沟通或暗示他十分重要

图 14.3　红表方法论中的步骤 15——结果和收获

在组织内部分享经验可以提高组织能力。积极主动地与团队中的其他成员分享你学到的知识，可以对今后的谈判产生良好的影响。在这样做的时候要确认分享信息不会使你受到损害，例如，供应商可能会以某种方式看到你记录的内容。因此，哪些内容适合分享及这些知识的受众是谁都要在分享之前想清楚。关于知识共享，我有以下几点建议。

- 将谈判的简要总结发给有需要的人。
- 组织一次简短的演讲，讲述故事、分享经验。
- 建立一个共享平台，以便团队成员看到针对之前谈判的总结。
- "主要的收获"代表了对整个谈判过程的总结和通过谈判获得的最有价值的见解。我们可以制作小卡片，列出这些内容，让团队成员随身携带或置于某处。

实际操作

红表方法论中的步骤 15——结果和收获

本步骤的目的

步骤 15 用于记录谈判经验、总结谈判要点，以促进今后的谈判。图 14.3 提供了一个示例，模板可在附录中找到。

完成这一步

1. 尽可能多地收集谈判团队成员在谈判后的想法。如果可以，召集团队成员开一次会，回顾谈判情况，并针对学到的知识达成共识。

2. 找出最重要的进展顺利的事情，并将其记录在"什么事情进展得顺利"框中。

3. 找出如果事情做得更好，结果就可以变得更好的关键领域，并将其记录在"如何更加有效"框中。

4. 总结关键成就（个人、团队和谈判结果），并将其记录在"我们取得了什么结果"框中。

5. 找出整个谈判中的关键学习点（建议 5 个左右），并将其记录在"主要的收获"框中。

6. 适当地将这些知识分享给那些能从你的见解中受益的人。

NEGOTIATION FOR PROCUREMENT AND
SUPPLY CHAIN PROFESSIONALS
Third Edition

第 15 章
谈判是成功的关键因素

本章旨在探讨组织和个人必须采取哪些措施才能在谈判中获得成功，并将谈判作为成功的关键因素。本章将探讨谈判在采购与供应链管理中不断变化的功能，以及我们在哪些场景下需要使用不同的谈判方法，包括远程谈判或同时与多个对手谈判的场景。最后，本章回顾了本书的主要内容，并提出了对持续发展的一些建议。

本章涉及的关键问题

23. 当与多个对手谈判或者不能与对手面对面谈判时，我应该如何高效地开展谈判？

24. 组织应该如何提升全员的谈判能力？

25. 我做什么才能切实提升谈判能力？

本章涉及的红表方法论中的步骤

所有步骤和每一次互动

我们已经详细地探讨了谈判的艺术、确保良好谈判结果的计划过程及如何每次都能获得成功。我们即将结束这段旅程，现在我们把注意力转向使谈判成为个人和整个组织取得成功的关键因素。良好的谈判能力有可能给组织带来真正的优势，但这并不是偶然发生的，组织必须考虑和计划谈判所能发挥的作用，以及为实现这一目标所需采取的措施。

到目前为止，本书讲述的谈判都是以传统的方式进行的，即双方见面谈判。在新冠疫情爆发后，越来越多的谈判都是远程进行的，这使个人和组织的谈判方式发生了翻天覆地的变化。因此，谈判者要掌握远程谈判的技巧。有时，谈判中的规则会发生变化，特别是在公共部门，有时会有两个以上的当事方。再加上采购与供应链管理职能的不断变化，以及数据化在短期内带来的不可思议的变化，我们看到谈判可以存在于许多不同和不断变化的环境中。虽然谈判的基本原则不会改变，但我们运用这些原则的方式会有所不同，所以我们必须知道如何相应地调整我们的技巧。接下来，我们将开始探讨远程谈判的技巧。

远程谈判

今天，大多数谈判或谈判的一部分都是远程进行的，双方没有面对面的接触。谈判的原则是不变的，但取得满意结果所需的方法有所不同。

有效的远程谈判

实现远程谈判的技术已经出现几十年了，但应用的速度一直很慢，许多人还不适应不同于传统谈判形式的远程谈判。尽管跨国公司在世界各地的办公室都配备了最先进的网络和视频电话会议套件，但多年来，如果有可能，人们仍然会选择到某个地方召开面对面的会议。然而，事情已经发生了变化。新冠疫情迫使全世界的公司找到新的方法，在不需要出差的情况下有效地与他人合作。之前抵触它的员工成了 Zoom、Skype、Microsoft Teams 或其他网络会议工具的使用者。技术的进步使网络会议工具变得更加人性化，但关键是人们（不仅仅是那些来自短信时代的人们）能够有效地使用它们，甚至更喜欢它们。许多公司决定不再回到过去，开始限制出差次数，减少或取消出差预算，追求新的工作方式。

远程谈判可分为四种类型——文字、音频、视频、中间人。我们可以通过以下方式实现不同类型的组合：

- 电话；
- 电子邮件；
- 社交网络；
- 短信；
- 传统的视频电话会议；
- 网真套件（全尺寸的视频电话会议，参者就像在同一个房间里）；
- 桌面或移动视频电话软件（如 FaceTime）；
- 网络会议（如 Skype、Zoom、Webex、GoTo Meeting、Microsoft Teams 等）；
- 中间人。

无论采用何种技术进行交流和互动，谈判的规则和原则都是一样的，只是谈判的手段发生了变化。根据所采用的技术，互动的困难之处在于肢体语言和副语言线索缺乏或减少，双方理解对方话语背后的内容变得更难了。这可能会让我们很难读懂对方，但这也意味着他们无法读懂我们，因此双方都增加了对口语或书面语的依赖性。此外，在面对面的谈判中，强大的谈判者会利用积极的情感（积极的行为举止、同理心和友善态度）唤起对方类似的状态，从而增加信任、合作并取得更好的结果。这可能对采购方有利，因为它减少了有经验的销售人员的"好态度"对其的影响。

眼神接触要么取消，要么大大减少，这使互动缺少了人的感受。在挟持人质的场景中，有经验的劫持者会把一个袋子套在受害者的头上，以防止他与其他受害者产生眼神接触。与电影对这种场景的描述不同，这不仅仅是为了防止识别，更是为了使互动非人性化。因为发生眼神接触的那一刻很难不与对方产生共鸣。这就是所谓的斯德哥尔摩综合征，以 1973 年在斯德哥尔摩发生的为期 6 天的人质事件命名。在此期间，受害者对劫持者产生了感情，甚至在他们获释后还为劫持者辩护。因此，远程谈判可能是冷漠的、缺乏同理心的，无法赢得信任和合作，只能依靠语言。然而，这类谈判正是未来许多交易的完成方式。掌握所需的新技能，对今天的谈判者来说是至关重要的。每种技术都需要通过不同的方法才能奏效，表 15.1 提供了相应的指导。

表 15.1　远程谈判的类型及技巧

远程谈判的类型	技巧
文字 电子邮件、短信、社交网络、网络信息、传统书信	书面文字是异步的，发送和接收之间总会有一个时间间隔。没有肢体语言或副语言意味着必须仅凭文字传达完整且准确的意思，而且没有任何视听提示可供检查情绪或意图，误解的范围可能会扩大。用书面文字进行表达比较困难。 **如何进行有效的谈判：** • 在邮件、留言等文字中约定回复时间 • 如果你不理解或感到恼火或生气，就寻求解释 • 永远不要在生气的时候回复，而是先睡一觉，早上再仔细考虑你的回应 • 给谈判留出取得进展的时间 • 定期总结，但要注意不要无意中发出接受的信号，除非这是你的意图 • 仔细考虑措辞
音频 电话、电话会议、呼叫	如果没有肢体语言，达成协议的难度就会提高。电话或网络电话的语音并不像口语一样被重现，为了尽量减少传输带宽，实际上只有一小部分频谱能传到另一端。我们能够理解听到的话，但几乎完全不能听到副语言。 **如何进行有效的谈判：** • 如果事先开过会就会更有效 • 做好充分的准备，以便在谈判中专心倾听 • 认真倾听他们说的每一句话及他们是如何说的 • 明确关键点 • 人们很容易被电话的即时性所迷惑，就像这是一通普通的电话 • 利用沉默、休息和总结 • 与你的团队成员私聊，在通话过程中就关键点达成一致，并意识到他们可能也在这样做

（续表）

远程谈判的类型	技巧
视频 网络会议工具、视频通话、视频会议或网真	随着技术的发展，视频互动的质量、真实性和可及性也在不断提高，这使之成为一个迅速发展的领域。今天，我们都可以在桌面上使用最新一代的网络会议工具，各组织都在启用和鼓励使用这些工具。现代的网真套件放在一个专门的房间里，参与者可以看到整个房间和全尺寸的坐在桌子对面的对手，就像在同一个房间里一样，谈判变得像面对面一样。然而，使用旧的视频套件技术、摄像头和电视屏幕时可以看到的东西受到限制，这意味着谈判中的一些视觉信息将丢失。 **如何进行有效的谈判：** • 让他们看到你——打开网络会议的摄像头，并对着摄像头说话。坚持让他们也打开自己的摄像头（例如，通过建立谈判的基本规则或强调"我们必须能看到对方"） • 像面对面一样进行交流 • 如果使用专业的视频会议设施，就要充分利用技术。尽可能多地看他们，并让他们看到你，在全景和特写之间切换 • 微笑并强调手势 • 如果有可能，提前检查视频技术能否在两端有效地工作 • 团队内部秘密传递信息仍然是可能的，有时可以将其作为封闭信息通过技术手段传递，或通过手机单独传递
中间人 代理谈判	通过中间人进行谈判的问题在于你无法亲临现场。此外，除非你了解和信任中间人，否则很难确定他们是否真的以你所希望的热情为你服务。然而，在某些情况下，中间人是必要的，通常是当有理由保持双方之间的距离或需要在当地有中间人时。 **如何进行有效的谈判：** • 了解你的中间人，如果他们是新来的，就查看他们的推荐信和历史记录。 • 如果有可能，激励他们，好让你的结果最大化，这样他们就能通过努力让你有所收获 • 认识到如果他们与对方有关系就可能对你不利。事先向他们询问这个方面的情况，并留意各种迹象，要假设最坏的情况并严加管理 • 积极地让他们参与规划过程，确保他们利用自己的知识和经验为商定的专营策略做出贡献 • 避免给他们自由发挥的空间，但要求他们遵循商定的专营策略，并在某些时候与你进行沟通，以寻求你的同意 • 商定他们将采用的策略 • 视情况而定，有时最好不要向中间人透露你的全部 LDO，要给自己留有余地，以便在需要时再透露，这样可以迫使他们更加努力

　　远程谈判只是在传统的面对面谈判的背景下出现的一种妥协。如果我们掌握了媒介的使用方式，这就是一个机会。如今，我的几乎所有的会议和培

训都是通过网络进行的，但我总会启用视频信号，使用单独的麦克风或耳机，并确保有良好的照明，这样对方就可以看到我。当我说话时，我会对着网络摄像头进行直接的眼神交流，而不是看着桌面上的其他地方。我也会放大肯定的迹象，如点头、手势和表示感兴趣，这似乎有助于塑造更有同理心的亲和力。我还会定期在视频会话和我给对方展示的东西之间进行切换。现代的网真套件意味着互动几乎是面对面的，随着时间的推移，我们有可能与一个从未见过面的人通过电话建立有效的关系。通过反复的互动，我们形成了对他们的印象并知道他们是谁，这似乎能够帮助我们与他们建立起融洽的关系。我认识一位进口果汁的商人，他通过与世界各地的生产商和加工商建立关系，成功地完成了许多交易。他的整个生意网络都是通过电话谈判建立起来的，他从来没有真正见过供应商，但建立了一些非常牢固的工作关系，并通过谈判完成了很好的交易。

多方谈判

到目前为止，我们所说的谈判都发生在两方之间。在本节中，我们将把注意力转向多方谈判。多方谈判是指有三个或三个以上的当事方参与的谈判，每个当事方都有自己的利益，每个当事方都试图或需要达成协议。虽然我们在本书中探讨的谈判基本原则和程序仍然适用，但其适用的背景却大不相同。事实上，多方谈判与两方谈判有着天壤之别。如果我们需要运用这些原则，就要进行一番探讨。

知道自己在一个多方谈判中

多方谈判是一种特殊的活动，好像只有工会成员或许多国家聚集在一起商定一项条约时才会进行。然而，它比我们想象的更常见。想想看，一个家庭为了让大家都高兴而达成一些协议，或者一群朋友在一起度假时决定做什么，或者一家公司的高层希望做出新的安排，如与多个部门商定预算，每个部门都想实现自己的目标，以帮助实现公司的目标，但只有一个固定的投资额。诸如此类的场景通常不会被认为是多方谈判，但它们就是。使它们成为多方谈判的事实是谈判者必须与各方分别达成协议。这是一个关键的检验标准，可以用来确定我们是否已经结束了多方谈判——"是否需要我和其他人达成协议"。如果是，那么我们在谈判中的力量也许比自己意识到的还要大。多方谈判之所以能取得好的结果，往往只是因为各方没有意识到自己所拥有的力量。聪明的谈判者会抓住这一点，并利用它为自己争取利益。作为十几岁的孩子们的父母，我知道要让所有人都达成协议是一个挑战。有几次，我试图走"就这样吧"的路线，而不是寻求达成协议。我以为我的要求会被忽视和否决，但令人惊喜的是，他们竟然同意了我的要求。我知道这是一场多方谈判，需要达成一致，但我十几岁的孩子们并没有意识到这一点，所以他们忽略了一个事实，那就是他们有权不同意，而我必须想出另外的办法解决问题。我没有表露出惊讶，而是最大限度地保留了父母的一些权利。

如果其他各方没有意识到自己拥有力量，那么邀请他们进行谈判会在他们本来准备同意某项请求的时候，引起他们对自己的力量的注意。因此，多方谈判往往不是以这样的方式开始的，我们可能会向多方提出某种请求，要求他们同意某件事情，或许还有奖励。例如，一家制药公司的产品在一些患者身上产生了副作用，该公司可能会给受影响的患者写信，向他们道歉并提出赔偿，从而避免面对集体诉讼。孤立地看，这一提议可能看起来非常有吸引力，接受这一提议将消除达成多方协议的必要性。

联盟的力量

多方谈判中另一个重要的力量来源是联盟，这种力量既可以使整个谈判彻底失败，也可以成为谈判成功的关键。在任何多方谈判中，联盟的形成都很容易，也很迅速，其驱动力是个人对自己将失去或赢得的东西感到威胁或渴望的程度。联盟可能是无组织的，只是在那些利益一致的人交谈、分享想法和讲述故事时出现，他们可能会联合起来，反对某项提议。联盟同样可以是有意识地发起、组织和管理的。无组织的联盟可能最危险，因为它们可能会发展壮大，变得不可预测，并突然拥有力量，特别是当有人站出来，试图使联盟具有组织性并为其制定一些目标时。同理，如果干预得当，一个反对我们的无组织联盟也可以转变为支持我们。

我工作过的一家公司曾召开过全体员工会议，人力资源总监在会上向大家宣布，公司希望对养老金计划进行改革。这一改革能给公司带来一些新的税收优惠，也能为员工带来潜在的好处。理论上，这是一个双赢的方案。然而，该公司只有在得到普遍同意的情况下才能启动改革。但改革的尝试失败了，公司内部很快形成了不同的联盟，许多联盟被公司有秘密议程的错误信息所煽动，从而使"他们"和"我们"的立场永久化。人力资源总监受到了来自各方的攻击，最终被迫放弃该计划。当公司尝试进行需要全体员工达成一致的改革时，这种结果并不少见。如果没有意识到这是多方谈判，而把其当作企业公告，就会造成灾难性的后果，其原因是忽视了联盟的力量。

联盟对我们构成威胁的最大因素可能是其不稳定和不可预测的性质。要了解这一点，请观看任何一档真人秀节目，如《老大哥》(*Big Brother*)、《我是名人》(*I'm a Celebrity*)、《爱情岛》(*Love Island*)、《幸存者》(*Survivor*)等。这些节目的参与者被置于一个不能轻易退出的境地，每个人都有自己的利益，每个人都想赢，但每个人都知道他们只有在一定程度的合作下才能做到这一点。在这些节目中，联盟会形成、瓦解、重新形成等。通常情况下，在这类节目中获胜的人都是那些能够成功地在所有参与者之间建立关系，管理联盟及他们在联盟中的角色，以推动群体达成共识，向他们想要的结果前进的人。我们在多方谈判中也需要做到这些。

联盟的类型及我们可以用来管理联盟的方法如下。

- 预防型联盟。消除联盟形成的可能性是保证良好结果的最有效手段。特别是当参与者没有意识到他们所拥有的力量时。有时，这是很简单的，例如，阻止参与者互相交谈或在其他人找到他们之前找到他们。

- 进攻型联盟。早在谈判之前，最好在各方还没有考虑到自己即将成为谈判的一部分之前，就努力建立一个胜利的联盟。这将是一个支持和捍卫我们事业的联盟。如果执行得好，有时各方会认为谈判本身是为了处理他们所关心的问题而做出的反应，而不是我们正在努力的事情。胜利的联盟是通过调节和获得对某一结果的支持而形成的。在上文提到的例子中，如果人力资源总监与所有员工接触，一对一地沟通想法，努力让其他部门的经理也参与进来，或者确保员工了解其他公司在做什么，如何使他们的员工受益，那么他可能会取得更加成功的结果。这些行动可能有助于形成一个支持养老金计划改革的进攻型联盟，使之从一开始就支持公司的计划。

- 防御型联盟。这是为保护我们的地位或阻止其他方面的侵略性行动而有意形成的联盟。如果人力资源总监首先与各部门经理会面，取得他们的支持，让他们在部门会议上简要介绍可能的变化，并在会外征求他们的反馈意见，就可以形成一个防御型联盟。这样做可以化解过度的担忧，也可以将他们与更广泛的人群隔离，消除大规模反抗的可能性。

- 未成形的联盟。各方利益相同，但尚未与其他方结成联盟的联盟。虽然它不是真正的联盟（因为尚未形成，所以缺乏集体性的力量）。但值得注意的是，以一种能引起共鸣或提供解决方案的方式抓住这些共同的利益，是发起支持我们立场的联盟的一个快速且简单的方法。

- 机会主义型联盟。联盟需要组织和策划才能成功，因此，各方只有在能够从中获益的情况下，才会投入时间组织联盟。有时，联盟可以通过各方的不同利益及获得收益的机会而形成。例如，一家法律公司着手对制药公司提起集体诉讼，并为此投入时间，目的是从确保各方了解其权利并从达成协议的可能性中获益。

管理联盟的方法是预测它们，采取措施应对它们或积极地组建它们。我们可以通过使用在第 4 章探讨过的利益相关方架构图实现这一目标并确定各方。更重要的是，我们要了解他们，然后考虑他们的利益（稍后会有更详细的介绍），以及在哪些地方有可能形成志同道合的联盟。这样一来，我们就可以确定我们将为每个利益相关方做什么。

如何努力达成协议

一个家庭在讨论去哪里度假时，所有的人都聚在餐桌旁，他们可能会在一次讨论中达成一致，也可能会通过几天的讨论达成一致。在这种情况下，所有的人都会出席或参与讨论，从而达成协议。然而，多方谈判很少会让所有参与者围在一张桌子旁，参加同一场 Skype 电话会，甚至参与所有的讨论，而是采取系列谈判的形式，与不同的各方互动，每一场谈判都迈出一小步，然后朝着一个更大的、统一的协议迈进。请思考一家公司发起合并或收购的例子，在这个例子中，各公司的一小部分股东的收益大小取决于交易的各种参数，以及他们在新公司中的利益和参与程度。这里的谈判可能是与每个人一对一的。各方可能永远不会见面，或者即使见面，也可能只是在最后才见面，要么面对面，要么通过网络会议，然后签订文件（无论是实物文件还是数字文件）。

在更大的范围内，一些多方谈判将在所有人的共同参与下进行，无论是当面谈判还是在线谈判，但在与各方达成协议的过程中需要采取不同的方法。近年来，我们看到的最大的也可以说是最关键的多方谈判就是关于气候变化的谈判。1997 年，15 个欧盟成员国签订了《京都议定书》；2015 年的《巴黎气候协定》是由 196 个缔约方的代表达成的，2019 年在西班牙马德里举行的《联合国气候变化框架公约》第二十七次缔约方大会（COP 25）上，有 200 个国家和地区的代表聚集在一起参与谈判，尝试就如何确保《巴黎气候协定》得到更有效的实施进行讨论，从而达成一致。确保 200 个缔约方达成协议不是一件小事，我们通过观看电视报道了解如何组织这场谈判，就能知道这是如何发生的。的确，在谈判期间，200 个（甚至更多）代表都在同一个房间里。这个房间是一个巨大的舞台，代表们坐在固定的办公桌前，带着麦克风和翻译设备，围绕着一张位于中央的小桌子同心圆式地排列着，四五个领导谈判的高层人士坐在那里。回顾这些全球性的谈判活动可以帮助我们了解如何管理大规模的多方谈判。在这里，我们没有看到典型的谈判场面，如双方争论立场或使用战术，而是由高层人士协调一系列活动，每个活动都是为了探讨单一谈判对象的立场，考虑各种方案，探索可能达成的协议，然后与更大的团队分享进展。这个过程基于每一个可谈判事项或讨论要点反复进行，直到小组发出信号，表示有足够的潜在协议，能够达成实际的普遍协议。因此，对于人数众多的多方谈判，大部分谈判并不在会议室内进行，而是在谈判之前或在较小的小组中进行，任务是针对个别要点开展工作，并不进行谈判，而是同意或拒绝其提出的一系列的可能方案，直到达成一个所有人都支持的协议。因此，成功的关键是确定在会议室外讨论的主题，并预先确定大团队将如何做出决定，如通过共识、投票或得到普遍同意。这可能需要向所有参与者进行宣传，他们可能坚信在任何情况下他们都必须保留否决权。尽早改变这种心态有助于加快进展。有助于实现这一目标的战术包括以下几种。

- 在活动之前开始——不要等到所有人都到了才开始谈判，而是提前与各方接触，了解他们的利益，从而了解他们愿意谈判的事项，并告知他们谈判将如何进行，并预先为他们设定条件，鼓励"达成协议的心态"。
- 创造行动的必要性——强调"奖品的大小"，即如果能够达成协议，各方将获得什么集体利益，否则将失去什么。
- 确立"谈判精神"——强调优先考虑普遍协议而非个人立场的必要性。
- 由一位德高望重的人开场，阐述行动的必要性，强调只要拥有"谈判精神"就可以走得更远。

理解利益

到目前为止，我将谈判描述为一个过程。在这个过程中，我们确定了可谈判事项，然后制定了让步战略，决心努力实现或防止偏离我们为每一个可谈判事项寻求的结果。出于这个原因，我们从 MDO 开始，在我们参与谈判之前建立 LDO。这对一对一的谈判来说是一种很好的做法，它建立在根据我们的情况精心设计的妥协的基础上。然而，对于多方谈判，我们需要稍稍转变思维，从管理让步再到确保个人利益能够得到满足，以便获得理想的结果。把多方的观点从"他们想去的地方"转变为全局性的妥协是很困难的。在多方谈判中，原本正常的破坏对方立场的策略很少能奏效。我们需要关注的是，在达成普遍协议的同时可以在多大程度上满足各方的利益。每一方都有自己的利益，每一方都有自己的优先权，因此尽早了解这些利益是管理谈判的关键。

大家获得最大利益的方式通常是做一笔交易，否则各方没有理由参与。这是一个巨大的力量和风险的来源，有助于降低各方的期望，因为除非所有人都同意，否则没有人能得到他们想要的东西。例如，对那些近年来正在通过谈判应对气候变化的国家来说，为了确保后代得以生存，达成协议是一个明确而既定的要求。利益通常不是围绕着各个国家是否应该采取行动，而是围绕着某些国家应该在多大程度上承担更大的责任，相关的考虑因素包括对气候问题影响最大的国家有哪些、谁最有能力承担责任，以及应该如何快速实现。

理解利益的另一个方面是理解 BATNA。就一对一的谈判而言，拥有 BATNA 并试图预测对方的 BATNA 是至关重要的。然而，在多方谈判中，预测每一方的所有利益和所有可谈判事项的 BATNA 可能是不切实际的。我们应该把重点放在各方和联盟可能持有的一般 BATNA 上，准备好随着谈判的进展而改变 BATNA。

管理多方谈判的10个步骤

红表方法论可以支持多方谈判，并应在较高层次上应用，以支持规划工作。在涉及多方的情况下，完整的程序可能会显得过于笨重，因为我们可能需要与每一方分别进行谈判，而这可能是不切实际的。我们可以利用红表方法论的一般原则，采用更全面的方法管理多方，从制定让步战略转为管理各方利益，并跟进谈判来满足这些利益。管理多方谈判的10个步骤如下。

谈判前

1. 我们想要什么？像其他谈判一样，先明确我们的立场，然后确定我们想从谈判中得到什么，我们的可谈判事项及 MDO 和 LDO，以及我们的 BATNA（针对每个可谈判事项或总体）。

2. 多方谈判检查——确认我们在多方谈判中。检查我们有什么力量、是否需要我们的同意及其他各方的同意；检查其他各方是否意识到自己拥有力量，如果没有，考虑我们是否可以在没有谈判的情况下继续前进。

3. 预测联盟并做好准备。绘制利益相关方架构图，确定谁、在哪里及如何形成联盟。与每一方建立关系，但不要让这些关系破坏我们与其他各方的关系。确定并建立我们自己的进攻型、防御型或机会主义型联盟。

管理多方会议

4. 给各方预设条件。强调达成协议的重要性，如果不确定能否达成协议会有什么利害关系，就试图围绕这一点建立一种"谈判精神"。鼓励人们从全局考虑，如果不能满足他们的所有要求，就把注意力放在他们的下一个最佳选择上，让他们做好妥协的准备。

5. 创造行动的必要性。确定我们正在寻找的结果，好的结果是指什么，以及实现这个目标的重要原因（或者如果我们不能实现这个目标，给所有参与者带来的风险是什么）。努力使协议的达成对所有人都至关重要。

6. 确定如何做出决定。尝试从一开始就围绕谈判过程、如何做出决定、基本规则和如何解决问题与各方达成协议。

7. 了解各方的谈判内容、利益和优先事项。努力了解各方或联盟的所有利益，并据此确定谈判内容和讨论要点。如果有可能，为各方或联盟起草一份利益表。确定共同利益，如"我们必须解决气候变化问题"，以及各方的利益冲突，如"每个国家都必须付出同样的代价以解决少数国家制造的问题"。从确保有共同利益的协议开始，追踪每个可谈判事项给各方带来的回报。利用这一点安排谈判的流程和优先顺序，也可以衡量何时能给各方带来足够的回报及利益以推动协议的达成。

8. 确定 BATNA。确定我们的 BATNA，并预测各方或联盟的关键谈判事项的潜在 BATNA。

9. 分解。逐一分解谈判内容，重点关注利益冲突。对于大型的多方谈判，可以考虑分成若干小组。每个小组负责处理一个具体的谈判事项，考虑各种利益、想法和立场，探讨各种方案，以测试哪些方案将获得支持，并确定潜在方案，然后将建议带回更大的小组进行审议。如果有强大的联盟，应注意确保每个联盟在各个小组中都有代表。

10. 提议—衡量—改进—同意。运用此循环管理谈判，每次只处理一个可谈判事项。提出一个方案或途径（例如，由子团队向整个小组提出），评估各方达成协议的意愿（例如，通过投票或其他方式），如果没有达成协议，就要确定阻碍协议达成的因素，相应地完善提案（例如，小组离开并研究新的解决方案），重复这一过程，直到各方针对每一点达成一致。确保逐点或通过协商达成协议，最后总结并确保最终达成整体协议，签字，离开。

在整条供应链上进行谈判

本书的内容针对采购与供应链专业人员是有理由的。近年来，采购与供应链管理职能的普遍融合，使得从业者需要掌握新的技能和方法以挖掘供应商的真正潜力。如果我们希望真正做到有效谈判，就必须考虑与直接供应商谈判以外的情况。

供应链管理人员非常熟悉发生在我们组织之前和之后的流程，以及如何理解和管理这些流程，以确保价值从原始来源到最终客户的最佳和最有效的无障碍流动。现代大型零售商在这一点上做得很好，它们通过在正确的时间、地点，以正确的价格提供客户所需的产品，确保了显著的竞争优势。这些零售商通过先进的系统管理整条供应链，使之成为一种艺术，以管理产品或服务从最初的工厂或种植园到最终客户的流动，并管理需求信息的回流。这些零售商往往在客户知道之前就能预测到他们想要什么，从而最大限度地降低高昂的库存成本。这些高度敏捷的供应链突出了有效的供应链管理所带来的回报。不过，还有更多的事项，如货物如何到达这里、货从哪里来等。使供应链管理与采购管理并重的主要原因如下。

- 全球市场推动了全球供应链和配送网络的发展。
- 全球配送网络使"超大规模"生产设施变得更少，"超大规模"库存变得更少，给许多地区工厂带来了规模经济效应。
- 企业承担社会责任意味着企业对全球供应链中发生的事情感兴趣，但第一手的知识和理解却更难保证。
- 对可追溯性和透明度的需求增加。
- 消费者的个性化需求正通过巧妙的生产技术和良好的物流得到满足。
- 区域性差异和本地化需求可以同时得到满足，一个生产设施可以在同一条生产线上为不同市场实时生产一系列不同的产品。

供应链对我们如何进行谈判产生了影响。事实上，谈判通常被认为是与我们已经或正在寻求建立直接关系的另一方或多方（如供应商）进行的事情。这就是本书到目前为止的重点内容。然而，供应链要求我们掌握新的谈判方法以超越我们的供应商，因此我们要借鉴刚刚探讨的多方谈判的内容。

供应链谈判面临的挑战

供应链谈判面临的挑战是，我们通常与一级供应商以外的供应商没有合同关系，但我们可能发现自己需要与好几个层级以外的供应商互动，并确保取得有利的结果。我们可以向我们的供应商提出要求，责成他们与他们的供应商谈判和商定具体要求等。然而，根据供应链的复杂性及我们与其他实体的力量对比，试图将解决问题的责任推给供应链的做法通常会失败。例如，如果我们的企业社会责任政策要求公司遵守反奴隶制法律，或者我们的供应链不得雇用童工，我们就可以将此作为合同要求强加给供应商。也许我们的供应商会很乐意同意这样的要求，特别是在他们能够控制或了解其供应链的情况下。但对大多数供应商来说，如果供应链十分复杂，跨越了多个地区和多种文化，那么是否有足够的信心同意这样的要求将是一个未知数。残酷的现实是，除非我们的一级供应商是原始来源，否则，如果我们想影响在供应链中许多层级之外发生的事情，我们与一级供应商的谈判就可能是无效的。此时，我们遇到了企业在尝试履行企业社会责任时面临的最大挑战之一——如何使企业社会责任在供应链的上游成功落实。为了做到这一点，我们需要采用稍微不同的谈判方法。

实现企业社会责任并非只是需要在供应链上进行谈判，还要解决信息如何流动的问题。在没有干预的情况下，需求信息从终端客户流向供应链的后端。通常情况下，这些信息只能流动到供应链中有限的层级，这意味着供应链后端的各方要么过于被动，要么只能采取行动预测需求（如持有更多的库存），从而影响流动速度、响应能力和成本。

无论我们是在努力实施企业社会责任政策，还是需要一个更灵活的供应链或拥有更好的信息流，解决方案都是一样的：我们必须与供应链的后端甚至更远端接触并与其协商。他们可能与我们没有合同关系，一开始可能不愿意与我们合作，或者我们可能缺乏与他们合作的知识。然而，如果我们能想出与供应链内甚至合同关系以外的多方谈判的方法，我们就能挖掘出供应链的巨大潜力。

图 15.1 说明了在供应链中进行多方谈判时可能发生的情况。虽然我们说的是供应链，但事实上它们更像网络（见图 15.1）。供应商 F 是我们的一级供应商，我们将与之谈判并建立合同关系。我们可能会要求供应商 F 与他们的供应商（D），或许还有物流供应商（E）达成具体协议。然而，为了实现我们的目标，我们可能需要绕过我们的直接供应商（最好征得他们的同意），讨论在原始工厂、来源或种植园（A 和 B）发生的事情，以及供应链上游各方（C）的行为。我们还可以与我们的客户（G）和最终客户（H、J 和 K）针对如何获得更多有关需求的预测信息进行谈判。

因此，我们要将供应链中的谈判视为多方谈判，与整条供应链中的各方进行单独的谈判的目的是将某种安排落实到位。成功的关键在于关注各方的利益，并创造一种行动的必要性，以便达成新的协议，使供应链中的所有参与者受益，如降低成本风险。达成协议是有可能的，因为除了与供应链中的一级供应商和客户保持合同关系，各方通常会与其他参与者针对某些事情的运作方式达成额外的、可能是自愿的"附带安排"协议。

让茶叶可持续

一个主要的茶叶买家试图将其产品系列确定为可持续产品，以便种植园工人能够得到公平的报酬，种植者能对其业务的未来发展投资。茶叶是通过进口商采购的，进口商从经政府商品交易部门批准的种植园购买特定等级的茶叶。然而，交易过程阻碍了可持续采购，特别是在供过于求和价格被迫降低的情况下。一些无法向种植和设备投资的种植园最近出现的问题表明，必须采取不同的做法。与直接供应商（即进口商）的初步讨论证实，他们几乎没有能力影响事情的发展，因为所有的种植者都必须通过官方的贸易程序交易其茶叶。

在征得进口商的同意后，买家与他们希望达成交易的种植园就所需的投资水平和某些安排进行谈判，以确保工人获得公平的工资待遇和良好的工作

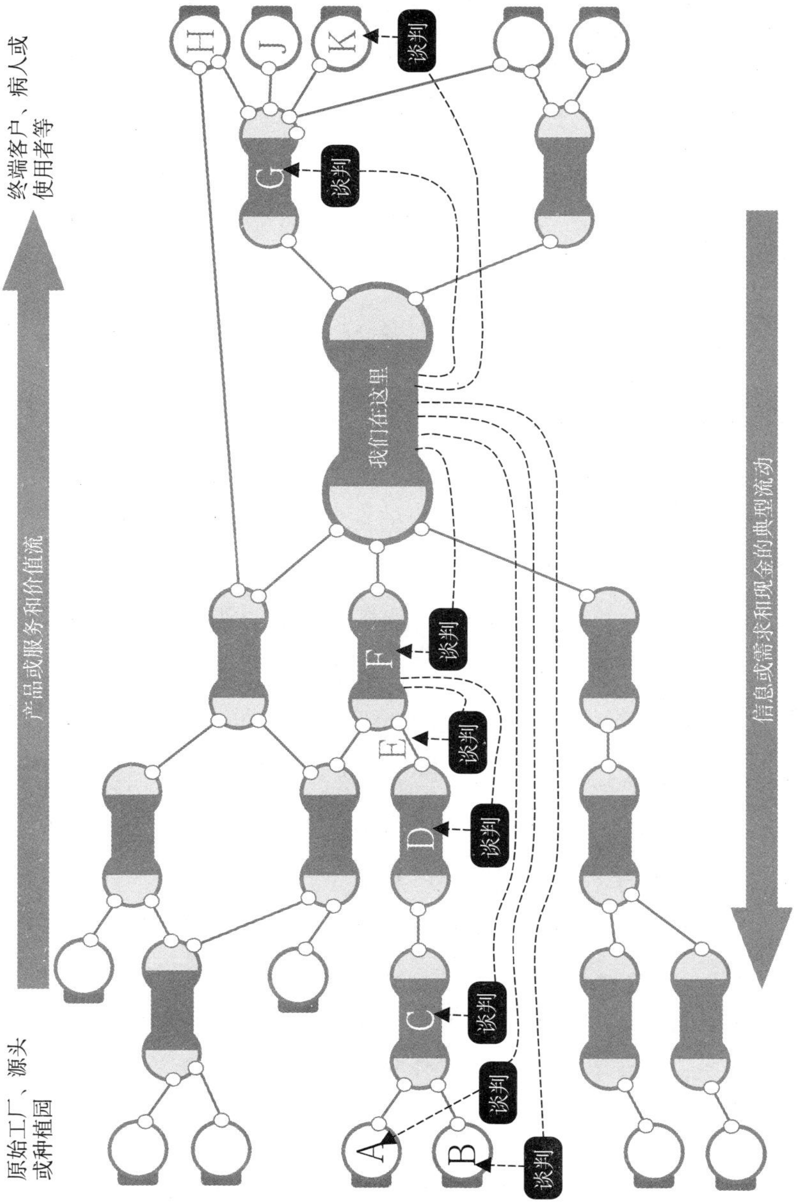

图 15.1　**典型的供应链中的多方谈判**

条件。达成一致后，主要的挑战是如何将投资款送到种植园，同时在商品贸易流程中保持贸易。最后，买家委托进口商通过商品交易部门对特定种植园的茶叶进行超额竞标，以达到预先确定的金额，从而使额外的资金流向种植园，并与种植园就如何使用这些资金达成单独的协议。

公共部门的谈判

公共部门采购时可能需要采取与商业部门不同的谈判方法，这是因为公共部门的战略要求不同。首先，公共部门有不同的目标。公共部门的指导思想是证明纳税人的钱是有价值的，要确保支出的透明度或改善居民、病人、乘客的生活质量等。其次，采购必须在一个规范的框架内运作，该框架针对如何制定合同制定了严格的规则，目的是在与供应商的所有接触和谈判中展现透明度，最大限度地减少腐败，并向供应商展示公平性。向供应商展示公平性可能会限制我们与一家或多家供应商同时进行自由谈判的能力，就像我们在商业部门的做法一样。此外，有时法律甚至会要求对某些少数群体的供应商进行积极的反歧视，或者为了促进特定领域的福祉选择合适的供应商。美国提出的"供应商多样性"、欧盟和英国提出的针对中小企业或少数族裔企业的业务目标、2012 年英国颁布的《社会价值法》（Social Value Act）就是这个方面的例子。这些都可以完全改变我们对待谈判的方式，也许根本不存在任何谈判。我们谈判的内容可能更多地围绕着服务水平和供应保证，甚至可能会有积极的支持，以使供应商符合我们的核心要求。世界各地对公共部门有不同程度的监管，每一种监管都是一个完整的专业领域，所以建议大家进一步阅读相关图书。在欧洲，规定公共部门采购要求的法律被统称为欧盟采购法，它建立在欧盟法律的四大支柱之上。这四大支柱如下。

- 辅助性（在最直接或基层的国家机构处理需求和问题，它们通常是作为整体的一部分的地方性的支持机构而不是从属机构）。

- 透明度。

- 平等待遇。

- 相称性（确保必须满足的不同但相关的需求之间的合理平衡）。

同时，欧盟采购法力求确保公共部门追求简化、物有所值、可持续性、创新、高效、中小企业的机会和增长，同时维护单一市场并遵守世界贸易组织的规则。欧盟采购法对政府或公共采购实体的超过一定金额的支出进行监管。在这种情况下，采购方必须在欧盟官方期刊（Official Journal of European Union，OJEU）上刊登广告。然后，潜在的供应商可以主动登记，并有可能被邀请根据一系列既定程序参加某种形式的竞标活动。这些程序有严格的规则，对任何谈判都有影响。虽然与多家供应商进行"别人的价格比你低"式的谈判可能是许多公司的标准做法，但这种做法可能会触犯欧盟采购法，因为它与平等待遇、透明度和相称性等支柱相冲突。事实上，直到最近，可谈判的空间都非常小。但在 2015 年，欧盟采购法的变化在一定程度上向前推进，引入了新的谈判程序，并提高了采购方的灵活性。公共部门的谈判可能意味着我们必须改变自己的方法或做法，以展示对所有参与的供应商的公平。这意味着谈判本身可能并不是为了完善和商定我们所采购的物品的清单，或者并不建立在一个有关需求的大致概念上，而是我们的总体需求必须从一开始就被精确地定义，并且不能在中途改变。因此，所有最终进入某种形式谈判的人都有机会竞争相同的标的。谈判通常是竞争性投标或招标过程的一部分，遵循严格的程序，并且必须详细记录。谈判不能是孤立的，一般来说，在有多个投标人的情况下，与供应商的任何对话及由此产生的谈判必须对各方来说都是公平和透明的，不得偏袒某家供应商。与一家供应商的接触方式必须与所有其他被考虑的供应商完全相同，就像所有供应商都在自己的泳道上单独前进，但在讨论和接触方式上完全相同。建议大家进一步阅读相关图书，以便更好地理解欧盟采购法中的规则及谈判机会（如果适用）。欧盟采购法似乎给采购方带来了一些负担，限制了我们与供应商自由谈判及为了公共利益推动成本降低的能力。但欧盟采购法的倡导者会反驳说，欧盟采购法的议程远比单个实体的需求大得多，它力求在良好的采购行为与更广泛的社会和国家进步之间取得平衡。换句话说，它是全局的必要组成部分。事实上，我们完全可以在这两者之间取得平衡，在遵守欧盟采购法的同时进行高效的采购。然而，要确保遵守法律，就必须具备强大的能力。这也意味着那些领导公共部门中的采购团队的人需要指导团队成员更多地考虑最有效的方法。

谈判如何融入组织

谈判不是一座孤岛。然而，在采购或供应链管理职能日益扩大的大背景下，谈判似乎经常被视为一个孤立的事件。谈判被认为是一项单独的活动，是特定的人时常去做的。将谈判与采购或供应链管理活动分离将导致次优结果。谈判应该被视为采购或供应链部门所做的工作的一个组成部分。因此，谈判是采购工作的基础，不应将谈判视为少数人员的专业能力，而是每个团队成员都应根据自己的角色或多或少具备的能力。提高整个团队的谈判能力是至关重要的，与供应商的所有互动应被视为整个谈判过程的一部分。

战略寻源

谈判是战略采购方法的基础，它为当今的先进企业创造价值、降低风险、降低成本以确保供应链的创新。在品类管理中，谈判是实施新采购战略的关键阶段。与少数能给企业带来巨大变化的供应商进行合作以创造价值的谈判，是供应商关系管理的一个组成部分。可持续采购需要专家参与谈判，以推动供应链的改进，也常常需要把许多合同规定的步骤移到组织之外完成。在每一种情况下，这些战略采购方法都提供了丰富的事实和数据、洞察和分析结果，这对谈判计划的实施来说是非常宝贵的。在一个品类管理项目中，业务需求的发展为确定谈判要点或可谈判事项及许多分析工具提供了基础，有助于确定力量对比情况。因此，谈判应被视为采购中更广泛的战略方法的组成部分。你可以在我的另外两本书《采购品类管理》和《供应商关系管理》中找到更多相关的内容，并了解如何通过谈判实现战略采购。

电子采购与谈判

电子采购是现代采购的一个工具箱。各种形式的电子采购是谈判过程的另一部分或变体。因此，这种工具的使用不应独立于谈判规划。

电子采购涵盖了众多供应商提供的各种工具，这些工具利用在线平台，以结构化的方式向供应商征集信息。RFx（eRFx）就是其中的一种工具，用于索取信息、建议书或报价单。RFx 通常是用来开展竞标的采购工具包的一部分，如果运用得当，它可以成为一种非常有效的谈判或预谈判手段。电子采购还包括在线竞价，即允许进行在线逆向拍卖的平台。在该平台上，多家供应商将实时与竞争对手竞标，以获得供应特定产品或服务的合同。供应商逐步降低其报价，直到拍卖结束时出现赢家，通常是出价最低的供应商。这些工具在 20 世纪 90 年代得以普及。它们相继被许多行业使用，如果运用得当，它们对某些领域的支出控制仍然有意义。在线竞价消除了与面对面谈判相关的问题，还能防止供应商通过其人格及其接受的广泛培训获得优势。然而，在线竞价只在某些情况下适用。

电子采购工具与其他任何工具一样，本身不会有任何作用，但如果使用得当，就可以产生巨大的效益。表 15.2 针对如何做到这一点及如何在更广泛的谈判过程中整合并使用这些工具提供了一些指导。电子采购是一个独立的主题，如果你不熟悉这些工具，建议进一步阅读相关图书。

表15.2 电子采购与谈判

电子采购的类型	小技巧
信息邀请书 （Request For Information, RFI） 要求供应商通过在线平台对一套结构化的预先拟定的问题做出答复。通常发生在招标或竞争性预审活动之前，通常发给许多供应商	RFI 可能会在谈判计划活动之前完成，因此可能不确定你需要问什么。然而，有一些问题可以让你收集一些信息，这些信息在以后你试图评估力量和他们的团队时可能是有用的。 **如何使用 RFI 支持谈判流程：** • 用来向供应商提出条件，说明某件事即将发生变化 • 收集有关他们在市场中的地位的信息（例如，他们认为自己处于哪个市场），这样你就可以利用这些信息衡量他们以后可能拥有的力量 • 要求他们描述其差异性。这将帮助你确定他们以后的力量，也能让你了解他们可能会如何进行后续的谈判 • 收集有关他们组织结构的细节，可能还有关键人物的细节，以帮助你了解在以后的谈判中谁可能会出现在他们的谈判团队中
建议邀请书 （Request For Proposal, RFP） 又称询价邀请书（Request For Quotation, RFQ）。请供应商就某些产品或服务的报价或就某确定的主要组成部分。它是供应商提建议书或确定的报价。它是供应商提建议书或确定的报价的主要组成部分，通常发给已通过资格预审的供应商	RPF 或 RFQ 会取代或先于谈判活动。一个有利的 RFQ 可能足以让双方进入合同阶段，但通常会进行后续的谈判或在线竞价或在线竞价以完成最终交易。 **如何使用 RFP 和 RFQ 支持谈判流程：** • 这些文件包含将成合同或综合合同的条款和条件，要求供应商确认这些条款和条件是可以接受的，或者概述问题。这可以防止日后出现意外障碍得 • 使用业务需求，招标书和 RFQ 确定结构，并为每项内容提出定价建议 • 如果有可能，要求供应商提供建议定价的明细，以帮助你确定 LDO。他们可能会拒绝提供这些信息，或者有充分的理由避免这样做 • 同一些对他们仍来说非常重要的问题，如 "你能不能在建议定价的基础上提供进一步的折扣，要做到这一点需要我们做什么" • 询问其他建议，这可能有助于确定 BATNA

（续表）

电子采购的类型	小技巧
在线竞价 利用在线平台进行的电子逆向竞价，供应商在此平台上就特定的产品或服务进行实时竞价。竞价结束时，中标（通常是价格最低的）的供应商获胜。根据竞价规则，他们要么赢得合同，要么与采购方进行进一步谈判。在线竞价仅适用于存在竞争的某些供应领域	在线竞价是开展谈判活动的另一种手段。在线竞价分为三个阶段：对将参加竞价的供应商进行初步资格预审并与之接触；在预先确定的时间进行在线竞价，所有供应商都参加；在线竞价后的活动，可能包括与出价最低的供应商进行谈判。 **如何使用在线竞价支持谈判流程：** • 避免将在线竞价用于需要建立长期关系的创造价值的谈判，除非你确定不会破坏这种关系 • 准确定义竞价的目的和需要满足的要求，包括条款和条件 • 尽可能多地保持选择的开放性。明确参与规则，特别是获胜规则，以及是否会进行进一步的谈判 • 确保竞价策略（划分供应区域分多次竞价或进行一系列小型竞价）不会影响你的预期结果。例如，不同的供应商可以针对不同的批次投标 • 对供应商进行资格预审，并在参与过程中强调他们将获得的利益，以确保他们无分理解流程并提前同意条款和条件

409

谈判的未来

谈判的一般原则是人类本性的一部分，也是我们在这个世界上生存和进化的方式。虽然谈判的基本原则不会改变，但在未来更加一体化的采购与供应链管理职能中，这些原则的存在环境将发生巨大变化，这要求我们对谈判的方式进行重新定位。

变化的核心是数据，以及访问和利用海量数据以推动工作的新型智能方式的出现。数据及我们未来利用它的能力，将成为未来采购与供应链管理职能的核心，并通过以下四个转变创造前所未有的竞争优势。

- 日常工作很可能转向全面自动化。在数据和新的超级大型市场的推动下，我们将为通用和无差别的消费提供服务。那时，我们可以确信市场力量呈现的是最佳价值。这样的市场将使许多核心业务消失，而这些业务在今天是存在的，如战术性采购、招标和日常采购，以及与供应商针对这些领域的支出进行谈判。
- 我们将更加注重战略采购领域及独特、复杂或有可能带来竞争优势的供应商。我们会与新的、超大规模的供应商或人才网络合作，也许不是在一个屋檐下运作，而是在世界各地实时相互连接。
- 采购或供应链部门需要成为新一代数字系统的设计师，这些系统将彻底改变我们的工作方式，并使我们能够最大限度地发挥数据的作用。
- 我们将看到，在实时运行的敏捷数据驱动方法的推动下，供应商对终端客户的需求和愿望（包括那些他们还不知道的需求和愿望）的响应将达到一个全新的水平。

谈判对未来的影响表明，我们将减少围绕日常开支进行的主张价值的谈判，而影响最大的谈判将是与较少、较大的供应商进行的创造价值的谈判。这些供应商具有重要的战略意义，或者有可能我们带来竞争优势。未来的谈判将不再围绕价格和成本进行，而是围绕如何确保我们具有竞争对手无法获得的优势和保护我们的工作进行。可以说，未来的谈判更加先进，与今天的采购与供应链专业人员所熟悉的谈判完全不同，我们需要新一代的优秀谈判者。

完善谈判的艺术

如果你已经阅读到了这一页，就说明你已经很好地完成了对一些复杂概念的学习，这些概念汇集了谈判领域的许多理论、经验和智慧。为了完善谈判的艺术，我们需要将人格、流程和本领结合起来，使谈判对我们来说就像组织一场晚宴或筹划一次度假一样熟悉和日常。

培养个人能力

培养谈判能力不是一次性的活动，而是个人和组织持续发展的一部分。有些职业的发展机会依赖于特定的环境（例如，直升机飞行员需要一架直升机或至少需要一个模拟器），但培养谈判能力的机会就在我们身边，你只需要发现并抓住它们，就可以学到新的谈判知识。一旦了解了基本原理，培训和研究大量的文献就可以帮助你继续学习，但真正的能力来自实践。每一次人际交往都是一次练习的机会，无论是提问还是观察肢体语言。我们在购买每一件重要物品时都会遇到使用一些谈判战术的机会。当我们向领导提出加薪的要求，而他却承诺"明天的果酱"时，我们是否可以把游戏换成猎鹿游戏？我认识一个人，他发现自己正处于这种困境，于是向领导提出了一个按结果付费的创新方案。后来双方都受益，他的工资和公司的利润都翻了一番。商务会议（无论面对面的还是在线的）也是练习镜像、观察肢体语言的好机会，或许你还能总结出一些经验。

培养组织能力

"上一次有人对你的谈判风格进行反馈是什么时候？"我有时会向参加

培训的学员提出这个问题。他们通常会深思熟虑，然后回答"从来没有"或"我不记得了"等。问题在于，谈判不仅是一种个人能力，也是一种组织能力。如果组织要从供应商获得所需的结果和成果，那么管理供应商及与供应商谈判的个人的能力就显得至关重要，但组织很少将谈判视为需要持续投资和发展的能力。虽然许多组织为关键的采购或供应链管理人员提供了某种形式的谈判培训，但组织往往期望他们在完成培训后谈判能力就有质的飞跃。此外，从谈判的本质来看，我们不可能知道桌子上还剩下多少钱。每多剩 1 美元，我们就会多损失 1 美元。

如果一家销售额为 10 亿美元的公司能够提高谈判能力，它就能从与供应商的交易中多获得 1% 的收益，金额为 360 万美元左右（假设第三方支出为 4.5 亿美元，其中的 80% 需要以某种方式进行谈判）。如果能通过谈判再增加 5% 的收益，金额就会增加到 1800 万美元。显然，可能的收益取决于许多因素，包括该行业的利润水平有多高、有多少支出可以协商，以及已经做了多少工作。然而，可以肯定的是，谈判能力的提高意味着组织价值的增加。

要培养组织的谈判能力，就必须改变传统的观点，不能把谈判看作人们在参加培训后才能掌握的一种技能。相反，它应该被视为一种基本的技能，如果参与谈判的人都能以最佳状态投入，组织的收益将大大提高。从事团队竞技运动的人，并不是学好了自己的运动项目并加入团队后就不再学习了，而是继续进行个人和团队的训练和发展。一位足球教练制定严格的训练制度，持续不断地让每个球员都保持最佳状态。球员不仅会接受身体训练，还会接受心理训练，从而具备一定的能力以应对压力。体育教练所使用的这种模式，也是组织应该对采购团队乃至更广泛的利益相关方所采用的模式，以确保他们在谈判中达到最佳状态。以下几件事可以帮助我们实现这一目标。

- **不能听天由命**。组织发展不会自动发生，只有指定角色组织相关事项才能实现组织发展。许多组织选择将其纳入人力资源领域，但根据我的经验，如果这一角色与采购职能相分离，那么驱动力将受到限制。

做得好的组织都有专人负责发展采购职能，无论是兼职的还是全职的，他们都会积极地参与日常工作。

- **谈判培训**。谈判培训是必不可少的，但它必须与组织目标保持一致，必须使个人掌握通过实践获得的技能。现在有很多拙劣的谈判培训，它们不会给参训人员提供实践的机会，如果不能让参训人员实践，那么教给他们再多的理论也是没有意义的，请你谨慎地选择培训。

- **观察和反馈**。每一场谈判都是一个机会，我们可以让一些人参与和观察，以便学习技巧和提供反馈（如果所讨论的问题不敏感）。我们要向他们介绍情况，甚至让他们担任被动角色。

- **角色扮演**。对从事采购工作的人来说，最好的谈判培训是学习销售人员的工作方式及他们的语言艺术。大多数组织都有与客户谈判的销售团队及与供应商谈判的采购团队。尽管两者都对谈判有兴趣，但这些部门可能生活在不同的"星球"上，因为在我任职过的许多公司中，这两个部门之间的知识共享渠道通常都很差劲或根本不存在。两个团队往往会使用完全不同的方法。组织一场交流会让双方交换故事和技巧并不会太麻烦。举办谈判角色扮演活动也很容易，只需要一个简单的场景和一两台摄像机或打一通 Zoom 电话。

- **展示和讲述**。如前文所述，你可以组织一次会议，与同事分享从具体谈判中获得的经验，向他们讲述故事并分享自己获得的启示。

- **个人发展计划**。为持续学习制订个人发展计划，包括自学或在线学习，找寻特定的学习机会等。

- **建立共同的语言、规划流程和工作方式**。这就是红表方法论发挥作用的地方，它可以帮助使用者创建一个单一的、可审查的谈判规划方法来培养组织能力。

终身谈判

本书从一开始就将谈判视为一种生活技能，这是一种我们在进化过程中用来提升自己，并为我们所爱和重视的亲近之人提供服务的能力。它并不是单独的一件事情，而是我们个人生活和工作的一部分。谈判、销售、个人互动和影响对方的方式之间的界限并不明确。

供应商善于让我们相信自己的地位几乎没有改善的余地，但我们可以通过有效的谈判获得一些看似不可能获得的利益。采购团队的谈判能力通常比销售团队弱，因为后者拥有更多的资源和支持。这意味着采购团队需要更加努力地工作，以确保获得需要的结果。

每一次谈判都是不同的，要想取得成功，我们就必须在具体的谈判中让人格、流程和本领为我们所用。我们如何对待谈判取决于我们需要什么样的结果，是主张价值还是创造价值，以及我们是否需要未来的关系。

在谈判中，我们的人格可能对我们有利，也可能对我们不利。因此，根据我们正在进行的谈判的类型强化自我意识和弥补或加强特定行为和人格特质的能力至关重要。我们必须了解我们的对手，并尽可能地了解他们的一切，了解他们的利益所在：他们是谁、他们的文化、他们的思维是个人主义的还是集体主义的，以及他们的人格。我们必须了解真正的力量对比（而不是他们投射的力量），并利用那些能给我们带来筹码的力量。我们必须选择正确的游戏，以确保得到我们想要的结果。

谈判在哪里进行或如何进行需要考虑清楚，预期或可能创造的适当条件会随着文化的不同而变化。文化甚至可以决定我们的第一次接触可能完全是关于发展关系和建立亲和力的。做好准备是谈判的一个先决条件，每个人都要做好准备，调整和明确自己所扮演的角色。请事先思考，谈判开始之后团队将用什么信号进行沟通。

一旦谈判开始，我们就处于"漂浮"状态，虽然在陌生而复杂的水域航行，但终点很明确。我们需要随时调整航向，因为风会让我们偏离航向。能否到达我们的终点，而不是一个较小的目的地，取决于我们是否具备较强的导航能力。如果我们的岸上准备工作做得很好，我们就能知道沿途到达的每一个点，以及每一个可能阻碍我们的障碍物。我们的地图就是让步战略，它涵盖了我们所有的谈判需求，并定义了我们的 MDO、LDO、BATNA 的每一项要求。

当然，在与埃及人谈判时，我们应该避免竖起大拇指，并注意遵守关于手势和肢体语言的文化规范。我们一定要坐好，采用最佳坐势，避免在错误的时间不经意地触摸自己的嘴或脸。

一旦了解了对方的 LDO，我们也许会使用"诱饵"或"切香肠"战术，也许会用精心策划的"可伦坡"战术圆场。我们甚至会对他们使用"回马枪"战术，但前提是我们要进行强硬的主张价值的谈判。如果谈判只是建立更加长远的关系的一部分，那么我们反而会希望找到合作的方式和资源，以求更大的回报。

我希望本书能为你提供一个全面的高效谈判路线图，让你受益匪浅，剩下的就看你自己了。谈判是关于人格、流程和本领的，你能在谈判中取得多好的成绩是没有上限的。能否达到目标取决于你想成为多么优秀的人，以及你付出了多少努力。

看着对方的眼睛，专心倾听，思考对方说了什么和没说什么，选择好的问题，知道何时结束。你不会赢得所有人的喜欢，但无论如何都要接受这段经历。要确定你的 LDO，还要有一个 BATNA，永远不要在第三次报价之前结束谈判。

附录

一套循序渐进的谈判流程

红表方法论模板的使用

本附录提供了完整的红表方法论模板。红表方法论可以支持谈判计划的制订和执行，它也是为了协作而设计的。如果你已经购买了本书，你可以复制这些模板并将这些模板用于个人谈判。不得出于任何其他目的复制、分发或出版这些模板，也不得修改（除了填写）或用于商业用途。

使用红表方法论时，请遵循本附录所展示的步骤。

如何获得红表方法论模板和访问在线应用程序

您可以通过我们的线上商店（Positivepurchasing 和 Redsheetnegotiation 网站）获得海报形式的红表方法论模板、红表方法论精简版和红表方法论纳米版。

您可以通过 Redsheetonline 网站访问红表数字规划工具（在线规划、协作和制订谈判计划）及全套红表谈判规划资源和数字图书馆。

您可以通过 Redsheetnegotiation 网站订阅服务。

红表的版权由主动采购公司（Positive Purchasing Ltd，2006—2020）持有，并保留所有权利。

Red Sheet 是主动采购公司的注册商标。

谈判规划工具

REDSHEET

S: 形势

1. 背景
谈判的背景和内容，包括问题

2. 目标
价值目标、关系、目标和谈判的理想结果

3. 利益相关方
利益相关方架构图、RACI 评估和的交互计划

4A. 文化
通过关键文化指标评估文化图素

5A. 谈判力
我方团队人员组合分析和谈判力评估

谈判力评估

6A. 对手
对方团队和会谈情报

6B. 无形的力量计划
我们报告方案、建立信任和保连沟洁范围的方式

7A. 力量
赋予各方力量和有关自身所处地位的知识因素
例子

知识 知识 知识

7B. 有形的力量计划
通过评估我方力量制订行动计划和工作方法

7C. 知识收集计划
知识收集计划

8A. 游戏
现在正在进行的游戏

8B. 游戏计划
目标游戏和我方想要切换的游戏

T: 目标和谈判战略

5B. 谈判力计划
谈判力和行为改进目标

COW SOAP ACE

9. 我方的可谈判事项和谈判战略
我方的可谈判事项、最理想的结果、最不理想的结果和最佳替代方案

10. 对方的可谈判事项
对方的可谈判事项、最理想的结果、最不理想的结果和最佳替代方案

循序渐进的让步和成交计划 1 2 3

我方最理想的结果

我方最不理想的结果

E: 会谈计划

4B. 文化计划
评估双方的文化差异，为该判会议制订行动计划

11. 准备
会议计划、沟通计划、举先预判和内部调整

12. 会议管理和时间安排
会议的组织和时间安排、会议室的布置、利益和市场的战术、开场白、日程表（设定对我方有利的日程安排）和我方想要使用的战术与技巧

会议议程
开场 探索 讨价还价 成交

P: 会后行动

13. 谈判后的行动
会后行动及对下次谈判有帮助的知识、经验和教训

14. 实施
实施计划

15. 结果和收获
回顾谈判，总结实现了什么目标、学到了什么

1. 背景

我们在与谁谈判?

我们在谈什么?

我们为什么要谈判?

已知的问题或风险

这次谈判会议

☐ 一次性	☐ 过程中的一部分	☐ 重复

☐ 第一次接触

我们如何谈判?

☐ 面对面	☐ 电话	☐ 其他
☐ 电子邮件	☐ 视频电话	
	☐ 网络	

日期

地点

主要事件或里程碑

时间线

基于时间要求得到的输出

3. 利益相关方

谁	负责	批准	咨询	通知	需要的行动

2. 目标

价值目标 □　关系目标 □

主张 □　创造 □　无 □　一般/中期 □　紧密/长期 □

这段关系的长远目标

这次谈判的目标和理想结果

1.

2.

3.

4.

5.

6.

4B. 文化计划

建立融洽关系的计划	会议应当如何进行
需要说什么	如何行动
不要说什么	需要避免的手势

4A. 文化

我们

国家

- □ 单时主义 / 多时主义
- □ 个人主义 / 集体主义
- □ 短期主义 / 长期主义
- □ 平等主义 / 权威主义

对方

国家

- □ 单时主义 / 多时主义
- □ 个人主义 / 集体主义
- □ 短期主义 / 长期主义
- □ 平等主义 / 权威主义

文化评估的笔记

5A. 谈判力

我们团队成员的个人特质评估。除了自信和冲突风格需要填写，其余项选择 "H、M、L"（高、中、低）即可

		OT1	OT2	OT3	OT4
C	自发性	勤奋、有组织、自律、注重细节、很有耐心。得分高的人通常非常可靠，他们会坚持不懈地把事情做好			
O	外向的	社交自信，容易在交谈中交朋友，擅长如鱼得水般表达自己的想法并快速建立新的社交关系			
W	求胜欲	有竞争力，野心勃勃，对个人损失，实现目标比建立关系更重要			
S	以解决问题为中心	能够准确、快速地吸引新的信息并找我出有效的解决方案，能够收集和分析数据，并根据数据做出决策			
O	灵活的	有能力在没有任何先前的情况下限制地工作，有创造力，想象力，对事物拥有好奇心，能够迅速适应规则，迅速快速变化工作环境			
A	随和的	心地善良，乐于助人，关于利他精神，把别人的需求放在自己之前，努力满足别人的情感需求			
P	冷静的	轻松而安全，善于控制自己的情绪，对人群常常有信心，而对不同意见、批评或建议，会坚持己见，以满足自己的性格（H高、L低、C可选）			
A	自信	个人在冲突中的表现：竞争（Cpt），合作（Cpr），回避（Avo）			
C	冲突风格	个人在冲突中的表现：竞争（Cpt），合作（Cpr），回避（Avo），妥协（AV），迁就（Acm）问题			
E	情绪能力	识别、评估和管理自己的、别人的和团队的情绪的能力			

我们的团队

团队标签	名字	谈判中的角色
OT1		
OT1		
OT2		
OT3		
OT4		

均衡分析

确定谈判涉及的品类所属的象限

关键 ← → 非关键

影响我们利润的利益/潜力（纵轴）
影响采购方利益所预的品类（横轴）

战略 / 杠杆

5B. 谈判力计划

本次谈判所需的谈判力

确定对方的文化（4A）和本次谈判中均衡力框里打勾（5A）。之后在下面相关的方框里打勾，之后为每个团队成员识别所需的谈判力并输入本表右侧的"常姿"列，之后为每个团队成员确定如何调整调整谈判力行为。

矩阵中识别所需的谈判力并输入本表右侧的"常姿"列，之后为每个团队成员确定如何调整调整谈判力行为。

谈判力行为调节器

从左侧评估所得的相关列中抓取信息，输入所需的行为。之后，为了每名团队成员，输入改变行为和补齐个人将征的行动。

需要	OT1	OT2	OT3	OT4
C				
O				
W				
S				
O				
A				
P				
A				
C				
E				

（输入"A"（回避）、"S"（维持）或"R"（增强）

（输入"看""合作""受协""回避"或"迁就"

（输入"竞争""受协""回避""迁就""中间"

（输入"√"或"×"）

6A. 对手

我们还知道什么关于他们的信息

对方的人格特征（我们最准确的评估）

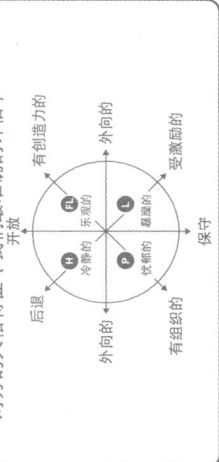

有创造力的
外向的
开放 乐观的 受激励的
FL L
冷静的 忧郁的 保守
后退
H P
外向的 有组织的

我们的团队		
团队标签	姓名	谈判中的角色
TT1		
TT2		
TT3		
TT4		

6B. 无形的力量计划

规划我们的风格、举止和力量，以及我们如何与对方建立信任和融洽关系

7A.力量

对于每个力量计划，根据它们之间的实际力量对比画一个实线指针。如果实际力量与投射力量不同，画第二个虚线箭头以指示投射力量的位置。就在知识指示器里涂上颜色。同样，如果他们有相关知识，就在他们的知识指示器里涂上颜色。如果我们缺乏相关知识，就可以在步骤7C中明确知识或数据收集行为。

示例

依赖	市场	关系	时间	未来的机会
他们 知识 / 我们 知识	他们 知识 / 我们 知识	他们 知识 / 我们 知识	他们 知识 / 我们 知识	他们 知识 / 我们 知识
重要程度、对我方或对方的依赖及未来能达到利结果的影响、速度及做出其他选择的容易程度	市场地位的优势、市场动态变化和替代方案	关系的长期性、双方关系和业务安排的范围和影响、利益相关方对更广泛业务的支持程度	在完成交易之前，时间是否足够充裕	一方受益并支持另一方的未来计划

426

7C. 知识行动

提升或证明知识的行动

所需的知识或数据

来源	谁	何时

7B. 有形的力量计划

我们需要做什么以以利用和提升我们的力量

8A 游戏

确定玩过或正在玩的游戏，判断他们将在谈判中玩的游戏

斗鸡游戏 信任游戏 囚徒困境游戏 猎鹿游戏

在玩的游戏
以前玩过的游戏或发现正在玩的游戏
我们 □ □ □ □
他们 □ □ □ □

他们将要玩的游戏
判断他们在谈判中将更可能玩的游戏
我们 □ □ □ □
他们 □ □ □ □

我们假设的理由

斗鸡游戏
该游戏中有两个玩家参与，将导致双方遭受重大的损失。除非其中一个人退出。通常适用于两辆机动车两两相向而行的游戏。先turn的为输，被称为"鸡"

猎鹿游戏
两个猎人去打猎，每一方都可以选择猎取雄鹿或猎取野兔。每一方都必须要开展行动，在不知道对方选择的情况下选择一种猎物。如果双方任何一方猎取雄鹿，必须与另一方合作才能成功。任何一方都可以单独猎取野兔，但野兔的价值很低于猎取雄鹿

信任游戏
一方在另一方将给予回报的基础上向另一方提供礼物，利益或让步，但返还利益的大小由另一方决定，提供礼物的一方"信任"另一方会手还当的回报。

囚徒困境游戏
双方进行交易，在交易完成之前，双方都不知道交易的结果。双方可能对交易内容有所了解，但各自可以选择守约或违约，如果交易双方都合作并守守约，则双方会同时获利；但如果一方违约，则这方会赢了很多，而另一方会输得很多；如果双方都违约，则双方会都落输

8B 游戏计划

斗鸡游戏 信任游戏 囚徒困境游戏 猎鹿游戏

阶段1
□ □ □ □
我们将如何玩：
转换游戏的触发因素：

阶段2
□ □ □ □
我们将如何玩：
转换游戏的触发因素：

阶段3
□ □ □ □
我们将如何玩：
转换游戏的触发因素：

9.我方的可谈判事项和让步战略

对方的可谈判事项 / 我方的要求	痛苦系数（高，中，低）	我方最理想的结果	步骤2	步骤3	步骤4	我方最不得意的最终的结果	ZoMA?
							☐
							☐
							☐
							☐
							☐
							☐
							☐
							☐
							☐
							☐

全部——所有要求集于一身

我们的BATNA

我们的让步和成交战略

10. 对方的可谈判事项

对方最不理想的结果 及方最正确的猜测	对方最理想的结果 我方最正确的猜测	对方的谈判条件或结果 我方最正确的预测

他们的BATNA（基于我们最正确的猜测）

429

11.准备

会议计划行动		
什么	谁	何时

沟通计划		
消息	发给谁	媒介、方式

预先给对方的信息

内部简短而有效的演讲

12.会议管理和时间安排

开场致辞

到达和开场的战术

房间布局/座位安排

开始时间：

会议时长：

结束时间：

结束时间是固定的吗？

否 □　是 □

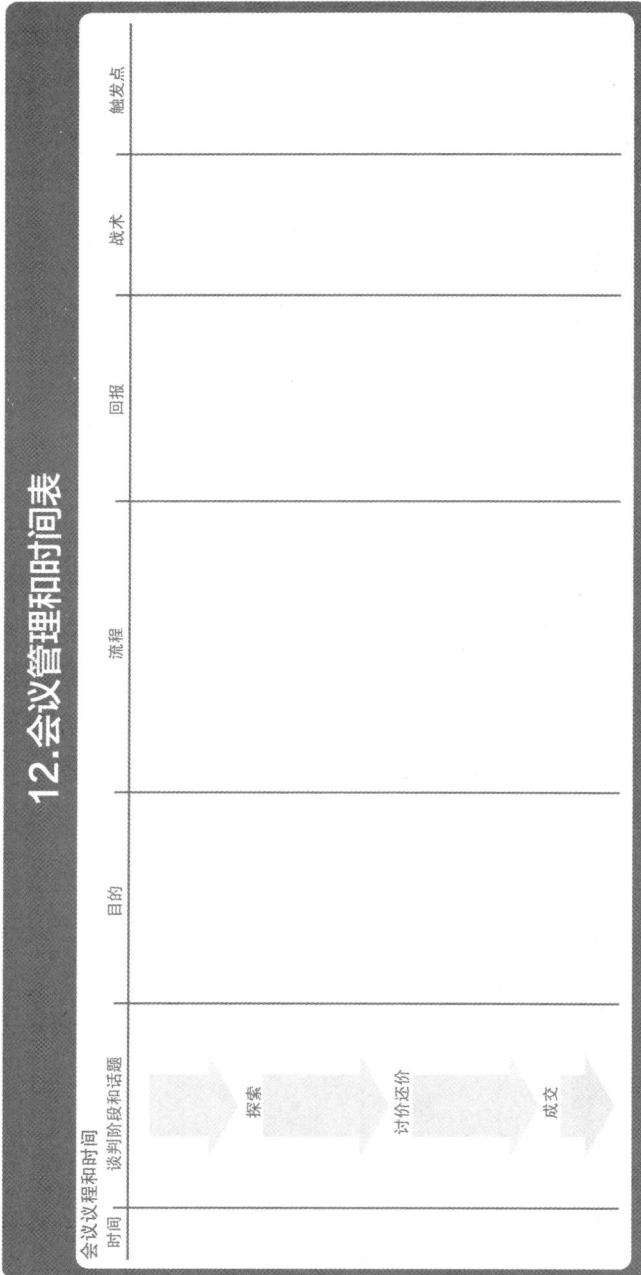

12.会议管理和时间表

会议流程和时间

时间	谈判阶段和话题	目的	流程	回报	战术	触发点
	探索					
	讨价还价					
	成交					

13. 会后行动

继续下一次谈判

会后行动	谁	何时

14. 实施

计划（用条形图和里程碑绘制甘特图）

	1	2	3	4	5	6	7

实施计划活动

15. 结果和收获

什么事情进展得顺利

如何更加有效

我们取得了什么结果

主要的收获

术语表

Best Alternative To a Negotiated Agreement　最佳替代方案：当可接受的协议无法达成时可使用的替代方案。

Body Language　肢体语言：人类精神和身体上的非语言交流，包括身体姿势、手势、面部表情和眼球运动。人类几乎会完全下意识地发送和解释这些信号。

Category Management　品类管理：一种战略采购方法，可以增加价值；它的工作原理是根据市场的特点，将第三方支出划分为不同类别，通过制定新的采购策略，为供应链降低成本和风险并创造更多的价值和创新形式。

Declarative Knowledge　陈述性知识：又称陈述性记忆，这是关于"知道是什么"及对事实和事件的记忆或知识，指那些能够有意识地回忆起来的记忆。

Framework Agreement　框架协议：主协议的另一种叫法。

Least Desirable Outcome　最不理想的结果：在谈判中你准备接受的最不理想的结果。

Master Agreement　主协议：与供应商签订的采购协议，定义了适用于双方的单个采购订单的主要条款、条件和安排；这种协议通常是非契约性的，除非它与某个订单有关联；然而，当主协议做出承诺（如关于采购量的承诺）时，它就会成为契约。

Most Desirable Outcome　**最理想的结果**：在谈判中对你来说最理想的谈判结果。

Neuro-Linguistic Programming　**神经语言程序设计**：一种用于个人发展、交流和自我发展的方法，通过从经验中学习及重新组织神经过程、语言和行为模式之间的联系，实现特定的人生目标。

Procedural Skill　**程序性技能**：又称程序性记忆，这是关于"知道如何做"及对技能和做事方式的无意识记忆，尤其是对物品使用或身体运动的记忆，如弹吉他或骑自行车。

Supplier Relationship Management　**供应商关系管理**：一种识别和管理重要或关键的供应商或有可能带来重大价值的供应商的战略方法，定义了管理这些供应商并与其建立正确关系的方法，以确保实现共同的价值和利益。

Sustainable Purchasing　**可持续采购**：一种用于理解供应链中存在的对人和环境有害的潜在风险并制定改进方案以降低风险，以及更好地管理相关供应商的战略采购方法。

Zone of Mutual Agreement　**双边协议区**：你的最低接受条件和对方的最高接受条件的重叠部分。

版 权 声 明